公交都市

[美] 罗伯特·瑟夫洛 著

宇恒可持续交通研究中心 译

金凡 徐康明 审校

中国建筑工业出版社

著作权合同登记图字：01-2007-3000 号

图书在版编目（CIP）数据

公交都市/［美］瑟夫洛著；宇恒可持续交通研究中心译．
北京：中国建筑工业出版社，2007（2020.9 重印）
ISBN 978-7-112-09327-4

Ⅰ．公... Ⅱ．①瑟...②宇... Ⅲ．市区交通-交通运输管理-
经验-世界 Ⅳ．U491

中国版本图书馆 CIP 数据核字（2007）第 091689 号

The Transit Metropolis / Robert Cervero

Copyright © 1998 by Robert Cervero

Published by arrangement with Island Press

Translation Copyright © 2007 by China Architecture & Building Press

本书由美国 Island 出版社授权翻译出版
责任编辑：姚丹宁
责任设计：董建平
责任校对：王　爽　刘　钰

公交都市

［美］罗伯特·瑟夫洛　　　著
宇恒可持续交通研究中心　译
金凡　徐康明　审校

*

中国建筑工业出版社出版、发行（北京海淀三里河路 9 号）
各地新华书店、建筑书店经销
北京嘉泰利德公司制版
北京中科印刷有限公司印刷

*

开本：787×1092 毫米　1/16　印张：22³/₄　字数：550 千字
2007 年 7 月第一版　　2020 年 9 月第三次印刷
定价：**85.00** 元
ISBN 978 - 7 - 112 - 09327 - 4
　　　　（36185）

目录

中文版序

公交都市：21 世纪的视角
The transit metropolis：a 21st century perspective

罗伯特·瑟夫洛
Robert Cervero
加利福尼亚大学伯克利分校城市与区域规划系，美国加利福尼亚州
Department of City and Regional Planning, University of California, Berkeley, CA, United States

1 概述

在约 20 年前的世纪之交，《公交都市》一书出版，被作为推动可持续城市化和可持续交通的框架（Cervero，1998 年）。本文从 21 世纪的视角回顾了公交都市模式，探讨了社会和生活方式的变化趋势、公共政策议程的变化和具有变革潜力的新兴技术的进步。笔者认为，这些趋势为发展适应性城市和适应性公共交通的观点提供了支撑：适应性城市从根本上资源丰富并且效率高，而适应性公共交通提供了更多出行选择。在 21 世纪的大多数大都市中，这两种可持续交通和城市化模式可以而且应该是并存的。

2 公交都市：核心原则

发展"公交都市"的核心前提条件是具有成本效益的公共交通服务取决于城市形态与公共交通服务设计与技术之间的默契配合，这个前提条件现在依旧适用，甚至变得更加重要。然而，除了整合和协调公共交通服务与城市开发模式以外，发展公交都市还需要考虑更多因素。发展方向尤其重要。笔者认为，应该由对于城市未来的整体性愿景来决定公共交通投资与政策，而不是反过来。这体现了多数交通出行的衍生性质。人们乘坐火车和公共汽车出行，最重视的是这些交通方式的设计、质量、结构及其带来的出行体验，而不是具体的出行方式。与任何公共设施一样，在很大程度上而言，交通是一种工具，除了少数例外，交通本身并不是目的。用一个很恰当的比喻就是房子的设计。在概念化

和规划房子的过程中，未来的业主会构想对他们最重要的因素，比如布局、平面图、卧室面积、建筑风格、厨房设计等等。他们不会从最开始就考虑家中的管道、布线、导管等公用设施的布局以及房屋周边的设计。推而广之，在城市中也是如此：将公共交通与城市开发成功结合，需要有一个相对有说服力的、被普遍接受的城市未来愿景，最重要的是有明确的长远空间规划，而公共交通投资和服务应该作为实现该愿景的诸多工具之一。

书中认为，公交都市通过两种方式，成功将公共交通与城市开发相结合。适应性城市，通常出于环境和社会经济原因，通过更高密度的混合用途开发模式，改变城市形态，以推行可持续发展模式。案例研究证明，投资到资源最丰富的城市交通出行模式，如地铁等高运力、高质量的公共交通，是一种至关重要的举措，有助于减少区域环境足迹，通过限制城市无序发展节约公共支出，推广社会多元化的城市景观，希望不同阶层的居民频繁进行面对面接触，从而构建社会资本。与之相对的一种模式是适应性的公共交通：通过修改传统的（如固定路线、固定时刻表）公共交通服务，以更好地服务市场驱动的、低密度城市居住模式，使公共交通在与主要竞争对手私家车辆的竞争中，取得长期优势。通过更加灵活的、需求响应式的服务设计，适应性的公共交通减少或消除了公共交通被许多人诟病的问题，例如令人畏惧的换乘和第一英里/最后一英里出行问题，从而在集约出行中模拟了私家车辆的"门对门"衔接。

今天具有本地特色的适应性城市接受并且体现了公交导向型开发（TOD）这种概念：紧凑的、混合用途的、更适宜步行的城市开发，真正以主要公共交通车站为导向进行开发，而不只是简单地邻近车站。社区活动集中在车站周围，就能吸引居民在前往社区以外的目的地时自发地选择公共交通出行。公共交通车站及其周边区域不止是乘坐火车和公共汽车的"通道"。它们也可以是下班后与朋友闲逛的目的地，是进行采购的农贸市场，可以在这里听一场户外音乐会或者参加公众集会或庆祝活动。因此，公共交通车站及其周边的市政空间和商业开发项目，变成了社区的中心。在大都市中，适宜步行的社区网络通过高质量、高运力的公共交通串联成一体。在公交导向型社区5-10分钟步行范围以内，以绿色出行方式为主：大部分行程采取步行或骑行的方式。前往社区以外路途更长的行程，则以火车或有专用车道的公共汽车为主。斯德哥尔摩和哥本哈根等斯堪的纳维亚公交都市的公交导向型开发规划，有一个非常贴切的比喻，那就是"珍珠项链"。

相反，适应性公共交通这种模式则被称为"开发导向型公共交通"（DOT）。在土地市场受监管较少的地区因为自然发展，形成了开放的城市景观，需要发展适应性的公共交通，与私家车辆竞争。《公交都市》一书中重点介绍了阿德莱德的轨道巴士〔快速公交系统（BRT）的前身〕和卡尔斯鲁厄灵活的电车-火车系统（可以在行驶缓慢的有轨电车道与快速长途火车之间切换）。如后文所述，更现代化的适应性公共交通模式或 DOT 包括微公交服务，例如纽约的拼车服务 Via 和奥斯汀的 Pikcup，类似于出租车的拼车服务，如 UberPool 和 Lyft Line，以及许多中国城市的直达快速公交服务等。

《公交都市》中还提出了城市与公共交通之间的第三种关系，即综合了适应性城市和适应性公共交通元素的混合型城市。笔者认为，大部分公交都市都将变成混合型城市，这或许是"回归到平均值"现象的必然结果（Stigler，1997 年）。从即将出现的大趋势、生活方式选择和技术进步的角度来判断更是如此。我们需要探讨的是，这些趋势会如何重新定义 21 世纪的公交都市。

3　大趋势和生活方式偏好的转变

许多大趋势，如老龄化社会和城市萎缩、日益多元化的家庭类型与结构、新的就业模式等，对出行市场和生产模式（如汽车合乘与自有汽车）产生了深远的影响。因此，交通方式变得日益异质化（空间和时间），更加随机和不可预测。这些趋势在许多方面都有利于发展适应性公共交通，同时也支持适应性城市和 TOD 模式。笔者认为，混合型城市调整城市形态和接受共享出行，是应对未来的大趋势和技术进步所产生的自然结果。

3.1　老龄化社会

全球增长最快的年龄群体是 60 岁及以上的老年人，2015 年，该群体占全球总人口的比例从 1950 年的 8% 提高到 12%（联合国人居署，2016 年）。60 岁及以上的老年人以每年 3.3% 的速度增长，截至 2050 年，将占全球总人口的近四分之一，只有经济最不发达的非洲大陆老年人口的比例不会增长。日本和中国台湾等东南亚地区的人口老龄化最为突出，过去半个世纪，该地区的人口金字塔发生了显著的翻转，从底部比重较大的金字塔形变成了头重脚轻的结构。发达国家出现人口老龄化的原因包括出生率下降（部分原因是女性角色的转变）、移民政策收紧以及医学的进步和更注重健康的生活方式延长了寿命等。

老龄化社会产生的影响包括城市萎缩，在许多工业时代的城市，尤其是美国的铁锈地带和欧洲的前工业城市，内部已经被全球化、去工业化和社会力量（如种族和阶级分化）摧毁，这些城市的萎缩尤其明显。老龄化社会的某些方面有利于减少出行和以公共交通为导向的增长模式：例如晚年的家庭消费、机动化出行和通勤减少；城市核心的住宅区规模缩小和空巢化；为了保持身体健康更倾向于步行、骑行和其他"主动出行"方式。人口老龄化及其相关趋势可能导致旅游增加，出现汽车导向型开发：例如相对富裕的老年人家庭可能出行相对积极；汽车导向型郊区的就地安老；为老年人提供门对门汽车出行的自动驾驶汽车等。如果自动驾驶汽车的共享化程度提高，实际上也将成为一种适应性公共交通。

城市脱碳立法等公共政策能够影响老龄化社会对出行和城市化进程的冲击。城市萎缩预示着未来将出现土地回收、机动车道拆除、道路瘦身和高速公路改造成绿道等趋势，而且会有相关方面的政策支持。随着人口快速老龄化，韩国，尤其是其首都首尔，已经率先将机动车道改造成绿道。首尔将清溪川走廊从机动车道改造成绿道之后，土地价格上涨，这表明市场对于宜居性和地方品质给出的溢价高于移动性（Kang & Cervero，2009 年）。通过"首尔步行友好型城市"计划，该市多处社区、大学校园甚至商业街最近都被改造成了无车区。此外，首尔一方面收回了被汽车和停车场占用的土地，同时扩大了快速公交的服务范围（Cervero & Kang，2011 年）。因此，城市再生和快速公交投资，意味着首尔正在逐渐变成一个混合型的公交都市。

华盛顿州西雅图市郊区也在根据人口趋势的变化，回收土地和创建公交导向型的城市形态（Cervero、Guerra 等人，2017 年）。桑顿广场是 LEED-ND 认证的混合用途开发区，在一处原地面停车场上修建了养老院和地面零售店，附近有购物中心和大型公交枢纽换乘设施。连接该区域与西雅图市区的一处轻轨车站即将开通。桑顿广场沿线的一条暗渠引进了自然光，改善了水质，吸引了水鸟，许多老年居民每天会在溪边散步。据桑顿广场项目的网站显示，目前靠近溪畔的住宅租金比广场边（朝向购物中心）的同类住宅至少高 25%。凭借附近良好的公交车服务以及内填式的混合用途开发，从之前以汽车为中心的郊区环境改造成的桑顿广场成为 TOD 与 DOT 两种模式并存的良好典范。

3.2　千禧一代与经济转型

20 世纪 80 年代初到 20 世纪末出生的千禧一代现在的年龄在 20 多岁到 35 岁左右。他们正在从根本上改变着现代社会的人口结构和文化景观。他们不是传统的核心家庭。许多人结婚和成家的年龄较晚，选择不要孩子（双职工无子女家庭或者丁克家庭）或者坚持单身。因此，他们与家庭人数大幅减少密切相关。美国家庭平均人数从 1970 年的 3.14 人减少到 2018 年的 2.53 人（Statista，2018 年）。尤其值得注意的是，千禧一代的核心价值观和生活方式偏好与前辈的区别。他们的父辈和婴儿潮一代往往把拥有房产和汽车这两种昂贵的资产作为终生追求的目标，但千禧一代有其他追求。Litman（2016 年）写道："前辈的金钱、时间和兴奋大都给了汽车，而千禧一代则把它们投入到了电子设备（手机、计算机、音响系统等）"（第 25 页）。千禧一代不会选择 30 年住房抵押贷款和高息汽车贷款，而是用自己的收入去旅行、品尝美食、听音乐会和享受其他"人生体验"。一项对美国千禧一代的调查发现，30% 的千禧一代愿意放弃拥有汽车，即使这意味着出行成本增加（Dutzik, Inglis, & Baxandall, 2014 年）。18-35 岁没有驾驶执照的美国人比例与过去相比持续下降，进一步凸显出这一代人的生活方式正在发生的巨大改变（Sivak & Schoettle，2012 年，2016 年）。千禧一代推动了共享经济和评级经济的迅速崛起，在房地产行业最有代表性的是 Airbnb，而在交通运输行业，Uber 和 Lyft 等网约车服务在旧金山和伦敦等引领风潮的西方城市已经无处不在，滴滴则在中国城市随处可见。

此外，千禧一代还在深刻地改变着城市的地貌，无论是住宅，还是工作场所、零售和娱乐活动都在发生着变化。许多人被交通便利、四通八达、适宜步行的场所所吸引，越来越多地集中到市中心（Cervero 等人，2017 年；Juday，2015 年）。混合用途环境支持集生活–工作–购物–学习–娱乐于一体的生活方式，并且有良好的公共交通，这种环境尤其受到千禧一代的欢迎。俄勒冈州波特兰大力投资开发有轨电车和轻轨列车，同时对原仓库区（如珍珠区）进行改造升级，变成具有波西米亚风格的别致的混合用途社区，吸引了大批人入住，当地 25–34 岁接受过大学教育的人员比例是 20 世纪 90 年代美国平均水平的 5 倍（Impresa 公司，2007 年）。在波特兰和其他地区，城市便利设施、艺术–文化–娱乐（ACE）投资和为千禧一代提供闲逛和社交场所的"第三空间"（如咖啡厅和户外餐厅等），是经济开发策略的核心，旨在使萧条的城市区域再生，创造就业和吸引私人投资者（Cervero 等人，2017 年）。

能够吸引受过教育的千禧一代的地方，就能吸引雇主和零售商。自 2009—2011 年的大衰退以来，美国就业增长最快的地区是城市区域，扭转了过去几十年就业郊区化的趋势（Broberg，2016 年）。在华盛顿州的普吉特海湾地区，亚马逊（Amazon）、Expedia 和微软（Microsoft）等科技公司都将办公地点从郊区总部和以汽车为导向开发的卫星城，搬到了支持公共交通的西雅图市中心和附近街区。商业地产的售价和租金持续上涨或许是最好的晴雨表，代表了雇主为适宜步行的、支持公共交通的混合用途城市区域所支付的溢价。

自 2000 年以来，《公交都市》中介绍的许多适应性城市，都经历了规模盛大的城市再生。斯德哥尔摩和哥本哈根这两个斯堪的纳维亚城市最初被誉为"公交都市"，是通过在再生地上建设公交导向型开发区，以高质量的轨道交通服务串联，并在 TOD 区域之间点缀有开放的绿地，也就是所谓的"珍珠项链"的比喻。在那之后，斯德哥尔摩按照 1999 年的"向内建设城市而不是向外扩张"的整体规划，为了在 2050 年之前实现零碳排放的目标，开始将重点转移到战略性内填式开发和棕地再开发。市场给出了良好的反应：从 1960–1980 年，斯德哥尔摩市的人口减少了 20%；但在 1980–2010 年期间，该市人口增长了 31%（Sclar & Lönnroth，2014 年）。斯德哥尔摩市的城市再生最典型的例子是在一处旧工业用地上兴建的哈马碧新城。哈马碧新城是一个能源自给自足、零废弃物的生态社区，有一条新建成的内环电车轨道与外部连接。哈马碧新城整合了绿色城市化、绿色建筑和新型有轨电车、汽车合乘和共享单车等可持续交通项目，是一个"绿色 TOD 区域"，与收入水平类似的郊区项目相比，能够减少三分之一的碳排放和能源消耗（Cervero & Sullivan，2011a）。本来可能被建成沥青停车场的土地，被建设成社区花园、游乐场和开放空间。除了减少热岛效应和水污染等环境效益以外，在市区内创建一个禁止机动车通行、适宜步行的混合用途社区还带来了人口结构的多样化，既有千禧一代和空巢老人，也有有孩子的家庭（Cervero & Sullivan，2011b）。哥本哈根也进行了类似的改造，尤其是将停车场用地改造成公共广场，将车行道改造成自行车道等。建筑师及规划师扬·盖尔记录下了这些改造项目，下文将展开讨论。

经济全球化、现代化和自动化所带来的就业结构性变化，也彻底改变了城市的景观和工作者的出行方式，尤其是千禧一代甚至更年轻的群体（如在iPhone 手机和流媒体服务时代成长起来的 Z 世代）。终身雇佣和在垂直一体化公司内按部就班升职的模式，正在被暂时性雇佣或者按照现在的说法正在被"零工经济"所取代，这种趋势的标志就是独立承包商、顾问、自由代理人、自由职业者、兼职人员和外包人员之间组成的横向网络。共享办公空间的迅速崛起也是现代工作环境的特征之一。职场的流动性大幅增加，比如快速换工作、初创公司和并购的快速增加、利用 LinkedIn 人脉寻找短期工作或者每月更换办公地点等。就业流动性和家庭人口数量减少的趋势相结合，预示着未来会出现更没有规律、更原子化的出行模式，尤其是与就业有关的行程。这种变化有利于发展适应性公共交通。适应性公共交通的标准化程度较低，市场响应性更高，能够适应空间、时间甚至客户出行偏好（针对注重方便、有时间意识的千禧一代的应用程序，支持叫车服务和自动支付等功能）等方面的交通需求变化。微公交服务，如私人通勤微型公共汽车（如奥斯汀的 Pickup）、动态商务车合乘（如纽约的 Via）、动态拼车（如 Carma、Scoop、Waze Carpool 等）以及类似于出租车的汽车合乘服务（如 UberPool Express 和 Lyft Line）等，都能很好地满足这些市场偏好。

千禧一代在地理位置和生活方式上的偏好，以及就业的结构性变化，使 21世纪的公交都市更有可能采取混合型都市发展模式：既有适应性城市更适宜的步行环境，也有以灵活的需求响应式共享出行为标志的适应性公共交通。技术进步可能进一步扩大类似的影响力，下文将讨论相关话题。

4 变革性技术与城市的未来

城市交通领域实现可持续发展未来的进展，很大程度上受到路径依赖的约束，这种依赖不利于重大的技术突破、范式转变和行为改变。一系列根深蒂固的力量成为阻碍我们改变城市设计方式和出行方式的重大障碍，比如汽车作为主要出行方式的支配地位、汽车制造和服务在现代经济中的主导地位、在郊区的细分地块中进行低成本住宅开发（得益于汽车和政府出资建设的机动车道）等长期存在的做法。

交通领域的学者认为，我们在城市中的出行行为模式改变将通过破坏性力量来实现（Garrison，2000 年）。在城市中，这种破坏性的力量可能包括气候变化。许多人认为气候变化将提高现有及未来社区设计弹性的重要性。另外，破坏性力量还包括变革性的技术，例如基于应用程序的新兴产业，提供了全新的城市出行模式（如 Uber 和 Lyft）等，当然还有许多未知的领域，比如全自动无人驾驶汽车。笔者认为，这些破坏性技术将进一步推动更多混合型公交都市的诞生，它们将具有适应性城市和适应性公共交通这两方面要素。

4.1　智慧交通与自动驾驶汽车

信息通信技术（ICT）的发展正在使我们想象中的城市愿景逐渐变成现实：城市里布满传感器，由卫星监控车辆移动和防止发生车辆碰撞。自动驾驶技术，如自动刹车、自动停车、车道偏离警告和自适应自动控速系统等，已经被广泛应用于当前最高端的车型。福特汽车公司最近提出其 2021 年的全部车型实现四级水平的自动驾驶这一目标，汽车上将配备全部司机控制系统，但在特定路况和气候条件下可以转换为全自动驾驶模式。西班牙桑坦德等地区承诺建立未来智慧城市，在建筑和路灯杆内植入了超过 1.2 万个传感器，用于持续监控交通状况、停车空间和空气污染情况。这些大数据经过处理之后，用于调度需要清空垃圾桶的时间，为机动车驾驶员导航最近的可用停车位，按秒调整交通信号灯以保证交通通畅。

信息通信技术、联网汽车和无人驾驶汽车可能对出行需求、拥堵水平和城市形态产生的影响，最近引发了激烈争论（Jeekel，2015 年）。虽然没有人质疑这些技术将使出行变得更安全，但人们对其他领域却看法不一。一方面，无人驾驶汽车预计将降低出行和停车的“广义成本”，因此会诱导出行，从而增加车辆行驶里程。比如无人驾驶技术使汽车的行驶速度更快、间隔距离更近，实际上增加了公路通行能力；通过减少路面碰撞降低偶发事故发生率（60% 的交通拥堵是因偶发事故导致的）；使老年人、青少年和残疾人等目前无法驾车的人群能够乘汽车出行；使汽车司机能够在途中做其他事情（如用手机发信息等），可以减少在城市内出行的压力，从而降低他们在车内对于出行时间阻抗的感受。另一方面，在技术支持下的智能定价（如实时拥堵费）和共享应用自动汽车，尤其是在千禧一代当中，将缩短车辆行驶里程。千禧一代正值人生的黄金时期，处在消费最高峰。这两个因素会促进紧凑式开发，缩短行程，从而减少车辆行驶里程。

在美国开展的交通预测显示，新技术增加车辆行驶里程的影响大于减少车辆行驶里程的影响，因此导致出行净增加。对旧金山、西雅图、亚特兰大和费城等地无人驾驶汽车的影响进行的交通需求模拟预测，这些地区的车辆行驶里程将增加5%-20%（与没有无人驾驶汽车的情形相比）（Guerra，2016 年）。如果这些预测成真，公交都市模式，无论是适应性城市还是适应性公共交通，都将失去意义。城市将朝着以汽车为中心的方向发展，而不是以公共交通为导向。然而，这种情况是可以改变的。比如利用技术推广更智能的公共交通和绿色交通，以及"设定合理的价格"（如更智能的定价），可以减轻甚至消除信息通信技术增加出行的影响。或许更重要的是共享（而不是拥有）自动驾驶汽车，通过实时拼车填充空余座位。最近，美国七个地区对 2035 年之前自动驾驶汽车增长情况的预测估计，如果 50% 的自动驾驶汽车用于共享出行，可以将增加的31% 的平均车辆行驶里程减半（Milam & Riggs，2018 年）。

4.2　网约车与汽车合乘服务

过去十年见证了新型交通模式的爆炸式增长，这些交通模式填补了价格昂贵的、排他性的出租车服务与高度标准化的线路/时刻表固定的公共汽车服务之间的空白。从网约车服务 Uber 和 Lyft 到各种形式的微公交，包括私人通勤迷你巴士、动态商务车合乘和动态拼车以及电动摩托车和电动自行车等真正的微型交通工具，各种各样的出行服务提供商利用智能手机技术，乘着协同消费增长的东风，在世界各地城市的大街小巷提供出行服务。新时代的微出行在发达城市几乎难得一见：在雅加达，摩托出租车服务 GoJek 大受欢迎，用户可以利用智能手机应用叫车和付费，由女性运营专为女性提供摩托出租车服务的 BluJek 同样备受喜爱。对于消费者而言，新时代的交通出行服务自然是好消息，不仅丰富了他们的出行选择，用经济学家的话说，这些服务为消费者提供了前所未有的"服务和价格点"。笔者与加州大学伯克利分校的同事通过研究旧金山的网约车服务发现，网约车最吸引消费者的是方便和节省时间：人们使用 Uber 和 Lyft 的主要原因是使用智能手机方便支付和叫车，平均等待时间较短（与出租车相比）（Rayle, Dai, Chan, Cervero, & Shaheen，2016 年）。不出意外，千禧一代尤其看中这些优势。

私营行业基于应用程序的交通出行服务，其发展速度似乎是势不可挡的。在美国、欧洲、中国和印度这四个关键市场，乘坐网约车出行的行程数量从 2013 年的约 10 亿次激增到 2018 年的约 140 亿次（Meyer, De Vleesschauwer, Pravettoni, & Griffiths，2019 年）。虽然有人设想过 Uber 和 Lyft 等服务会成为公共交通机构的合作伙伴和补充，但事实上它们似乎逐渐成了公共交通的竞争对手。一项最新研究发现，60% 的网约车行程，在没有网约车服务的情况下本可以通过步行、骑行或公共交通完成（Clewlow & Mishra，2019 年）。另外，洛杉矶等城市尽管斥资数十亿美元新建了轨道交通线路，但由于 Uber 和 Lyft 的竞争等原因，公共交通的载客量却大幅下降（过去 5 年下降了 20%）（Nelson，2019年），进一步证明了网约车与公共交通的竞争关系。

虽然网约车服务会逐步削弱城市公共交通的作用，但当 Uber 和 Lyft 用户开始利用汽车合乘以分摊车费的时候，这种服务可能会改变我们所认知的"公共交通"，将提升动态汽车合乘在交通领域的地位。随着规模持续扩大和单位成本的降低，共享出行已经成为 Uber 和 Lyft 等公司增长最快的市场。2016 年，UberPool 的业务遍布美国 30 多个城市，其中部分城市超过一半行程通过UberPool 完成（Hawkins，2016 年），而且其美国业务一直在稳步扩张。在洛杉矶和旧金山，共享出行服务（UberPool 和 Lyft Lines）空前繁荣，有时候会作为"站车"，这是加州二十年前为其城市轨道系统设想的一种微出行模式（Cervero，1997 年）：2014 年，洛杉矶和旧金山分别有 14% 和 10% 的 UberPool行程起始地点和终点是轨道交通车站（Hawkins，2016 年）。

真正具有变革性的措施是根据经常有乘客上下车的地点，绘制出"热点"地图并围绕"热点"组织服务，使共享出行服务能够成为城市出行的主流，并推动适应性公交服务模式的发展（图Ⅰ）。客户步行几个街区前往热点，作为回报可以获得车费优惠。热点实际上把许多行程更复杂的合乘匹配变成少数出发点和少数目的地之间更容易的匹配方式。如果人们在热点上下车，而不是在各自的街道地址上下车，设计一种旅行商算法沿一条线路接多位乘客要容易得多。2018 年，Uber 使用热点图在旧金山、波士顿和其他六个美国城市设计了类似服务，名为 Uber Express Pool。客户乘车时，通常会步行几个街区前往上车点，到达下车点后会步行到最终目的地，作为回报，与门对门的单人网约车服务相比，客户可以获得 70% 的车费优惠。

有人认为，自动驾驶汽车与汽车合乘的结合，将会真正改变交通出行领域。谷歌自动驾驶汽车部门 Waymo 将汽车合乘订阅服务形容为公司的"终局之战"，利用 3D 激光雷达地图绘制和全天候存储道路、交通与乘客需求等大数据，优化向订阅用户交付的无人驾驶汽车合乘服务的质量（Jiang, Petrovic, Ayyer, Tolani, & Husain, 2015 年）。Waymo、Uber 以及投资共享出行市场的其他科技公司都认为未来他们会成为"共享出行领域的 Spotify"，即作为一站式服务商，以不同的价位和舒适度/便利度，针对任何出发地-目的地组合，向订阅用户按需提供"出行即服务"（MaaS）。通过 MaaS，出行变成了一种工具，类似于不相关的人共用的电梯、自动扶梯、机场旅客输送系统等。有人猜测，通过减少人们对汽车的情感依附，未来会大幅减少私家车保有量。国际交通论坛的研究（2015 年）估计，到 2030 年，大城市内"机器人出租车"（即无人驾驶共用出租车服务）将取代 90% 的私家车，将消除路边停车需求，减少交通拥堵。在中等城市，机器人出租车可以在城市内提供乘坐 3 - 4 名乘客的"微公交"服务，

图 I　丹佛市 Uber 叫车服务热点图
(资料来源: http://ridesharetips.com/maps/)

使传统公共交通成为过去式。如果这种预测实现，这将是适应性公共交通服务的原型。

　　但未来的机器人出租车和共享智能城市交通，原则上因为减少了汽车和停车空间的数量，因此也可能有利于进行公交导向型开发、内填式开发和建设适宜步行的社区。网约车服务本身无论是否用于汽车合乘，都与低汽车保有量密切相关: 2015 年的一项调查发现，Uber 和 Lyft 乘客的平均汽车保有量为每个家庭 1.05 辆，而在 Uber 和 Lyft 服务的城市内所有家庭的平均汽车保有量为 1.50 辆 (共享出行中心，2016 年)。这体现了千禧一代对共享经济的偏好: 例如，旧金山对网约车服务的研究发现，四分之三 Uber 和 Lyft 乘客的年龄为 15-35 岁，这一年龄段在经常乘坐出租车的乘客中占 44%，在城市居民总人口中占 30% (Rayle 等人，2016 年)。

　　20 世纪拥有私家车和单人乘车出行的模式是不可持续的。汽车通常每天有 23 个小时是闲置的。即使在被使用的时候，汽车四个座位通常有三个是空座。对于许多行程而言，汽车耗能过高、占地过多: 人类活动产生的碳排放导致气候模式日益不稳定，海平面不断上升。在这种情况下，用一个 2 吨重的钢架在社区里运送 150 磅重的人，是一种浪费，是不可原谅的。通过减少汽车数量降低汽车的碳足迹，能够增加城市的人口密度，从而缩短出行距离，使合乘无人驾驶汽车变得更容易、价格更低，从而开启一个良性循环。

4.3 智能定价与技术

除了智能微公交以外，为了减轻自动驾驶汽车和智能汽车技术可能产生的诱导出行和无序扩张的影响，更智能的定价同样至关重要。当有的汽车在静止，有的汽车在移动的时候，就需要智能定价。旧金山在 SF 停车试点项目中引入了动态停车定价制度。Donald Shoup（2005 年）认为，为了防止车辆过度行驶寻找开放停车空间，路边空间的利用率不能超过 70% - 80%。太多路边空间不被使用也是一种浪费，因为这些空间也是宝贵的城市土地。SF 停车项目在路边空间共安装了约 6000 个传感器。这些传感器一方面可以告知机动车驾驶员距离最近的停车点，同时可以调整停车价格，以实现空间占用率 70% - 80% 的目标。街区被占用空间较少的一面，每小时的停车费会下调 25 美分。总是被停满车辆的街道停车费更高，每小时高达 6 美元。在该试点项目前两年，车辆寻找停车点行驶的英里数和尾气排放量减少了 30%（旧金山市交通局，2014 年）。此外，司机寻找停车场耗费的平均时间减少了 43%，节约了 5 分钟（Millard - Ball，Weinberger，& Hampshire，2014 年）。智能停车收费对公交都市的贡献是作为"自动均衡器"，帮助"设定恰当的价格"，从而吸引更多乘客乘坐公共交通和践行公交导向的生活方式。

在《公交都市》一书中，新加坡通过加强交通需求管理（TDM）被树立为公交都市的典型。新加坡采取的最显著的交通需求管理措施是电子道路收费系统（ERP），通过闸门和车载收发机，对高峰时段进入管制区域的机动车收费。新加坡率先开征拥堵费，伦敦和斯德哥尔摩也很快推出了类似的政策。然而拥堵费相当粗糙，这种转嫁拥堵费的方式通常是不公平的，不一定能够体现每一位机动车驾驶员对于交通拥堵的边际贡献。新加坡正在利用智能技术，推出下一代 ERP，通过全球导航卫星系统（GNSS）根据实际拥堵情况动态调整价格。ERP 2.0 版将根据机动车驾驶员使用的拥堵路段的实际长度设定价格，将按照驾驶员的出行时间、地点和距离进行收费。这种基于车辆行驶里程的拥堵费，将使新加坡比其他任何城市更接近于社会边际成本定价。交通经济学家们一直主张社会边际成本定价是大幅减少交通拥堵和排放所必不可少的。这也将加强该城市国家在全岛进行公共交通导向型开发的坚定承诺。

另外，新加坡向混合型公交都市方向转变的另外一个信号是推出了新型创新地面公共交通。比如，新加坡正在测试自动驾驶班车，旨在连通与快速公交车站之间的第一英里/最后一英里。新加坡在两个郊区快速公交车站安装了自动高架旅客输送系统，与机场中使用的系统类似，连接到周围超出 5 - 10 分钟步行距离的住宅。Jerry Schneider 形容使用旅客输送系统或个人快速运输系统（PRT）连接住宅与附近的地铁站，是一种"扩展 TOD"。Roxanne Warren 在有关人性尺度的交通出行研究中提到，在密集的郊区开发项目中，个人快速运输系统与地铁的接口是"都市绿洲"（Warren，1997 年）。但旅客输送系统的建造和维护成本极高。更经济的做法是使用自动化技术，在地面开通"智能摆渡车"。新加坡陆路交通管理局最近与多家民营企业合作测试自动驾驶电动站车和自动驾驶班车，这些汽车在本地街道上运行，连接三条线路上的多个商业园和两个快速公交车站。经过预编程的智能自动驾驶班车目前仍有安全驾驶员；但随着程序的日益成熟和问题不断解决，新加坡的站车将完全实现自动化。智能定价和智能班车是新加坡建设"减少用车"的社会的重大举措之一，旨在实现零汽车增长，最终提供"出行即服务"，取代私家车（Hean，2019 年）。

4.4 电子商务

另外一种技术驱动的趋势是电子商务。电子商务具有变革潜力，可能会重塑 21 世纪的公交都市。在线购物的增长速度惊人。2014 年，全球在线购买的零售商品总值超过 1 万亿美元，占零售销售额的 6%，而十年前这一比例不足 1%（Berg，2016 年）。截至 2018 年底，美国十分之一的零售销售额来自在线购物（美国商务部，2019 年）。因此，城市内的货物运输模式正在发生着根本性的变化：从卡车将货物运送到实体店，到以包裹的形式运送到购物者的家门口。随着千禧一代成为在线购物的主力，并且他们越来越多地生活在市中心，新的城市物流挑战开始显现，尤其是越来越多的货运卡车进入市区住宅社区和紧凑的城市区域。亚马逊等大型电商企业在许多美国城市的周边和远郊建立了货物仓储集散物流中心。为了节约成本，通常会统一安排货物配送，并使用旅行商算法减少市中心街道上的货运车辆行驶里程。但依旧会有一些前所未有的新问题突然出现，例如住宅社区内的噪声污染、烟雾和交通中断增加，FedEx、UPS 等快递公司的车辆频繁行驶会进一步破坏人行道等。随着运货卡车越来越多，有些人认为应该根据"完整街道"的原则，为这些货运车辆提供集运区域、路边提货空间甚至人行道。人们认为，与行人和骑行者一样，货运卡车是街道空间的合法使用者，也应该有通行的权利。有人甚至呼吁拓宽公路和加厚人行道，以满足日益增多的货运卡车通行。然而，这样做是在重视出行而忽视场所，与公交都市模式的观点是相悖的。公交导向型社区将场所营造作为重点。更符合这种观念的做法是在社区公交车站附近设置货物投放/自提箱，或者将过时的本地购物中心内的空闲店铺甚至已经停用的公立学校改造成货物自提区（Haake，Wojtowicz，& Amaya，2016 年）。这样做可以减少卡车出行，或者至少阻止卡车进入社区中心。为了最大程度减少社区内的卡车流量，德国多个城市在社区外安装了包裹投递箱，个别投递箱还带有冷藏功能。

5 21 世纪的混合型公交都市

本文所讨论的诸多强大的趋势和技术进步，正在深刻改变着世界各地的家庭结构、生活方式选择、出行模式和城市与区域形态。这些变化将重新塑造 21 世纪的公交都市。将公交都市分为适应性城市和适应性公共交通，可能适用于 20 世纪，但在 21 世纪已经不合时宜。今天的公交都市大部分为混合型都市，不仅有设计完善的公交导向型开发区，还有各种灵活的、接近门对门的公共交通。因此，现代公交都市在许多方面的适应性，一方面能够提供丰富的出行选择，例如大容量公共交通、微公交、步行和骑行、私家车以及汽车合乘和共享单车等，另一方面城市的建成形态能够满足城市居民不断变化的生活方式偏好。

与新加坡一样，在《公交都市》中也将哥本哈根评为适应性城市，其采取了紧凑的混合用途开发模式，住宅和商业开发项目分布在轨道地铁线路周边。与斯德哥尔摩类似，哥本哈根的初代 TOD 开发区以郊区走廊为重点；但过去几十年，该市将注意力转移到了城市再生，包括通过土地回收压缩使用私家车和停车的空间。1962 年，哥本哈根 18 个公共广场都是停车场；今天，这些公共广场都变成了无车区域，供行人和骑行者通行（Gehl & Svarre，2013 年）。哥本哈根还大力建设骑行基础设施，曾出台政策要求公路容量每增加一平方米，必须至少增加相同面积的自行车道，提高自行车道通行能力。哥本哈根是目前欧洲最适合骑行的首都城市，当地超过三分之一居民采取骑行通勤，前往郊区火车站的行程同样有超过三分之一采取骑行的方式（Martens，2004 年；Pucher & Buehler，2008 年）。从这种意义上来说，哥本哈根的轨道交通走廊属于扩展 TOD 区域，有紧凑的、适宜步行的开发区，同时有高质的自行车道和零排放公共汽车连接远离市中心的区域。自行车基础设施的范围即将超过轨道交通走廊。目前，哥本哈根大都市区正在建设 26 条骑行超级高速公路，长度达 300 公里，这些立体交叉的自行车道支持在该区域内进行长途骑行。此外，哥本哈根还在利用智能技术提高自行车出行速度：智能手机应用程序支持骑行者自行调整速度，以跟随"绿波"穿过有交通信号灯的十字路口，同时还为共享自行车服务提供路线导航辅助和 GPS 跟踪。正是通过增加绿色出行选择，使哥本哈根等地区逐渐变成一个混合型城市，而不是公交导向型都市。

中国广州也是一个混合型公交都市。广州号称拥有亚洲最高效的快速公交服务，其在高峰时段运送的客流量是拉丁美洲以外任何快速公交系统的 3 倍以上（Suzuki, Cervero, & Iuchi, 2013 年）。

这在一定程度上得益于将快速公交服务与"地势"相匹配。广州没有采用需要乘客换乘的"干线–支线"系统，而是选择了"直达"服务，类似于中国许多人口密集但分散的城市中的出行模式（Yang, Shen, Shen, & He, 2012 年）。广州大部分快速公交线路集中在 23 公里长的市中心公交专用道上，这些快速公交既是干线车辆，也是支线接驳车辆（图 II）。沿公交专用道高速行驶的公交车变成社区支线公交，能够提高区域连接，减少换乘，甚至可以使部分

图Ⅱ　中国广州的直达"适应性快速公交"服务
在市中心23公里长的快速公交主干线上，有大量紧凑式的混合用途公交导向型开发区，
31条快速公交线路将区域内的社区联结起来，充分结合干线和支线服务。
[资料来源：Cervero（2013年）]

乘客完全避免换乘。因此，广州市基于公共汽车的服务被称为"适应性快速公交"（Suzuki等人，2013年）。广州快速公交主线沿线的大部分车站都是公交导向型开发区：是集中在车站步行5分钟距离内的混合用途开发区。广州市的快速公交主干道，通过缓坡人行天桥和与附近建筑的二层相连的同一层综合通道，实现了行人与周边开发项目的无缝连接。广州的快速公交主干道将高质量快速公交服务和车站的步行通道相结合，在主干道沿线吸引了高层商业建筑，因此在快速公交投入运营的前两年，主干道沿线的房价比非TOD项目高30%（Cervero & Dai，2014年）。

　　一些新兴技术，如自动驾驶汽车和联网汽车等，可能会增加机动车出行从而导致城市无序扩张，因此存在争议。在减轻甚至消除这些技术的意外后果方面，公共政策将发挥极其重要的作用。公共政策尤其应该推动这些技术向更智能的公共交通、绿色出行以及对使用汽车执行边际社会成本定价（如新加坡）等方向发展。公共部门还应该为推广高效的、市场响应式的微公交扫清障碍，例如动态汽车合乘等。在这方面的关键是放宽限制市场准入、服务交付选择和创新定价的出租车规定，淘汰通过出租车牌照调节供应这种过时的和造成市场扭曲的制度（Cervero，1985年；Gilbert & Samuels，1982年；交通研究委员会，2015年）。公共政策还应该在发展包容性公交都市方面发挥重要作用。以中央圣吉尔斯项目为例。该项目是伦敦市中心的一个混合用途TOD项目，靠近托特纳姆宫路地铁站。交通与发展政策研究所（2014年）按照TOD标准，将中央圣吉尔斯项目评为全球"最佳"TOD项目，在满分100分的"TOD评分"中得到了99分。除了结构紧凑、土地用途多样和高度适宜步行以外，中央圣吉尔斯项目另外一个得分点是其包容性。为了推广可承受的城市生活，为中等收入人群在中央圣吉尔斯居住创造机会，伦敦市允许该项目开发商额外开发两层商业项目，作为交换，该项目 109 套住宅中接近一半按照低于市场价出售。

幸运的是，支持可持续交通（如基于 GPS 信息的 VMT 收费和动态汽车合乘等）的公共政策，也会推动可持续城市化，包括 TOD 开发。例如，2006 年，俄勒冈州波特兰市开展车辆行驶里程费试点，结果发现在人口密集的混合用途社区生活的市民减少的车辆行驶里程远超过生活在其他地区的市民（Guo，Agrawal & Dill，2011 年）。这表明包括 TOD 开发、微公交和智能定价在内，支持发展适应性城市的政策之间有较强的相互影响和积极的协同效应。按照《公交都市》中提出的愿景，推动在公交走廊沿线建设更适宜步行的社区、鼓励通过慢速出行方式短途出行以及接受智能清洁技术和智能定价的公共政策，将为实现可持续发展的城市未来开辟道路。

译者序

　　2007 年，宇恒翻译了罗伯特·瑟夫洛教授先生于 1998 年写作完成的《公交都市》。作者在书中提出了公交都市的概念，并深入浅出地讲述了 12 个分属于四个类型的公交都市的成功故事。本书得到了很多城市决策者、公交从业者和规划设计人员的好评，并于 2013 在第三届钱学森城市学金奖"城市交通问题"征集评选活动中荣获"金奖"。到目前为止，2007 年译本和 2014 年重印版本一书难求。我们经常接到同仁们的问询，希望能够再次出版，使本书能为更多读者参考或作为培训、教学之用。

　　本书出版前，我们特邀原作者罗伯特·瑟夫洛先生为中文版重印写序，希望他能够更新一下近 20 年来国际上公交都市新的发展趋势。为此，他专门将为迪肯博士 2019 年的新书《交通，用地和环境规划》中所撰写的第七章"公交都市：21 世纪的视角"，作为中文版序。我们将它翻译给大家，希望读者和我们一起，从本章中一窥公交都市发展所面临的新的需求和应对策略。

　　相比于 2007 年，中国的城市化、机动化水平和公共交通发展水平已经不可同日而语。公共交通的发展从数量到品质已经跃上了一个新的高度。轨道交通的高速发展、新能源公交车的使用、新的智能公交技术的应用等都为今天中国公交的高效节能、舒适性、准时性和可靠性提供了坚实的基础。而以公交为导向的开发模式（TOD）也更加得到认可，公共交通在城市经济可持续发展、助力城市集约发展、绿色可持续发展中的作用得到决策者和民众的广泛认同。特别是公交都市的创建更是为全国不同区域、不同规模和不同经济发展水平的城市积累了宝贵的经验。今天，再一次重温《公交都市》带给我们的案例和经验，有助于我们深入挖掘公交都市的内涵，应对公共交通今天所面临的新挑战和机遇。

　　在此，特别感谢原作者罗伯特瑟夫洛先生的中文版序，感谢能源基金会对本书的资助，也特别感谢中国建筑工业出版社给予本书再次面市的机会，让更多读者受益。

宇恒可持续交通研究中心

王江燕　撰

前言

环顾世界各地，公共交通与私人小汽车不断地进行着艰难的竞争。在许多城市，城市公交的市场份额正在迅速地减少。批评者认为大部分公交系统运营亏损，公交是次等的机动化交通方式与当今社会的发展趋势不协调。还有些人认为，由于公交运送乘客的人数少及效率不高，公共汽车和轨道交通在许多特定的情况下对空气质量和环境甚至造成更大的危害。虽然导致公交出行比例萎缩的原因有多种，但最终都归结到一个事实：即其主要竞争对手"私家车"的实际使用成本被严重地低估，城市的快速郊区化也打击了公共交通的发展。然而，在最近几十年来，世界上仍有十多个大型城市不为这种潮流所动，想方设法打造出世界一流的公共交通服务系统，这些系统都具有效益高、节约能源和可以体面地替代私家车的特点。例如，在新加坡和哥本哈根，城市扩展沿轨道交通走廊展开，并造就了适合公交出行的城市用地模式；在渥太华和德国的卡尔斯鲁厄，公共交通系统被设计成无需换乘即可将乘客有效地运送到目的地附近。

是什么因素将这些都市与其他城市区分开来呢？我决定编写这本书的原因，部分是出于好奇心，部分是我感到这个问题真的值得探讨。在本研究的初期，就已经清楚地显示出，这些都市与其他城市的区别在于他们的公交服务和用地布局相适应，好像手套与手的紧密吻合的关系一样。尤其这些都市都是具有高度适应能力的城市——要么他们的城市功能被规划和建设成适应于利用城市公共交通的出行，要么公共交通系统被量体裁衣地规划和建成来适应于已存在的城市形态。正是这种公共交通服务和城市用地之间的和谐使得这些城市成为著名的公交都市。

读者会发现可持续发展主题贯穿着整本书，我认为应该如此。自从有人类历史以来，我们城市所拥有的有限资源、自然景观、社会和经济福祉从来没有面临着比今天更大的威胁。其中一个不能忽视的原因是我们日益依赖私家车来出行。在新世纪即将到来之时，我们发现我们处在城市与城市区域该如何增长和发展的艰难抉择时刻。我相信，公交都市是一个有前景的交通模式，是一条通向未来的可持续之路。读完这本书后，我希望你也会有同感。

与众不同的是，这本书没有任何的资金赞助。似乎没有人感兴趣付钱让一位学者在世界各地乘坐轨道交通和公共汽车来进行学术调查和讲述公交都市的故事。这部书是我过去四年在做其他研究项目时，将各个城市的例子汇编而成的。在世界各地从事其他业务时，我会花四五天顺道访问这些城市，进行实地考察，并收集编写此书所需要的数据。我逐渐发现，最先几个被研究城市的发展模式不断出现重复，很显然应该有一本书来反映公交都市的内容。

如果没有许多个人和机构的帮助，这样规模的一部书是不可能写成的。我应该特别感谢这些从事相关主题研究的朋友和同事帮助我酝酿和完成这部书。澳大利亚默多克大学的杰夫·肯沃茨对于在城市中公共交通应扮演的角色方面提出了有创意的想法，同时还为本书提供了一些重要的照片。柏林技术大学的卡斯特·哥兹对慕尼黑、卡尔斯鲁厄和苏黎世实例的草拟章节提出了宝贵的意见和建议。对本书提出意见、建议和鼓励的还有：约翰·布切、肯尼茨·奥斯基、艾伦·杰克斯、皮特·豪和梅文·韦伯。此外，还有许多、许多人在我实地考察时给予了帮助、提供背景资料、互相交流意见、有时还担当导游，展现在他们生活的社区中为什么拥有优质公交服务的第一手资料。我特别要感谢的还有：斯德哥尔摩的珀欧夫·韦克斯焦姆、马格那斯·卡尔、阿克·波特和斯蒂格·斯瓦哈姆；哥本哈根的富蒂纳纳森、佛斯特·博文兰德、皮特·安德森、杰斯·毛乐、汉斯·乔根森、托马斯·派得森、厄斯特·鲍森和简·根哈；新加坡的布鲁诺·瓦尔德姆斯、安斯尼·秦和潘尼尔·瑞马斯；东京的卡苏涛西·欧塔赫和马萨哈如·福库亚娜；慕尼黑的哈伯特·考尼哥、迪特·韦尔讷、奥图·勾德克、皮特·布瑞纳尔、乌瑞·斯马和哈特穆特·陶普；渥太华的考林·李兹、尼克·塔纳克里夫、约翰·珀萨、爱兰·斯坦斯和卡罗·克瑞斯坦森；库里蒂巴的卡罗斯·森韦瓦、诺波图·斯塔维斯基、杰米·勒纳和乔纳斯·瑞宾欧维奇；苏黎世的厄内斯特·乔斯、马塞尔·瓦尔德哈伯、加比·兰根哈根、保罗·胡伯和鲁迪·奥特；墨尔本的保罗·米斯、大卫·颜肯、维克托·斯珀斯图、艾文·沃克、卢斯·金和艾兰·哈伯特；卡尔斯鲁厄的迪特·路德文、艾克塞·库、华纳·日门曼、巴斯汀·乔龙、华纳·卢森格特和道鲁斯·萨夫；阿得雷德的史蒂夫·哈姆耐特、托马斯·威尔森、乔·马斯全格罗和林赛·奥克斯雷德；墨西哥城的索尼娅·利茨、乔治·阿格拉、曼纽尔·珀鲁、乔西·米拉本特、黑客托·奥图纳诺和米格尔·日拉多；多伦多的约翰·加特纳、罗伯·普林格和布兰多·哈米利；波特兰的阿林顿、路德曼·芒罗、威廉姆·罗伯森和安德鲁·考图诺以及圣迭戈的托马斯·拉文、杰克·拉姆伯特、南希·布拉格托和比尔·利伯曼。

感谢我在伯克利大学的学生们，尤其是乔迪·坎特森、凯罗·哈图瑞、汤姆·卡克和阿夫瑞德·汪德，他们协助完成了翻译和文献检索的细节工作；还有简·斯林格出色地准备了本书需要的部分地图。克里斯·阿玛多帮助我们准备其中一些的图片和美化修饰工作；米浩·阮姆、卡瑞·派顿、伊丽莎白·迪金和巴巴拉·哈德佛特在伯克利城市与区域发展研究院工作期间给予了我多年的帮助；佛鲁布和克瑞姆在我漫长的写作过程中和凌晨电脑前伏案时给予了我灵感。

令我欣慰的是，我有热爱和理解我的家人，当我在各地考察时、在全身心投入研究时、在写出这部书稿时，完全忽略了他们。没有他们的支持，这部书是永远不可能编写完成的。发自内心地感谢我的家人，索非亚、克里斯托夫、克瑞森和亚历山德拉。

罗伯特·瑟夫洛

加利福尼亚州　奥克兰

第一部分
公交都市的实例

公交都市是一个区域，它的公共交通服务与城市形态互相配合默契可以有效地发挥公交优势的地方。在有些地方，这意味着紧凑、土地混合利用的城市发展模式很好地适应于轨道交通服务，而在另一些地方，这又意味着灵活、快捷的公共汽车服务适应于分散式的城市发展模式。不论哪种形式，其实质就是公共交通与城市的和谐共存。

本书的第一部分介绍了作为可持续区域发展典范的公交都市。公交都市在书中被分为四种类型，每一种类型都有在国际上具有代表意义的案例研究，这些公交都市都是在全球性对小汽车依赖日益加剧而产生威胁的情况下建立起来的。人们享受着小汽车给予的机动和自由，然而，个人的行为选择——随时随地驾驶的愿望——伴随的却是不断增加的高昂社会和环境成本，因此进行变革在现在要比在过去任何时候都更加势在必行。当公交都市再辅以其他形式的措施（如引入高昂的机动车附加费，以及公共交通智能技术）时，能够帮助控制交通拥堵、减少污染、节约能源和改善社会公平。这一命题将会通过本书中所展示的 12 个国际案例来体现。本书第一部分的目的是为了找出迫切需要的不同于当前城市化和机动化模式的替代发展途径，同时也作为规划、设计未来城市和公共交通系统的样板，公交都市在这方面具有很好的前景。

第一章

公共交通与都市：找寻和谐

　　公共交通与私人小汽车交通在世界各地持久地进行着艰难的竞争。在整个北美、欧洲的大部分地区，甚至大多数的发展中国家，私人小汽车在机动化出行中所占的比例都在不断增长，这是以牺牲公共交通系统的利益为代价的。在1995年美国公共交通出行占总个人出行的比例只有1.8%，公交的出行比例低于1977年的2.4%和1983年的2.2%。尽管美国政府花了数百亿美元用于投资新建轨道交通，公共财政也补贴了75%以上的运营成本，但公共交通所依赖的基本出行市场——上下班的通勤出行量依然不见增长。在全美国范围内，1983年时有4.5%的通勤出行是通过公共交通完成的，到1995年这一比例已经下跌至3.5%。

　　公共交通的角色不断的衰落也在欧洲拉响警报，一些观察家指出，像伦敦和马德里这样的欧洲城市，离变成洛杉矶和达拉斯那样以小汽车为主导的城市已经为时不远了。英格兰和威尔士的公共交通出行比例已经从1971年时的33%下降到1991年时的14%。自1980年以来，意大利、波兰、匈牙利和前东德地区的公共交通出行率也在急剧下跌，公交市场萎缩的情况还在布宜诺斯艾利斯、曼谷和马尼拉这样的超大城市出现。

　　这些趋势是由多方面因素造成的。在欧洲，造成这种衰落趋势的一部分原因是，政府开放公共交通市场后引起的票价急剧上涨。意大利和部分东欧国家因为取消了政府的投资，使得许多公共交通系统的基础设施建设和维修处于举步为艰的状态。但是公共交通乘客量下降的原因主要是，过去数十年来强大的城市空间和经济发展趋势的结果，而不是政府的明显的作为和不作为的原因。在全球范围内，导致公交市场占有率下降的主要因素有：个人收入的增加、小汽车数量的增加、小汽车行驶和停放的实际成本的下降，以及城市和区域中心向城市边缘分散化式的扩展。当然这些因素会在一定程度上相互作用，比如，个人财富的增加和小汽车行驶成本的下降促进了公司企业、零售商和居民向更低密度的郊区外迁。蔓延式的发展模式对大容量公共交通有极大的负面影响，今天出行的起讫点散布在地图上的各个地点，这使得大容量公共交通往往无法与具有灵活、门到门、无需换乘等特点的私人小汽车进行竞争。

然而，郊区化并不是在任何地方都在削弱公共交通系统，已经有一些城市和区域设法去扭转这种趋势，它们通过提供有效的公共交通服务，与不断增加的小汽车相抗衡，在有的地方甚至夺得了城市出行市场中更多的份额。我认为这些地方都很好地体现了达尔文的进化理念，自身有很好的适应能力。很明显这些城市在大容量公共交通服务与城市发展形态之间找到了一种和谐的关系。像新加坡和哥本哈根这样的城市，不管是由于土地稀缺、开放空间保护，还是鼓励被认为是更可持续的发展和出行模式，都通过调整用地模式创造了有利于乘坐公共交通（主要是乘坐轨道交通）的环境。这通常包括在建设轨道交通车站周边有吸引力的、设计良好的、对步行友好的社区，来将办公、居住和商业用地发展集中在那里。而另一些城市则选择了完全不同的途径，即接受当地低密度的、由市场主导的土地利用模式，并相应地调整大容量公共交通的服务和技术，以更好地适应低密度扩散发展的环境。这些城市是德国的卡尔斯鲁厄和澳大利亚的阿德莱德，都引入了灵活的大容量公共交通形式，并尽力效仿小汽车快速、门到门的服务特征。还有一些城市，如加拿大的渥太华和巴西的库里提巴，则处于前两种途径之间，一方面调整自己的城市发展形态，让城市发展形态变得能更加支持公共交通的发展，另一方面同时也在调整它们的公共交通服务，能让公交服务将它们的顾客送到离它们的目的地更近的地方，减少候车、加快换乘。这些城市已经找到了大容量公共交通服务和城市居住模式间可行的互动关系，它们正在成为或将要成为伟大的公交都市。

这些城市共同的特点——适应性——这是城市投资、再投资、组织、再组织、创造、再创造的过程中最为重要的一个环节。在这个资源有限，预算不宽松，以及文化标准、生活方式、技术和个人价值不断变化的世界里，适应性攸关自我的生存。在私营企业里，任何抗拒根据消费者需求和喜好改变而进行调整的企业是短命的，政府部门也正在越来越多地遵从于类似的标准。公众不再对于墨守成规不在乎或是容忍了，公共交通管理部门必须去适应变化，市政府和区域政府也是一样。诸如郊区化、通信技术的发展以及链条化出行的趋势，要求公共交通管理部门有新的方法来设计运营组织和服务，也要求开发商和规划师调整他们的社区和发展项目设计。当然，最理想的状况是所有的这些努力都相互紧密地协调，这种紧密协调的努力最有可能发生在那些有动力和具体举措，并能够打破地位牢固的传统做法的时候和地方，当然这在政府部门的工作中却不是一件容易的事。即便是公共交通最热心的拥护者也承认，都市出行中公共交通承担比例的不断下降表明了，需要有新的做法。我认为，那些能够恰当地随时调整的，在公共交通服务和城市发展形态之间找寻到和谐的城市，才是新世纪里公共交通有机会能与小汽车有效竞争的城市。

本书讲述了五大洲中的 12 个城市，是如何演变为或正在演变为成功的公交都市的。每个案例城市讲述了一个经过激烈斗争、不断完善并最终成功地使公共交通在现代城市中运作良好的故事。本书汇编的所有案例，为如何设计和实施更加经济、社会和环境方面可持续的公共交通服务，提供了深刻的见解和政策方面的一些启示。

应该注意的是，一个功能卓著和可持续的公交都市并不等同于一个公共交通在很大程度上取代私人小汽车，或是甚至承担了大多数机动化出行的地区，而是代表一种城市形态和机动化环境，那里的公共交通是比目前在许多工业化国家里存在的，更加值得尊敬一种能有效替代小汽车出行的交通方式。公交都市是一个公共交通与城市发展形态和谐共存、在发展过程中不断相互支持和促进的地方。因此尽管小汽车出行可能依然占主导地位，但在公交都市里因公共交通与土地利用紧密结合，仍然有足够多的出行者选择乘坐公共交通，将整个区域带向一条可持续发展的道路。

同样需要强调的是，本书对于公共交通与城市化之间关系的研究集中在区域的范畴而不是城市的范畴。近年来以公共交通来引导城市发展和新城市主义运动得到了学者们和媒体的广泛关注，但这些关注很多都放在了社区和居住小区的层次上，鼓励步行和提升社区凝聚力的细部设计吸引了很多以公共交通来引导城市发展和新城市主义拥护者们的注意。良好的设计毫无疑问是创建引导人们乘坐公共交通地区的必要条件，但光是这些条件明显是不够的。在以高速公路为引导的郊区化发展的汪洋中存在的一些孤立的以公共交通为引导的发展项目，并不能改变基本的出行方式或是整个区域生活的总体质量。确保以公共交通来引导城市发展成功的关键是确保在整个都市范围内进行有效的整合。尽管土地利用的规划和城市的设计在地方政府的权力范围内，但它们对出行所产生的影响却是区域性的。本书希望将焦点放在区域范畴内整合土地和公共交通系统的重要性上，同时本书也在找寻如何通过合理的途径，来构造可持续发展低密度用地的公交都市，也就是通过设计形式更加灵活的大容量公共交通来实现公交都市。

公交都市的类型

本书中的案例展示了在当代城市的背景下（也就是二战后的城市中心分散化发展），那些成功地将公共交通服务和城市发展形态协调在一起的城市。有一些城市——如纽约、伦敦、巴黎、香港、莫斯科和多伦多——绝对称得上是伟大的公交都市，但并没有包括在本书中，这是因为它们主要的公共交通投资在很早之前就已经开始（如伦敦），或者是因为它们的经验过于特殊（如香港不同寻常的高密度）或是已经被很好地研究和总结了（如多伦多）。由于本书集中关注那些实行自由市场经济的城市，来自于中国和其他现在和以前的社会主义国家的城市也都没有包括在内。因此在本书中展示的都是当代公交都市的最佳范例，是在过去半个世纪小汽车迅速增长并占据支配地位的年代里，主要处在自由市场经济的条件下的，发生公共交通系统与城市形态协调规划和发展的那些城市。

在本书中被回顾的 12 个公交都市案例可以分为四类：

- **适应性的城市**。这些是以公共交通来引导土地发展的城市，通过投资建设轨道交通以引导城市的发展，来实现更大的社会目标，如保护开放空间和在有轨道交通服务的社区提供经济适用住房。这些城市都是以紧凑型混合用地的郊区社区和新城镇集中在轨道交通车站周围发展为特征的。本书中适应性城市的例子有斯德哥尔摩、哥本哈根、东京和新加坡。

- **适应性的公共交通**。这些是在很大程度上接受低密度分散化发展模式的地区，通过合理地调整公共交通的服务和技术，以最好地适应这样的城市发展形态。本书包括的此类城市有基于那些不同公交形式的城市（如德国卡尔斯鲁厄的不同交通工具分享路轨的系统），也有基于服务创新的城市（如澳大利亚阿德莱德的导轨式公共汽车系统）和具有企业精神的小型公共汽车服务系统的城市（如大墨西哥城地区的联合模式）。

- **有强大市中心的城市**。苏黎世和墨尔本这两个城市都在一个范围有限的中心城市的背景下，通过利用与其他交通混行的有轨电车和轻轨系统为核心，提供整合型的公共交通服务，成功地将公共交通和城市发展结合在一起。在这些城市里，有轨电车被成功地融入到街景中，与行人和骑自行车者和谐共存。这些城市显著的市中心（在城市中心区的就业岗位和商场销售额在全区域中占有很高的比例）和健康的公共交通客流情况正是成功融合城市中心的重建与传统有轨电车复兴的有力证明。

- **混合型的城市**：适应性的城市和适应性的公共交通的混合。本书中的三个案例城市——慕尼黑、渥太华和库里提巴——可以被视作为典型的混合型城市案例，这些城市一方面将发展沿主要公共交通走廊集中，另一方面调整公共交通以有效地服务于扩散发展的郊区和远郊，并在两者之间实现了切实可行的平衡。大慕尼黑地区通过一个区域公共交通管理机构来协调，将重轨干线服务、轻轨和常规公共汽车支线整合在一起，在加强中心城区的同时很好地服务了郊区的发展轴线。渥太华和库里提巴都引入了以公共汽车专用道为核心的灵活的公共交通系统，同时将相当比例的区域内商业发展项目集中在公交专用道系统的主要车站周围。灵活的以公共汽车为基础的服务与在公共汽车专用道走廊沿线混合用地的发展相结合，在这两个城市产生了极高的人均公共交通乘坐率。

从案例中总结政策的启示和内在经验的方法，即包括在同一类型的公交都市中找寻相似的发展途径，也包括在上述四种不同类型的公交都市中找出在方法和经验上的不同。

图表是非常有用的形式，来表达这四种不同类型的公交都市在将公共交通与城市发展形态相结合时，在方式上有那些基本的不同点，以下是对不同类型的公交都市进行分析的图解概要。

适应性的城市

图 1.1 中的一维和二维图示，描绘了在适应性的城市中，区域公共交通服务与城市发展形态之间的关系，下部的二维鸟瞰图体现了将城市中央商务区与外围社区连接的放射形轨道交通线网。在有强大的占主导地位的中央商务区的都市内，轨道交通将外围社区和次级中心与中央商务区连接起来，就像是项链上的一串珍珠，成为适应性城市布局的原型。在轨道交通沿线的节点集中发展，并由此导致将出行限制在放射走廊的沿线，使得这样的布置从机动性方面来看是极有效率。结合了一个大的中央商务区、外围轨道交通车站周围集中混合用地的发展项目，以及长距离放射状的轨道交通连接，能够导致双向平衡的出行客流，这是以轨道交通为主导的适应性城市迈向成功的关键。

就像在本书中两个斯堪的纳维亚半岛上的城市——斯德哥尔摩和哥本哈根所实施的那样，轨道交通线路和受到保护的绿化带一起，构建了这样一种郊区化的发展

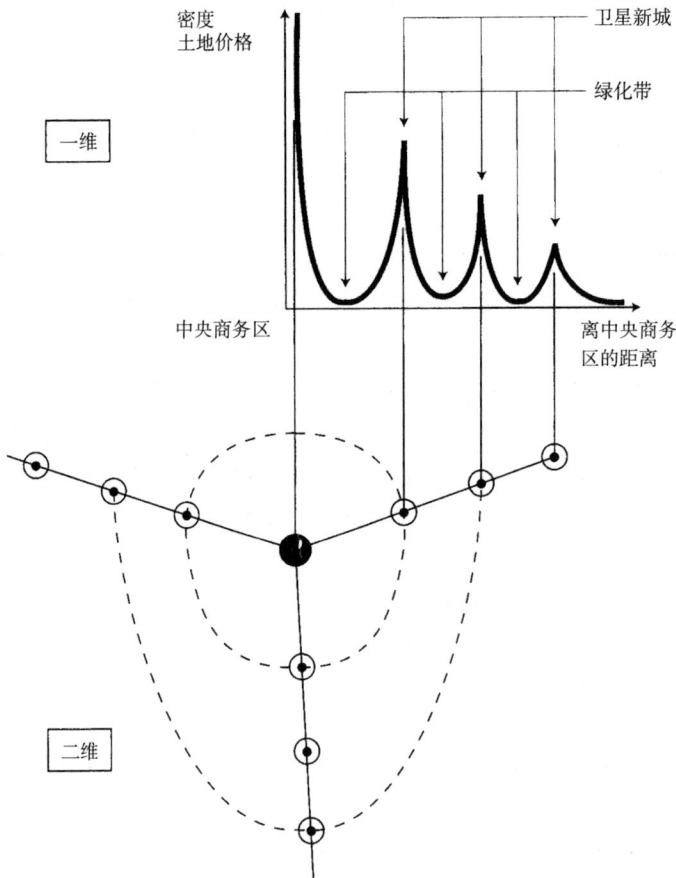

图 1.1　适应性城市中公共交通与城市发展形态之间的关系

形态：即用地紧凑的卫星城镇有效地相互连接，这些卫星城镇同时还与区域历史上形成的市中心相连接，区域的总体规划在创造出这种城市形态上起到了关键的作用。在图1.1中上方的图形中，纵轴代表密度和地价，横轴代表到中央商务区的距离，该图表示了在按照总体规划建设的，以轨道交通为导向的都市区中，密度/地价与离中央商务区远近关系的梯度分布。在中央商务区的密度和地价最高，在郊区的轨道交通车站附近密度和地价出现尖峰，当离开这些节点时，密度和地价迅速逐级下跌，在绿化带中降到零。

　　要建设成功的轨道交通都市所面临的挑战，远远超过设施的规划和形成开发的节点，认识到这一点是非常重要的，特别是要专注在新城镇和社区本身的设计。在斯堪的纳维亚半岛由轨道交通服务的郊区城镇，在城镇中心的轨道交通车站边上建有公共广场和露天市场，周密的设计创造了一个吸引行人和骑自行车者的环境。对宜居环境的强调是通过公共的景观设施来体现，如公园里的长椅、报刊亭、公交车站亭、路边咖啡店、露天市场、花坛以及为步行者遮风挡雨的拱廊。在斯德哥尔摩一些有轨道交通服务的卫星城，地下车站与超市共用空间，以便通勤人士能在下班的返家途中顺道购买日常用品。紧靠轨道交通车站的是禁止小汽车驶入的村庄式小广场，四周林立着更多的店铺和服务设施，其中包括托儿中心（这样父母可以将接送小孩的出行与自己使用轨道交通的出行结合在一起完成）。尽管从全球的标准上看，大斯德哥尔摩地区和大哥本哈根地区都有很高的人均收入和小汽车拥有率，但在这两个区域内的以轨道交通为主导发展的新城镇中，公共交通在就业居民的总通勤出行中占了高于60%的比例。

　　在那些前瞻者的著作中，播下了创建有总体规划的、以轨道交通为主导发展的都市的种子，像是英国的埃比尼泽·霍华德爵士和美国的爱德华·贝拉米，他们两人早在一个多世纪以前就推动了建立以步行为主导的"花园城市"的构想。霍华德和贝拉米提出建设由绿地分隔的、由城际铁路相互连接的一系列新城，并将此作为缓解城市过度拥挤，创造社会多样化、经济可持续的郊区发展形态的举措。重要的一点是，像图1.1中上半部分所示的那样，轨道交通车站周围土地价值的上涨，就提供了一种获取土地增值收益的形式，将对公共轨道交通的投资所引起的土地升值收回，并集中用于支持其他社区的设施和服务。正如本书第7章所描述的那样，在大东京地区的私营轨道交通集团目前正在运用这种获取土地增值的手段，将对郊区轨道交通的投资和新城镇的发展用促进相互赢利的方法捆绑在一起。

适应性的公共交通

　　与适应性的城市相比，适应性的公共交通是对于城市中心分散化发展的一种截然不同的反应。在这类城市中低密度向外扩展式的发展，是接受了在财富增加后和许多人希望过上他们喜好的生活方式，而产生的一种结果；公共交通随之被调整和重整来最好地服务这样的环境。为了贯彻这种做法，梅尔文·韦伯提倡未来的大容量公共交通模仿其主要竞争对手——私人小汽车的服务特征。在"小汽车与公共交通的结合"一文中，韦伯写道：

> 如果小汽车的巨大成功真的是由于其门到门的、无需等待的、不需换乘的服务，如果现代都市结构真的与使用大型车辆的公共交通系统不再相容……，我建议理想的郊区公共交通系统应该实现门到门的运送乘客，同时没有换乘和很少的候车时间。

图 1.2 展示了在极度低密度分散扩展，出行起讫点在整个区域范围内非常均匀分布的情况下，设计大容量公共交通系统所面临的挑战。这种居住环境产生了类似于布朗运动的几乎完全随机的出行模式——看上去出行是从区域内任意一点出发，去往其他任意地方。在过去几十年，世界上很多地方所发生的就业岗位和零售业从市中心搬向郊区的分散化发展，在很大程度上造成了穿越城区的出行和城区外侧向

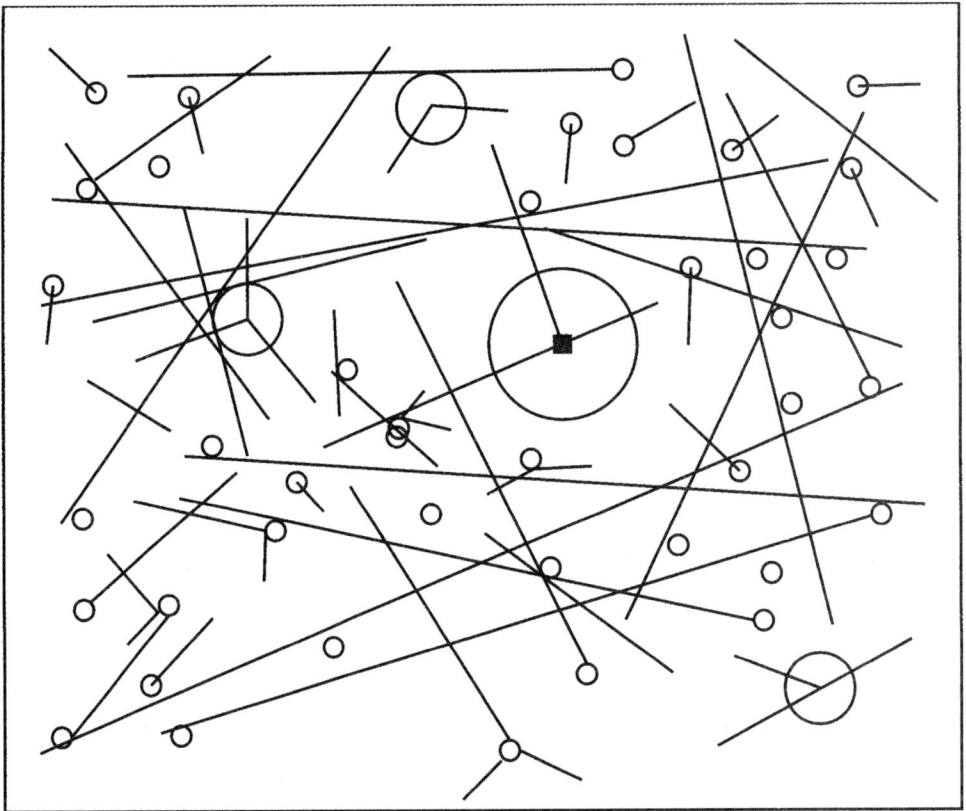

图 1.2 公共交通和分散化发展的都市。与大量的地点（用圆圈表示）相联系的看起来很随机的出行（用线条表示）模式

出行的迅速增加。越来越多的通勤者改变了沿着设计良好的放射状走廊在郊区和城市中央商务区间出行的模式，转向郊区至郊区的出行，并且常常被迫使用那些本来不是针对或引导这样的出行而设计的设施。在美国的工作出行中，起点和终点都在郊区的出行所占比例从 1970 年的 39% 上升至 1990 年的 52%。在大伦敦地区也是同样的情况，郊区至郊区的侧向通勤正成为主要的模式超越了放射状向着市中心的通勤出行。

适应性的公共交通通常分为三种形式。第一种是基于不同类型的公交方式，如导轨式公共汽车专用道系统，最早应用于德国的埃森，后来又在澳大利亚的阿德莱德得到采用。该技术同时也被称为"欧 – 巴汉"，车辆上的引导轮使得公共汽车可以沿专用的导轨道路在干线走廊上高速运行，在郊区和市内的中央商务区，公共汽车驶出专用道，像常规公交那样在普通街道上运营，成为集散线路和小区环线。主线与支线的功能合并到同一辆公交车辆上，消除了换乘。

第二类适应性的公共交通是进行改革服务，目标是显著地减少乘客的候车时间和换乘。一个例子是设计好换乘时间的系统，加拿大艾伯塔省两个最大的城市——埃德蒙顿和卡尔加里——是最早实施这种系统的地方，以后包括渥太华（第九章）在内的北美地区许多大规模的公共汽车交通系统也采用了这种做法。在埃德蒙顿，区域的公共汽车运输系统在 20 世纪 70 年代中期进行了彻底的调整，以适应区域内新出现的穿越城区和城区外侧向的通勤模式，区域内所有的公交服务都以 24 个公共交通枢纽为核心进行来重新组织，加上在城市中心的主要公交枢纽，公交线路以相互交错和放射形的混合布局覆盖整个服务区域。今天，每 20 ~ 30 分钟，就会有 5 ~ 10 条公交线路同时到达任何一个埃德蒙顿市郊外的公交枢纽，到站后乘客们匆匆忙忙地找到各自的换乘车辆，几乎就像钟表那样精确，公共汽车在 3 ~ 5 分钟后分别开出。许多美国和加拿大的城市都在效仿埃德蒙顿的成功经验，最近，一个对 88 个北美公共交通运营商的调查发现，68% 的被调查运营商采用了一定程度的设计好换乘时间的服务，在公交车数量多于 350 辆的运营商中，近 90% 使用设计好换乘时间的系统。弗吉尼亚州的"直接换乘"网络潮汐式服务，也是模仿埃德蒙顿设计好换乘时间的系统，它利用购物中心作为公交车的换乘点，但弗吉尼亚州的潮汐式服务有进一步的改进，采用支线面包车在小区内运营，并按照由无线台协调的"脉搏式时刻表"运营（公交车按照规律的间隔集中和离开，就像是脉搏的节拍那样）。西雅图也将设计好换乘时间的网络与"固定来/灵活去"的服务结合起来，小型公共汽车根据时刻表上的时间准时离开公交枢纽站，并将乘客运送到运营区域内的任何地点（灵活的那部分），在乘客都下车后，小型公共汽车沿着支路街道上的固定线路返回公交枢纽（固定的那部分）。北美地区正在尝试其他形式的灵活公交服务，包括偏离线路的服务（驾驶员可以根据乘客需要适当地偏离正常线路，乘客需要支付额外费用）和快速公共汽车（涉及到组合布置专用道路、不同的运营方式、定点校核到站时间和实时调度）。第三种适应性的公共交通是利用线路灵活的非常规公共交通服务，如穿梭往返的面包车、随上随下的小型公共汽车和中型公共汽车等，提供门到门的，或近似于门到门的服务。在许多发展中国家，私人拥有并运营的随上随下的小型公共汽车和面包车成为非常重要的机动化的交通出行工具，填补了公营公共交通系统留下的服务空白，并为轨道交通车站提供了有效的支线集散服务，在第 15 章讨论的墨西哥城非常规公共交通系统就是这样的一个例子。在将来特别有前景的是信息技术和小型公共汽车服务的结合，来构成一种智能化的非常规公共交通。德国正在实验自动化的需求驱动型的公交服务，利用中央控制的计算机系统将候车的乘客与线路灵活的公共汽车及面包车服务连接起来。在北卡罗来纳州的温斯顿－塞伦，装有自动车辆定位传输器和车载终端的面包车被用于为老龄顾客提供门到门的、实时反应的服务。在弗吉尼亚州的威廉王子郡，类似的智能非常规公共交通为普通大众提供接驳通勤铁路车站的支线服务。

　　所有这些适应性公共交通的共同点是它们都能减少、甚至可能消除换乘，而对换乘对于在服务现代化郊区的公共交通系统而言是困难的根源。在交通界都知道，换乘是让人觉得非常难受的，有些研究认为在换乘时人们感觉到的等候时间是实际花费时间的三倍长——乘客在无聊地等待即将到来的公共汽车或轨道交通列车时，生物钟的转速就好像是平常情况下的三分之一。因此适应性公共交通的目标就是加快等车和换乘的过程，以减少这个过程中乘客感觉到的等候时间。在郊区市场，公共交通面临的挑战与全球市场上货物流通面临的挑战相似。在制造业和贸易界出现的及时生产的政策要求引入一个近乎于零间隔的货物运输系统。跨国公司需要从全世界各个角落输入和输出货物和原材料，如果想要保持竞争力，公路、铁路、海运、空运间必须尽可能地高效和精密准时的联运，在城市公共交通领域，也正逐渐开始实行相似的标准。

　　对适应性公共交通战略的批评认为，它迎合了低密度的发展，助长了蔓延和不可持续的发展模式，并有可能甚至使这种发展模式成为一种永久性的形态。虽然这里可能有些是事实，在最终的分析后发现这样的批评有失偏颇。要求所有的城市增长都应该是紧凑型的和由公共交通引导的，是忽略了政治的现实以及市场的喜好。一个普遍的事实是，当人们积累更多的富裕后，就会追求更为宽敞和私密的居住环境，世界范围内的消费者喜好调查和购物习惯，显示出人们对独栋别墅生活的强烈喜好。尽管这样的行为可能确实从长远来看会限制可持续的发展，但是解决蔓延式发展问题的理想办法是，将真实的社会和经济成本转嫁给建成这种环境的开发商和居住在这种环境中的消费者——通过城市蔓延税、更高的燃油价格和类似的措施。当然精确地计算这些价格会比包容蔓延更加困难，只要存在对包括土地在内的稀缺资源定价偏低，就会产生蔓延式发展的结果，对于一些区域而言，一个明智的方法是调整公共交通系统以更好的服务这种发展模式。

　　重要的是要牢记，城市中最要紧的是人和他们所处的位置，而不是出行。如果有可能的话，出行是大多数人想要避免的，这样他们就可以花更多的时间呆在他们想去的地方，而不是花在路上。我们规划师们面临的挑战是如何将城市和区域建成在那里生活、工作、购物和社交是更加健康、安全和更加令人愉快的地方。相应地，交通规划应该服务于综合土地利用规划中更广泛范围的目标，即是为人和他们所处的位置来规划。因此我们不应该以创造城市的形态来推广公共交通，那样是把交通这辆车放在了土地利用这匹马的前面。而应是公共交通服务来服务土地利用的愿景和现实，在很多情况下这就意味着、并将继续意味着向外扩展式的发展。在美国近年来有数十个城市选择建设轻轨系统，基于他们相信轨道交通本身能够提供更可持续未来的信念，不幸的是，这些城市中的大多数已经允许郊区化的发展，如大型购物中心、校园式的办公园区和大地块的独栋别墅住宅，这些都是与对轻轨的投资背道而驰的。让公共交通的愿景，而不是土地利用的愿景来指导投资政策，会不可避免地酿下大错，并以客流量不足的结果反映出来。对公共交通的投资如果不能将人们从小汽车吸引到轨道列车和公共汽车中来，不能起到节约能源、减少污染或缓解交通拥堵的作用。

混合型的城市

介于适应性的城市和适应性的公共交通之间的那类城市可以被称为混合型城市。这些城市的发展模式是城市中的部分地方由公共交通来引导的，同时城市中的部分公共交通服务是来适应城市用地布局的。混合型城市的发展形态介于有特别强大市中心的都市（图1.1）和中心区域不明显的低密度无序蔓延的地区（图1.2）之间。许多混合型的城市的发展模式更倾向于如图1.3所示的多中心布局，即环绕着最主要的市中心或中央商务区，是次级中心、第三级的中心，和周边的地区。这些中心包括有混合用地的发展项目，以及对行人友好的设计，构成了将来能够与区域公共交通网络相互配合的街区。这些中心间通常通过轨道交通或是公共汽车专用道相互连接，通过统一的运营时刻表，用公共汽车、有轨电车和小型公共汽车将外围的居住区与次级中心连接，来为主干线的公共交通服务提供饲喂。本书中分析的案例城市，慕尼黑、渥太华和库里提巴就是混合型城市的佼佼者。

有强大市中心的城市

有强大市中心的城市是混合型城市中的一个分支，只有不多的几个地方，最显著的公共交通发展成就，是将轨道交通的改善与中心城市的重建复兴紧密结合在一起。本书中回顾的两个案例，苏黎世和墨尔本在利用有轨电车来提升城市的生活质量和在建成区提供有效的循环交通两方面昭示了成功。这两个城市都是，利用有轨电车来巩固已存在的市中心的地位（即：适应性的公共交通），同时城市中心的重建希望达到更加紧凑和对公共交通支持的城市形态（即：适应性的城市）。

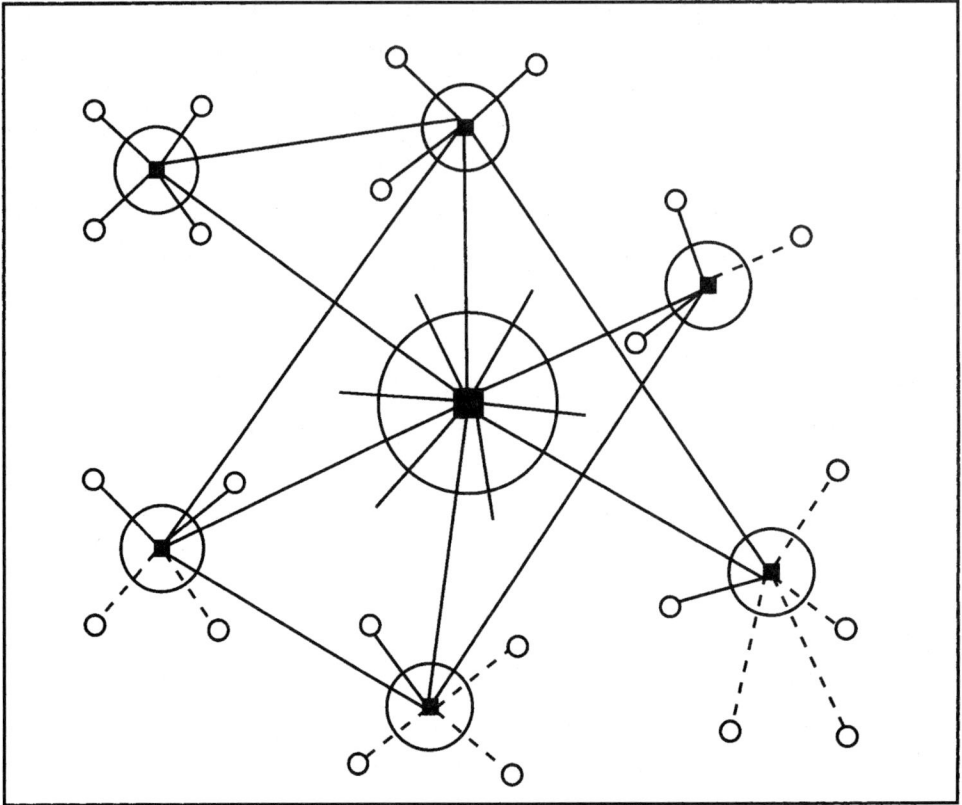

图 1.3 公共交通和多中心的城市。分层次的城市中心（用圆圈表示）通过主干线（用长线条表示）和支线服务（用短线条表示）相互联结

案例组织

上面列出的四种公交都市的类型构成了组织本书中被介绍案例的基础。第二章是政策部分，回顾了密切协调公共交通和城市发展的动机，主要在小汽车威胁对全球可持续发展的框架中来探讨。第三章在审视了当公共政策与某种形式的公交都市模式同时采用时，是如何能为更可持续未来提供最有希望的解决方案。第三章同样也回顾了公共交通与城市形态之间是如何经过一定的时间来相互塑造对方形态的实例。第二部分介绍了适应性城市（斯德哥尔摩、哥本哈根、新加坡和东京）的案例，第三部分回顾了三个混合型城市（慕尼黑、渥太华和库里提巴）的经验，第四部分讲述的是两个有强大市中心城市（苏黎世和墨尔本）的故事，第五部分包括了三个适应性公共交通（卡尔斯鲁厄、阿德莱德和墨西哥城）的案例。本书的结尾是第六部分，其中的第十六章总结了从本书案例中得到的启示，以及它们对未来的公共交通和城市所具有的影响。以 12 个公交都市案例的共同事实为基础，那些长久以来存在的关于公共交通和城市的那些不真实的假设被澄清，希望能让它们不再被

流传和相信。最后一章介绍了在北美有志向和抱负的公交都市（波特兰、温哥华、圣迭戈和其他城市），阐释了在这两个全世界最为依赖小汽车的国家，致力于仿效国际公交都市的成功经验所面临的巨大挑战。

公共交通的服务与形式

因为本书是研究国际上的案例，每一个地方对公共交通的理解都有不同，所以从一开始就将公共交通的定义做一个整体和清晰的描述是很有帮助的。我选择用公共交通这个词来泛指各种形式的将乘客集中运送的服务——从沿不固定线路服务于多个起终点的小公共汽车，到沿固定导轨提供点对点服务的现代化重轨列车。尽管在北美的很多地方，公共交通是指由公共部门提供的大众交通服务。几乎在世界上所有其他的地方，公共交通是指面向公众的乘客运送服务，不论是由公营还是私营提供的，本书中将采用对公共交通这种更具广泛性和包含性的定义。

公共交通服务的形式可以通过结合车辆类型、乘客运送能力和运营环境这三方面的一统来定义和分类。下面的段落详细介绍在本书的案例分析中被提到公共交通服务的不同形式，也就是普通大众能够得到的公共交通服务。

非常规公共交通

最小的公共交通载运工具常常被称为非常规公共交通，从面包车、随上随下的小公共汽车、穿梭往返的公共汽车、小型公共汽车到中型公共汽车等一系列不同的形式组成，就载运能力和服务特性来说，它们介于私人小汽车和常规的公共汽车之间。非常规公共交通通常由私营企业和个体户拥有并运营，其服务非常灵活，能很快地应对市场的变化，在区域内将多名乘客运送至多个不同的目的地，有时是门对门的，由于运送多名乘客，票价虽低于出租车，但也足够高而能支付所有的运营成本。在逐利的动机下，非常规公共交通的运营企业勇于探索和拓展新的市场，当有需要时随时随地积极创新。他们的成功主要依靠本身的灵活性和适应性。由于不受严格运营规则的限制，随上随下的小公共汽车（有固定线路，但是没有固定运营计划）的驾驶员有时会绕一点道将提着大包小包的乘客送到他们的门口，并加收额外的费用。除了在尺寸上相对较小外，随上随下的小公共汽车和小型公共汽车的服务与大型公共汽车相比较有优势，如上下客的时间更短，班次的频率更高，停站的次数更少，在繁忙的道路上行驶的更灵活，同时研究发现，由于每位乘客更靠近驾驶员，会觉得更加安全。

在发展中世界的很多地方，随上随下的小型公共汽车是公共交通网络中的骨干力量。其基本的服务是由多如繁星般、管理松散的由业主经营的载客车辆组成，沿着固定或不固定的线路运营，并可以根据顾客的要求、交通的状况和不同时间段有所调整行驶线路。随上随下的小公共汽车的驾驶员会在沿线行驶的任何地方，也会在看到路边有人招手时停车载客。然而，每一个非常规公共交通系统，不论是拥有 2000 辆马塔杜斯的内罗毕，拥有 15000 辆卡罗斯坡普斯托小型公共汽车的加拉加斯，或是有 4 万多辆吉普尼车的马尼拉，在某些方面都有不同。有些地方，乘客在车辆尾部上下车，有些在侧面；有些系统由私人运营者组成的联盟进行管理，有些系统内则是每天都在相互直接地竞争；有些系统车辆上设有舒适坐垫的座椅，有些系统的车辆则仅有硬质的长木椅。马尼拉的吉普尼车，是将美国的军用吉普改装为能乘坐 12 人的车辆，并沿半固定线路运营，承担着区域内高峰期出行总量的约 60%。它们每个座位英里的运营成本要比标准公共汽车低 16%，并能以较低的票价提供优质的服务（如高可靠性和候车时间短）。吉普尼车的运营者在历史上每次都是在公交运营商中最晚要求提高票价的。

尽管在许多富裕国家被明令禁止，仍有一些美国城市现在还允许私营小型公共汽车和随上随下的小公共汽车在符合最低安全和保险要求的情况下运营。纽约市拥有全美规模最大的私营小型公共汽车服务，估计总共有 3000 ~ 5000 辆合法的和非法的车辆（14 ~ 20 个座位）在运营，沿半固定的线路和按不同的时刻表为地铁车站和曼哈顿地区提供集散服务。调查显示，3/4 以上的乘坐小型公共汽车的纽约通勤者以前都是常规公交系统的使用者，他们愿意对能保证有座位和运营速度，可靠的服务付出更高的费用。迈阿密同样有着繁荣的非常规公共交通系统，它主要是为来自古巴和西印度群岛的新移民服务，他们对随上随下的小公共汽车比常规公共汽车更为熟悉和觉得更加惬意。今天，几乎所有的美国城市都允许私人小型公共汽车穿梭往返服务机场。

研究结果一致地显示，不管是在美国还是东南亚，随上随下的小公共汽车和小型公共汽车都为公共部门和私人运营商带来了经济和财政上的效益，也就是，他们在许多情况下要比传统的公共交通能更有效地将驾车者吸引出来，并无需高昂公共财政补贴就能实现。然而，当公交客流规模上升至一定水平时（通常是小时单方超过 4000 人次），非常规公共交通在经济上的优势就开始急剧下降，反映出小型车辆在运送大量直线客流时的局限性。不管在发展中国家还是在发达国家，非常规公共交通最好的角色是支持和补充性的，而不是替代性的。

公共汽车

城市公共汽车服务具有各种各样的形式和规模，但是在大多数地方，它们是用有 45 ~ 55 个座位的气压轮胎车辆，沿着固定的线路并按照确定的时刻表定期地运营的。公共汽车通常是柴油动力驱动的，但在一些大都市（如墨西哥城和多伦多）有依靠架空电网为动力的无轨电车在运营。由于公共汽车在城市里与其他车辆共用道路，它比轨道交通的成本更低，适应性也更好。然而以每乘客公里为基础计，公共汽车在一般情况下的燃油经济性和污染的排放要高于城市轨道交通。因此部分是出于环境的考量，同时也有城市形象的意识，有些城市将公共汽车线路转变为轨道交通服务。

公共汽车在发展中国家是特别的重要，以印度为例，城市总出行的 40% 左右是乘坐公共汽车的。在第三世界，超过 75% 的公共汽车出行是由私人运营商承担的。在巴基斯坦的卡拉奇，由私人运营商运营的中型公共汽车承担着 82% 的公共交通出行。由于公共汽车运营很容易受到道路交通拥堵的影响，在特大城市中的运营速度相当缓慢，如在中国上海，距离短于 14 公里的出行骑自行车一般比乘坐公共汽车快。解决这个问题的一项措施是给予公共交通优先权，如开设公共汽车专用道和实施交通信号优先。泰国曼谷高峰时段的行驶速度常常低于每小时 10 公里，该市已经开辟了 200 余公里的逆向公交专用道来提升公共汽车的行驶速度。

在大多数发达国家，公共汽车交通在公营系统中迅速衰落，因为不断增加的补贴促使越来越多的公共交通管理机构将服务通过竞标外包给私人运营商。在英国和斯堪的纳维亚半岛的许多城市，公共汽车交通服务已经完全交由私营运营商提供。在美国、加拿大和欧洲的许多中小型城市，按照确定的时刻表沿固定线路运营的传统公共汽车服务是主要的公共交通模式；在大城市，公共汽车主要的功能是为主干线轨道交通提供支线服务。提供公共汽车专用道可以将公共汽车支线服务和干线服务整合在同一公交车辆上完成，在本书中介绍的两个案例——渥太华和库里提巴，公共汽车享有专有道路，使得气压轮胎的公共汽车在干线运营时能够实现轨道交通钢轮列车的高速度，同时也能作为常规公交服务在普通街道上运营。导轨式的公共汽车专用道，迄今为止已在德国埃森和澳大利亚阿德莱德（第 14 章）得到应用；和两个英国的城市利兹和伊普斯维奇，也在道路条件有限的走廊上，利用高速公路的中央隔离带很好地实施了公共汽车专用道。由于有更高的运营速度，公共汽车专用道理论上的最大乘客通过能力可达到每小时单向 2 万人次，比在普通地面街道上运营的常规公共汽车快两倍以上。

有轨电车和轻轨

轨道交通系统是大容量的公共交通模式，相当于公路系统中的高速公路，在中央商业区、次级城市中心和郊区走廊间提供快速的干线连接。最古老的也是速度最慢的轨道交通服务——在街面上的有轨电车，在其诞生之初时担负的功能是主干线运输，但是随着城市区域向外扩展，它所扮演的角色也发生了转变，成为在中心城区内循环的客运线。在苏黎世、慕尼黑和墨尔本等城市，老旧的有轨电车系统在最近被翻新，来改善车辆的舒适性、安全性和操纵性。由于有轨电车的速度相对较慢、与街道尺寸相吻合的运营空间和古朴的风格与一个以步行为主的、禁行小汽车的城市中心区能够和谐地融合在一起，它在许多欧洲城市正在迎来复兴。

轻轨是街面有轨电车的现代化形式，因为可以作为昂贵的重轨系统的替代而变得被越来越多的城市接受，特别是那些 300 万人口以下的中等城市。与有轨电车服务相比，轻轨系统通常在封闭或半封闭的路权内运营，并采用现代化的自动列车控制和技术，轻轨车辆要比有轨电车车辆更加宽敞和舒适，更高的车厢空间和更低的底板。在美国，大多数轻轨系统的轨道都是在 20 世纪 80 年代初以后才铺建的，利用废弃的铁路走廊建设来降低成本。在中等规模和低密度的美国城市，如加利福尼亚州的萨克拉门托市，将轻轨建设的成本控制在每英里 1000 万美元以下；萨克拉门托市的成本缩减是通过与货运铁路共享轨道、建造简单的侧式车站，以及主要依靠单轨运营等措施来实现的。由于通过架空网而不是第三根轨道来供电，人们通常认为轻轨要比重轨安全，因此没有必要设置围栏来隔离轻轨线路，这不仅节约建设成本，而且轻轨列车能在城市街道上与其他交通混行。

今天，全世界共有 100 多个有轨电车和轻轨系统，其中大多数在欧洲和北美，这个数量还在不断增加。轻轨系统不断普及和有轨电车系统复兴的两个重要原因是由于重轨系统相比它们的建设成本低，以及它们能够适应已建成区的形态，不会产生太大的破坏。其他的优点包括：运营相对比较安静，对环境的影响和冲击较小；用电力驱动的轻轨，比公共汽车更少依赖于燃油供给；能够以一次几英里的长度渐步增加，不必像重轨那样需要长的前期建设时间。

表 1.1 比较了轻轨、有轨电车和其他城市轨道交通模式的设施和运营特征。在以接近三分钟的间隔四车编组运营时，轻轨系统每小时单向能够运送 1.1 万名乘客，当车头时距缩短到 90 秒（就像在包括卡尔斯鲁厄的一些德国城市所发现的那样）时，最大的通行能力还能提高一倍，达到单向 2 万多人次/小时。由于有更高的工程和设计标准（尽管用列车自动控制系统代替车上驾驶员后会对运载量产生限制），先进的轻轨系统如采用直线电机推进的温哥华"天车"系统、多伦多轻轨系统以及伦敦港区系统，每小时单向能够运送 2.5 万人次。因此它们也被称作中运量的轨道交通系统。

不同类型的城市轨道交通服务形式间的特征和运营标准对比　　　　　表 1.1

	街面的有轨电车	有轨电车/轻轨	地铁/重轨	通勤铁路/郊区铁路
运营环境				
城市规模（人口，单位：万人）	20～500	50～300	>400	>300
中央商务区就业规模（就业岗位数，单位：万）	>2	>3	>10	>4
线路				
轨道	地面	混行—大多数路段有专用路权	隔离/专用	隔离/专用
站距				
郊区	350 米	1 公里	2～5 公里	3～10 公里
中央商务区	250 米	200～300 米	500 米～1 公里	—
中央商务区内的循环线路	地面	地面/地下	地下	地面运营至中央商务区边缘

续表

	街面的有轨电车	有轨电车/轻轨	地铁/重轨	通勤铁路/郊区铁路
硬件				
列车编组数	1～2	2～4	≤8	≤12
列车载客数	125～250	260～520	800～1600	1000～2200
电力供应	架空	架空	第三根轨道	架空，第三根轨道，火车头牵引
运营/表现				
平均速度（公里/小时）	10～20	30～40	30～40	45～65
高峰运营间隔（分钟）	2	3	6	2
每小时最大的乘客运送能力（高峰运营间隔下，单条轨道每小时单向乘客通过量）	7500	11000	22000	48000

资料来源：华盛顿特区，美国交通研究委员会，1996 年。

重轨和地铁

在世界上最大的那些城市，大容量的公共交通载运工具是重轨和地铁系统最适合在高密度的大城市运营。当然这种关系是共生的，如果没有地铁服务，就很难实现香港维多利亚岛和纽约曼哈顿岛这样高的用地密度，而没有高密度的用地重轨交通也难以为继。目前高峰时段出入伦敦中心区90%以上的出行是依靠公共交通，主要是地铁系统完成的，而在大伦敦区域内的其他地方，公共交通出行在所有高峰小时出行中所占的比例不及1/4。

今天全世界已有80余个地铁系统，包括在欧洲的27个，亚洲的17个，前苏联地区的17个，北美的12个，拉丁美洲的7个，以及非洲的1个。有些地铁系统是非常成功的，包括莫斯科地铁和东京地铁，每个系统的年客运量可达26～28亿人次，是伦敦或巴黎地铁系统的两倍多，而后两个城市的地铁系统规模却是前二者的两倍。按每公里轨道的客运量计算，世界上最繁忙的地铁系统依次为圣保罗、莫斯科、东京、圣彼得堡、大阪、香港和墨西哥城。大多数西欧、加拿大和美国地铁系统每公里的客运量仅有这些城市的1/4～1/3，这主要是因为这些城市的小汽车拥有率更高，小汽车使用成本也相对较低。

与轻轨系统的情况相反，今天几乎没有正在建设的地铁系统，部分是财政上的原因，部分是因为那些建设地铁能够有成本效益的地方都已经有地铁在运营了。除南加利福利亚州外，北美地区目前就没有正在规划、设计或建设的重轨线路的新建或扩建项目。世界银行在1980年完全终止了对地铁系统的贷款，仅在近年才重新恢复，世界银行一般会反对向轨道交通项目提供资金，即便是对交通瘫痪的特大城市，认为对地铁贷款的不是一个有效的方法来达成银行本身对减少贫困和刺激经济增长的基本任务。

重轨系统的目标市场是高客流的干线走廊，它具有每小时单向5万人次以上的运送能力，能在城市建成区内、以及在城市外围组团和中央商务区之间提供高速度、高品质的连接服务。在城市中心区，重轨系统几乎总是在地下运营，因此也被称作为"地铁"。为了让用于获取路权、拆迁和挖掘的巨额成本体现出应有的价值，实施地铁需要有极高的客流（接近通行能力上限）。在城市的中心区以外，地铁线路通常在高架结构或是高速公路的中央隔离带上运营。大多数重轨线路的站距要大于轻轨线路的站距，通常都达到两公里或是更长，在城区会有例外，城区的车站间可能仅相距 3 ~ 4 个街区。由于重轨系统是造价最为高昂、运营速度最高的城市轨道交通模式，它们对于可达性和城市发展的影响也是最为明显的。

几乎所有的重轨系统都是电力推动的，通常是由线路上的第三根轨道来供电，每节车厢都有自己的动力装置。由于第三根轨道的高压电能够致命，重轨车站往往都采用高站台，位于地面上的轨道也用围栏隔离。

通勤和郊区铁路

在运营速度和服务范围方面，通勤铁路或郊区铁路处于轨道交通体系的顶端。在德国和中欧，很多地区都拥有连接郊区和城区的轨道系统，它们在当地被称为郊区铁路。今天在全球五大洲 100 多个国家的超过 100 座城市都有通勤铁路服务。日本是全球通勤铁路市场最为繁荣的国家，1994 年，东京通勤铁路的客运量是孟买的近六倍，而后者拥有除日本以外世界上最大的通勤铁路市场。目前纽约都市区的郊区铁路系统客运量仅及东京的 2%。尽管如此纽约都市区以及其他十几个北美都市正处于通勤铁路复兴的过程中。在美国和加拿大，相比其他任何形式的轨道系统，有更多的通勤铁路轨道正在规划、设计和建设中，这两个国家已经运营或是在未来十年内将要运营通勤铁路的城市共有 21 个。这些将使美国和加拿大通勤铁路的轨道总里程增加到 8000 余公里，是轻轨系统的五倍多，重轨系统的七倍多。

典型的通勤铁路服务是将外围的城镇和郊区社区与城市中央商务区的边缘连接起来，它们在大都市区、高度城市化的走廊沿线和城市群最为普遍，如美国东北部的列治文—波士顿发展轴线。通勤铁路的特征包括重型设备（如牵引多节乘客车厢的车头）、相隔较远的车站（如车站间相距 5 ~ 10 公里）、以及能与在郊区高速公路上行驶的小汽车竞争的高速度（虽然列车在加速和减速时速度较慢）。其服务质量较高，每名乘客都有一个舒适的座位和充足的腿部空间。通勤铁路的线路通常有40 ~ 80公里长，连通至城区的尽头式终点站，郊外场站周围一般都环绕着地面停车场，以确保住在郊区的人们能够方便地利用小汽车到达铁路车站。除大纽约地区（沿城北铁路走廊至康涅狄格州）外，其他美国通勤铁路车站周边鲜有集中的土地开发或再开发，毕竟通勤铁路首先是为了服务于低密度的生活方式，这也是居住在郊区而在市区工作的专业人士喜欢的生活方式。服务于通勤出行的定位同时意味着通勤铁路的客流主要集中在高峰时段，比任何其他形式的大容量公共交通服务更加明显。

案例研究的方法

　　既然我已经决定在公交都市的研究中采用案例分析的方法，那么就对我选择这种技术路线的理由作一个简单的说明。和任何其他的研究方法一样，案例研究也有自己的优势和不足。在优势方面，案例的情境非常丰富，它们常常神奇地给人留下具体而又长久的印象。被很好展示出来的案例能够阐明复杂、潜在的社会和政治特征，而这些都是很难通过其他方法来表述的。同时，案例还能够引起政治人物和普通大众的共鸣，而公共交通和城市规划领域的学术研究在这方面却常常难以奏效。研究表明，对于那些他们的意见和看法是最关键的人——被选举出来的官员而言，案例常常具有比其他方法好得多的可理解性和深刻涵义。政治人物常常根据那些奇闻轶事来处理选区内的事务，因此他们更倾向于听取案例是怎样说的，部分的原因是他们的选民们也经常这么做。在科罗拉多州的波得市进行的关于城市贫困的一个有趣研究表明，案例分析在影响政治决策方面要比基于传统统计技术的变量分析更为有效。这份研究表明，对案例的有效利用能够改善政策制定者（他们负责确定其选区内要解决问题的先后次序）之间资料的吸收、记忆和辨别。学者们倾向于从变量的角度去考虑问题，譬如研究汽油价格和城市密度的变化趋势，来分析它们怎样对诸如公共交通模式划分等因素产生影响，而政治家和门外汉们则更多地从案例的角度去考虑问题，譬如就某一现象，其他各地的经验能告诉我们什么？

　　当然，案例研究的方法也有自己的不足：它具有惟一性，有时是在特定的环境下产生的。因此这就会存在人们过度一般概化的风险，会得出结论，认为一个地方的经验能够完全地照搬到另一个地方。讲故事的形式同样也会歪曲事实。大众媒体中到处都充斥着这样的例子，如揭露"福利女王"挪用公共资助来作为"证据"说明那些领取福利的人士在吸取福利系统的资源，用关于商家多收骗消费者金钱的报道，来谴责美国的公司等等。由于这个和还有其他的原因，所有的案例，包括在本书中的案例，都应该被仔细地权衡，以判断它们中哪些方面是有关的，可以普及推广的，哪些方面是不能的。

　　尽管本书以案例分析为基本的研究方法，但是仍然应该注意到，在每一个案例中探索变量间的关系，比如城市的密度、土地利用的构成和公共交通的使用率等都得到相当的重视。因此，本书的总体研究方法可被更加精确地描述为：在案例分析方法框架内的变量分析。通过对五大洲各种背景下不同案例城市的研究，我希望能够为以后建设和维持成功的公交都市找到潜在的模式、共同的主题和有用的启示。

第二章

公共交通与变化中的世界

汽车文化被指责为导致地区和全球许多问题的罪魁祸首，如城市规模的无序扩大，因车祸和空气污染导致的过早死亡，市中心社区的衰退，对不同社会阶层的分隔，大量消耗化石燃料，全球气候变化，噪声污染和对第三世界的经济剥削来满足第一世界的消费和对能源的需求。批评家直指依赖小汽车的生活方式是全球性环境恶化的元凶，为了社会的可持续发展这种生活方式必须要有彻底的改变。推广公共交通只是扭转这种发展方向和减缓小汽车交通日益扩张的方法之一。

使用小汽车四处出行何错之有？人类是否被一些难以解释的力量引诱过上这样一种浪费巨大的生活和出行方式，而无视会产生的长远后果。应该不是如此，我们城市的向外发展和日益增长的对小汽车的依赖是由于生活富裕和自由选择的产物，虽然有人可能会说，很大程度上是受到政府的相关政策和政府无作为影响，比如给予占地面积大的住宅补贴及定价偏低的小汽车出行，这些措施进一步促进了依赖小汽车的生活方式。当人们决定在那里居住和如何出行时，他们一般都在综合平衡了各种不同方式的优缺点后，作出合理的最符合他们自己的个人决定。在美国，社会动荡、犯罪率增加和校区质量下降，是中产阶级离开城市搬到郊区的主要原因，而不是天生对小汽车的热爱。汽车在外形上和文字上都只是一辆车，最终是一种交通工具用来逃避城市中心及其日益恶化的环境，将企业搬到土地相对便宜的地方以降低商业成本，或是更换居住环境，以享受田园风光的生活情趣。

然而单单是自由市场经济的选择，并不能完全解释过去半个多世纪来交通和土地发展出现的结果。同样重要的还有那些社会变革趋势，比如通信的进步、经济结构的调整、职场上妇女角色的不断加强，这些因素不断地改变和影响着人们选择生活、工作、购物和出行的地方和方式，然而，所有这些发展趋势，无论在世界上任何一个地方都是有利于小汽车交通的发展。全球性机动化的进一步发展及其造成长期性的社会和环境后果确实令人担忧，因此在 21 世纪，大力发展公交都市，作为城市化进程中的一种优选模式，其必要性和紧迫性就更加明确了。而只有真正理解人们的出行特征以及选择出行方式的影响因素，人们才能够建成和维持一个成功和可持续发展的公交都市。

本章节探讨了全球机动化趋势的成因，以及机动化对社会、环境和经济方面潜在影响，同时分析了过去和现在机动化的发展趋势对城市可持续发展的影响因素。此外，阐述了公交都市发展的历史背景及发展公交都市的优势，在进入新世纪以后，推广公交都市这一理念在制定区域发展政策和规划时的意义。

经济结构的调整——集中和分散的两股势力

全球经济正在迅速变化中，城市也感觉到这种变化所带来的影响。新的生产方式和信息技术的进步从深层处改变着全世界范围内城市和区域的发展形态。与一个半世纪前从农业生产向工业制造的社会转型期相似，后工业化是从制造业向信息处理技术工业的转化，这也带来了集中和分散发展的两种势力。一些信息时代的产业被分散在城市的不同地区，或是被安置在郊区的城镇中心，甚至落脚于离市区很远的地方。

今天的全球经济要求有像纽约、伦敦、东京和苏黎世那样的中心城市，来安置跨国企业的总部。金融和商业服务业需要人们进行面对面的接触和交流，也需要很容易地能够招募专业人才，只有在中心城市的中央商务区内，这种要求比较容易得以实现，例如纽约大都市内的金融和商业服务业今天比 20 世纪 50 年代更为集中在曼哈顿区内。在那些高端金融和商业机构落脚的地方，五星级酒店、奢侈品商店和很多文化娱乐活动场所会很快随之而来，因此全球各地的主要城市的市中心在这样一种新的世界秩序下变得繁荣富裕，为了进一步迈向繁荣富裕，这些城市需要不断改善他们的基础设施，包括大容量公共交通系统。

另一个深层次的变化趋势是朝着更灵活和更专业化的生产模式，如在高科技领域，高度相互依存的中小型企业结成网络，他们互相依赖对方的存在和技术上的创新来生存。"灵活"的生产方式希望相关的企业能够相对集中在一起，但并不一定是集中在城市的市中心，而通常分布在城市的外围和沿着一条的城市走廊，如加利福尼亚州的硅谷、波士顿的 128 通道、斯德哥尔摩的阿兰达 E4 走廊和伦敦的希思罗 M4 走廊，许多高科技公司选址考虑的主要因素是要邻近主要的国际机场和一流的大学研究机构。那些主要服务于区域和地方的企业，如工程顾问和咨询公司，常常聚集在大城市卫星城的中心，例如华盛顿特区西边的伯石通和泰森角、伦敦郊外的克劳栋、东京市中心西侧的新宿和巴黎西面的拉德芳斯。这些企业附近的餐馆、商铺和其他的商业服务形成了卫星城的市中心，乔·伽里奥称卫星城为"边际城市"。由于这些地方紧凑的城市布局和丰富多彩的城市生活，边际城市和高科技走廊为设计良好和高服务品质的公共交通项目取得成功打下了良好的基础。

当然由信息时代带来的企业聚集的另一种趋势是企业的分散分布，资讯高速公路、虚拟空间、由光纤电缆和卫星接收器围绕着的智能办公园区的出现，使许多公司将他们辅助功能和一些后勤部门安置到远郊或更远的地方。今天人们可以在很远的和地价便宜的地方用电子的方式处理日常的通信和获得信息，这加强了信用卡公司将日常的工作，低技术要求的信息处理工作，如帐单和收帐功能，从主要的城市中心重新安置到偏远和地价便宜的地方，如南达科他、牙买加、爱尔兰。同样的大多数的批发公司、建筑公司和客户服务公司都搬迁到郊区和远郊以减低商业运营费用。在 20 世纪 80 年代，美国城市就业岗位增长的大约 3/4 都在城市中心区域之外，目前全国超过 60% 的办公室面积坐落在郊区。

由经济结构调整和信息时代带来的集中和分散的两股势力产生了不同的城市和郊区的发展形态，我们都知道这对于公共交通带来了巨大的挑战。今天我们基本上可以将世界上大多数的区域精确地描述为多中心的形态，从形式上看，城市有一个主要中央商务区，及周边二级、三级，甚至于四级的次中心组成，此外还有一些发展不规则的城市发展带和蔓延式的发展方式形成的城市边缘地区。根据最近的相关研究，大伦敦地区、芝加哥都市区和旧金山海湾地区的城市发展都经历了这种演变过程。但是次级中心的发展形式却是形态各异，这种形态包括有低密度分散在高速公路两侧的中小型次中心，直到适合公共交通出行的高密度卫星城。在有些地方，对次级中心和蔓延式发展形成的地带已很难辨别了。一份最近研究报告表明，南加州地区的发展，已经形成了"后多市中心"形态，该区域就业岗位密度的分布梯度正在逐步被拉平，洛杉矶市中心的就业岗位数量现在只是全区域就业岗位总数的 5%，是全美最低的。更令人吃惊的是，该报告的作者，南加州大学城市规划系的彼得·高顿和哈瑞·理查德森指出洛杉矶都市区的净人口密度是全美最高的，甚至扣除空地和不可开发的土地后比纽约的市中心人口高了 7%，1990 年洛杉矶都市区的人口密度每平方公里高达 15000 人。这怎么可能？美国最典型的蔓延式发展都市，同时也是人口最密集的地方！

当然伴随着就业岗位的扩散是居民持续不断地搬离城市中心，这种趋势已持续了一个多世纪，自从高速公路发展以来，这一趋势得以加快。在美国 25 个最大都市区中，超过 75% 的居民居住在郊区，家庭搬迁到那里，购物中心、超市、餐馆和其他的消费服务业会随之而来。在欧洲、北美和发达国家的其他城市，郊区的卧城被改建为混合用地的城市，包含了各种城市功能与传统的市中心已经相差无几。

现代都市中各种功能被分散在城市的各个角落，这对公共交通带来了前所未有的挑战，分散发展趋势威胁着公共交通赖以发展的乘客数量。尽管如此，本书中探讨的那些案例，这些城市有效地发展其公共交通系统来适应经济发展和中心分散化的趋势。像斯德哥尔摩、苏黎世和墨尔本这些城市，抓住办公室集中发展趋势，将土地发展集中在放射状的轨道线路沿线，这就可以将公共交通有效地联系着城市中心，并辅之以在市中心内循环运营的地面无轨电车，来建立一套有效的公共交通系统。认识到中心分散化带来的机会，另外一些城市包括渥太华和库里提巴，设计出的公共汽车专用道系统网络，连接着外围的各个场站。在上两类城市，换乘的过程几乎毫不费劲。仍然有其他像新加坡和哥本哈根这样的城市，在建立新城镇的时候，同时在城镇内部引入自行车的交通方式和在对外出行依赖轨道交通的出行方式。

通信和通勤

　　传统观点认为通信技术的进步能够通过将通勤者从每天疲惫不堪的上下班驾驶中解放出来，来减少出行的次数。另一些人认为在家中办公和利用通信技术来通勤并不会带来交通和环境方面的利益，因为人们将会自行调整增加更多的和更长的非上下班出行，他们借用时间－预算的理论，并认为人们有天生的、几乎永不满足的驾驶欲望，人们一旦节约了开车上下班的时间，会花更多的时间驾车去购物中心和在周末驾车去更远的地方郊游。至今为止的大多数研究的结果都支持这样的陈述：通信技术替代了出行，而不是刺激了更多的出行。一项对在美国加州首府萨克拉门托市200名上班族实验性的利用通信技术在家中上班的研究表明，非上下班的出行没有增加，事实上离家的出行变得更有效了。利用通信技术在家中上班人们的出行车公里数下降了，只有平时正常驾车上下班驾驶距离的20％，在每周一或两天他们驾车去办公室的日子里，会安排利用通信技术比在家中上班的更有效的方式出行，即离开办公室后先去购物中心，接着去干洗衣店，再去餐馆，最后才回家。在荷兰利兹维克市的一项利用通信技术在家中办公的实验项目，经过几个月的追踪研究发现了显著的出行减少。一项最新的对通信上班中心的研究发现出行的车公里数下降了超过一半，这个以社区为基础的通信办公中心在大华盛顿－塔科马地区，装备有先进的通信设备，是让大家共享的工作场所。但是通信技术还没有被证明是像有些人期望的那样是万能的灵丹妙药，因为大多数的职业并不适合在家上班，至少不是能经常性地在家办公，公司的管理阶层担心失去对利用通信技术在家中办公的员工可能发生疏忽的控制，也对过去的这些倡导有阻碍。另外一个担心是在家办公的人士会觉得被办公室的社交生活排斥在外，还有怕失去晋升的机会。正是由于这些原因，所以说部分在家上班，即每星期在家工作一或二天，其他的工作日去办公室上班，变得更受欢迎。

中心的分散化和通勤

　　虽然通信技术的发展正在取代部分小汽车和公共交通的出行，但是市中心分散化的趋势，却是有利于驾驶小汽车出行的。过去对那些单一市中心的都市，大量的出行主要集中在城市的放射干道上，但今天非向心性和各城市组团间交通出行的量正在逐步增加。在美国人口数超过100万的35个最大都市，上班族到市中心上班的比例总数从1970年的48.4％下降到1990年的38.3％。今天，在郊区之间通勤的上班族是郊区和城市中心区间通勤的上班族人数的两倍。当然这些发展趋势使得现有的交通系统的适应性在逐步下降，因为过去它们主要是被设计为服务于放射性的交通需求。目前道路建设财政预算的紧缺、环境评估的限制和道路建设可能遇到的社区反对，这种交通系统不适合城市发展需求的状况很难得到改变。

机动化

机动化的迅猛发展，特别是在发展中国家的发展态势，将在全球范围内产生深远的影响。当然机动化是富裕的一种象征，根据五大洲 26 个国家的统计数据，人均小汽车拥有率和人均国民生产总值两者之间是相互关联的。但是从不断缩减的化石燃料供应量和将来的温室气体排放量两方面来看，我们这个地球吸收小汽车数量爆炸性增长的能力是非常令人担忧的。一项由经合组织在 1994 年的研究报告表明，光是城市出行从 1990 年到 2005 年就会增加 50%，世界上只有 8% 的人口拥有小汽车，在 1981 年，59 个最贫穷的国家占总人口的 60%，可拥有小汽车的总数量比洛杉矶的居民所拥有的小汽车还少。如果第三世界国家开始接近发达国家私人小汽车的使用强度，这会对自然资源和环境产生前所未有的压力，该报告警告如果德国和美国的小汽车拥有率（分别是每千人 520 辆和 750 辆），同样出现在波兰、俄罗斯、印度、印度尼西亚和中国的话，对全球有限的资源将是一场浩劫。

所有的迹象表明，许多国家朝着美国的小汽车拥有量水平在发展：

- 从 1980 年到 1994 年，人均小汽车拥有量在韩国增长了 1300%，在土耳其增长了 225%，在葡萄牙增长了 175%。
- 在前东德，从 1989 年到 1992 年的仅仅三年，小汽车的数量增加了 75%，东欧的国家像波兰正从社会主义转型为市场经济，在一年内小汽车的数量增加了 40%。
- 在中国、泰国、匈牙利和巴基斯坦，目前的每年汽车登记数量的增长率是美国的 4～15 倍。美国本身从 1969 年的每个家庭拥有一辆车的社会转型到 1995 年的每个家庭接近拥有两辆车的社会。在所有快速工业化的国家，机动车辆的增长速度都大大地超过国民生产总值的增长速度。
- 机动化最快的增长速度可以在亚洲的超大城市发现，有一份研究报告说在中国上海，机动车的数量从 1985 年的 94400 辆到 1994 年就增加为 3 倍即 272000 辆。另一份研究报告指称仅在 1990～1991 年的一年间，机动车的数量就增长了 172%。雅加达、马尼拉和曼谷在过去的十年里，年平均小汽车的增长速度是 10%～15%。

在许多新兴的工业化经济体，机动化带来的压力的一个表现是两轮摩托车和轻型摩托车的快速增长，中国台湾、马来西亚和泰国的城市，平均每一千人拥有超过 200 辆的摩托车，有的城市超过 400 辆。而印度尼西亚、越南和印度也都延续着这样的发展道路。对亚洲许多挣工资的年轻人来说，两轮摩托车和轻型摩托车是他们最终拥有小汽车的入门踏步,他们在机动车市场上的演变,就像美国中产阶级随着他们人生的进展,在房屋市场从租房到最终拥有自己的住宅的演变过程一样。小的机动车并不一定对环境的压力有所减轻,在亚洲的许多摩托车由二汽缸的发动机产生推动力(这在世界上其他的地方已经退出了市场),这种摩托车每公里比四汽缸发动机的摩托车,甚至比小汽车排放多达十倍的碳氢化合物和烟雾。根据一项估算,南半球即包括非洲、东南亚和拉丁美洲的贫穷国家,要为每年燃料气体排放增长中的45%负责,燃料气体排放造成全球变暖,排放增加的大部分要归罪于机动车辆的快速增加,包括两轮机动车。

出行特性的变化及其原因

家庭收入的增加和小汽车拥有量的增长,加上我们的城市向外延伸,造成了这个世界上大部分地方的机动化出行大幅的攀升,除了机动车数量的增加,机动化出行的距离也在不断地加长,同时大多时候小汽车中只有一个人。尽管在过去10年、20年,工作岗位加速向郊区迁移,人们可能想这会让许多人住得离工作地点更近,可是在美国平均的单程通勤距离从1983年的13.6公里增加到1995年的18.6公里,增加了36.5%。最近的一项对11个欧洲大城市的研究同样发现,平均的单程通勤距离从1980年的8.1公里增加到1990年的9.6公里,增加了18.5%。在欧洲出行距离的增加要比出行次数的增加对交通量增加的影响来得大。沈青的研究报告指出中国上海出现同样的趋势,平均的单程通勤距离1981年为6.2公里,10年后增加到了8.1公里。

可以清楚地看出,中心分散化在许多地方并没有将人们的居住地和工作地点拉得更近。为什么会这样?在美国的相关研究将部分的原因归咎于土地规划将公寓和经济适用房排斥在许多工作岗位快速增长的地区,因为低档住宅通常会使城市政府在市政建设上的支出会高于收来的地税。有些人认为其他的因素在影响人们选择住宅的位置时起着更重要的作用,比如住在一个好的校区内,家庭夫妇两人都外出工作的趋势,也是通勤距离变长的原因。

在都市区公共交通出行分担率的下降几乎是全球性的趋势,但是没有其他任何一个地方像美国那样下降得那么快。尽管投入了大量的金钱补贴建设几百公里新的地铁线路,美国44个最大都市区每年公共交通的客流量从1990年到1995年下降了534万人次,或是12.2%。20世纪90年代前5年流失的公交乘客就比整个20世纪80年代的还要多。当然家庭收入的增加和中心分散化是机动车成为出行主要交通方式的主要原因,这同样导致了公共交通在机动化出行的份额减少。但还有其他的因素,一些是在公共政策方面的原因,而有些不是,包括生活方式的改变、城市人口结构的变化、票价、公共交通的服务水平和公共机构的设置等等。

人口结构和生活方式的变化

　　在西方社会，婴儿潮时代的人们正进入他们收入的高峰期，小汽车的消费也进入高峰期，这反映在美国 1991 年的小汽车登记数量超过了驾驶执照的拥有量。婴儿潮时代的人们平均出行次数多，不仅因为他们的收入和小汽车的拥有量高，也因为他们的活动更多，他们外出的次数更多，社会交往的花费更多，接送孩子的次数更多。有人指出随着婴儿潮时代的人们的年龄老化，会被婴儿潮退却的时代取代，在将来的许多年里，出行的次数会下降，或至少保持不变。但这只会发生在发达国家中，在非洲、亚洲和拉丁美洲这些年轻人口底部巨大的金字塔型人口结构的地方，轻壮年的梯队将不断地比上一层的人数增多。

　　同时强有力影响全球出行方式的是职场上妇女地位和角色的不断变化，今天在美国大约 3/4 的妇女在私人企业上班，美国职场妇女化反映在 20 世纪 80 年代工作人数的增加比人口的增加速度快 2.5 倍。由于大多数的妇女必须平衡工作和家务劳动，她们的出行结构要比男性更为复杂，需要为上班、接送孩子、日常购物和回家的出行串联安排也迫使妇女开车。她们对小汽车的更大的依赖程度反映在美国使用公共交通和共乘车的妇女人数比男性下降得更快，更依赖小汽车的第二位因素，是针对美国人打两份工的人群，预计 1995 年有 7% 的美国工人有第二份工作，并有增加的迹象。早出晚归也增加了对小汽车的依赖。

　　人口结构的变化趋势有可能有益于公共交通的发展，因为在将来会有更多的老年人，尤其是在西方国家。虽然老年人比其他年龄段的人一般会更依赖公共交通，但在美国老年人仍然四个里面有三个或者是司机，或者是乘客。吸引更多的老年人乘坐公共交通，靠的是提升公交的服务水平和安全性，还有更有效地整合城市土地发展和公共交通服务。

经济因素

　　在世界上的大部分地方，价格政策也打击着公共交通。在美国从 1980 年到 1993 年，普通汽油的含税零售价格下降了 7%，以 1993 的不变价格计算汽油价格从 1.141 美元降到了 1.113 美元，由于发动机设计的改善，车辆尺寸的减小，车体空气动力学设计的进步，使得同期车辆的平均燃油效率提高了 40%，从每加仑行驶 24.8 公里增加到 34.6 公里。汽油实际价格下降和燃油效率改善的结果是美国开车人每公里行驶里程的实际汽油开支下降了 50%。可是同期，由于通货膨胀的价格调整公共交通的车票同步上涨了 47%。根据约翰·普奇和易拉·何其曼的研究成果，在 1980 年每次公交出行的平均费用比一升汽油还便宜，但 10 年后每次公交出行的平均费用比一升汽油还贵了超过 30%。

　　在欧洲的大部分地方，价格政策也同样有利于小汽车出行，一项对 16 个欧洲国家超过 100 个大城市的研究将 20 世纪 80 年代初期公共交通市场份额的下降部分归咎于小汽车的实际使用成本降低和公共交通的票价上扬。最近以来没有一个地方像前东德一样出现不平等现象，在 1991～1992 年东西德合并的经济不景气和向市场经济转型的时期，公共交通的票价上涨了 10 倍，与之相反的是在这两年，每公升汽油的价格实际上下降了 14%。到了 1994 年，在前东德每公升汽油的价格与乘坐公交每次车票价钱之比是 0.7：1。根据约翰·普奇的研究，这种价格上的差异，与拥有一辆车所显示社会地位的重要和作为自由的象征，是在前东德公共交通占城市出行比例不断减少的背后原因，从 1977 年的 60% 下降到 1991 年的 35%。

在美国，99% 的开车出行是免费停车的，长期以来这是吸引开车出行的重要因素。唐奈德·索普计算得出免费停车比驾驶者获得了免费的汽油开车上下班还划算。小区详细规划更造成了停车位的数量的增加，虽然这样的措施防止车辆停放到社区的街道上，但却加重了其他问题。一项对美国 10 个城市的几百个停车场的研究发现，在需求高峰时段，平均只有 56% 的停车容量被使用，由于停车场占用广大的面积，超量的提供只会增加对公交乘客和行人的侵犯和伤害，公交乘客和行人从路边的公共汽车站到购物中心的途中，有更长的步行距离要艰难地穿过停车场。

相对来说低油价和免费停车，对人们选择出行方式的影响要比我们想像的要大的多。当人们在决定是驾车还是乘坐公交出行的时候，他们主要考虑的实际的支出，比如公共汽车的车票、停车费和过桥费。大多数人在比较和选择出行方式时往往忽略沉没成本和固定成本，如拥有小汽车的固定费用，定期要付出的保险费和维修费用。当人们从口袋里拿钱去购买公交车票时，他们会对票价十分敏感。许多美国人接受付出 2 万～4 万美金去支付拥有一辆车的"入门费"，他们会认为这是在社会中生活必须支付的费用。

对驾车者的经济补贴远不止便宜的汽油和免费停车，对美国驾车者的补贴每年在 3 千亿～2 万 4 千亿之间。美国的驾车者通过税费只支付道路建设、维护、管理、和执法费用的 60%，他们最终得到了一年大约 350 亿美金（1993 年的价格）的直接补贴。美国对驾车者直接补贴的做法与欧洲国家大相径庭，瑞士从道路得来税收与花在道路方面的支出之比是 1.3，在荷兰是 5.1。总的来说，在欧洲每升汽油的税比美国高 5～10 倍，使得汽油的价格比美国高出 2～4 倍，主要是因为税率的差别。购买新车的销售税和汽油的销售税在欧洲甚至更高，比美国高出 3～18 倍，在丹麦的附加费是最高的。这并不是巧合，荷兰和丹麦这两个欧洲国家在小汽车上加了最重的税，同时将他们交通建设中绝大部分的预算投向公共交通系统和自行车。

更大的和更使人担忧的是对驾车者间接的补贴，比如对稀缺资源的定价偏低，像是清洁的空气、土地（包括免费停车消耗的土地面积）和化石燃料。研究表明只是免费停车这一项的间接补贴就至少是对驾车者直接补贴（包括税收不足以支付道路的建设、维护和执法费用的部分）的两倍。在美国因驾车者未曾支付的隐形成本，包括车祸事故、尾气污染、对社会的破坏、全球气候变暖和其他的外部效应，而得到的补贴花费了每一个美国人约 2000 美元，或相当于 5% 的国内生产总值。在欧洲对驾车者隐形补贴的研究也得到相似的结论，隐形补贴相当于 5% 欧洲大陆的国内生产总值。在本章的后面会讨论的，虽然在美国对公共交通的补贴以每乘客公里计算的话与对驾车者的补贴相当，但对驾车者补贴的总额是相当的巨大——每年高达 24000 亿，与每年对美国公交乘客 150 亿的补贴相比，是九牛对一毛。

在不同国家之间作比较表明了有些基本的经济因素在影响出行需求方面扮演着角色。图 2.1 显示在世界上最富裕的国家以每人平均来作比较，高汽油价格的地方有着低的人均道路面积和小汽车拥有量，同时与美国相比有着少得更多的人均行驶里程。美国是世界上化石燃料最大的消耗和排放最多的温室气体的国家。两者有差别的部分原因是美国的平均人口密度要比欧洲大陆的低。虽然瑞士全国的人口密度要比美国的低 25%（但在瑞士城市的人口密度要高得多），以一般的驾车者而言，瑞士人均驾驶里程只有美国人均驾驶里程的一半。明显可以看出，在美国相对高的小汽车拥有率和便宜的汽油价格造成了相对高水平的资源消耗。

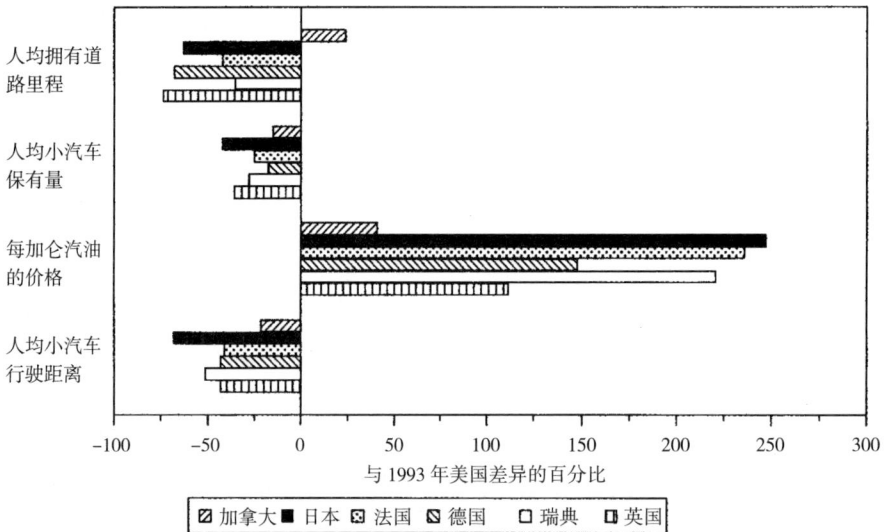

图 2.1　6 个富裕国家与美国之间交通供应、定价和出行数据的比较

提高公共交通的服务水平和财政支持

在许多城市，不断下降的服务水平严重破坏着公共交通的吸引力，客流量的流失常常引起削减公交服务，这会再引起公交客流量的下降，迫使更多的削减公交服务，在世界上许多地方出现相似的这种恶性循环，并在不断地削弱着公共交通系统的吸引力。在大多数的富裕国家，只有通过政府补贴才有可能支撑公共交通的服务水平。可是由于政府时常改变财政支付的分配计划、紧张的财政预算和政府部门退出公共交通的营运等原因，最终造成对公共交通的间接补贴正在逐步减少。美国联邦政府对公共交通运营的补贴，以不变价格计算，从 1985 年到 1995 年下降了50%，联邦政府补贴缺口的部分由上涨车票和增加地方政府补贴来弥补，同时也通

过削减公交服务来减少开支。

批评家指出美国对公共交通的补贴得到了比较小的回报，这也不是没有一定道理的，过去30年来全美的公共交通乘客数量大体保持不变，不计换乘的话，每年约在70亿～80亿人次，但在机动化出行的份额中，却从大约5%下降到了不足3%。与之相比较的是从1970年以来，道路交通量却猛增了4倍。研究表明政府补贴的大部分消耗在高昂的人工费用上了，每名公交员工的平均服务里程反而下降了。当公共交通机构享有受到保护的垄断地位和面对几乎没有其他公共交通竞争时，运营补贴导致更松散的管理和对公交员工过度优待的工资福利待遇，而不是让他们必须要提高乘客量。许多国家对公共交通服务采取竞标外包的办法来控制成本的不断上升。

过去10年来在北美和欧洲对公共交通资本的投入，一般来说比运营补贴增长得快，但是大部分的钱用于更新老旧的设备，而不是用于系统的扩展。美国城市的一些陈旧地铁和通勤铁路系统，比如在纽约、费城和波士顿市的地铁系统，已纷纷改建车站，重铺铁轨，以及改善隧道和信号系统。只是纽约大都会地区，20世纪80年代在重建轨道交通系统方面就花费了约150亿，这一地区占了全美所有公交出行的1/3。但对公共交通的资金支持，还是继续落后于对道路的资金投入，道路本身从许多方面来看，也需要大规模的重建。从全美国来看，1994年780亿美元花在道路项目上，比花在公共交通项目上的钱多了7倍。但道路建设的支持者很快地发现，以每公交乘客公里计，公共交通得到比道路交通多得多的资金。在东欧和中欧，1989～1994年，从欧洲重建和发展银行，欧洲投资银行和世界银行这三大金融机构来的资金中的约60%投向道路部门，而只有5%的资金投向公共交通部门。世界银行城市交通部门贷款中的约60%给了道路，相比之下17%的贷款给了公共交通。甚至保守派的财政经济学者指出政府项目中的偏向性，位于华盛顿特区自由议会基金会的保罗·惠瑞奇和威廉姆·林德指出：

> 目前这种在小汽车和公共交通之间的市场份额的差别绝不是自由市场经济的产物，恰恰相反，这反映政府代表驾车者进行了大规模持续的干预……大规模的政府干预产生了如此倾斜的偏向小汽车的市场，使得许多消费者没有对一个高质量的公共交通系统选择的机会。

政府对公共交通补贴的理由常常是为了平衡对小汽车历来定价过低和补贴道路建设项目的政策。政府应该要找到好的方法，将更多的补贴用在改善和扩展公交服务上，而不是花在支付给工资逐步增加而劳动强度逐渐下降的公交职工上。经济学家一致呼吁将补贴直接给乘客，将车票补贴代金券直接发放给低收入人群，而不是将补贴发到公交运营机构那里，同时开放市场让公交运营商竞争获得补贴代金券，以此来消除补贴的不当影响，及促进在城市公共交通领域更大的竞争。

机构的因素

有些机构方面的因素可能损害了公共交通服务，而有些则可能帮助和支持了公共交通服务。在许多有多个公交运营机构和监管机构的地方，公交服务的协调受到条块分割的制约举步为艰。如在泰国的曼谷，有超过 30 个政府机构对城市的交通政策、管理和运营负有责任。直到 1997 年初的金融风暴来临，由三个不同的国家部门分别投资三个不同轨道交通项目，希望能来缓解曼谷不断恶化的交通噩梦。但私有运营商主宰着当地的公共交通市场时，互相间的协调成为最困难的事情。在里约热内卢，有超过 60 个私有的公共汽车公司在城市内提供服务。分散的市场不仅产生低效率和重复的服务，而且导致没有协调的服务，票制和票价体系常常是惩罚那些需要在公交系统内换乘的乘客。

扩大私人企业在提供公共交通服务承担更多角色的努力，可能是一个正面的机构改革趋势。当在里根政府时期联邦政府补贴被削减的时候，许多的美国公共交通机构开始在 20 世纪 80 年代竞标外包服务，选择出价最低而又能满足基本服务水平要求的竞标者。研究表明由私人运营的固定线路的公共汽车服务能节省 22% ~ 54% 的运营成本，主要是因为雇用非工会组织的低薪员工，同时每名员工的劳动生产率也更高，即每位公共汽车驾驶员的车公里数更高。在英国 20 世纪 80 年代中期撒切尔夫人政府实施的大规模私有化的措施，这些措施同样也节省了公共交通的运营开支。当在全英国范围内公交车票一般都在上涨的情况下，在大多数的地方，公交服务水平和客流量也在提升。市场开放使得在许多外围地区出现了私营的小型公交服务，但在对许多其他远郊和乡村地区的居民来说，他们看到的是公交服务完全被取消了。城市内和城市间的公交私有化在挪威、瑞典和丹麦都已出现，在荷兰、德国和欧洲的其他地方，私有化主要是出售除了轨道资产以外的其他资产，同时竞标外包服务，签订特许经营合约，让私人运营商按照互相同意的基本服务水平，运营轨道交通项目。

依赖私人小汽车所面临的问题

公共交通在机动性方面的角色被日益地削弱，同时小汽车出行的水平在不断地上升，令人十分担忧这样的趋势是否能够长久地持续下去。"可持续"的意思是很好地管理自然和人们创造的资源，使得我们的生活质量和我们的城市、乡村和开放的空地不会一代接一代地衰退下去。虽然可持续这个词常常与自然生态和栖息环境联系在一起，但是这一概念不断地伸展至其他的领域，包涵了经济的健康发展和提升富裕水平、保护城市中有重大历史价值的东西和改善全面的社会状况。设计评价在交通领域迈向实现可持续性过程的适合指标并不是件轻而易举的事。有些分析师要求追踪人均开车时间和开车距离、开车出行的次数和单人驾车出行的次数，因为尾气排放、能源消耗及土地消耗都与这些指标有非常紧密的关联。当然交通对适宜居住性的影响也是可持续性的一个重要方面，在许多城市居民中有一种不断增加的感觉，那就是生活质量在下降，确实有时我们在如何规划、设计和管理我们的城市和周围环境方面犯了严重的错误。英国环境和流行病学研究小组的约翰·怀特雷格相信，孩子们的健康是最终衡量可持续性的标准，他辩论道："只有当我们建立的城市和交通系统能够减低哮喘和呼吸系统疾病的威胁时，当能够让孩子们在玩耍时不再害怕经过的汽车时，当减少妨碍我们社会交往活动的过远距离时，人们才是走在迈向可持续的道路上。"

这一节回顾了最近的一些事例，显示了机动化发展趋势的一些后果和它们对可持续发展的影响，包括严重的交通拥堵、恶化的空气和昂贵的城市无序蔓延扩张。当然这些影响中的大部分都是互相关联的，我们也提出了需要用一个系统的方法来有效地面对这些影响。这一节也分析总结了一些最近的研究，试图来定量分析机动化真正的社会成本，最后试图来探讨汽车文化是否对社会有正面的效益。

交通拥堵

对于世界上的许多城市，交通拥堵已经成为一种流行病：交通拥堵浪费时间和能源，造成更多的污染物排放到空气中，加重了人们的生活压力，降低劳动者的生产率和促使部分驾驶员野蛮驾驶以致容易发生交通事故。然而交通拥堵也不一定全是坏的，这表明这个地方的经济在逐步增长及没有过度地投资在道路扩建上。从理论上来说，经济效率最佳的交通拥堵程度是延误和事故总成本与一条道路建设费用和使用寿命内的维修费用相一致。事实上，道路项目沿线的土地价格和驾车者时间节约的价值很难确定，从而使得设定"最佳"的交通拥堵程度几乎不可能。在大多数的工业化国家中交通拥堵的净社会成本是十分高的，根据估算，一般为国内生产总值的2%～3%之间。

解决交通拥堵的传统的方法是加宽现有的道路和建造新的道路，这种做法只能提供短暂的缓减，由于增加道路通行能力会将交通流从其他拥挤的道路上吸引过来和刺激新的增长。最近对加利福尼亚都市区研究的最新一份成果表明，该地区由于新增道路通行能力诱发交通出行量：在排除其他的影响因素后，从1973年到1990年间，每增加10%的车道里程，导致在四年内增加9%的车行驶里程数。通常新建或扩建道路，新增的通行能力被小汽车重新消耗掉只是一个时间上的问题，现在"你不可能通过建造道路把你从拥堵中解救出来"的观点已被广泛地接受，有些地方即使想这样做，也已经是不可能了。社区的反对，环境的条例的制约和资金的短缺，受这些因素共同影响，在许多城市的走廊已经不可能扩建道路了。20世纪80年代，美国39个最大的都市区内，高速公路和主干道的车道公里数只增长了13%，而相比之下车公里数增加了32%，导致平均的行车延误增加了57%。

道路建设步伐的放慢以及机动化的迅猛发展，导致了全球性的交通问题日益严重，在欧洲大陆，主要公路的密度从1980年到1995年只增加了45%。在大多数东欧国家的首都城市交通情况不断恶化，华沙高峰时段的行车速度从 1988 年的每小时 30 公里降到 1994 年的每小时 14～20 公里。

当然最严重的交通拥堵和混乱发生在世界上的超大城市里，经过几十年来随心所欲的发展和有一些或根本没有的规划，加之快速的机动化，最终让发展中国家的城市也不可避免地承受到交通拥堵之苦。只有一小部分发展中国家的城市，道路面积率超过 10%，与此相反，在大多数的欧洲城市道路面积率是 20%～25%，在美国的一些城市中道路面积率甚至超过 35%。在发展中国家的城市中，不仅道路的面积相对较少，宽度也相对较窄，而且道路的设计在功能和级配方面也协调得不好，主干路有时突然断头，狭窄的社区道路承担着服务社区和主要支路的双重角色。在第三世界城市中的许多主干大道常常处于失修的状况，路面上坑坑洼洼，在天气不好的时候，交通缓慢到几乎是停顿的地步。贩卖食物的小贩和行人蔓延到行车道上，在重要的道路交叉口周围市场的存在和交通规章制度的执行不力，使得交通情况变得更加糟糕。

拥堵，不论是出现在马路上还是出现在高尔夫球场里，一般都是价格太低的一种迹象。当交通量接近 95% 的道路通行能力时，只要再多增加几辆车进入道路系统的车流中，整个道路系统就瘫痪了，迫使在系统中所有的车辆只能处于一种停 - 开 - 停 - 开的蠕动状况。这些少数额外增加的几辆车，只是承担了由自身造成的时间延误，而没有承担对交通流中的其他所有车辆造成时间延误而产生的金钱损失的总和。与有些驾车人士为减少一些延误而愿意支付一些费用相比，交通瘫痪是十分巨大的损失，如果对那些造成交通拥堵的人征收相应的费用的话，这些人可能放弃驾车出行，但是目前还没有一种机制能实施这样的措施。交通拥堵是典型的"所有人都是受害者"的例子，因为没有任何一个人来支付对整个社会损害的边际社会成本，而是全部由众人来分摊，定价偏低的公共资源和道路空间被过度地消耗。虽然交通拥堵影响到所有的车辆，但公共汽车是特别容易受到影响，因为公共汽车没有小汽车那么灵巧，加速和减速都比较慢，因此公共汽车乘客承担了比通常的驾车人士因交通堵塞造成的更大损失。

值得注意的是，政府的税收政策直接导致了机动化迅猛发展和交通拥堵。1991年泰国政府为刺激本地和外国汽车制造厂的竞争，将小排量汽车的进口税从约 300% 降低到 20%～30%，一年以后曼谷的小汽车拥有量猛增到每千人 200 辆，人均车辆拥有率高过新加坡和香港，只比东京的拥有率略低。今天曼谷是发展中国家中小汽车拥有量最高的、小汽车使有率最高的和能源消耗最高的城市之一，曼谷也是世界上交通堵塞最严重的城市之一，每天大部分时间，行车的速度都是低于每小时 8 公里，在几条主要的大道上行车速度只有每小时 3.7 公里，比悠闲的步行速度还慢。由于交通瘫痪，曼谷在吸引国内外投资方面正在失去竞争力，交通堵塞造成货物运输的延误并提高了商品的价格。今天曼谷房屋出租市场中增长最快的是市中心的公寓，因为郊区的居民租住市中心公寓以避免每天的上下班通勤时间。

在南美也发生着类似的故事，90 年代初，当秘鲁政府放松对车辆进口的管制后，首都利马的车辆数大幅上升，从 1992 年至 1995 年，用于通勤的面包车数量从 6000 辆跳升至 47000 辆。在哥伦比亚的首都波哥大，降低车辆的进口税导致了每年车辆登记数以 12% 的速度递增，但是道路系统在过去 20 年来基本上没有变化，如今在高峰时段穿越波哥大市的出行需花费 3 个小时。巴西的反通货膨胀计划让许多低收入的家庭第一次能购买得起小汽车，引发了小汽车拥有量的迅猛增长，在圣保罗和巴西利亚每年增长率在 12% ~15% 之间。圣保罗最近的城市综合交通规划是在 1968 年制订的，这份规划要求在该区域人口超过 1 千万时，要建成 100 公里的新地铁线路和 135 公里的新高速公路，但是从规划制订完成后，至今还没有一公里的新高速公路被建成，而只增加了 43 公里的新地铁线路。圣保罗市的交通工程部门预测，每天的交通堵塞在城市中绵延 85 公里长，每一年造成居民们约 100 亿美金的时间延误损失。

公共交通的倡导者力挺公共汽车和轨道交通是对抗交通拥堵的解决之道，美国公共交通协会主张，一辆满载的 14 米长的公共汽车能够替代以每小时 40 公里行驶排满 600 米长的一条行车线。根据他们的计算，一列满载的由 6 节车厢组成的地铁列车能够替代接近 10 公里长行驶中的小汽车。当然要让驾车者去乘坐公共交通不是一件轻而易举的事。一份研究调查报告表明，在美国和欧洲那些只有公共汽车这一种公共交通形式的城市中，开小汽车出行比乘坐公共汽车平均快了一倍，就是在日本和欧洲以轨道交通为主的大城市，研究发现以门到门计，开小汽车出行时间比乘坐轨道交通少 3% ~23%。本书的中心前提是，只有通过如何使公共交通的服务和城市发展的设计能够良性配合和协调发展，公共交通才有可能变得在出行时间上能与小汽车竞争。对于公交的乘客来说，减少出行时间是一种极其重要的效益。当然，目的并不是要完全消除交通拥堵，如果完全消除了交通拥堵，过一段时间会将人们重新引回旧有的驾驶出行习惯。要做的是，希望能将交通拥堵减少到社会能接受的范围内。

空气污染

在大多数的发达国家里，空气污染主要是一个依赖小汽车社会的产物，机动车辆产生多种的空气污染物，包括一氧化碳、颗粒物质、氮氧化合物、碳氢化合物、硫氧化合物、二氧化碳和甲烷。在美国，30% ~40% 的污染是由人类制造的碳氧化合物和氮氧化合物排放，和约 2/3 的一氧化碳排放来自小汽车和卡车的尾气排放。碳氧化合物和氮氧化合物是构成地面上因光化作用而产生的烟雾中的两种主要元素。在欧洲，由机动车辆尾气排放对产生空气污染物所占的比例更大。今天，烟雾是美国超过 100 个城市一项严重的环境问题，最坏的情况出现在加利福尼亚州和东北部的工业地区。在极端的状况下，烟雾会削弱能见距离、伤害农作物、污秽建筑物，而带来最大麻烦的是威胁人类的健康。烟雾与哮喘、眼睛刺激和呼吸道系统疾病有密切的关联。人们越来越多地关注到，那些对长期健康最严重的威胁可能来自于非常细小的颗粒物质，小到十微米或以下。细小颗粒可以更容易地穿过人体自然的过滤系统，停留在肺部的深处，对呼吸系统产生长期的威胁。最新的研究表明，由机动车辆非尾气排放产生的颗粒污染物，如从刹车片和轮胎磨损产生的尘埃，比人们以前认为对健康的威胁要大得多。

一份研究报告表明，美国与机动车辆相关的空气污染造成的损害每年约在100亿美金，根据另一份研究报告，这类损失为每车英里超过2美分（根据1990年的不变价格计算）。尽管有了更清洁的机动车辆，1996年款小汽车比1970年款小汽车少排放90%的污染物和强制性的减少出行的措施，在美国大多数城市地区的空气质量几乎没有改善，在有些地方甚至变得更差了。部分的原因是那些改善措施产生的效果被机动车数量的增加，出行的数量和距离的增加抵消掉了，尤其是在低速行驶的交通状况下。

来自小汽车、卡车和轻型摩托车的空气污染物在发展中国家的大城市中造成更大的麻烦，在那里排放标准欠缺、没有限制加铅燃料、车辆相对较陈旧。曼谷以空气中有世界上最高的具有挥发性的碳氢化合物和颗粒物质浓度而闻名，这种现象的产生是因为有太多的燃油效率差和没有得到良好维修的机动车辆与太多两缸摩托车在几个小时的交通堵塞中空运转。一项针对曼谷常在街上值勤警察的研究发现，他们血液中的铅浓度比世界卫生组织的标准要明显高出很多，由于那么多的小汽车和卡车如开水沸出般排出烟尘，氧气面罩已变成曼谷交通巡逻警察们的标准配备装置。

公共交通在减低空气污染中的潜在价值是一个长久来争论的话题，明显地，一辆载满乘客的公共汽车或是列车比只乘坐一到两个人的小汽车，以人均距离来说要排放更少的污染物。美国公共交通协会声称，以每名乘客公里为基础来计算，根据车辆承载率的全国平均值，乘坐公共交通而不使用小汽车来作为交通工具，将会减少如下的排放：如果是使用电气轨道交通的话，减少99%的碳氢化合物和一氧化碳和60%的氮氧化合物；如果是使用柴油公共汽车的话，减少90%的碳氢化合物、75%的一氧化碳和12%的氮氧化合物。美国公共交通协会争辩道，从1965年到1995年公交乘客少排放了180万吨的碳氢化合物和1000万吨的一氧化碳。但有些人并不同意这种计算方法，认为抽取了过多的高峰时段样本而造成了偏差，在非高峰时段行驶的大半空驶的柴油公共汽车和建造使用量不大的轨道交通系统时造成的排放也损害了有些城市的空气质量。几乎没有争议的是，只有当公共交通吸引大量的驾车者来使用，公共交通在改善空气质量方面明显的效益才会体现出来。在美国，许多新的轻轨系统中的大部分乘客是从公共汽车和合乘面包车那里吸引过来的，因此消减了对改善空气质量的有些预期效益。我认为，公共交通在将来真正改善空气质量最大的希望在于，与城市的居住模式做更好的匹配，只有这样会有足够的出行从小汽车那里转换过来，因而产生巨大的改善空气质量效益。

温室气体和气候变暖

　　如果只有一个因为快速机动化而产生的真正在全球范围内的议题，那就是由于温室气体排放的增加而导致的全球气候和天气状况变化的危险。对于人类制造的温室气体，包括二氧化碳、氯氟碳化合物和甲烷，大家取得越来越多的科学共识，这些温室气体在地球表面聚集，使得全球的气温升高。气候变化会改变降水量、海洋潮流和季节性的天气状况，然后造成农作物的伤害、海平面的升高甚至会造成动植物种的消亡。在美国、西欧和其他发达国家，小汽车和卡车是二氧化碳排放的两个最大的来源，占到总排放的22%。只占全球人口4.6%的美国，产生了将近25%的与能源相关的二氧化碳排放总量。但是在南半球快速发展和机动化的国家，对全球气候变化产生了最大的威胁，怀特·胡克和迈克尔·里普劳杰测算出，南半球发展中国家排放了每年温室气体排放增加量中的45%。

　　在1992年里约热内卢的全球峰会和1996年伊斯坦布尔的世界人居大会上，世界领导人讨论环境问题的中心议题就是气候变化，目前有超过160个国家参与联合国气候变化的框架协议。一种高昂的碳排放税被广泛地认为是朝着显著地减少温室气体排放量迈出的重要的第一步。一项最近的研究预测，为了要在20年后将全球温室气体排放量减少一半，需要把汽油的实际价格每年增加7%。其他的战略措施有：发电厂中减少用煤发电，哪怕是被城市轨道交通使用的电力。彼得·纽曼警告说，没有什么单一的最好措施来减少二氧化碳的排放，他指出轨道交通服务可以支撑紧凑型和混合用地式的城市发展模式，这种发展模式可以大大地减少用小汽车的出行。根据他的计算，在亚洲那些富裕的、由轨道交通提供优质服务的、紧凑型的城市，包括香港、东京和新加坡，小汽车的出行要比北美少84%。纽曼强调，配合良好的公共交通和城市发展形态产生的效益，可以大大地超出用煤来发电然后用这些电来推动地铁列车而产生的温室气体影响。如果超大规模城市中的出行者也像北美的居民一样依赖用汽油的交通方式的话，全球温室气体和气候变暖的状况将更为严重。

能源消耗

　　随着更多的国家进入工业化和现代化，不断增长的消费主义和机动化迅猛发展增加了对于能源的需求量。但是有限的化石燃料供应量，对经济的可持续增长和甚至于世界和平都产生了严重的威胁。由于世界上主要的超级大强国严重地依赖进口的石油，特别是从中东的进口，严重的石油供应中断，不仅能将全球经济推入盘旋降落的情况，由过往的经验显示，还会触发政治上的紧张和军事冲突。

　　从1973年到1990年，全球用在交通运输方面的能源平均每年增长2.4%，到了1990年，交通运输行业占了至少1/4初级能源的消耗，在快速发展的发展中国家，交通运输行业的能源消耗占总能源消耗的比例更大。在美国交通运输行业占了总汽油使用的约3/4，这其中的约2/3被机动车消耗掉了。虽然只占全球人口的

4.6%，美国每年消耗了超过 25% 在全球加油站售出汽油量。在美国人均汽油的消费量比英国人高 87%，比日本人高 155%，比墨西哥人高 460%，是尼日利亚人的 56 倍，是尼泊尔人的 280 倍，虽然比卡塔尔人低 57%。一项研究估算，平均来说每一个美国城市居民消费的汽油，是日本城市居民的 10 倍，是欧洲城市居民的 20 倍以上。这样的差别推高了美国的产品在国际市场上的成本，损害了美国的国际竞争力。

当今的趋势显示了交通运输行业的能源消耗在未来的 20～30 年后可能会加倍，虽然新款的小汽车比以前型号的燃油经济性要高的很多，就像空气质量的例子一样，从燃油经济性方面的效果被不断增加的交通量和更长的出行抵消了。在富裕的国家中，汽油的消耗水平在近几年随着车辆自重的增加而增加，车辆自重的增加是因为为改善安全性、增加舒适性，以及加入了许多车内的娱乐和豪华设施。更重的车辆也反映了人们喜好的变好，尽管家庭成员有减少的趋势，但人们喜欢驾驶小型货箱式车和四驱运动型车。在美国，对大型车辆的喜好由便宜的汽油和车辆的低价格支撑着。

公交都市能够帮助在几个方面节省能源，紧凑地以公共交通为导向的发展缩短出行的距离，因此鼓励非机动化的出行方式，同时由低承载的小汽车出行转换到利用公共交通会减低人均的燃油消耗量。在 1995 年，美国的私人小汽车的平均出行每乘客公里消耗 6500 大卡的能量，与之相较如果此出行是使用公共汽车的话，每乘客公里消耗 5940 大卡的能量，如果此出行是使用轨道交通的话，每乘客公里消耗 5440 大卡的能量。公共交通在能源节省方面的优势在其他地方更为显著，在德国的城市，公共汽车的能源效率是小汽车的 4 倍，有轨电车和地铁的能源效率是小汽车的 2.5 倍。除了可以用较少的能源运载较多的乘客，轨道交通也可以由可再生资源和非石油来源的能源产生的电力来推动，如风电和水电。但有些批评者指出，当将建造轨道系统时的能源消耗也一并计入的话，对轨道的投资在能源方面可能总的并没有节省。根据一项研究估算，由于在建造跨越湾区的隧道时花费的高昂能源费用，旧金山的湾区捷运系统比如果沿旧金山湾大桥设立公共汽车专用道每年要多耗用 3.6% 的能源。明显地，除非公共交通从驾车者那里吸引到大量的乘客，新地铁系统能源节约的效益将仍然存在疑问。如果要让对新轨道交通的投资产出有意义的环境效益和能源节约，将新的城市发展集中在轨道交通的车站周围是极为重要的。

其他的环境问题

与依赖小汽车的生活方式有关联的其他环境问题包括：噪声污染，由于小汽车诱导的城市蔓延扩张而造成损失农地、湿地和开放空间，土壤表面和地下污染，由于钻探和处理原油过程中和从洗车和清洗路面防冻盐粒而产生的水污染，堆放废弃车辆和轮胎对自然地貌的破坏，视觉的侵扰和社区的分隔。当然对公共交通的投资也会产生许多同样的问题，但是如果用公共汽车专用道和轨道交通来代替六车道的高速公路的话，对环境的损害会少很多。

从轰鸣的发动机、轮胎与地面快速摩擦、和汽车喇叭声带来的噪声污染给人们带来压力。根据房地产销售的数据，一项研究指出由小汽车和卡车带来的噪声对美国住宅的价格造成了以1989年的价格计每年约90亿美金的损失。世界上超大规模城市的居民经历着最恶劣的噪声污染，在曼谷路边的，测声仪器通常记录到每天周围环境的噪声水平在75~80分贝，这远超出被认为对人类安全的64分贝。虽然公共汽车和轨道列车比一般的小汽车和卡车的噪声更大，但用公共交通出行来代替私人小汽车出行能够大量地减少周围环境的噪声水平。一方面紧凑型的城市发展将更多的居民置于高噪声的环境之下，日本的城市比美国和欧洲的城市噪声更大，30%的日本城市居民处在噪声高过65分贝的环境之中。但是在日本许多经过良好规划和以轨道交通为导向发展的社区比东京和大坂的噪声要小得多。从东京外围由私人企业发展的和有轨道交通服务的新城镇的经验来看，良好的设计能够降低因城市密集发展产生的噪声影响和其他的相关潜在问题（参照第七章）。

快速机动化的另外一个严重威胁是失去可耕种的土地，汽车和高速公路是在吞噬土地方面是恶名远扬的，它们将城市的发展越推越远，并不断地威胁着良田、动植物的栖息地、湿地和开放的空地。不仅一辆快速行驶的四座小汽车要占用与40位公共汽车乘客或12名骑自行车者使用的相同路面，而且每辆小汽车在城市中需要占用25平方米的面积来停车。一条乘客量大的轻轨线可以替代15倍的公路和停车面积。由于依赖小汽车，美国城市的人均道路面积和停车位比欧洲城市的平均多两倍，空间面积消耗的影响超出了吞噬牧场和开放的空地，城市活动的扩展加长了出行的距离和阻止了步行和骑自行车的出行，不断地增加尾气的排放和能源的消耗。在许多的美国城市，有近30%的土地被用来做停车场，高比例的沥青表面代替了自然的植被，减少了氧气的制造和增加了雨水污染。

交通事故

从全球范围来计，交通事故每天造成超过2500人的死亡和50000人的受伤，在最富裕国家中由于交通事故造成的经济损失估计为2%~4%的国民生产总值。研究揭示，小汽车的使用率低的地方交通事故的死亡率会下降，由杰夫·肯沃兹和他的研究小组的一项国际比较研究发现，与美国同类的样本作比较，澳大利亚的交通事故死亡率要低18%，欧洲城市的交通事故死亡率要低40%，在三个富裕的亚洲城市（香港，东京和新加坡）交通事故死亡率要低55%。

在发展中国家中，交通事故达到了流行病的产生比例，根据世界卫生组织的资料，虽然北半球的国家汽车拥有率很高，全球所有交通事故的3/4发生在南半球的国家中。在1990年，交通事故是全球排名第九导致死亡和残废的原因。世界卫生组织预计到2020年，道路和交通死亡率将会是全球排名第三的死亡原因，在发展

中国家会是排名第二的死亡原因。部分问题在于，发展中国家交通法规的执行力不
够，但是更严重的问题是行人、骑自行车者、人力板车、轻型摩托车与小汽车、卡
车和公共汽车争夺有限的道路资源。在新德里，在道路上死亡人数中的 3/4 是行
人、骑自行车者和骑轻型摩托车者。在上海人均交通死亡率比东京高出 10 倍，部
分原因在于有更多的行人和自行车与高速机动车混合行驶，同时也因为交通堵塞造
成的延误，延迟了对交通事故受伤者的及时救治。

　　到目前为止，回顾依赖小汽车社会的负面冲击不同，大多数的经济学家不认为
交通事故是一种外部成本，即使交通死亡和伤残事故对社会造成损失，但这些损失
主要由那些自主选择驾车出行的人来承担。在选择是用驾车出行还是骑自行车出行
的时候，人们已经衡量过交通事故的风险，最后选择的结果说明了，他们一般认为
开车出行的净效益大于任何可能的风险。在富裕的国家中，大多数人通过支付保险
费来抵御交通事故的风险，为此在他们需要的时候，可以得到赔偿损失。可是在发
展中国家，当保险是一种奢侈的支出时，对那些社会中最贫困的人来说，因交通事
故对受害者和他们的家人造成的损失、痛楚和痛苦是灾难性的。

社会的不公平性

　　依赖汽车的社会最令人忧虑的问题是造成了社会的不公正，引发了空间上和社
会层面上不同阶层的分隔。那些没有能力购买和驾驶车辆的低收入人群、残疾人、
年轻人和老年人事实上都无法进入许多社会公共场所。对于这些老年人和身体残疾
人来说，孤立可以意味着寂寞、抑郁以及对健康需求的疏忽。对于许多上班的母
亲，长时间的孤立意味她们将花费额外的大量时间护送她们的孩子和家人来去交通
不便的地方。而对于更多在城市内的贫穷人士来说，孤立意味着不能甚至无法找到
工作的机会，被称之为"居住地与工作岗位所在地空间上不匹配"的问题。这种看
法认为，在美国，空间上的隔离是造成大量市中心区内有大量的失业者及两代人都
过着贫穷生活的主要根源，尤其是对黑人男性青年，当大量的就业机会被迁移至郊
区时，这种状况尤为严重。一份研究报告调查了费城、芝加哥和旧金山的通勤者，
研究发现黑人少年在就业率只有白人少年的一半，而这完全是由工作机会交通可达
性造成的。

　　在简·雅各布描绘城市生活的经典著作，《美国大都会的死亡与生存》一书
中，她强调社会的多样性和日常人们的相互接触是维护社会凝聚力、幸福的感觉
和社区归属感是多么重要一环。可是汽车文化打散了社区长久以来建立的紧密联
系。《芝加哥论坛报》在 1996 年夏天发表的一系列名为"陌生人的国家"文章
中，警告说郊区化时代的高度机动化——只有长距离驾驶汽车才能抵达工作单
位、住所、娱乐场所和学校——打破了社区的特性、创造出缺乏新意环境和削弱
了国家的集体主义精神。汽车的出现带来了社会的隔绝和阶层的隔离，也一直被
指责在美国扩大了种族的分裂。安东尼·汤司警告说，美国将最终因市中心贫民

区社会阶层持续的被隔离而招致社会成本的增长，其形式包括增长的犯罪率、毒品泛滥、非婚婴儿的出世、无父的单亲家庭以及帮派冲突等。道格拉斯·墨塞和南希·丹顿在他们1993年出版的《美国种族隔离》一书中，认为对非州裔美国人系统性的种族隔离，主要是由于白人搬离市中心和城市的扩张，书中总结说建设只有一类人种居住的社区，这种政策鼓励了美国的中产阶级搬离市中心并造成这种社会发展不和谐的局面。

以小汽车引领的城市蔓延式扩张和产生市中心永久的低收入阶层人群，在美国表现得最为突出。西欧国家在市中心有大量的低收入阶层的问题不是那么大，在日本几乎不存在这样的问题。与西方国家的情况相反，在发展中国家的许多贫困家庭被移置到城市外的周边地区。他们居住在城市的外围，远离城市中心的就业岗位，家庭的经济收入压力很大。在缺乏有效公共交通服务的大城市，低收入的家庭要花费他们1/4的收入用于交通，那些居住在城市外围地区的居民每天要花费3~4个小时在上班的路上。许多人从一家私人公交运营商的线路上换乘到另一家私人公交运营商的线路上要多次购买车票，增加了出行费用。

公共交通通常被认为可以帮助依赖汽车出行的社会缩小由于机动化程度不同而产生的差距。在费城、旧金山、密尔沃基和美国的其他城市，连接市中心和郊区工作地点的反向通勤公共汽车和小型公共汽车，往往都提供非常优惠的折扣票价。有些数据表明，这些措施的实施效果非常好，例如密尔沃基市上班乘坐的反向通勤小公共汽车，为3000多名市中心居民在郊区找到永久性的工作作出了贡献，并减少了领取福利救济金的人数。在大部分拉美国家，小型公共汽车在边远的贫民区域和市中心内的工作岗位之间提供了公共交通服务。

公共交通对于城市中心的重建发展和多元文化的近郊发展起着同等重要的促进作用。在本书的以后章节中会讨论到，轨道交通车站的建设改变了新加坡、墨尔本、慕尼黑市中心逐步衰退的趋势。在斯堪的纳维亚地区，轨道交通线路被提前建设，以引导城市扩张，将城市扩张的需求安排在已规划好的沿轨道交通发展的社区中，这些社区在居民年龄、背景和收入非常的多样化。目前在美国加利福尼亚州的奥克兰、圣迭戈，正在努力将曾一度衰落的市中心改造成为多元化的和有经济活力的"公交村庄"。联邦公共交通运输署颁布了适宜居住社区的倡导计划，对公共交通的项目提供财政拨款，如：支持在轨道交通车站附近的建设成人培训中心，作为一种对城市中心重建发展的促进手段。这些措施都认同"回到未来"的观点，相信明日的社区应建设成像往日有有轨电车那样的郊区。一个多世纪以前，许多美国人生活在轨道交通车站附近的社区里，由这些轨道交通服务的紧凑和界限分明的社区，使得生活在社区中的居民清晰的特征以及慢慢形成的强烈归属感。当人们乘坐公共交通时，他们能够在每一天遇到生活中不同的人。无论是在车上，或是在往返车站的路上，他们相遇、交谈、彼此进一步认识。随着当代公交村庄运动持续适度的发展，更多的发展商和建筑师们确信越来越多的美国人将逐渐接受生活在以公共

交通为主体的、精心设计的传统社区来替代目前依赖小汽车的郊区生活
方式。

底线：依赖小汽车世界的社会成本

将小汽车化交通造成的社会成本定量化分析是异常困难的。无论如何，有大量
的最新研究正在寻找计算这些成本的方法，所有这些研究都将道路的使用者以燃油
税、过路费和使用费等形式支付的金额除开后，来找寻对驾车者的隐形补贴的数
额。正如先前讨论过的，大部分的调查主要集中在世界上最依赖小汽车出行的国
家——美国。所有的研究都煞费苦心地进行全面的核算成本，衡量一切从外部的成
本，包括空气污染和温室气体排放的费用，到维持中东地区的军事存在以确保石油
进口的成本。根据世界资源研究所、自然资源保护协会、交通政策研究所和美国交
通系统研究中心的独立研究，以 1990 年的不变价格计，每年对驾车者的隐形补贴
为 3700 亿~7800 亿美元之间。在有可能到目前为止最全面和最精确的估算中，加
利福尼亚大学戴维斯分校的马克·迪鲁奇，将美国对驾车者的隐性补贴定在每年
略高于 10000 亿美元。迪鲁奇的研究融合了有关空气污染和温室气体排放对于健
康和自然资源影响的最新科学证据，和早先的研究不同，他的研究还包括了物资
价格上涨的成本（例如：免费停车引起零售货物价格的上涨，因为土地拥有者将
建设和维护停车场地的费用转嫁给租户的身上，而租户又将这些费用转嫁到消费
者的身上。）

当然，小汽车和卡车并不能单独为这些累积的成本负责。公共汽车和轨道车辆
也会带来污染、消耗燃料和影响社区的生活。事实上以人公里为单位计算，对美国
驾车者的补贴有可能与对公交乘客的公交补贴相当。取决于利用那一种成本研究的
成果，对美国驾车者的隐形补贴每乘客公里在 11~23 美分之间，而每年对公共交
通的投资和运营补贴换算成每乘客公里约为 23 美分（几乎与估算的对驾车者补贴
的最高额完全相同）。把所有的出行加起来说，公共汽车和轨道交通出行的隐形成
本与汽车和货车相比还是偏低，如果用私人小汽车来代替公共汽车和轨道交通作为
出行工具，社会的净成本费用将会相当高。

在美国以外的地区，对公路交通整体社会成本的研究还很少。然而，已经在个
别城市取得了有关的数据。一项研究估算了在西柏林的汽车出行成本，以 1988 年
的不变价格计，约为每乘客公里 0.40 美元，而公共交通会让城市花费每乘客公里
约 0.23 美元。一份研究得出如下的结论，西柏林地区应当在未来控制道路的扩建，
而要扩大和改善它的公共交通服务体系。

小汽车交通有什么效益？

到目前为止，我们的讨论未涉及到小汽车交通的效益，部分原因是我们对小汽
车交通的社会效益了解的不多，特别是从定量上来衡量它。目前，还没有可信任的

方法来衡量小汽车交通所能带来的整体社会效益。许多分析家认为，私人小汽车外部成本被忽略了，如能准确地计算出这些成本，它们将远大于小汽车交通所带来的社会效益（其中包括提高生产力和人们对住处和出行的自由选择）。甚至将汽车出行的社会成本估算得比其他人都高的马克·迪鲁奇，也写道：小汽车的使用提供了巨大的社会效益，在我们看来，恐怕大大超出了社会成本。这对有些人来说无疑是对的，对于很多穷得买不起车的人来说，一个以小汽车为主的世界的社会成本就可能大大地超出传说中的社会效益。对小汽车交通社会效益和成本的争论将永远是无休止的。

在世界上许多的地方，人们渴望美国人的生活方式，拥有独立的房屋、私人小汽车以及居住在看不到贫穷迹象的地方。在安东尼·汤司的著作《美国大都市的新愿景》中，他警告说，这种愿景目前太根深蒂固，以至于那些被选举出来的政治人物不敢质疑其中的任何一项，否则的话就是他们的政治自杀。从最终的事实来看，像美国这样的多元化、自由和民主国家的居民继续会选举那些延续过去做法的政治家，实施道路建设和以小汽车为导向的发展的政策，也显现了人们经过综合考虑，多数人认为这种模式的社会效益大于社会的成本。

当然这是美国人、欧洲人和其他人的价值观和渴望，他们希望生活在低密度的环境中，将家安置在远离工作的地方。这种生活方式产生了蔓延式的发展、污染和交通堵塞，就这来说并不是小汽车本身产生的问题。然而这并不意味着，人们喜欢生活在远离工作的地方同时还要驾驶的更多，许多人这样做是因为在一个依赖小汽车的郊区环境中居住，他们可以在那里找到负担得起的房屋、良好的学校，以及干净和安全的社区。要建设成功的以公共交通为导向的居住环境，一项重要的挑战就是要规划、设计和建设紧凑型并且有吸引力的社区，在那里有可替代的交通模式如公共交通的良好服务，同时还有价格适宜的房屋、上乘的学校和安全的居住环境，总之在其他许多方面，就像传统的郊区社区生活一样。

许多中产阶级显然喜欢生活在低密度的社区，按照他们的意愿随时驾车出行的生活方式，这样促使了一些交通分析家提出讨论发展"可持续小汽车化"作为未来交通发展的首选策略。这种观点认为由小汽车文化带来的大部分问题可以通过发展更加清洁的车辆予以解决。毕竟在过去，科学进步和技术突破解决了许多社会问题，有些人认为我们没有理由相信，同样的事不会在未来发生。然而现实情况是，创新科技的环境效益，例如预热催化剂和配方汽油，被各地机动车拥有量和出行量的几何增长所抵消，尤其是在发展中国家，这种增长更明显。我们也许能够重新设计出无毒害气体排放的小汽车，使用可再生能源，甚至使用车上装置的导航辅助系统避开交通拥堵路段，但是没有任何的科技会纠正在以小汽车为中心的蔓延式发展中天生的社会不公正现象，即被孤立的穷人缺少就业机会或对不能驾驶车辆的残障人士产生的不能出行的影响。

即使我们接受一个依赖小汽车世界的社会效益高于社会成本的观点，还是不清楚是否这种生活方式能持续很久，许多人都有怀疑，指出可以有经济效益开采的化石燃料的探明储量，只能维持目前出行需求 30 年左右的开采时间。现实情况是我们并不清楚延续目前的出行习惯未来可能带来的长远后果。继续沿着一条持续依赖小汽车出行的道路前进，我们正接受着我们后代将要承担苦果的危险，而这种风险是越来越多人希望不要接受的。

第三章

公共政策与可持续发展的公交都市

    历史上，研究交通拥堵、空气污染和上一章回顾有关小汽车化交通弊端，都是着重在供给或者需求两个方面。以需求作为出发点的措施，主要侧重于寻求或者减少交通量（例如：禁止出行）或在时间上错开交通出行需求（如：弹性工作时间），或在空间上错开（例如：管理土地的使用）或在交通工具上错开（例如：推动共乘车计划）等。而建立一个紧凑型混合用地的社区，并有益于乘坐公共交通的环境，也是以需求作为出发点考虑的措施，其目的是在空间上调整和错开出行需求，使得土地开发能够便利于选择公共汽车和轨道交通的出行，以达到一个满意的公交出行率。与此相反，以供给作为出发点的措施是为了充分地满足人们出行的愿望而提供设施与服务。新的道路、系统的提升（例如绿波信号灯系统），以及投资公共交通，都是为缓解交通拥堵以供给作为出发点的相应措施。但是由于有其他方面的考量，例如空气质量，影响着关于稀缺资源该如何分配的决策，使得在许多情况下扩展道路不再是首选。财力的限制和居民对城市高速公路分裂社区影响的关注，已减缓了新的道路建设计划。改善公共交通是代替扩建高速公路许多潜在的以供给作为出发点考虑的选择方式之一。在众多的从供给出发的选择中，本章主要集中探讨智能技术所能起的作用。公共交通方式在第一章中已经回顾过了在此仅简要地讨论一下。

    值得提出的是本书定义的公交都市包含着供需两方面的元素——紧凑的土地形态产生足够的需求来支持密集的轨道交通服务，而不同类型灵活的公共交通方式将可以使得公共交通来支持扩散发展地区的出行需求。当然从供给和从需求两方面为出发点考虑的相应措施并非相互孤立和互不依靠的。恰恰相反，城市的发展形态持续改变着公共交通的发展方向，而公共交通服务也在不断地改变着它们所服务的社区形态。

    在详细讨论 12 个案例之前，本章探讨了从供给和需求方面的公交发展战略，这与建立可持续发展的公交都市在广义上的目标是相一致的。本章节，并非想要事无巨细地回顾所有的战略举措，而是探讨部分相关的配套战略举措和有关经验，例如道路拥挤收费和交通宁静化，这些能与公交都市理念一起实实在在地促进使用可替代小汽车出行的其他交通形式和塑造城市形态。本书强调公共交通与城市的和谐发展，也就是我们所知道的关于对公共交通的投资，土地使用的模式和出行的习惯之间的相互关系，也探求这些相互间的关系如何能够被加强。本章节主要通过回顾多伦多和旧金山几十年来的公交发展的经验和教训，着重探讨了公共交通的投资会对城市的发展形态产生的影响。

以需求作为出发点的措施

本节探讨了四种从需求作为出发点的措施，它们是促进公交都市发展重要的补充和支撑举措：（1）交通需求的管理；（2）限制私人小汽车的使用；（3）规范小汽车车辆的性能；（4）价格体系。

交通需求的管理

小汽车内的空座位、停车场以及延绵不断的道路是浪费社会资源最严重的几个现象。在美国购物中心一般被设计成能满足一年中第 20 小时最繁忙的停车需求（即在圣诞节前的一个星期），平日的营业时间 99% 都有空置车位，40% 或者甚至更多的时间有至少一半的空置车位。与交通系统管理寻求低成本方法去加快交通流的速度相反（如交通信号灯的改善），交通需求管理的目标是通过交通需求的转换（例如，采用小汽车共乘或避开高峰期），或直接消除出行（例如，利用通信技术在家中上班）来更有效地运用现有的交通资源。交通需求管理的方法回映了"你不可能通过建造道路把你从拥堵中解救出来"这句谚语。

在交通需求管理被最积极贯彻执行的美国，在推行小汽车共乘，停车管理和其他交通需求转换的策略背后的主要动机，是对政府在改善空气质量方面有强制性的约束要求。在有些地区（例如南加州和大丹佛地区），那里清洁空气的标准经常被超标，许多交通需求管理的要求直接落在雇主的身上。在 1991 年，南加州执行 XV 法规，要求大型企业采取措施来明显地减低他们的雇员单人驾车上下班的次数。但在采取何种措施上，公司被赋予相当大的自由度，而且检验的标准不是以能达到降低多少的单人驾车出行数量来评定，而是看雇主们尽了多大的努力。大多数的雇主选择成本低的措施，例如对参加小汽车共乘的员工提供可优先选择的停车位和免费午餐。在开始的两年内，单人驾车上下班的人数仅有小小的下降，公共交通的乘客量基本不变。研究显示 XV 法规仅仅影响到区域内不到 10% 的机动车出行，因为它仅针对大型企业（员工人数超过 100 人）和上班族的出行（一个占所有出行中逐渐缩小的一块）。由于不断上升的政治压力，高额的实施成本（大约每名雇员每年要花费 200 美元），以及对联邦政府不对自己的承诺拨款的不满持续增长，XV 法规在

1995 年被废除。之后，南加州地区转向以市场为导向的战略，例如公司可选择支付员工更新老旧车辆的部分费用，以代替有可能是费时费力而又效果不彰的计划，像是公司赞助的共乘面包车计划。总的来说，美国对减低出行要求的尝试如 XV 法规远远没有达到预期的效果，因为这些项目没有"力度"。任何公共政策的执行如果是对投入过程（即努力）而不是结果（即业绩）来判定的话，它的方向是错位的而且注定是只能取悦少数人的政策。最有效调整出行模式的计划是要清楚和无误地将价格的信息传递出来，如为参加小汽车共乘和共乘面包车计划的车辆支付保险费用，收取停车费，以及提供免费或高额补贴的公共交通车票（以部分抵消因免费停车对小汽车的补助）。

　　在美国和加拿大，人们的一个共识就是停车管理是一项很有效的交通需求管理战略，并且争议较少。城市规划中对最少停车位数量的要求使供给上扬，从而严重地扭曲了交通和土地市场。唐纳德·索普对美国停车政策所产生的负面效应的研究比任何人都深，他引述了加州奥克兰的经验，1961 年那里每个公寓单位配一个停车位的要求一经采纳，立即导致每个居住单位的成本增加 18%，房屋的密度下降 30%，以及每平方米土地价格下降 33%。美国人驾驶小汽车出行 99% 的时间享受免费停车，使许多出行者甚至不考虑公共交通为一个可以替代的交通工具。研究表明对停车收费能产生很大的不同，过去的 15 年间，在美国和加拿大的 7 个城市采取停车收费后，每 100 名开车上班的雇员中有 19 人放弃了驾车出行。在加州，现在立法规定那些补助员工停车费的大型企业，要付给所有员工等同于租用停车位费用的现金。员工可以选择领取现金补贴或租用车位，从而消除了长期以来偏向驾车出行的不公平局面。

限制私人小汽车的使用

　　在一定状况下，限制小汽车的使用可以有效地引导交通模式的转移方面与改进公共交通服务。限制小汽车使用的其中一种形式是提倡交通宁静化，它有交通需求管理的元素，并且在社区街坊道路增强宜居性。交通宁静化的中心前提是社区内的街道属于居民的，这些街道被看成是居民住宅和前后院居住空间的延伸，是一个步行、聊天和玩耍的地方。创造一个安全并且适宜居住的社区街道的关键是减低汽车的行驶速度，当道路宽而直，且视距良好时，驾驶者开得较快。到目前为止，欧洲人在通过设计狭窄弯曲的居住区街道（在荷兰称之为可以生活性的街道）来限制车速上，迈了最大的一步，通过在街道上植树和设置街头建筑小品、缩减交叉口的尺度、设置减速带（像减速块，但更宽），以及将路面做得不平（例如砖块路面）等措施来迫使汽车减慢速度。特别的标志划出受保护社区的界线，提醒驾车人他们正进入一个受保护的居住区，在那里随时随处在街道中都可能有行人步行，儿童玩耍。这个想法是去减慢车速，而不是禁止交通。总的效果是要去灌输一种在一般城市街道上极难发现的宁静和私密的感觉。

生活性的街道通常将交通转移到其他平行的街道上去，一些城市就开始引进区域性的交通宁静化计划。柏林地区区域性的交通宁静化的措施已经受到赞誉，它将小汽车交通流从居住区转移到商业区的街道上，并将城市范围内涉及行人的交通事故降低了43%。法国城市波尔多开始寻求通过对居住区街道进行园艺规划和重新设计来控制行车速度，有效地达到了在整个城市范围的交通宁静化。今天，在欧洲以外的地方，居住区街道的设计还没有引入交通宁静化的概念。在美国马里兰州的蒙哥马利县在交通宁静化方面下了很大的功夫，过去三年来，安装了上千个减速带、上百个交叉口突出带以及沿着住宅区街道的几十个迷你型交通环岛。作为全美人均博士生数和社区协会最多的城镇，蒙哥马利县除了采用交通宁静化措施以外已别无选择，因为居民和社区团体对太多的过境机动车交通在社区道路上行驶十分反感，社区居民对交通宁静化的要求十分强烈。

世界上许多城市在它们的核心地带完全禁止汽车通行。禁止的范围和程度不同，从购物中心临时性的交通管制到在有历史遗迹的市中心永久性禁止汽车通行，像德国的慕尼黑和意大利的博洛尼亚。今天，基本上所有欧洲的城市对汽车进入它们有历史古迹的中心时有不同程度的控制。美国的明尼阿波利斯市、波士顿、波特兰和丹佛在市中心部分地区也都有类似的交通禁令。当与高质量的城市设计相结合时，将市中心的街道归还给购物者和行人的做法逐渐地被证明对增加市中心的零售额和商业地产的价格都是十分有效的。

在发展中国家，对小汽车使用的限制趋于更严厉。在雅典、墨西哥城和马尼拉，根据小汽车牌照号码的不同，禁止小汽车在每个星期内特定的日子里行驶。一些地方也引进针对性的控制法，目的是当天气状况容易助长烟雾的生成时降低小汽车的使用。圣保罗最近引入了一项7月到9月的污染控制计划，要求驾车人士每周将汽车留在家中停止驾车一天。这项计划已将市区街道上的车辆每天减少了60万辆，每日的一氧化碳排放量降低了550吨。在智利的圣地亚哥市，夏季的污染警报迫使市内35万辆机动车中的60%无法上路。在曼谷和雅加达，严重的交通堵塞已不得不禁止卡车和重型车辆在每天的繁忙时段进入市区中心的街道。

规范小汽车车辆的性能

从政治层面上来讲，那些目的是为了促进小汽车性能的规定，比那些试图去改变出行习惯的规定要更加成功。如美国倡导的"公司平均燃油效率标准"就获得了支持，因为它们针对小汽车使用所带来的弊病（即过度的燃油消耗），而针对小汽车本身。此外，遵照执行的负担落在大企业身上，而不是个人身上（更精确地说是每个选民）。

美国在设计高燃油效率，低排放车辆的立法上比任何国家的进展都快。"公司平均燃油效率标准"促使底特律三大汽车制造商重新设计它们的汽车，从而显著地促进了燃油的经济性。比方说，用轻型的聚合物来代替沉重的钢部件，改善空气动力性能，并且升级小汽车的传动系统。通过执行清洁空气法案中严格的尾气排放标准，大大降低了从车尾排气管喷出的铅、一氧化碳，以及烟雾污染物的数量。如今，用设计先进的变速器和重新配方的汽油装备的新型小汽车要比20世纪70年代典型型号的车少排出90%的污染物（虽然这要牺牲一些燃油效率，和以排放更多的二氧化碳到空气中为代价）。今天，随着进一步使用无氧汽油和淘汰老旧汽车，在大多数的北美城市一氧化碳已不再是一个室外空气污染的严重问题。几乎不再有路边的突击检查来消除空气中会对健康产生威胁的微颗粒物。由于柴油机引擎是颗粒排放的一个重要来源，采用其他推进器系统并限制卡车行驶将有助于改善这一情况，尽管在这一方面才刚刚起步。

　　从全球角度来看，在更新小汽车设计上的技术进步已令人印象深刻，然而现实情况是，科技的每一点进步产生的效益都被迅速成长的机动车数量所产生的负面效应超过。即使今天洛杉矶和丹佛的空气可能比10年前更干净，对世界上有限的资源的消耗和能够用来吸收温室气体而不使气候改变能力已越来越迈向极限了。在人口最稠密的非洲和亚洲国家，它们人均汽车拥有量仅及世界上那些最富裕国家的百分之一，一旦这些国家开始仿效其他地方小汽车拥有的模式时，为达到全球的可持续性发展，我们要做的是要比更新小汽车的设计多得多的。

设定正确的价格

　　经济学家经常争论合适的定价，例如征收交通拥挤费、碳排放税，以及停车附加费，会不再需要政府直接干预限制小汽车的使用和私人的土地市场。由于驾车的费用相当地高，人们将搬到离工作场所或公共交通车站更近的地方以节约出行的开支。企业也尽可能地设在离就业人口多的地方以减少他们雇员的交通费用（同样也可以减低薪水水平），居住社区也会热情欢迎零售商们进驻，以降低开车去购物的成本。

　　对都市小汽车出行真正社会成本的定价已证明只是一个理论上的想法，到目前为止没有在现实世界中实施过。其首要的障碍是除了交通经济学家和敢直言不讳的一些环境保护人士，几乎没有人喜欢对高峰时段的交通征收很高的费用。中产阶级驾车人经常抱怨他们在汽油税和汽车购置税上已经付得太多了，对高峰时段驾车还要额外付费将使他们不负重堪。在美国，极少的政治家愿意支持为交通拥挤而收费的，因为他们担心受到他们选民的报复，也确实有人因为提高对小汽车出行的收费而被选下台的。批评家也争论对驾车者收取更多的费用是精英政策，收费使穷人离开道路，而使富人的出行能够不受阻碍。正是所有的这些原因，使得在高峰时段的道路收费成为一个妄想。到目前为止，有着粗略形式的区域范围交通拥挤堵收费的地方仅有城市国家的新加坡，如第六章所讨论的，新加坡是由所有权力集中的中央规划所统治，以及在挪威一些人口稀疏、文化统一和政治激进的城市，如特隆赫姆，卑尔根和奥斯陆。在其他地方基本上没有政治意愿去向这个方向去推动。即使在香港这个地球上最拥挤的地方之一，即使在 1984 年对机动车辆识别系统的成功测试显示了对交通拥堵收费这一想法在技术上是可行的，却由于政治上的强烈反对，不得不放弃这一想法。

正是由于对小汽车社会成本定价的障碍，因此必须考虑将交通和城市的和谐发展作为第二的最佳选择。如果第一最佳选择的定价在政治上不可行，那么比合理对小汽车定价的次佳选择就是鼓励支持公共交通为引导的土地高密度开发。

以供给作为出发点考虑的方式

这里有几个对全球交通问题以供给作为出发点考虑的方式，它们能补充以需求作为出发点考虑的方式。

先进的技术

今天很大的希望寄托在用先进的技术和信息系统去减轻世界范围的交通问题。除了缓解小汽车所带来的负面影响（如尾气的排放），先进的技术被用在引导小汽车避开交通堵塞点，甚至减少交通出行的需求（通信）。这些技术涵盖了许多以需求作为出发点考虑方式的特性，因为它们常常涉及巨大的资本投入，来替代扩展道路，所以在这一章中，它们被看成是以供给作为出发点考虑的方式。

近年来，对交通流量组织的优化、在道路上控制车辆的位置、对旅客进行即时道路状况的播报，以及过路费的自动收取等先进系统的设计已取得了很大的进步。为了使道路和汽车变得越来越聪明，全世界已花费了几十亿美元在美国被称为智能交通系统。在我们进入一个新纪元时，依靠这些以前用于军事方面的技术，正在不同程度上增加汽车运行的效率。如果所有的都照计划进行，车载导航系统有一天将用数字化语音信息传达指令，使汽车能更有效地行驶在城市的街道上。用预埋在流量大的交通走廊下由计算机控制和指挥的装置，能使装有特殊设备的小汽车和卡车具有超级加速和刹车能力，这些车辆能够前后紧贴地在路上疾驰。装在车窗上的智能卡可使驾驶者快速地通过收费站，收费机则根据每天中不同的时间段和交通的拥堵程度自动地收费。信息板则清晰地显示给驾车人士前方的交通状况及建议选择非拥挤的道路。

实施先进的技术取得了令人注目的进步，并且不断地进行着。在密歇根州位于底特律北方的奥克兰县，装置了一种"快速追踪"系统，包括环形诱导感应器、电视监视器、自拍照相机，以及路边竖杆去侦测车辆和监控交通流量。数据被传送到中央计算机系统，系统再根据数据自动地调整全县范围道路网络上的信号灯最优化来适应交通流量，使延误减至最小。在英国，大约 12 万驾车人士现已订阅"交通主人"，一个由私营企业安装的全国性的驾车人信息系统。每隔 4 英里安装的红外线照相机自动地记录经过车辆的牌照号码并通过无线电传送到位于米林基那斯的一个中央资料中心。通过比照设在不同地点照相机拍摄的汽车牌照号码，大型计算机计算出每6公里路段的平均交通速度，并将资料以密码形式传送到小的接受器，然后显现在被注册汽车的仪表盘上。在德国，法国和荷兰也签署了设立"交通主人"的授权同意书。

让小汽车变得更舒适和更安全的目标是值得称赞的，而不可避免的是让小汽车比公共交通系统更快和更聪明，其后果又会引起关注。新一代的技术可能引来一个对小汽车有更大依赖的未来，甚至一个更为分散发展的城市。智能系统可能可以减少交通堵塞，空气污染以及能源消耗等问题，但它对减低小汽车和道路系统造成的，与依赖小汽车的文化天生共存的社会隔离和不平等却无能为力。先进的技术能产生重要的社会利益，但是它们也不是万能的灵丹妙药。

先进的技术可以更有效地来制定使用价格，这一点是无可非议的。加州最繁忙的高速公路段之一，16公里长的加州橘县91号州际公路，自动收费系统能够实施每天中各个不同时段的差别定价。四条由私人集资建设的新收费车道（每个方向各两条）也已建成，紧挨着原有8条车道的免费高速公路。使用快速通道的驾车人低峰时段付0.5美金，早晚的高峰期付2.75美金。而车内有三名或以上的乘客免费。接近91号收费快速车道的驾车者会看见一个容易阅读的标志显示当前的收费标准，他们将会有超过一公里路程的时间来决定是否换到收费的车道或仍继续留在原来行车道上。被称为高乘载道的这些快速通道受到赞誉，因为它缩短了高峰时段，鼓励一车多乘的形成，更为改善公共交通服务带来了所急需的收入。与区域性的交通拥堵收费不同的是，高乘载道更易被接受，因为它们被认为是提供了选择（人们仍可选择使用不收费的行车道），以及将节省的时间用金钱的形式具相化。这也就是为什么支持者将收费看作是按价值定价，而非按拥堵程度定价。此外，如果有所谓的精英主义，也主要是在那些认为低收入人士不愿意以付费的方式来换取快速通行的人之中，正如橘县91号号州际公路快速收费车道中的一位顾客所言："将变动费率的收费车道称为'凌志车车道'的人，不会是一个愿意每次被收取5元的费用，而能准时从托儿所接孩子的上班母亲。"

新技术另外一个有前景的方向是小汽车推进系统的革新，采用油电混合型推进器能将能源效率提升大约30%～50%，通过将刹车的能量用电力的形式收回，暂时储存起来，等到爬坡或加速时再用。有些具有未来眼光的人士看到了超轻型混合动力汽车有光明的前景，超轻型混合动力汽车综合了能量以电子的方式回收和车内燃料电池的优点。水力驱动的燃料电池会像一个小型发电站一样工作，像氢与空气中的氧反应产生电力。然而燃料电池面临的问题是它们太重，涉及复杂的工程技术，氢气的使用也有危险（如兴登堡灾难显示的那样）。大多数观察家都同意除非石油的价格急剧上升或执行更为严厉的燃料经济性标准，其他替代性的燃油和动力系统将会很难渗透进今天的市场。

通信技术

另一个以供给作为出发点考虑对 8 车道高速公路的替代方式是信息高速公路。视频会议、电话购物和在家办公都能消除人们对出行的需求。然而今天在家里办公的人数仍比十年前那些热衷者所预言的人数少得多，仅仅占所有工作的一小部分，主要涉及日常文书和信息处理工作可以允许人们通常在家中办公。在加州，每天仅有 1% ~ 1.5% 的人远程办公。部分在家办公的前景，即每星期在家工作一或二天的前景还是比较好的。或许更多的希望还是在通过网络影响人们购物的行为，代替在当地车行里与汽车代理商讨价还价的是，越来越多想要购买汽车的人在网络上寻找最好的价格，有时与远在千里之外的代理商进行交易。通过大型零售商的网站或电视购物频道来购买礼物，家庭用品以及衣物的人数也在不断上升。网上拍卖系统也越来越普遍从珠宝到二手车什么都有。

信息革命不仅仅是改变我们如何出行和出行的次数，同时也改变着信息、人员和货物相互间交叉流动的前景。随着信息处理业、远程办公室、合同制工人、个体户和家居工业越来越多地将工作场所转移到郊区、远郊和更远的地方。随着计算机、多媒体设备、卫星通信和万维网正渐渐渗透到一般消费者中，新型的社区形式正在形成中。像位于多伦多以北 90 公里处的蒙哥马利村，村中环绕着为高速数据传输铺设的光纤电缆，拥有社区远程工作中心，中心装备有视频电视会议、高功率语音数据连接、网络连接和无线传送装置。这样的社区中心可以使远程办公的人士一周有几天步行或骑车前往他们的远程工作站。堪萨斯州的奥贝林镇和科罗拉多州的汽船温泉镇也已在它们的镇中心建立了通信站。当远程工作中心开放时，当地的咖啡馆和街角小食店也纷纷开张，这些便常成为在家办公人士社交和相互交流的场所。今天在互联网和多媒体中成长的网络下一代，当他们成年后会倾向于更容易接纳在家工作和远程办公的想法。通过在郊外和远郊的生活环境中提供人们聚集的中心点，远程通信能够作为未来各个都市间公共交通网络成功的基石。

非机动车交通

一个公交都市不应该忽视自行车交通的设施和车道的作用，因为它们是一种有效的以供给作为出发点的交通方式。正如在哥本哈根的案例中所讨论的（见第五章），自行车能作为有价值的接驳工具来与轨道交通线路连接。在荷兰，超过 30% 的所有出行和大约 1/4 去轨道交通车站的出行都是骑自行车的。在荷兰有高于常规的自行车使用率，部分原因是因为那里有着平坦的地形，然而同样重要的是有大量的资源用在非机动化的交通方式。荷兰人花在自行车设施上的钱是他们交通预算的 10%，相比之下，美国所有政府花费在交通上的资金中仅有 1% 用到了非机动化的交通方式。荷兰的代尔夫特市创建了整个城市范围的网络，独立的自行车道形成 400 ~ 600 米的长方格形。更为细小的自行车路径网被建成用于社区内的出行，结果自行车的速度大幅提高，同时事故减少了。今天，代尔夫特市居民所有交通出行中

43%是骑自行车，26%步行，这很大程度上归功于该市给自行车交通提供了一个很友好的城市环境。

城市建设的形态和对公共交通的需求

由于本书的中心前提是——未来可持续的公交都市将把公共交通服务和城市建设形态亲密结合在一起——因此探讨公共交通与土地使用互相之间的关系是至关重要的。这一节根据实例研究了土地利用的模式对交通出行需求的一般影响和对公共交通使用的特殊影响。下一节将研究它们两者的反向关系，也就是说，对公共交通的投资和公共交通的服务如何塑造土地利用的模式和城市的形态。

城市的形态中，如人们预期的一样，对乘坐公共交通更有益的是那些相当紧凑的，土地混合使用的，及对行人有吸引力的（因为所有的公共交通出行都需要一定程度的步行）地方。我将密度、多样化和设计称之为是对公共交通支持性的城市和郊区中的三个支柱。的确在这本书里介绍的一些城市（例如：斯德哥尔摩和慕尼黑）成功背后最重要的一个事实是，它们的城市形态被建设得使得乘坐公共汽车和轨道交通更加方便，一般来说比自己驾车更加舒适。

公共交通和紧凑型的城市

根据半个世纪积累的实践经验，大部分人一致认为要吸引人们乘坐轨道交通和公共汽车，提高城市密度要比单一改变城市形态更有效。在城市间以及城市内交通走廊之间比较的统计数据显示，人口与就业密度增加每 10 个百分点，公共交通的乘客量就会上升 5～8 个百分点，这当然还包括其他因素如：安排较低的收入的人群居住在公交走廊沿线，停车的限制，以及为配合紧凑型城市格局而相应改善公共交通服务水平。研究还表明，当土地开发密度加大后，例如每英亩 4 个居住单位上升到 10～15 个居住单位时，公共交通需求随之急剧上升，也就是说，从一块 1/4 英亩大的别墅住宅地变为联体住宅用地。拿纽约市来讲，一项 1984 年的研究显示每英亩有 5 个居住单位的社区平均每个居民日公交出行 0.2 次，相似的社区（主要是指收入水平方面），每英亩有 15 个居住单位时就有 0.7 次。而每英亩有 100 个居住单位的极密集纽约社区，其居民产生更多的公交出行，平均日公交出行达每人 1 次。而当土地密度进一步增加时，土地密度的增加和公交出行次数并不再成正比，因为高层住宅的出行，像香港那样高的密度并不就一定会支撑高质量的公共交通服务。

将各国的案例进行对比，有可能会造成过于简单化了，但它们仍反应出其中的基本关系，例如城市的密度是如何影响公共交通的使用程度的。在一项 1988 年的研究中，约翰·庞哲发现西欧城市的密度比美国城市大约高了 50%，加之以高昂的汽车税收政策，他认为这些是使得公交乘客比率高于美国 2～3 倍的主要原因。最近为世界银行收集全球 37 个城市（包括本书 12 个案例城市中的 8 个）的资料揭示，城市的密度、汽车与道路的供应和公共交通的出行比率内在联系十分密切，所有这些城市按照国际标准都是富裕城市。拿美国的城市作为基准，图 3.1 显示其他城市（暂时忽略澳洲的城市）平均而言有相当高的密度，加上以每人平均计，道路面积越少，汽车的数目也就较少，而公交的服务的出行比率就明显较多。虽然高密度，限制汽车的使用和高公共交通出行比率看起来是紧密相连的，但它们间的关系也不是一一对应的。澳洲的城市与美国的城市相比密度没有那么高，人均道路面积也较多，但是澳洲城市人均使用公共交通出行比率仍然高出美国 40%，这主要是由于澳洲城市公共交通的质量高（见本书墨尔本和阿德莱德的例子）。与美国区别最大的是香港、新加坡和东京这三个亚洲的富裕城市，他们小汽车的使用率仅是美国城市的 13%，而公共交通的出行比率是美国城市的 8 倍。较低的人均收入只是其中一小部分的原因，因为这些亚洲城市的人均国内生产总值仅比美国的 13 个相比较城市少 12% ~ 26%。更直接的原因是有限的土地资源，迫使亚洲的这些城市不得不更有效地使用土地。而美国几乎有没有限制的可使用土地，这并不排除能够产生紧凑型的城市发展模式。正如第十七章中所阐述的，俄勒冈州的波特兰已选择通过人为地划出城市增长的边界，来限制土地的供应，和支持一个迅速扩展的区域轨道交通网络。

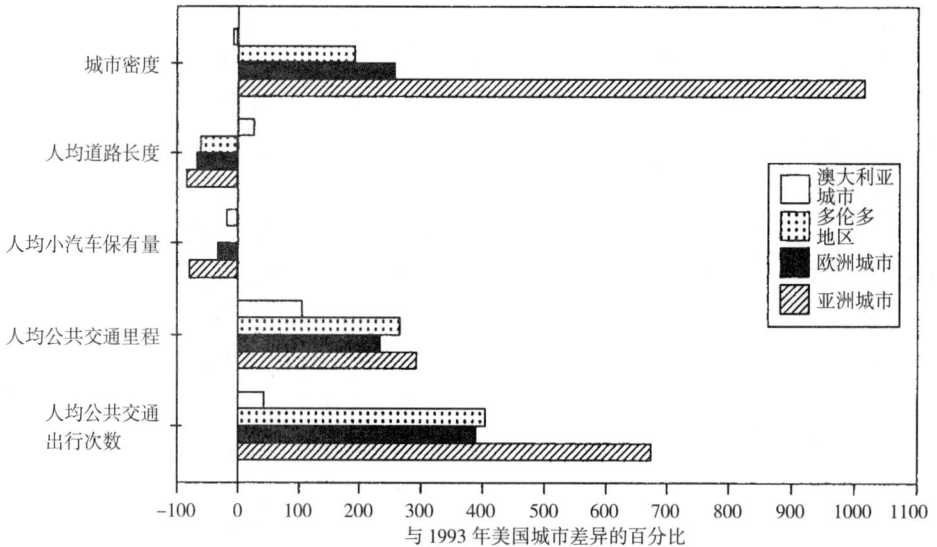

图 3.1 城市之间就其城市的密度、汽车与道路的供应和公共交通使用量之间的比较

虽然还没有一项研究在对比各国城市的密度与改变出行行为和吸引公交乘客的关系，1989 年出版的《城市和对小汽车的依赖》一书，还是深入探讨了这个问题，此书作者是澳大利亚珀斯市默多克大学的彼得·纽曼和杰夫·肯沃兹。通过对美

国、欧洲、亚洲和澳洲城市的比较，作者发现无序蔓延发展的美国城市如凤凰城和休斯敦，其人均燃油消耗是与它们规模及富裕程度类似的北欧城市如斯德哥尔摩和哥本哈根的 4～5 倍。由于汽油价格，收入水平和汽车燃油效率上的差别只是一半的原因所在，作者作出的结论是：密度与土地使用模式是造成人均燃油消耗差异的另一半原因。批评家们粗暴地攻击这项研究所使用的方法论，并指出，与美国相比，在欧洲许多城市里行驶的小汽车中很大的一部分是省油的小型车。这样的批评忽略了一个事实，那就是纽曼和肯沃兹也发现了在同一城市内相类似的关系。例如，纽约市的曼哈顿地区，每年每人平均消耗 90 加仑的汽油；相比之下，那些住在郊外的居民，人均每年要消耗 454 加仑的汽油。然而，最尖锐的批评是对纽曼和肯沃兹为未来发展提供的药方——城市更新计划，他们关于阻止向外围扩张的发展模式和将未来的发展重新引进市中心的观点，遭到那些希望由市场力量来主导城市发展人士的猛烈攻击。两位美国时事评论员，彼得·高登和哈利·里察德森提出警告，这是一种被掩盖的企图来让美国的城市"北京化"（即指是中国式的"指挥和控制"式规划）。高登，里察德森和其他人认为由小汽车导致的中心分散是在市场作用下一个积极的结果，能够让居住地和公司同处一地，从而使得通勤的时间和距离减至最短。但明显是，自由地选择在哪里居住和使用怎样的出行方式，的确造成了公共交通乘客量的直线下滑，城市的开放空间缩小，美国人因种族和阶层分隔他们自己，如果这些是没有关系的，那什么是有关系的呢？后续的研究显示，在出行的时间和距离是正在下降还是在上升方面，与高登和里察德森他们的说法有很大的矛盾，归根到底是否无序蔓延式的发展是否是社会所需要的？可以肯定的是在美国，这些互不相同的信息不可避免地对决策者造成了混淆。

　　1995 年由在华盛顿州的布鲁金斯学会召开的一个关于城市无序蔓延发展的会议上，对以小汽车为主导城市发展进行了激烈的辩论。美国历史保护基金会主席，理查德·莫伊在大会主旨发言中这样提到："我们需要一个清晰而有远见的规划，以及更好的发展模式来取代目前由各种经济力量随意冲突来建设我们的城市，这使得我们大部分市容变成像'上帝的废物堆积站'。"社会学家罗杰·奥里奇展示了他的研究发现，他认为无序蔓延式的发展是数百万的美国人压力增加一个原因，引起了"一种严重的全国性健康问题"。宾夕法尼亚大学沃顿房地产学院的院长彼得·林勒曼接下来提出："听了那么多精英的无稽之谈让我不知道从哪里开始说，早 7 点出门晚 11 点到家，是不是比天天担忧是否你的孩子会在城市里被射杀有更大的压力？城市只是对两种人是浪漫的——富人和游客。对大多数人它是地狱，而今天，大多数人想从这个地狱走出去。"

　　尽管有这样的争论，世界上越来越多的机构似乎依然包容城市的发展。在 1990 年城市环境绿皮书里，欧洲议会要求在已设定的城市发展界限内来进行未来城市的发展。英国政府在它的 1994 年英国可持续发展战略中认可了"城市遏制"的政策，并第一次由交通部和环境部联合发表了政策 PPG13，里面要求普遍地提高城市的密度，在交通枢纽的周围要求达到超过常规的密度。在美国，新泽西州最近在全州性的管理土地发展规划中采纳"紧凑型城市的模式"；此项计划的研究显示在未来20年间，预计容纳52万新居民的发展，如果采取与以往无序蔓延发展的不同的方法，州政府将在基础设施的建设上节省13亿美元，在每年的运作和维修成本上可节省4亿美元。从20世纪80年代早期开始，佛罗里达州、明尼苏达州、佛蒙特州、俄勒冈州和马里兰州已经通过管理法规，意图通过一系列的倡导来限制城市无序蔓延的发展，例如建立城市发展界限，制定同时性条例（即调整土地发展和改善基础设施的节奏），并且结合州政府的拨款方向来控制无序蔓延。在加州，甚至美国银行，这个州最大的金融机构和支持了加州战后大部分扩张的金融需求，也在谴责城市的无序蔓延是对未来繁荣的一个威胁。在澳大利亚的新南威尔士州，一份州政府最近出台的政策——《21世纪的城市》，要求在悉尼的城市结构中进行一种根本性的改变，从美国式依赖小汽车为主的形式转变到更注重社区，对步行者友好的和支持公共交通发展的城市。

民意测验和消费者购物行为显示出，人们几乎普遍地不喜欢居住在高密度的地方。并非是人们不喜欢密度本身，（至少在某种程度上），但是，通常紧随着高密度而来的却是：拥挤、噪声、涂鸦、街头罪案、过分拥挤的学校等等。如何创建一个更具吸引力的紧凑型地区是一项挑战，部分可通过高质量的设计，也可通过社区更新去着重解决造成社会问题的根源。如果高密度要在富裕国家被接受，显然需要有更多让人感到舒适的设施，开放的空间和高质量的设计来与之相配。直到最近才有设计师开始认识到实际上和感觉上的密度可以有很大的不同。研究显示让高密度项目被人感觉到密度没有那么高的有效方法是：大量的景观美化；增加公园，公共空间，社区内小型零售服务；采用不同的建筑高度，材料和质感来减少视觉上结构单调的感觉；精心设计的天际线；增加朝着后巷的第二套间；设计有楼中或地下停车场的多层建筑。许多紧凑型的欧洲城市例如荷兰的代尔夫特，瑞典的罗斯基勒以及意大利的博洛尼亚和佛罗伦萨，都显示当重建后的市中心社区因为增加了公共庭园、崭新的商业拱廊街、博物馆、露天市场和室外咖啡馆而变得如此美丽雅致时，是能够吸引中产阶级重新回来的。的确，在本书中探讨过的许多对公共交通友好的城市如库里提巴和苏黎世，支持高质量的公共交通服务，部分的原因是因为人们乐意接受紧凑型的生活方式，来换取一个高质量的宜人社区。

土地使用的多样化

越来越多人认识到混合式的土地使用也能鼓励乘坐公共交通。一个有着住宅、商店、办公和公共空间良好混合的地方能使乘客一旦下了公共汽车和轨道交通，便能容易地步行到达多个不同的目的地。我自己对美国59个大型郊区办公发展项目所作的研究发现，在楼底板面积中每增加20%的零售和商业活动，会引起面包车共乘或公共交通的出行比例增加4.5%。在郊区工作的人觉得，只要他们能在午间方便地步行到达餐厅和商店，就并不一定要驾车去上班。研究还显示在居住区附近有零售商店能鼓励人们搭乘公共交通来通勤。最近一项对全美 11 个大都市地区所作的关于上下班交通的分析表明在车站和住所间有商店的话，搭乘公共交通通勤的比例增加了几个百分点。购物处在位置方便的地方意味着公共交通的乘客能在晚上回家的途中购物，因此下班和购物只要一个出行。

在发达国家中，划分土地使用的普遍做法是来源自欧几里得的区划准则，约在80 多年前首次推出，希望能保护居民区不受烟囱和有害气体的侵扰。在今天的世界里，占主导地位的是干净无污染的商业和服务业，几乎没有合理的逻辑去隔离城市的活动。有两个美国城市，加州的圣迭戈和科罗拉多的柯林斯堡最近用功能性的土地发展指引系统来取代传统的区划制，其中地块上任何的使用方式只要与相邻的土地使用性质不冲突，就会被允许。在得克萨斯州的休斯敦，用来代替区划制的限制性条令系统的使用，相比较其他美国城市郊区传统的区划制，实际产生了更多不同土地使用方式的混合。

混合使用土地的重要性超过了引导人们去乘坐公共交通或步行。重要的是这样做推广了有效地使用资源，例如共用停车场，当办公楼与影剧院相连，停车场可以供办公楼里的员工从周一至周五，早上 8 点到下午 5 点使用，而其他时间如晚上和周末，可供看电影的人使用。共用停车场能够缩小郊区活动中心的规模达 25% 之多，这意味着适合步行的环境增加了 25%。同时混合用地的发展项目减少了对道路通行能力的要求，假如一个停车场是供办公楼专用的，楼内大多数的租客是早上到、晚上走。这意味着要建设能容纳高峰期交通量大小的道路。如果同样的楼底板面积被分散为办公、商场和居住的用途，交通流量就能在一天内和一周内被均衡地平均下来，这样一来就能降低高峰期对道路通行能力的要求。公共交通的运营者能享受由此产生的效率。正如斯德哥尔摩和库里提巴所展现的，混合用地的发展能够产生双向平衡的交通流量。这意味着沿线的公共汽车和轨道交通能更完全地被使用。当住宅、商店和工作场所各自分离、互不相连时，那种一个方向上几乎空着的公交车辆的景象就太常见了。

书中探讨的许多案例城市如哥本哈根、苏黎世、慕尼黑以及东京，也都揭示了混合用地的环境对城市的可居住性来讲是多么重要。有商店、餐厅、报刊亭、咖啡馆和露天市场在社区和工作场所周围，增加了一个地区的多元性和活力。一个人如在晚间或周末去校园式的郊区办公园区看看的话，就会发现这些地方是如何地缺乏生活气息。反之一个混合用地的社区从早到晚都会吸引人群。由于持续的活动和有许多眼睛在随意性地注视，混合用地的地方会被觉得更安全。正是这些原因，社会学家简·雅各布关于一个健康城市的秘方是"一个错综复杂又富有条理的多样化土地使用，使得彼此间无论是在经济上还是在社会中都不断地相互扶持。

城市设计

你可以发现许多例子，它们都是紧凑的，混合用地型城市有着充满活力的街边生活——像曼谷，雅加达和圣保罗——但它们很难说是可持续发展的典范。经常被忽略的是一个高质量的城市设计。近年来，一个小规模但是具有影响力的建筑师群体，他们大多数是美国人，已将城市设计提升到使城市更具实用性和宜居性所有要素的首位。这个运动引起很多人关注的就是，"新都市主义"，致力于将郊区转变为对行人友好的，支持公共交通的社区。在采纳紧凑型，混合用地发展的同时，"新都市主义"的倡导者仔细研究怎样使得社区更加舒适和具有享受性的细节，例如更适宜步行的方格网状街道形式，突显的公共广场让人们聚集在一起，两旁树木夹着的狭长街道有着路边停车以及后巷，大多数的居民可以步行到达商业中心，充裕的开放空间，和令人愉快的街景。"新都市主义"的一个中心前提是将社区设计成为像以前的那样，通过让步行者和骑自行车的人士感到更舒适来降低对小汽车的依赖。但是"新都市主义"的设计不仅仅是为了达到交通目标为动力的，更重要的是希望去建立文化上更加多元化的城市和郊区，并灌输社区的感觉——对地方的依恋以及人们每天能够面对面交流的环境，而不是被局限在他们的车里和家中。批评家指出这种人性化的设计准则带有社会工程学和外因决定内因的意味；当然，人们至少可以对美国联邦资助的州际高速公路和房屋贷款做类似的指责，正是这些做法助长了第二次世界大战后汽车工业的发展和郊区的无序蔓延。

目前仍欠缺城市设计对出行行为影响的证据，很大程度是因为设计处理手法必须伴随着紧凑型的混合用地发展模式，从而使这一模式的优势能让人们感觉得到。最好的了解可以从一些比较研究中得来，比较那些经过"新都市主义"对行人友好的和支持公共交通的传统社区中居民的出行模式，和居住在以小汽车为主导郊区的居民的出行习惯，一个近期的研究比较了旧金山湾区两个社区的通勤交通模式，这两个社区有以上的各自特点，它们在其他许多方面都类似，包括收入、地理位置、高速公路和公共交通的服务水平，以及地形，除了它们的建筑形态。"公交社区"是建于第二次世界大战前的传统社区，有着网格形街道，并围绕着地面的有轨电车线路发展起来的。相反，"汽车社区"多是 60 年代样式的在广阔郊区发展起来的社区，有着曲线形的街道及没有事先建成的轨道交通服务。公交社区中 22% 的居民是乘轨道交通或公共汽车上班，相比之下，仅有 3% 的汽车社区居民乘坐公共交通上下班。公交社区的人均公交出行数量比汽车社区的多 7 成，人均步行或骑自行车的出行数量是汽车社区的 1.2 倍。

通过对两个欧洲城市，经总体规划的英国新镇米尔敦基尼斯，和更传统的荷兰社区奥尔莫里的对比性研究产生了可供比较的发现。奥尔莫里与米尔敦基尼斯的占地面积类似，目标人口数相同（25 万），而且平均家庭收入也类似，但它实际上布局大不相同。奥尔莫里以较小的格状式街道为特色，有大量的人行道和自行车道，一个禁止小汽车行驶的镇中心和一个相互依存的混合土地利用（即，购物、居住和办公）模式。米尔敦基尼斯是一个当之无愧的以小汽车为主导的城市，四线的大道排成超大的网格，住宅，办公楼和商店被整齐地分列在不同的区域内。在 1991 年，米尔敦基尼斯所有出行中的2/3是驾车，相比之下，奥尔莫里仅有42%。而且奥尔莫里的平均出行距离要短25%。

土地利用的战略有效吗？

批评家反对将土地利用作为出发点来作为管理交通需求的手段，因为在发达国家，可达性水平已经很高了，居住模式也很成熟，对低密度居住的喜好是如此根深蒂固，企图通过土地规划来改变人们交通出行习惯是注定要失败的。尽管在本章中探讨了一些令人鼓舞的事例，批评家经常会使用那些描绘出一个不同景象的其他研究成果。一项研究检验将城市人口密度每年提升2个百分点所产生的影响，它采取用大规模城市模拟模型对世界范围内四个城市（毕尔巴鄂、多特蒙德、利兹和东京）进行模拟，预测结果显示交通工具的选择，出行的平均和二氧化碳的排放量受到的影响不大，在2～8个百分点之间。

诚然土地利用的改变就其自身来讲也不是灵丹妙药能治愈一切疾病，当结合其他形式的交通需求管理策略，比如停车上的限制，它们便能发挥超强的，更持续的影响力。在法规XV——减低单人驾车出行的规定开始执行后，这由一项研究土地利用模式和交通需求管理的策略是如何相结合，来减少单人驾驶通勤去往于南加州的大型工作场所的结果表明了。工作场所周围有着便利店，同推动小汽车共乘、乘坐公交出行和停车管理等雄心勃勃的交通需求管理措施一起，实现了将单人驾车通勤的比例，比那些校园式的工业园区和其他单一用地的工作场降低了8～16个百分点。在澳大利亚新南威尔士州作的研究总结出，交通需求管理政策、工作与居住的平衡和混合用地发展相结合，比起那些可能不得不等上半个世纪才能显著见成效的城市统一发展政策，在对减少温室气体排放上有更大的影响。

当然财政上的激励机制，例如对在轨道交通车站附近的建筑给予容积率的奖励和降低停车位数量的要求，也将有助于实施支持公共交通发展的项目。在许多方面降低费用可能起到很多作用，通过对低效的、以汽车为主导的发展项目征收费用，以此产生的收入通过退款形式来作为对高效的，支持公共交通发展项目的奖励。另一个新颖的想法是让银行批准那些在公共交通节点周围居住者一个"高效地区"购房贷款。如果通过居住在轨道交通节点附近来降低交通的成本（主要是以一个家庭仅需拥有一辆车的形式），那么在批准房贷申请者时，可以考虑他们可能从本金、利息、税和保险费中节省下的钱。这种做法承认了从交通方面节省的支出，会剩下更多的钱用在房屋上。一项近期的研究发现在芝加哥，住在非常方便接近公共交通服务地方的居民要比那些有着相类似的收入，但住在依赖小汽车出行的社区里居民每年在交通上的开销要少3400美元。在一个公私联合的倡导下，对高效地区的房屋贷款计划目前正在芝加哥，旧金山和华盛顿地区试行。这个观念已在德国的不来梅被应用到极至。在那里，一个有200个公寓与房屋的新混合建筑——不来梅/汉诺威，仅接受那些放弃使用小汽车的租客和房屋买家。德国还大力提倡小汽车共乘的观念，其中街坊邻居合资来购买并共同拥有小汽车，而后由出资的成员按需要使用小汽车，被称做斯塔陶特汽车（德国人称"选择性车"），这项计划到目前为止吸引了超过 8000 名成员加入，他们共同将他们的小汽车拥有率降低了 75%。今天，小汽车共乘的观念正迅速蔓延到整个欧洲，在德国、瑞士、奥地利、丹麦、荷兰、挪威、瑞典和英国有超过 600 个城市中包括 45000 成员目前共用 2500 辆汽车。

　　本书探讨的其中一些案例，例如新加坡、斯德哥尔摩和库里提巴提供了令人注目的证据，那就是，如果有效的土地使用规划仔细地与公共交通服务相结合，就能产生出极大的交通和环境效益。这或许并不奇怪，免费停车的盛行以及对小汽车出行的补贴，使得美国在土地利用管理中的可以得到的交通效益显著减少。美国不理想的交通和土地利用的结果部分反映了不理想的价格体系。的确，如果在美国的小汽车拥有成本同欧洲和大部分亚洲国家一样高的话，城市将变得越来越密集，城市总的活动也能更为相互关联。当要面对极其高昂的开车费用时，越来越多的美国人将趋向于搬到离他们的工作场所和公共交通车站更近的地方，以便节省交通费用。如果给于一个公平的机会，土地利用的策略就能够奏效。确实在成功的公交都市背后，有许多故事都与土地利用和公共交通服务一并发展的，辅助和支持性的政策有着巧妙地结合，例如对停车的控制和小汽车征收附加费。

公共交通对土地利用和城市建设形态的影响

　　正像城市的建设形态会影响对公共交通的需求一样，对公共交通的投资同样也会影响城市的建设形态。本书回顾的许多案例强调这点。例如斯德哥尔摩和东京，在那里，轨道交通线路是在新的社区形成之前就建成，库里提巴和渥太华的公共汽车专用道将城市化沿着既定的增长轴线集中。本节通过研究对公共交通的投资和公共交通的服务是如何塑造城市和区域的实例，来对上一节进行补充。这些罗列的经验通过这本书的 12 个案例分析被展开。

　　通过对历史上的城市案例研究，在公共交通是如何塑造城市和区域的结构及特性上得到了许多极有价值的经验，其中大部分经验来自美国。由山姆·巴斯·瓦勒、杰·万斯和罗伯特·福吉森的权威性著作纪录了 20 世纪 90 年代早期城市地面有轨电车向郊区的延伸是如何导致波士顿、旧金山湾地和南加州的大规模的城市中心分散化。有轨电车向郊区的延伸不仅规划出了东西海岸各大都市呈放射状的分布，同时也使居住区与工作场所以及社会阶层间分隔开来。

　　在城市中位置理论对公共交通的投资如何能够和应该怎样影响城市的建设形态提供了线索，公共交通的影响力主要来源于促进所服务区域的交通可达性。从理论上讲，新的轨道交通线和公共汽车服务必须提供给当地比其他地方有位置上的优势。正是人们希望借助位置上的便利以达到减少出行的愿望，房地产开发商们也意识到人们的这些愿望，这就很大程度上决定了城市的建设形态。除了土地区划的限制或其他的约束（例如不景气的区域经济）外，对有利地理位置的竞争将提升土地的价值。因为办公大楼和高层次的商业能出比别的机构高的价格去挑选轨道交通节点周围的地盘，一套充满活力的项目会由他们带动运转起来。那些销售它们的产品和货物给这些公司（或它们的员工）的店铺，像复印社、计算机软件商店、熟食店等，都试图开在离它们潜在的客户群尽可能近的地方。因此，辅助的商业开始混杂在这些高层次的商业活动中。或许离轨道交通车站约半公里的距离，但步行仅需5分钟的地方，公寓以及双拼屋也陆续跟进，吸引那些想要住在离车站足够近的家庭，以便节省上下班通勤的开销，或许省下购买第二辆小汽车的费用。有些人也可能是被一种紧凑的，混合土地利用的，由公共交通服务的周围环境所营造出的都市化的舒适和优雅所吸引。这种对车站地区的中意性还可通过城市设计越发来加强，通过提供内部的自行车道，开放公众聚会空间，以及用树林、灌木丛和儿童游乐场来丰富周围的景观。当然还少不了便利店、果蔬杂物店、电影院和其他设施来满足周围居民的需要。最终一个紧凑的、混合功能的社区将形成，它具有许多特质，而这些特质通常四处分散在整个郊区，一个高质量的环境由土地和租金的升值来反映。公共交通便像一块磁铁吸引着一系列高效的、多样化的城市生活，来到一个被清晰划分出的，在内部适宜步行的地区。

当然这仅是理论上，而实际发生的却经常很大程度地偏离经济学课本上的理论。实际经验指出有许多先决条件，其中一些在政策影响的范围内，而一些在其外，如果要有一个紧凑的混合用地的发展项目紧随着出现，必须经常与公共交通投资相结合。公共交通能够成为城市和地区强有力的塑造者，但很少能只靠它自己来做到。这就需要政府部门的帮助，需要好的运气，去抓住提供区域可达性的时机。本书中许多案例都令人信服地强调了这一要点。然而，其中最好的一些由经验和统计得到的证据却不是来源于本书的案例，而是从过去30年来一系列的调查研究中得来，主要是近代美国和加拿大对铁路建设的投资。这很大程度上是因为美加两国在都市轨道交通系统的发展上已相当迟了，至少拿欧洲的标准来看，而且它们又有足够的财力去支持综合性调查研究的国家。

许多研究对自20世纪50年代早期起在多伦多、蒙特利尔、旧金山、亚特兰大、华盛顿特区、费城以及其他城市建成的新一代的轨道交通系统对土地利用和城市发展形态的影响，从中得到一个类似的结论：轨道投资能对城市的形态产生很大的引导和改变，虽然这种改变只有在政府承诺要同私营企业密切合作才能实现。本节只集中讨论两个案例的经验，多伦多和旧金山湾区来强调这一点。多伦多和旧金山湾区因为他们在区域范围内政府部门的主动引导方式有根本的不同，而引起我们的兴趣来做比较研究。他们也提供良好的经验，阐明其他因素对城市的建设形态所产生的影响，如对公共交通的大量投资能同时促进该地区经济的蓬勃发展。

多伦多：通过主动引导型的规划来推动对公共交通的投资

加拿大的多伦多市，常常被认为是北美地区轨道交通建设影响城市形态的最好例子。从1954年到1966年间建成的24.3公里的地铁系统，对城市建设形态的影响是直接和相当大的。根据对轨道建设前后航空照片的对比分析，在车站周围几年前一到二层老旧的商业楼宇已经被幢幢高耸的塔楼代替了。经常被引用的统计数据是，在地铁运营的十年内，多伦多市内新开工中50%的高层公寓和90%的办公大楼，建在离地铁车站步行5分钟的距离之内。地铁不仅促进了空地和利用不足土地有效的发展，而且刺激了市内衰落的商业建筑和地块的重建。有一项研究声称，在地铁运营的头十年内，地铁带来全市范围内约120亿美金的土地增值效益。

1954年首先开通了多伦多市7.4公里长的央街地铁，它从市中心向北延伸到一个传统的，有些停滞发展的商业中心——埃及林敦，该条地铁线替代了乘客量很大又急需升级的老旧地面有轨电车线路。多伦多的地铁系统从一开始就由多伦多公共交通局来规划，管理和运营，在1954年到1966年间，分段从市中心向东和向西伸展。之后只有增加了几条延伸线路，其中之一就是全自动控制无人驾驶的先进轻轨线路，被称之为"天车"，向东伸展到区域的中心市镇——士嘉堡。今天多伦多公共交通局的轨道交通系统，如地图3.1中显示的那样，长度达到57公里，有60个车站。地图3.1中的外部界限代表了历史上所称的大多伦多地区，一个630平方公里的区域，居住着约239万人，由多伦多、依陶碧谷、北约克、士嘉堡、约克和东约克等市组成。饲喂主干线轨道交通车站的是全世界可以找到的最丰富的地面公共交通连接网络，包括无轨电车、柴油公共汽车、有历史的有轨电车和现代的轻轨车

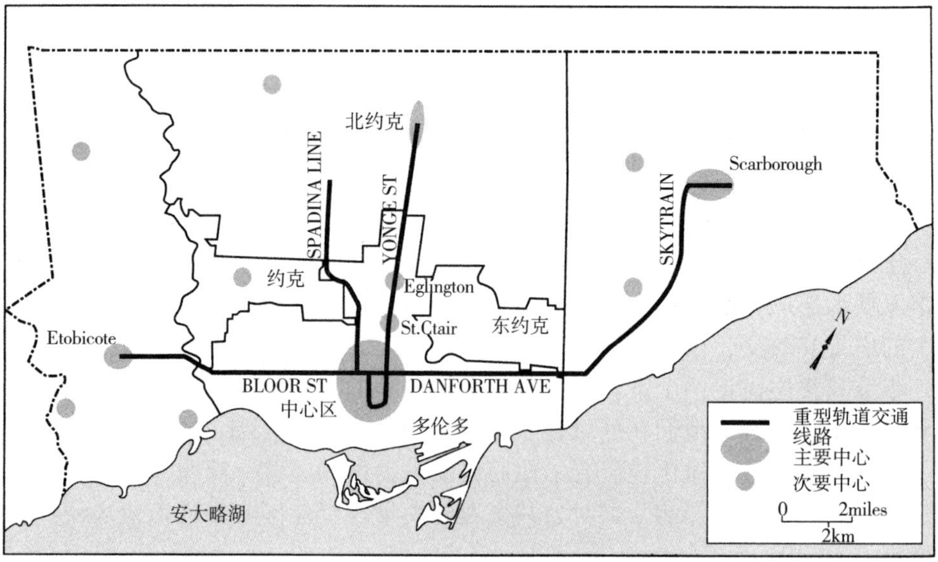

地图3.1   大多伦多地区和多伦多公共交通局的轨道交通服务系统，1995年

辆与一般车流混行。公共交通服务整合的关键是在不同公共交通模式之间密切配合的运营时间表和一个免费换乘的政策。在有些车站，有轨和无轨电车直接进入地铁车站封闭的区域，使得换乘的乘客能够直接进入地铁的登乘站台，而无需通过检票闸机，当地人称之为"免费"换乘。

多伦多公共交通局轨道交通系统最大的成功之一是加强了中央商务区，部分是中心发射状的地铁线路系统的作用，但是主要是区域土地利用规划战略的作用。多伦多市中心的办公面积从1960年的187万平方米增加三倍到1985年的576万平方米。一个强大的市中心反过来也孕育公共交通的高客流，所有进入市中心出行中有65%是乘坐公共交通，历史数据显示人均每年有超过200次公共交通出行，比任何美国都市都要高，包括大纽约地区。确实发射状连接市中心的轨道交通和强大的市中心互相依存。今天，预计有45%的全区域工作岗位总数在市中心（官方称之为中央地区），是北美地区比例最高的，但也与其他地方一样，这个比例在不断地下降。多伦多的几十年前建成的地铁系统已经不能阻止工作岗位从市中心向外分散的潮流。然而由省政府负责运营的区域通勤铁路系统——安省公营铁路公司，在不断地扩展，帮助激励了在传统都市区界限外的发展。当然，如果没有多伦多公共交通局的轨道交通系统，更多的工作岗位会从市中心流出，可能会将中央商务区占整个区域工作岗位的比例下降10%～20%，这与大多数的美国城市的情况相似。

虽然许多从市中心迁出的工作岗位最终是落脚在以小汽车为主的郊区办公园区内，但仍有相当大的部分是搬迁到了有轨道交通服务的次级中心。这主要是大多伦多地区有着强大的区域管理传统的结果，直到1998年，都市区合作组织负责协调地图3.1中显示的6个城市的规划和他们提供的市政服务。在1998年1月1日，都市区合作组织被撤消了，这6个城市合并成立了新的扩张后的多伦多市。这次的整合通过替代7个不同的市议会，基本上将规划和决策统一到单一和扩大的市议会中。今天多伦多市的市界，对交通和土地利用事务的管理权限与在地图3.1中显示的前都市区合作组织的地域和权限完全一致。

在1953年央街地铁开通前不久成立的都市区合作组织它的主要职责是，协调区域的发展，特别是多伦多公共交通局轨道交通系统的服务与土地开发间的协同发展，现在这个角色由新扩张后多伦多市的规划部门来承担。在1980年，都市区合作组织颁发了一个分级的区域次级中心发展计划，多伦多市中心由两个有轨道交通服务的区域次级中心士嘉堡和北约克，以后又扩展的三个城市，包括了士嘉堡和四个第三级的市镇中心来辅助和支持。在安大略省政府的财政支持下，士嘉堡被指定为区域现代化的以公共交通为导向的城市设计的典范。从1980年开始，混合的办公、购物、机关和住宅用地的发展集中在士嘉堡市市中心和天车车站周围出现。但是不久当地的规划师发现，事实上在北边的轨道交通车站出现了巨大的购物中心四周围绕着海洋一般的沥青表面的停车场，这种景象将士嘉堡市的特征先入为主地设定成了一个以小汽车为主导的地方，轨道交通和主动引导型的规划也被证明了无力解决这样的问题。今天在区域内的另一次级中心北约克，建成了更加符合人体尺度的，对小汽车依赖不是那么大的，与地铁车站结合良好的购物中心，以及令人印象深刻的一排排高层办公大楼和公寓大楼围绕着一个中心花园广场。今天约35%去北约克市市中心的，和22%去士嘉堡市市中心的通勤出行使用公共交通，以任何标准来看都是很高的比例。

　　为什么多伦多在使得公共交通和土地利用结合方面做得如此成功？简短的回答是积极推广主动引导和战略规划，虽然事实上其他的因素也有很重要的贡献。多伦多的成功的要素可以分为外在的和内在的因素，即是公共政策影响内的和影响外的。

外在的因素

　　有两个幸运的机会对多伦多很有帮助，一个是好的时机，地铁系统在城市快速发展的时期建成和开通，从1951年到1971年，大多伦多地区是北美增长最快的地区之一，每年平均增加45000个新的居民，因此轨道交通占有一个不同寻常的好位置来将发展集中在想要它们发展的地方。

　　第二个有利的条件是那些新到来人们的背景，那时来的人是第二次世界大战后从欧洲移民到加拿大的，与几十年前那一拨来到美国海岸的外国移民一样，他们来自与有着优良公共交通服务的地方，也带来了在以公共交通为主导城市居住的传统，他们对公共交通在收车费处和选举投票箱里作出支持。此外大多数的移民住在免费提供的公共住宅里，那里离市中心较远但离郊区的轨道交通车站很近。这样有利于这些新居民降低他们的居住和交通费用，同时也帮助多伦多公共交通局保证了充足的公交乘客。

内在的因素

　　虽然好的运气在多伦多的成功中扮演了一个角色，更重要的是精心策划的结果，谨慎有条理的公共政策，有些是在联邦政府的层面，但大多数是由区域本身倡导的。以下归纳了四个关键因素：

税法：多伦多高比例的居民住在公寓和多户住宅中部分是因为联邦税法的产物。在加拿大由于房屋贷款的利息和物业税是不能从个人收入税中抵扣的，因此就不像在美国那样对拥有独立别墅有那么大的税务激励机制。所以多伦多都市区的人口密度比美国10个最大的都市区高三倍。

没有一个联邦的高速公路项目：与美国不同，加拿大没有一个联邦部门负责推进高速公路的建设，不论是横跨全加拿大的、城市之间的和都市区内的高速公路。加拿大没有一个等同于美国联邦公路署，这样一个建造了全世界最大的公共工程项目——美国的州际高速公路系统。美国州际高速公路系统在由艾森豪威尔政府向国会推销该计划时，是为了在战争时期用来在州际间运送货物和军队，在美国的州际高速公路上行驶的绝大多数车公里数都是发生在都市区域占总线性长度4%的路上，美国州际高速公路系统起到更多的作用在引导美国人郊区化的生活方式，而不是运送货物、商品和军用物资。缺乏一个全国性的道路建设单位意味着，在大多伦多地区高速发展的 20 世纪 50 年代和 20 世纪 60 年代，没有一个在第二次世界大战后的高速公路大建设。

对高速公路的反感和人格的力量：当加拿大联邦政府在建设高速公路方面有所节制的同时，并没有拖后省政府承担起这样一个角色。第一个反对高速公路的草根组织是针对一个安大略省政府的市内高速公路建设计划，很少有人知道，两位当时最受人尊敬的和最有影响力的城市社会学家，简·雅各布和汉斯·布鲁门菲德就住在他们的后院。在 20 世纪 70 年代初期，当建议中的斯巴蒂娜高速公路的建设正在进行时，简·雅各布刚刚因为受到多伦多有活力的和有着强烈传统的市内生活的吸引，从纽约市搬来。汉斯·布鲁门菲德在欧洲生活了很长的一段时间，是多伦多公共交通局坚定的支持者，并将小汽车文化当作主要的敌人。雅各布和布鲁门菲德担负起组织反对规划好了的高速公路的领导角色，感性地抗辩道，为了使郊区的居民能将他们的小汽车驾驶得更快，而将在市中心已建成的社区连根拔起，这是多伦多要承诺走上许多美国城市式罪恶的老路。多伦多市内围绕着市中心实际存在的那些最好和最贵的住宅社区，也增加了反对建设高速公路的理由。反对高速公路的人士最终取得了胜利，促使了都市区合作组织沿原线建起了一条新的斯巴蒂娜地铁线。作为反高速公路运动和联邦政府在建设高速公路方面的节制的一个结果，大多伦多地区，确切地说，加拿大所有的城市地区，今天人均的高速公路行车线里程长度要比美国的同类城市少得多。

主动引导型的，协调的土地利用规划和管理：从一开始起，多伦多区域政府就在协调区域轨道交通服务的发展和城市土地发展模式间的关系时，采取一个主动引导的姿态。虽然市政府仍然控制着地块可被使用的功能区划规例，都市区合作组织至少在理论上，如果与区域法定规划有不一致的话，有否决市政府对土地使用的决定。但很少有推翻市政府对土地使用的决定出现，主要是因为长久以来，地方政府对加强区域轨道交通服务有着很强的承诺。轨道交通和城市发展整合高于一切的标准总是通过地方政府所拥有的权利促进，其实是奖励紧凑型的发展模式。在多伦多轨道交通车站附近的地块被当作无价之宝，不会被只是当作停车场来浪费，或只是受到地产投机利益的指使。以下四个步骤被用来最大限度地来发挥在多伦多公共交通局的轨道交通车站周围的发展潜力。

- 容积率奖励，从一开始起，多伦多市政府将在大多数轨道交通车站周围土地的允许开发强度增大，来促使高层建筑项目的发展，允许的地块开发率（楼底板面积与土地面积之比）为 15:1。最高的容积率奖励给予在离车站 250 米范围内的地块，然后可允许的容积率随着离车站的距离逐渐降低，就像多层的结婚蛋糕那样。功能性的地块可被使用的功能区划规例也被引入，对于上层有居住单位的商业楼宇给予更高的容积率。
- 限制停车换乘设施，在美国围绕着许多郊区轨道交通车站主要的土地使用是停车场。但在多伦多不是这么一回事，而是在绝大多数的车站周围簇拥着中高层的住宅和商业中心。多伦多主要在终点站限制停车场的设立，这些车站可以有潜力作为一个从郊区和远郊到市内通勤的大集散地。结果是在多伦多的郊区车站，步行后换乘轨道交通、乘公共汽车后换乘轨道交通和骑自行车后换乘轨道交通的乘客比例要比美国有轨道交通的城市要高得多。对在轨道交通车站周围的新发展项目的停车位供应量设定了上限，在北约克的车站周围，每三个工作岗位才能建一个停车位。

- 可转让的发展权，多伦多是首先积极使用可转让发展权的城市之一，来在轨道交通车站周围增加发展的密度，有了可转让发展权的机制，远离车站的地主可以将自己地块上的发展密度卖给那些在车站附近的高层建筑项目。除了可将发展集中在轨道交通车站周围，可转让的发展权产生的副产品效益是促进了保护历史性的建筑，因为历史性的建筑的拥有者可以将在他们地块上的发展权利卖给其他地块的地主。

- 补充性的征地，与美国相比，加拿大的宪法允许地方政府为了推行大规模的公共工程项目可以做主。加拿大的城市被赋予很大的活动范围，当为了广泛的公众利益时，可以执行他们的公权力来征收私人的土地，这当然是会给予相应的补偿费。在20世纪50年代，多伦多市政府取得了超过22幅市内街区的土地，这些土地超过了建设央街地铁线必须要使用的。有些地块被卖给那些发展大规模商业中心的开发商，由于土地事先已经被征收和聚集，这样有利于吸引高质量的发展项目。但是，大多数由政府征集来的土地，是在维护了公众利益的条件下出租给私人机构使用的。通过控制在车站周围的大部分土地，市政府可以有目标地将能有最大潜力产生客流的发展项目放在车站周围，同时也能将对轨道交通投资而产生的土地增值的大部分，通过出租收入和物业税来收回。与之相反，美国的公共交通机构和地方市镇政府被宪法制止征收补充性的土地，除非在特殊的情况下，即当公共工程实施后留下的不规则地块。

后记

多伦多的例子主要是一个半世纪或更早以前的成功案例，从20世纪70年代中期起，该区域的发展模式开始效仿大多数美国都市区的路子。在紧凑型以公共交通为导向发展的多伦多市区的外围出现了美国式的郊区，多伦多资深的公共交通规划师朱丽·皮尔将之描绘成"由美国凤凰城围绕着的奥地利维也纳"从1991年到1996年区域人口增长中的3/4在图3.1中显示的前都市区合作组织的界限附近的市镇地区。向郊区无序蔓延的发展导致了公共交通出行在整个区域出行中占的比例下降，从1980年人均每年有超过200次公共交通出行，下降到目前年人均每年约135次公共交通出行，这与只有公共汽车专用道的渥太华区域的水平相当。虽然在多伦多市的新发展地区，公共交通的出行比例占到了25%，在多伦多市外围的郊区这个比例只有7%～11%。有趣的是，多伦多公共交通出行比例下降的现象，在澳大利亚的规划师间激起了争论，从以前一直将多伦多作为可持续发展的模范，到争论悉尼、墨尔本和珀斯是否要继续投资在轨道交通上。

也许，更令人担忧的是多伦多区域政府管理体制的被打散，原先的管理体制是过去成功地将一个公共交通体系和城市建设进行整合性的发展的基石。大多伦多地区从过去的都市区合作组织，即现在的多伦多市的市界发展开来，在 1988 年，由新成立的大多伦多地区办公室，这个省级机构代替了多伦多的都市区合作组织。大多伦多地区办公室协调 6 个城市的事务，使得多伦多市变成了急速扩展的区域中许多成员中的一个，它的权力也继续因向外扩展而转移。大多伦多地区办公室的优先发展次序的改变，与经济不景气一起，在最近几年阻碍了几条规划好的多伦多公共交通局轨道交通线路的延伸。

尽管有这样和那样的问题，多伦多依然是世界上人们最想生活和工作的地方之一。在快速郊区化的情况下，多伦多的市中心还是北美城市中最有活力的市中心之一。一项最近兴起的在中心城区为在市中心上班人士建造房屋的运动取得了巨大的成功。规划师对与在市内的缅街项目寄予厚望，这个项目努力要在有有轨电车服务的商业街道走廊上，引入私人资本来重建发展。通过提升商业街道的景观美化，促进竖向的土地混合利用，即商业楼宇上层有居住单位的形式和对翻新旧的商业大楼提供税务优惠等措施，使缅街得到了新生。

旧金山湾区：湾区快速轨道系统

同大多伦多市不同，随着 1973 年区域轨道交通——湾区快速轨道系统服务的开始，旧金山湾区的发展就几乎完全由自由市场的力量推动形成。缺乏同多伦多都市区合作组织相类似的区域规划，车站地区发展的决定权很大部分留给了私营地产商的意志和凭着市政府土地区划规例的一时兴致。因此，湾区快速轨道系统在对土地利用和城市发展形态上的影响同多伦多公共交通局的轨道交通系统之间形成了一个有趣的对比。

当湾区快速轨道系统在 1950 年就被构思时，规划师们希望该系统能够引导增长沿着放射形的走廊集中发展，最终形成一个星型多中心的大都市形态，在 1956 年区域快速公交规划中的话来说，"这里是一个既有东海岸典型的成串紧密有核心的都市风格，又具有像西海岸洛杉矶那样广阔的低密度蔓延的地方"。支持者觉得湾区快速轨道系统将有助于让湾区与洛杉矶有区别，洛杉矶是以高速公路为导向发展的在旧金山南部的姐妹城市，并且帮助推动旧金山变成为一个用 1956 年规划中的话来讲是"西部的曼哈顿"。

我最近领导的一项研究是针对从 1973 年到 1993 年，也就是，在湾区快速轨道系统运营 20 年间对土地利用和城市发展形态上的影响。地图 3.2 显示的是一个 116 公里长有 34 个车站的湾区快速轨道系统在它经过了 20 年运行后的线路图。下面总结了"湾区快速轨道系统在 20 年间"研究中的一些关键发现。

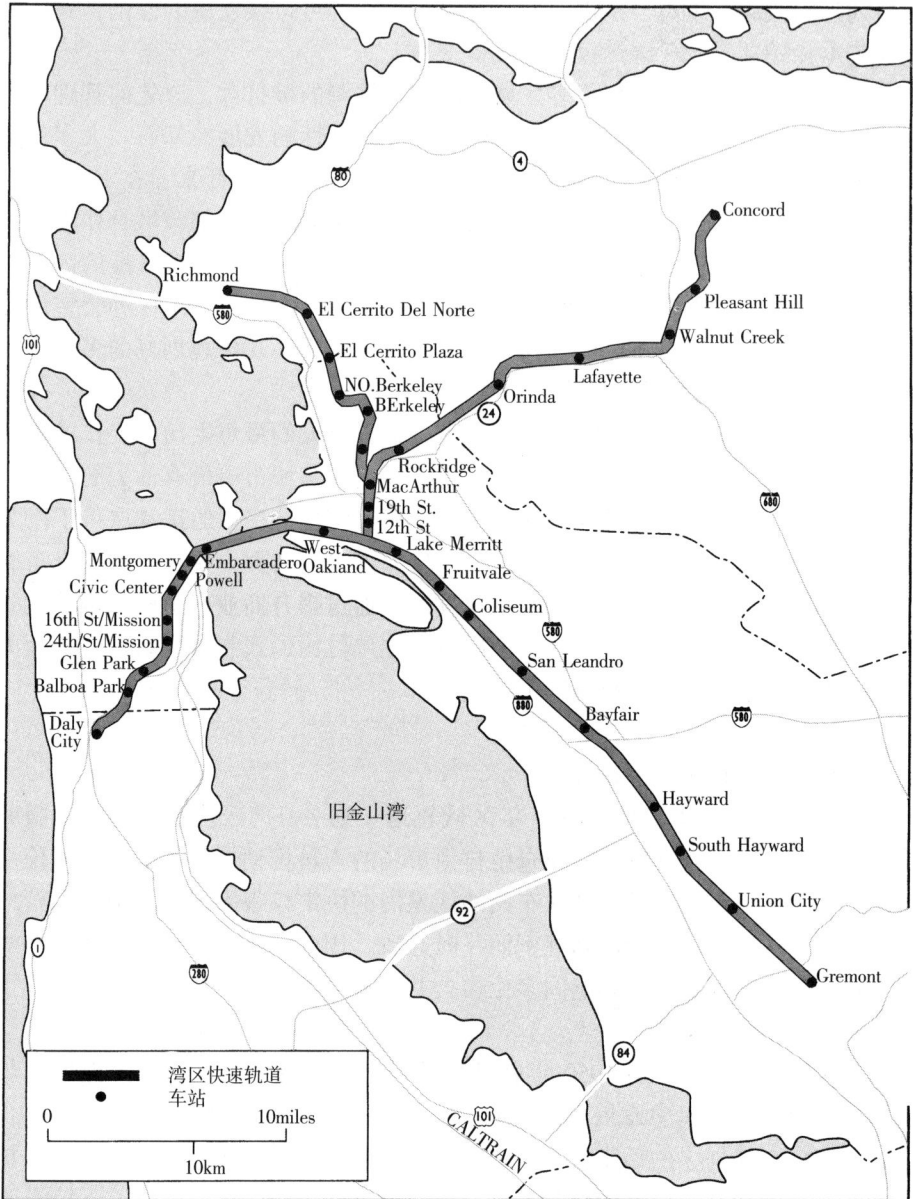

地图 3.2   旧金山湾区快速轨道系统，1995 年

加强市中心的地位

　　湾区快速轨道系统中产生的影响最类似于多伦多经验是，保持了它们的中央商务区作为区域主要就业中心的地位。在湾区快速轨道系统运营开始的 20 年间，市中心快速轨道车站半公里的范围内就增加了大约 260 万平方米的办公面积，这是从 1973 年到 1993 年间，在所有快速轨道车站半公里的范围内，所有新增加的办公面

积中的 3/4。该区域应用了税增量融资的方式，即增加的税收都回馈到车站地区用在其他公共设施的改善，例如园林美化和城市广场的兴建，来刺激市中心办公区域的发展。湾区快速轨道系统在保持旧金山市中心作为主要就业中心中所扮演的角色，可以通过与加州其他大都市的就业趋势得到暗示，如大洛杉矶地区，那里在1990 年没有城市轨道交通系统。从 1980 年到 1990 年，旧金山中央商务区占全区域工作份额的比例从 17.4% 落至 16.3%，跌落了 1.1 个百分点。同时期，位于南加州的洛杉矶市中心占全区域工作份额的比例从 7.6% 下跌到 5.7%，下跌幅度达 1.9个百分点。由于洛杉矶的基数很低，因此洛杉矶市中心就业人数的相对跌幅要大得很多，在洛杉矶缺乏像湾区快速轨道系统那样的一个放射状设计的区域轨道交通系统，或许与这有关。

城市中心分散化

在旧金山市中心之外，湾区快速轨道系统基本上是作为一个推动城市中心分散化的重要力量，而不是集中化的力量。除了在东湾区不多的几个车站处，有较大量的发展项目出现，在沿湾区快速轨道系统的郊区地段，几乎没有新的发展集中出现。在大多数的地方，郊区的发展没有选择湾区快速轨道系统，而代之以选择了由高速公路服务的走廊。表 3.1 比较了从 1970 年到 1990 年间，在有和无湾区快速轨道车站的超级街区内，人口和就业岗位的增长情况。表中列举了三个有湾区快速轨道服务的市县，包括旧金山、阿拉米达和康特拉各斯达，以及所有有湾区快速轨道服务的地区的比较结果。在 1970 年到 1990 年的 20 年间，在没有湾区快速轨道服务的 25 个湾区超级街区内人口增长了 29.3%，与之相比，在有湾区快速轨道服务的9 个湾区超级街区内人口增长了 17.1%。在没有湾区快速轨道服务的湾区超级街区内就业岗位的相对增长，甚至比人口的增长更高。差别最大的是在东湾区外没有湾区快速轨道服务的超级街区，和在东湾区内有湾区快速轨道服务的超级街区之间。湾区快速轨道系统对引导郊区发展方面只起到适度的作用，通过楼底板面积的统计数据也被强烈地反映出来，从 1975 年到 1992 年间在阿拉米达县和康特拉各斯达县新增加的 560 万平方米的办公面积中，有 37% 建在离高速公路大转盘半英里的范围内，相较之下只有 17% 建在离湾区快速轨道车站半英里的范围内。当新的公司搬来东湾区郊区时，它们喜欢在高速公路大转盘附近的地块落脚，而不是湾区快速轨道车站附近的地区。

1970～1990 年 3 个市以及全部服务区域内有湾区快速轨道服务与
无湾区快速轨道服务的超级街区内的人口与就业增长比较　　　表 3.1

市县	人口		就业		1970～1990 年变化的百分比	
超级街区	1970 年	1990 年	1970 年	1990 年	人口	就业
旧金山市						
有湾区快速轨道车站区（2）	387180	402538	357761	442370	4.0	23.6
无湾区快速轨道车站区（2）	327729	321421	94436	113037	-1.3	19.7

续表

市县	人口		就业		1970～1990 年变化的百分比	
超级街区	1970 年	1990 年	1970 年	1990 年	人口	就业
阿拉米达县						
有湾区快速轨道车站区（3）	990497	1143347	393755	532872	15.4	35.3
无湾区快速轨道车站区（1）	77637	135835	19908	71674	75.0	260.7
康特拉各斯达县						
有湾区快速轨道车站区（4）	410288	547470	120406	236174	33.4	96.1
无湾区快速轨道车站区（2）	146301	256259	27817	77390	75.2	178.2
3 市县总和						
有湾区快速轨道车站区（9）	1787965	2093355	871922	1211416	17.1	38.9
无湾区快速轨道车站区（25）	551667	713515	142161	262101	29.3	84.4

注：括号里的数字代表了在每个类别里超级街区的数目

有些成功的次级中心例子

　　与多伦多的经验相比，旧金山也有些实例，当主动引导型的城市规划发生的时候，发展也会在郊区的湾区快速轨道车站周围集中出现。有两个值得注意的成功例子，胡桃溪市和快乐岭市。胡桃溪市，位于旧金山市中心东约 35 公里处的地方，逐渐发展成湾区主要外围城市中的一个。自从湾区快速轨道系统开通以来，约有 50 万平方米现代的 A 级办公面积在离胡桃溪车站 1 公里的范围内被建成，这比任何一个非市中心的车站都要多。市政府帮助承担将土地收集和合并发生的费用，以及有针对性地安排支持性的基础设施改善项目，包括新的人行道，和与附近一条高速公路的道路连接，有助于启动私营企业投资建设办公用房。如果这些新增加的办公用房是在东湾区没有湾区快速轨道交通服务的郊区的话，会被发展成有专属停车场，只能驾车进出的独栋结构办公楼的形式。

　　湾区快速轨道快乐岭站地区是美国郊区以公共交通为导向发展的最好例子之一。从 1988 年到 1995 年，有超过 2000 个单位的住宅和 20 万平方米的高档办公和商业面积，在离快乐岭车站 500 米范围内的地方被建成。快乐岭车站离胡桃溪车站只差 1 站，在有湾区快速轨道前，该地区的特征是，一排排衰败的住宅和过渡性质的低档商业建筑。最近建成的公寓密度在每公顷净住宅建地 40 个单位，就美国郊区的标准来看，是非常高了，但是这些项目针对的是相当高端的市场，有室内游泳池、蒸汽浴室和其他的健身和娱乐设施。经测算有一半住在快乐岭车站周围的上班族在旧金山或奥克兰的市中心工作，相比之下全快乐岭市的平均数只有 10%。许多人有意识地住在轨道交通车站附近，以减低通勤开支，调查结果显示，这些居民中的 46% 乘坐湾区快速轨道上下班，而住在离快乐岭车站较远地方的该市上班族居民中只有 16% 的人乘坐湾区快速轨道上下班。在车站地区居住的大量需求，使得此地的公寓月租金比其他地方高约 15%。

　　快乐岭市的在吸引住宅和办公楼发展项目方面的成功，可以归功于地方政府的官员们借鉴像多伦多那样的城市的经验，利用轨道交通所带来的益处，在 1980 年初期，制定了一项特殊的规划方案作为发展蓝图，来吸引在车站周围进行紧凑型的混合用地的开发项目。在湾区的其他郊区社区，没有一个地方像快乐岭市那样的投入来推行以公共交通为导向的发展模式。事实上许多地方，如奥琳达市和拉法耶蒂市，将车站周围地块的密度降低，并公开地欢迎停车换乘设施建在车站周围，希望这样能够保持它们那里蔓延式的郊区发展特点。同样重要促成快乐岭市成功转变，很幸运的是当地有主动引导的重建发展机构，其中的官员们积极地去贯彻执行他们的特殊规划，通过将收集来不规则的小地块合并成可以发展的大地块；寻找私人投资的合作机会；使用税增量和特别地税估值融资的方式，筹措了 3 千万美元来改善补充性的基础设施，包括将各种公共电缆都埋入地下。还有的是当地有一位简·雅各布式的民选官员，他成为这些项目政治上的呼吁支持者，不知疲倦地领导着将一个公交都市的理念通过一系列地方性的公听会和环境审查会传达给每一个人。今天，正在进行努力要将在快乐岭车站边目前是湾区快速轨道停车换乘场的地块上加建一个大型的影视娱乐中心，这样的倡导是借鉴了多伦多的经验，即利用政府拥有的土地来吸引支持公共交通的发展项目和将增收的地产税回馈到产生的地方，而在快乐岭市的例子，是利用一大片的停车场。由于不能像多伦多那样征用比需要更多的土地，来撬动私人投资的发展项目，和再取回增值的部分，湾区快速轨道的官员们转向他们拥有最重要的资产之一，即在车站边上的地面停车场，用曲线迂回的努力达到相似的结果。

市内的重建发展

湾区快速轨道系统在刺激衰败的市中心的重建和发展方面的经验是正反两方面的，它的成功和失败揭示了政府承诺的深浅程度，政府的承诺通常是需要的，因为面对的现实是要说动私人资本投降带风险的项目是多么的困难。奥克兰市中心是一个成功的例子，主要是因为由政府和公营机构办公建筑的发展带动，共有 18 万平方米的办公面积，全部建在该市中心轨道交通车站周围的地块上。受到奥克兰市良好的租金回报的吸引，支持发展的政策，和高质量的公共交通服务，私人投资现在开始跟进。该市政府通过帮助收集合并地块，使用税增量融资的方式来建设公共基础设施，争取联邦政府都市更新拨款、提供由政府担保的贷款和直接参与持股（包括拥有市中心会议中心酒店的大部分股份）等一系列组合的方式，来撬动车站周围的许多土地开发项目。

但是在其他的地方，并没有随着湾区快速轨道系统在市内车站的开通，产生一些重建发展项目。令人失望最大的地方之一，是列治文车站周围的发展是毫无作为。当湾区快速轨道系统来到时，市政府官员对轨道交通带动建设蓬勃发展寄予厚望，因为该地区良好的可达性和有着大量的闲置空地，但是在过去的 25 年来，市内列治文车站周围几乎没有新的发展出现，尽管列治文市政府重建发展机构的官员尽心尽力地想通过各种不同的激励机制来劝说新的投资到来，但当地经济的不景气、城市的枯萎和一直存在的犯罪问题阻碍了城市的重建。在列治文市和其他的地方，仅仅有湾区快速轨道系统的出现，证明了无力将萧条的社区扭转过来，或克服这些地方的负面印象。

多伦多、旧金山和其他城市的启示

多伦多、旧金山和其他北美地区都市区的经验，在公共交通的投资对城市发展模式可能产生的影响方面给与我们重要的启示。虽然在本章节中没有进行详细探讨，对轻轨和公共汽车专用道的投资的研究也普遍加强了这样的观点。根据这些城市的经验，以下是由罗伯特·奈特、丽莎·却姬、艾瑞克·凯利、赫曼·黄、我本人和其他人通过综合性的资料查阅，进一步详细阐明并总结出如下经验：

- **公共交通是重新分配土地的开发量而非增加土地开发的数量。**公共交通在区域内影响着城市土地开发的分配，而不是影响着土地的数量。公共交通将引导已经承诺的土地开发在哪里建设，往往是从一条放射性的走廊（如，高速公路走廊）转换到另一条放射性的走廊（如，轨道交通走廊）。
- **有一个健康发展的区域经济是一个先决条件。**如果公共交通对城市形态要有大的影响，先决条件是需要有大量土地开发的需求。不管城市规划方案有多好，或是政府部门有多么大的资金投入，公共交通对经济疲弱地区的土地利用只能产生微不足道的影响。在美国工业衰退的城市里，对轻轨的投资不会产生大的土地利用的变化，如水牛城就是这样的一个案例。
- **当公共交通投资正好发生在该区域经济高速发展时期之前时，此时公共交通投资对土地利用影响是最大的。**经验告诉我们，对公共交通投资的时机极为重要。著名的城市社会学家豪默·霍伊特早在半个多世纪前就指出，城市的发展形态在很大程度上受在城市主要发展阶段占主导地位的交通工具的影响。这个原则无疑由多伦多和旧金山的经验得到了证明。如图3.2所示，城市的成长往往呈现一条"S"形的曲线，多伦多启用多伦多公共交通局的轨道交通系统的时机几近完美。而以湾区快速轨道系统的情况来看，新的轨道交通服务基本上是"太少了，也太晚了"，并没有对城市发展形态产生更大的影响。由于大旧金山地区的高速公路系统和居住模式都已经形成，湾区快速轨道系统逐步增加的服务系统而产生的可达性，因规模太小而不能对地区的发展决策作出大的改变。得到的启示是：在公共交通车站周围进行主动引导型的规划，有潜力得到最大回报的地方是在未来几年世界上最快速的发展地区，一般而言，在雅加达、曼谷和上海这些城市，它们正在实施或正在认真地考虑新的重大的区域公共交通投资。
- **放射状的轨道交通系统能够加强城市市中心的发展。**多伦多、旧金山，其他的北美城市，如华盛顿特区和巴尔的摩的经验，都强调了这一点。虽然在投资建设新的轨道项目之后，市中心的就业岗位和零售业数目占整个区域的总

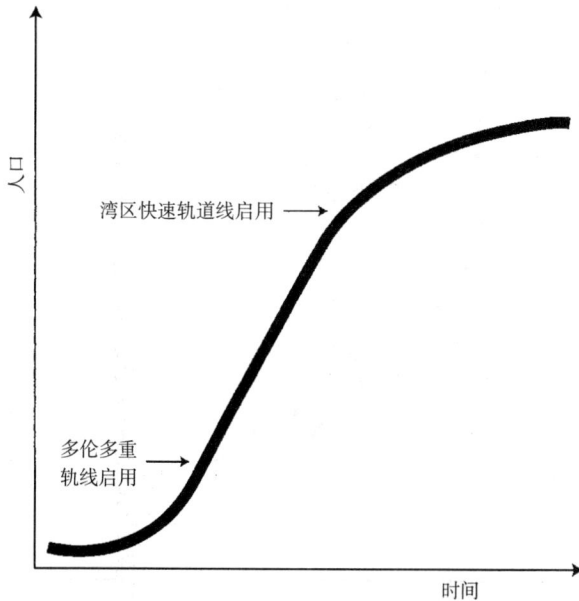

图 3.2　区域的增长和对轨道交通投资的时间

的比率仍然会下降，但如果没有以中央商务区为服务重点的公共交通投资项目，市中心的就业岗位和零售业数量会下降得更多。

- **对区域公共交通的投资一般会加强城市中心分散化的趋势。**通过改善区域任何一个地区的可达性，覆盖广泛的轨道交通和公共汽车网络系统，与高速公路一样，在某种程度上，往往能够促进郊区化的进程。虽然新的公共交通服务可能会带来将增长往某一个方向集中引领的结果，但更多的时候会带动土地开发向外拓展。

- **如果土地开发开始集中在次级中心时，主动引导型的规划是必需的。**城市分散化增长模式是否采取一种多中心的方式，在很大程度上在于政府是否有一个全区域的公共交通车站附近地区的战略规划。多伦多的经验，旧金山湾区的经验（程度较轻），都显示建设轨道交通能够引导土地相对集中开发的城市分散化发展模式。如图 3.3 所示，在适当的情况下，如果有政府足够的承诺，公共交通不仅能够加强市中心的发展，同时也能够引导有选择的发展次级中心。虽然公共交通也促进了城市向外发展，但它可以帮助更加有效地调整传统建成区的土地功能。那么，在各种最好的条件之下，公共交通能促进市中心、次级的中心和城市外围分级中心的共同发展。

- 在适当的条件下，公共交通能够刺激市中心的旧城改建计划。当政府愿意在改建萧条的社区时，分担一些固有的风险，对公共交通的投资能够帮助吸引私人资本和为在苦苦挣扎的社区注入新鲜活力。政府必须有一个坚定的承

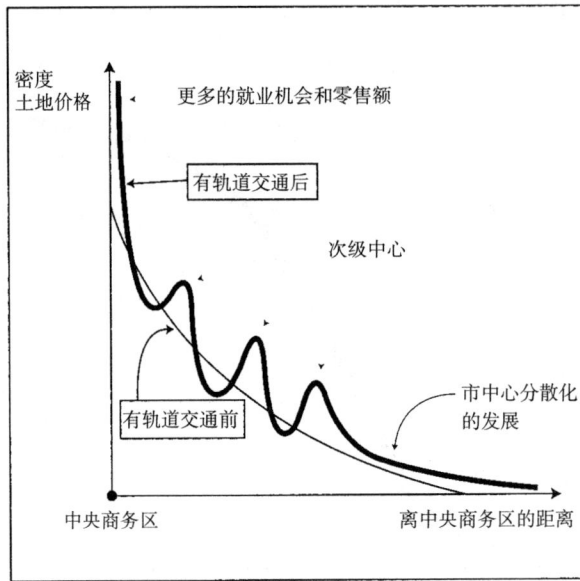

图 3.3   当对轨道交通投资被积极地利用时可能发生的结果

　　诺来承担改建的费用和提供必要的财政激励机制。政府部门虽然分担了上游的某些风险，但最终在下游的城市振兴和发展中取得回报。这些经验表明，即使是有政府的激励机制，扭转严重萧条的社区发展也是一项艰巨的任务，不论是否有公共交通的存在。更现实地说，公共交通能够振兴以前曾经辉煌过的老旧商业区，而正经受着经济衰退打击的蓝领社区中土地使用的转换进程。

- 其他支持土地发展的措施必须与对公共交通的投资结合在一起。除了财政上的激励措施，如果要使公共交通能够对土地利用产生有意义的影响，必须还应当有一系列相应政策，其中比较重要的政策应包括：可变和有激励措施的分区土地规划，如容积率奖励；在车站附近有空置或易于集合和可开发的土地；当地居民对土地利用变化的支持；一个令人感到可亲的环境（即美观的、行人容易步行的和一个健康的社区形象）；辅助性公共配套设施的改善（如：人行道和将公用电缆埋入地下）；以及没有物理设施的限制（如：土地被先期发展成为停产换乘场或将车站设置在高速公路的中间隔离带上）。

- 让小汽车在平等的环境下发展有助于引导车站周围土地利用的变化。减少停车位数量和取消免费停车能够进一步鼓励公共交通车站附近地区的土地发展，尤其是在郊区。这些措施更恰当地应被视为"平等"而非"抑制"性的措施，因为它们是消除鼓励人们驾驶小汽车而非乘坐公共交通已有的激励手段和隐性的补贴有效措施。

　　虽然这些经验和教训都来自于加拿大和美国的例子，如前所述，在欧洲、亚洲和世界上其他地区给我们带来甚至更加痛苦的经验。事实上，伟大的公交都市就是公共交通和城市居住模式之间互相适应地和谐共同发展，如同手套与手之间的吻合关系。书中许多的案例都是发生在那里，紧凑型混合用地的发展模式是高质量公共交通的生命线。然而，书中也还有一些与多伦多式的紧凑型发展模式截然不同的案例，这些地区的公共交通与土地利用的和谐发展，是将公共交通设计成很好地符合扩散的郊区式的发展模式后得到的结果。我们想要寻求去理解怎样才能创造一个成功的公交都市，这就让我们转到书中下面从第 2 部分至第 5 部分的 12 个具体城市案例所得到的启示吧。

适应性城市：建立一个以公共交通为导向的城市发展模式

　　适应性城市突出的特点是其有支持公共交通的用地模式。本书第二部分包含的全部四个案例都市（斯德哥尔摩、哥本哈根、新加坡和东京），都是在富有远见和积极主动的用地规划作用下，设计并最终形成了支持很高强度轨道交通服务的城市发展模式。在这些城市中，商店、办公楼、餐馆、公寓和社区活动中心等各种设施混合集聚在轨道交通车站的周围。车站旁边往往布置有公共广场、露天市场和公共艺术作品，它们共同促进公共交通车站成为社区的中心。

　　这些成功并不是偶然，也不是一时的幸运，而是一个清晰的、各方面相互整合的未来愿景，以及那些致力于此的人毫不妥协地去执行的结果。在新加坡和东京，土地资源的稀缺是推进以公共交通引导城市发展的动力之一。同样重要的因素还包括经济上的信念——即以公共交通引导的城市增长方式本身就是有效率的和社会效益最优化的。不过，在实现途径上，这两个亚洲的经济强国却选择了截然不同的道路——在新加坡，有效的增长是通过强力推行中央集权的规划来实现的，而私营企业却在很大程度上成为东京增长的原动力。相比之下，这两个城市对小汽车的收费政策上更为相似——都实行了高昂的小汽车拥有和使用收费。在斯德哥尔摩和哥本哈根，实施以公共交通引导城市增长的动机主要在于保持生活质量、满足社会需要，以及确保城市拥有一个可持续的未来。这两个坐落于斯堪的纳维亚半岛上的城市都拥有广泛延伸的放射形的轨道交通线路，它们把按照整体规划建设的新城镇联结在一起，并增强了中心城区在都市区域中的地位。在这四个都市，创建一个由公共交通引导的区域发展形态所获得的回报是：公共交通客流的健康增长，以及与之相匹配的可持续的小汽车使用水平。

第四章

由轨道交通服务环绕着中心城区的卫星城镇：瑞典斯德哥尔摩

斯德哥尔摩市的经验教给我们，在一个富有远见的区域规划的框架下，整合新城镇的发展和轨道交通的服务可以带来很大的效益。半个多世纪以前，该区域就制定了城市发展的长期规划，即：将从斯德哥尔摩市中心向外扩张的土地发展集中在由轨道交通系统服务覆盖的卫星城镇。早期新城镇的规划是希望居住人口和工作岗位能实现一定程度上的平衡，然而随着时间的推移，规划的重点放在了整合新城镇的规划建设和高品质的区域轨道交通服务上。在大多数新城镇中，高密度的住宅区分布在轨道交通车站的周围，以让尽可能多的居民可以方便地使用轨道交通车站，低密度的住宅区则通过人行道和自行车道与轨道交通的车站相连。许多位于郊区的轨道交通车站与作为城镇中心的市民广场连接在一起，广场禁止小汽车进入。在社区和走廊层面上支持公共交通的城市设计在改善出行机动性方面已经产生了巨大的成功：如今，超过一半的斯德哥尔摩新城居民和就业者都乘坐地铁或公交汽车上下班。重要的是，沿走廊线形的以公共交通为导向的社区发展（一些社区以居住功能为主，一些社区以就业功能为主，许多则是两者的平衡）产生了高效的、双向平衡的交通流。此外除了土地发展的政策，政府还采取了一系列的辅助政策，包括限制小汽车的停放，使得公共交通出行具有明显的费用优势，以及适度地限制小汽车通行等。斯德哥尔摩的案例说明了在一个人们享受着极高生活质量的富裕地区也能建成成功的、可持续的公共交通系统。在这里，成功的关键在于要有一个可实施的公共交通系统与土地利用相互整合的体系。

斯德哥尔摩有理由成为城市与轨道交通协调发展的最佳典范。作为瑞典首都，同时也是瑞典最大的城市，该市 72 万人口中大约一半都居住在市中心，其余居民又有大约一半居住在按规划建设的新城镇中，这些新城镇环绕在斯德哥尔摩市中心

的周围，通过放射状的区域地铁轨道系统与市中心相连（地图4.1）。第二次世界
大战后，为了将满足城市人口增长，发展的方式转变成建设经过总体规划下的由轨
道交通服务的郊区，政府制定了区域的综合规划，该区域星形、多中心的布局模式
就是该规划实施的结果。

　　近一个世纪前，埃比尼泽·霍华德首次提出了建设由绿化带分隔，并用轨道线
路连接卫星城镇的想法。正如在第一章中所提到的，霍华德的观点是建设在社会和
经济上自我平衡的社区，这样可以缓解伦敦城市交通拥挤的状况，为穷人提供居
所，同时通过价值获取机制来为基础设施和公共服务提供财政资金。虽然有相互隔
离的用地、自然的风景和蜿蜒、分层的人行通道，但霍华德规划的外在形态还是以
混合用地为特征的。

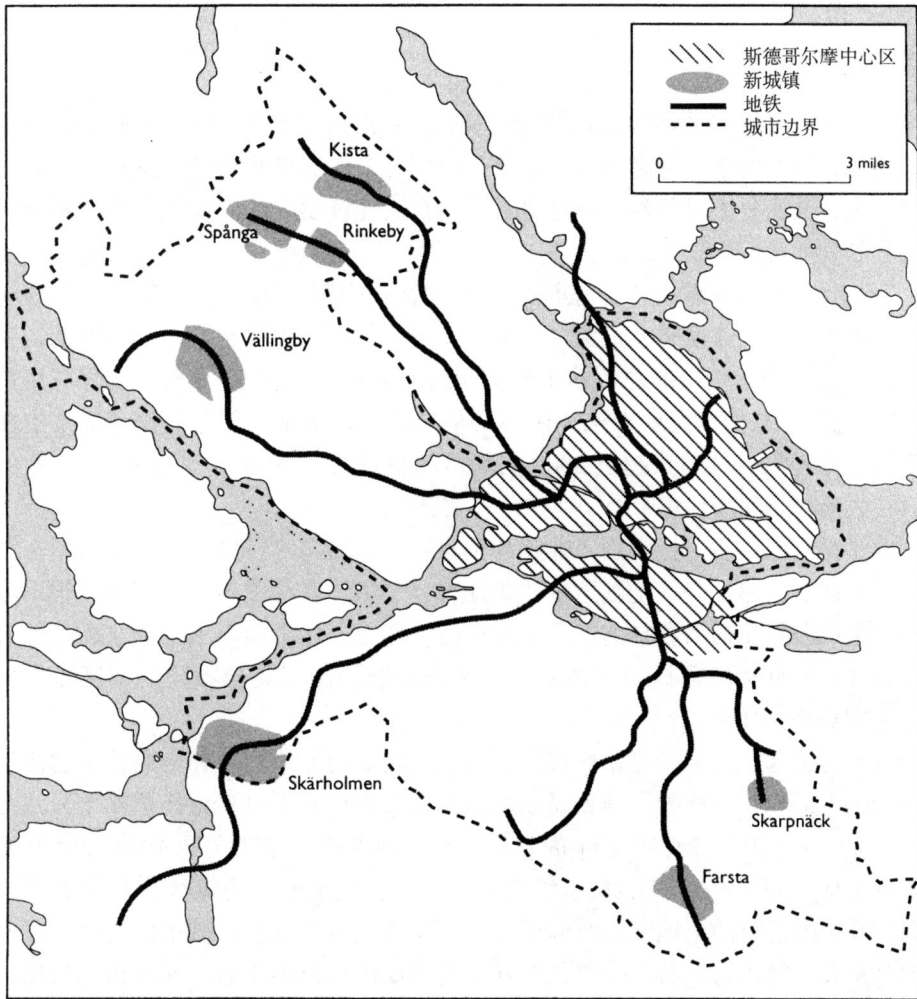

地图4.1　斯德哥尔摩的地铁系统与主要的新卫星城镇

霍华德的许多追随者借鉴并进一步发展了这个构建由绿化带环绕的安全、宁静卫星城镇的理念，比如由亨利·莱特和克莱伦斯·斯坦为新泽西红奔市编制的规划以及由雷蒙·恩因和巴里·派克设计的英国早期的田园郊区莱曲沃斯，汉普斯德和沃尔因。这些地方大多数按照超大街区的尺度设计，居住区组群聚簇在公共绿地的周围，并通过人行道相连。但是，与霍华德的花园城市形态所不同的是，它们并不是要规划成自我平衡的城镇，倒更像是郊外组团式的居住区，住户通常在附近的城市上班。此外，公共交通也并不是早期英国或者美国新城镇那样是主导性的交通模式。直到二战以后，斯德哥尔摩开始构建由开放式绿地分隔，具有功能上自我平衡，并且通过轨道交通来服务卫星城镇时，霍华德"明日城市"的构想才开始变成现实。

构建一个公交都市

过去50年以来，斯德哥尔摩已经从战前的单中心城市转变成了战后的以地铁为骨架的多中心都市。渐渐地，斯德哥尔摩的城市安居模式与轨道交通网络紧密地结合起来，其实是不可分割了。这是在采用自由经济制度的工业化国家中最全面和最雄心勃勃的区域规划的结果。

斯德哥尔摩的故事让人印象深刻是因为在一个富裕国家经济蓬勃发展的时期内，能以如此快的速度转变成为一个公交都市。如今，瑞典是世界最富有的国家之一，1995年人均国内生产总值达1.82万美元，同时它也是欧洲机动车保有率最高的国家（每1000个居民就有420辆小汽车）之一。国家大部分的财富都集中在大斯德哥尔摩地区——瑞典超过5000名雇员的企业共有52家，其中40家企业的总部设在大斯德哥尔摩地区。

由于是欧洲最后一批实现工业化的国家之一，瑞典（特别是城市地区）在第二次世界大战后快速发展。地处这个幅员辽阔、平坦、森林覆盖的国家中，很多城市容易走上以公路交通为主导的城市发展道路。然而，这个斯堪纳维亚半岛最繁荣的国家以及它的首都却选择了一条与美国和许多欧洲国家完全不同的郊区化发展道路，这究竟是为什么呢？

具有先进理念的斯德哥尔摩市议会为战后城市的土地利用和交通系统的协调发展起着关键的作用。此外，斯德哥尔摩城市发展规划能得以实施还依赖于另两个因素。首先，为了满足未来几十年的发展需求，斯德哥尔摩市早在1904年就开始提前购置土地。到了1980年，城市境内188平方公里土地中的70%，以及城市界限外有600平方公里的土地已归政府所有，而随着城市的发展，城市的边界也在不断地向外扩张。第二，瑞典的公共服务社会化不仅包括公共交通，同时也包括住房领域。从1934年到1965年该国由社会民主党执政，曾承诺满足国家的诸多社会需要，其中就包括住房条件的改善。在第二次世界大战后工业化发展时期，瑞典面临严重的住房短缺，不能为新移民和产业工人提供足够的栖身之所，住房往往非常狭窄，仅有很少的厨房和卫生洗涤设施。在战后时期，瑞典政府就开始在都市区的外围建设高层公寓，超过90%的公寓就是在1946年至1970年之间建成的，它们几乎全都建设在市政府拥有的土地上，并享有一定的政府补贴。大部分的公寓由市政府所属的房地产公司和租户拥有的合作组织共同建设。如今，大约2/3的斯德哥尔摩家庭居住在多户式楼房里。与加拿大的多伦多市类似，在城市住房建设快速发展和区域轨道交通扩展的时期，斯德哥尔摩市政府积极主动地参与了住房建设。

　　建设斯德哥尔摩公交都市的蓝图是施文·马克利乌斯在1945～1952年城市总体规划中提出的。作为一位训练有素的建筑师，马克利乌斯认为尽管城市郊区化是不可避免和需要适应这样的发展，但斯德哥尔摩作为区域商业和文化中心所具有的活力和繁荣是必须不惜一切代价要予以保护的。这就要通过建设新的卫星城镇，并将新城镇和斯德哥尔摩主城区通过轨道交通相连接，也就是把霍华德的花园城市的理念付诸于实践。尽管调查显示，大多数的瑞典人喜欢居住在中、低密度的郊区住宅中，马克利乌斯仍着手建设高密度的新城中心，以使大多数的居民都可以步行到达轨道交通车站。他希望通过这种做法能使得许多家庭感觉到没有必要拥有或使用小汽车去到斯德哥尔摩市的市中心。

　　在设计斯德哥尔摩的第一代卫星城镇—维林栢（1950～1954年）、法斯特（1953～1961年）和斯卡豪门（1961～1968年）的时候，城市规划师尽量避免将其建设成"卧城"。最重要的规划原则就是按照大致相当的比例来分配居住人口和就业岗位数，即达到居住人口和就业岗位数的平衡。政府对土地的拥有使得这一规划思想能得以实施。优惠的税收政策鼓励企业搬迁到卫星城镇中去，并鼓励企业为员工提供住宅。在新城中规划了多种形式的住宅（独栋别墅和多户住宅）和将各种不同的土地利用方式如办公楼、政府和公共建筑、商业中心等混合在一起。

　　然而，马克利乌斯的规划并不是要建设完全独立的新城，新城里的居民仍然将会把自己视为斯德哥尔摩人。因此，马克利乌斯构想出了"一半一半"的规则：新城一半的就业居民在新城以外的地方工作，而新城一半的就业者则来自其他城镇。但与其他战后新城，尤其是派屈克·阿伯克隆比爵士为控制伦敦式蔓延发展而制定的马克I新城规划相比，斯德哥尔摩的新城尽管被规划为就业与居住的平衡，实际上却并不是完全平衡和独立的，而是更具有半独立的特征。

建设世界级的公交系统

　　该区域的轨道交通系统成为了实现马克利乌斯半独立新城理念的主要工具（斯德哥尔摩的轨道交通系统在市区内主要是在地下的，而城区外几乎是在地面上的）。地铁线路以市中心区为核心呈放射状布局，线路总长110公里，共设站100个。在区域规划中，新卫星城镇的功能是减弱斯德哥尔摩市中心的吸引力，诱导产生高效的双向交通流。这就意味着在新城完全建成之前建设地铁将会带来巨大的运营亏损，但随着各新城按照规划建成后，轨道交通系统可能盈利（地图4.2）。

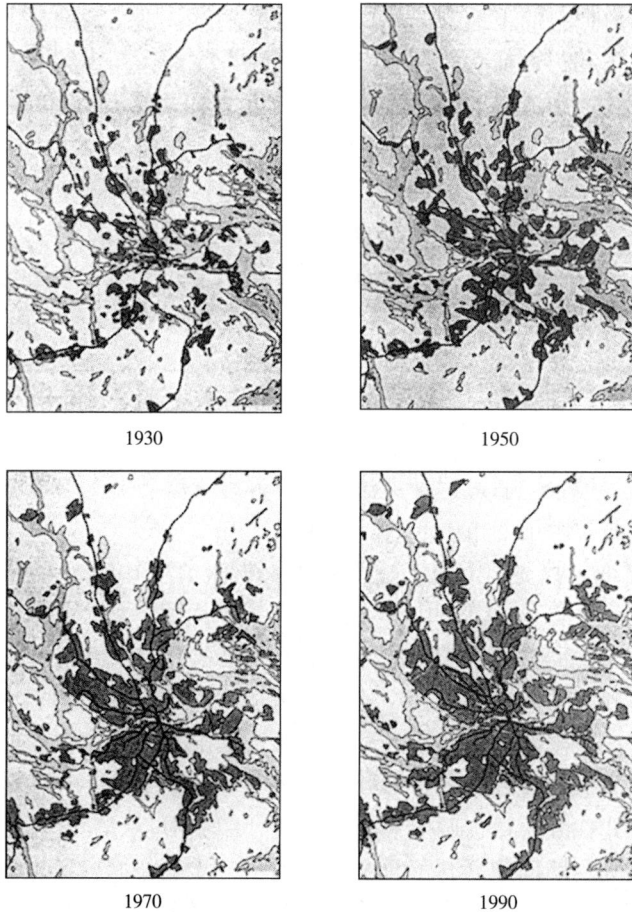

1930　　　　　　　　　　　　　　1950

1970　　　　　　　　　　　　　　1990

地图4.2　公交都市的进化：轨道交通引导的区域发展：1930～1990年
资料来源：斯德哥尔摩市，斯德哥尔摩的发展，1990年

　　在20世纪40年代末到60年代初这段时期，也就是该区域发展最快的时期，地铁系统和新城的协调发展为公共交通与土地利用的紧密结合提供了平台。在这一点上，斯德哥尔摩的经验与多伦多较为相似。斯德哥尔摩在公共交通系统和郊区土地协调发展方面又有其独特的经验，这样的协调发展由受到保护的绿带，以及政府拥有的土地来保证实施一个可行的规划。

　　除了区域性的干线轨道交通服务之外，斯德哥尔摩是西欧最早建成一体化公共交通系统的城市之一。早在1967年，斯德哥尔摩郡议会就通过了一项文件，将公共汽车、有轨电车和地铁服务统一规划与协调。在这里，不同种类的公共交通服务的运营时刻表和票制完全地整合在一起。由于公共交通服务与土地开发的有机结合，斯德哥尔摩成为欧洲通勤公共交通出行率最高的城市之一：大约一半的通勤者乘坐火车或者公共汽车，与欧洲拥有更大规模地铁系统的都市如柏林相比，这一比例高出了一倍，甚至比伦敦主城区的公交出行率还高。给人留下印象最深的是，斯德哥尔摩是小汽车使用逐渐减少的少数城市之一。1980～1990 年之间，在四大洲中抽取的 37 个样本城市中，它是惟一的一个人均小汽车使用量下降的城市，每年人均小汽车出行减少 229 公里。另一方面，在 20 世纪 80 年代该市人均公共交通出行次数增长了 15%，到 90 年代这一趋势仍在延续，截至目前该城市居民人均年公共交通搭乘次数高达 325 次。尽管斯德哥尔摩公共交通的成功是多种原因促成的，但由轨道交通系统覆盖的新的卫星城镇的出现是其中最为重要的因素。

斯德哥尔摩由轨道交通服务的卫星城镇

很少有城市的郊区能有像斯德哥尔摩由轨道交通服务的新城镇那样吸引公交客流的环境。本节首先将探讨在斯德哥尔摩都市区，社区的发展与公交设施的设计是如何不同寻常地整合在一起的，然后回顾在过去的 50 年里新城镇不同时期各有特点的发展。

公共交通与社区

在大斯德哥尔摩地区，公共交通与周围社区间的关系相当特别。轨道交通车站不论是在实际中还是象征意义上都是整个社区的中心。在绝大多数按照整体规划建设的新城中，轨道交通的车站总是位于城镇的中心。一出车站就到了与之相连的市民广场，广场由商铺、餐厅、学校以及社区活动设施围绕，广场禁止小汽车进入。市民广场设有座椅、喷泉和草地，也是社区活动的聚集点，作为休闲娱乐、社交活动以及举行某些大型事件，如国庆节、公众庆典、游行和社会表演的场所（照片4.1）。这就成了现代郊区生活的大集会。广场还常常像变色龙那样交替变换着自己的角色：它既是露天市场，为农民出售产品提供了场所，又是街头艺术家表演的舞台。广场上门类齐全的商铺：鲜花店、路边咖啡店、报刊亭和街边小贩，与朋友间轻松惬意地交流融合在一起，为社区生活平添了不少活力与色彩。

就像郊区居民把市民广场当作社区的中心一样，他们也把轨道交通的车站当作通向区域其他地方的大门。公共交通是通向区域其他地方的窗口，是连接人们各自居住或工作地点与这一伟大都市区的纽带。将地铁车站融入新城镇的中心，不论是在设计上还是在象征意义上，都使轨道交通成为社区生活的一个重要组成部分。

斯德哥尔摩的由轨道交通服务的新城镇经历了社区设计不同时期各有特点的发展阶段，反映出究竟怎样才是一个行得通的和功能齐全的社区，斯德哥尔摩的经验展示了这一理念的成功。在那个阶段，城市发展政策和措施都有这样一个共同之

照片4.1 新城的市民广场。一个对行人友善的、禁止小汽车进入的市民广场也是维林栖市的市中心，广场舒适的环境，长椅、花坛、喷泉、公共艺术、鹅卵石铺就的小径以及广场周边各式各样的商铺共同营造出宜人的氛围。地铁轨道系统车站的入口在照片左侧（用 T 标记处）

处，就是毫不动摇地将公共交通作为社区生活中必不可少的组成部分。正如马克利乌斯的区域总体规划中所设想的，公共交通已经成为连接市中心和郊区的主要纽带，同时也保护了绿色空间和郊区环境。

第一代新城镇

在 1945～1957 年间，随着地铁前三条线路的建设，第一批新城镇也开始同步建设。斯德哥尔摩的第一批新城镇被称为 ABC 城镇（A = 住房，B = 就业，C = 服务），它们所遵循共同的设计原则是：

- 安置 8～10 万居民的平衡社区，住房中多户住宅的比例大于60%，（每英亩容纳 30～80 个人）。
- 建立分级式的中心，商业和市民主中心设在轨道交通车站附近，接着是居住区次中心包括学校和社区活动设施，在主中心 600 米的范围内建设。
- 递减式的建筑密度，住宅密度最高的在轨道车站周围，其外围是多层的公寓，离市中心越远住宅密度越小；这种布局使得大部分居民可以步行或骑自行车方便地到达地铁车站。
- 将人行道和自行车道与机动车流分离，包括在交叉口处立体交叉的设计。

　　第一代新城镇借鉴了勒·柯布西耶的设计风格，建筑布置在新城镇中心的超大街区里。这样的设计因为太过单调并且缺乏想象力遭到了瑞典建筑师和社会学家广泛的批判，他们认为新城的设计超过了与人体相称的尺度，未能给予住户一种对社区依恋的感觉。然而无论专家们有何想法，调查显示，第一代卫星城镇的居民对其居住环境非常满意。

　　斯德哥尔摩的第一座卫星城维林栢于1954年落成，它位于市中心以西13公里，拥有2.5万人口。围绕着维林栢的地铁车站，是被称为"公园中的大楼"的高层公寓群，远离车站则有包括独栋别墅区在内的各种住宅形式（照片4.2）。地铁的中央车站建在一个大型开放式鹅卵石广场，反光水池和市政综合建筑的下面，此外，该车站还与一个大型超市结合在一起，使人们在晚上下班回家前可以购买一些日常用品。车站附近还建有托儿中心，如此便利的位置使得每天早上父母可以带孩子步行到镇中心，将他们留在托儿中心，然后自己乘地铁去上班。

照片4.2　维林栢的混合土地利用和住宅形式。照片前景中，商业大厦与"公园中的大楼"毗邻地铁线路，轨道交通的列车正在进站，公共汽车则停靠在轨道交通车站旁等待换乘乘客。照片远景是绿树环绕的低密度住宅区

　　维林栢的道路网络包括小区周围的环路，以及与机动车流隔离的人行道与自行车道高架网络。所有的道路与镇中心呈放射形连接。因为维林栢在机动车普及之前就已建成，所以在镇中心预留的停车位很少。在大部分住宅小区仅有规模很小的、集中设置的停车场。

　　第二座建成的卫星城是法斯特（现有人口4.2万），位于地铁线路南端终点站

处，距离斯德哥尔摩市市中心22公里。1912年，市政府购置并"储存"了法斯特的农田，并于1956年用于新城发展。由于法斯特由私营开发商承建，因而工业化的建筑方式和预制混凝土模板被广泛用于公寓的修建。在法斯特，高楼大厦分布在开阔的步行街周围，步行街一带提供的停车位是维林栢中心区的三倍。该城住宅小区的规模为5000~7000居住单元。与其他新城相比，法斯特拥有大量的轻工业，它们大多数分布在外围区域。

在20世纪60年代早期，第三个大型新城——斯卡豪门（现有人口2.9万）落成于斯德哥尔摩市市中心以西14公里处。斯卡豪门在规划中被作为区域的次中心，是瑞典所有新城镇中最大的商业中心，拥有封闭的步行商业街和各种商业设施。斯堪的纳维亚半岛最大的多层停车楼也已在这里落成，可停放4100辆车。与前述两个城镇不同的是，斯卡豪门没有高层公寓，大部分的公寓仅有2~4层，但综合而言，密度仍然是高的。在这里，居民的住宅沿东西成排依山而建。地铁车站前面是斯卡豪门的市民广场，广场上有两个大型的水池和绿地，在晴好的日子，这里就成了市民休憩的理想去处。

第二代新城

斯德哥尔摩市第二代新城（特别是施班加、基斯塔、斯卡潘尼卡）的设计打破了常规，与第一代新城不同，它们每一个都有独特之处。因此，第二代新城为研究规划风格、土地利用类型和通勤特征的相互关系提供了比较对象。（表4.1）

	新城				控制城区	
斯德哥尔摩新城的人口和发展特征						表4.1
	第一代新城[1]	施班加[2]	基斯塔	斯卡潘尼卡[3]	塔碑	斯德哥尔摩中心城区
人口						
1980	102500	42225	29081	26237	47105	226405
1990	96124	44105	36415	25785	56714	240098
就业						
1980	56298	21260	15185	13516	24916	114433
1990	50548	21363	18545	13676	32791	324026
密度（居住单位/英亩，1991）	8.2	14.6	4.7	5.0	1.2	8.0
多家庭居住单位比例（1988）	86.1	99.5	91.4	90.8	48.3	99.9
就业-居住比例（1990）	1.02	0.31	3.84	0.58	0.64	1.98
可支配收入中值（美元，1988）	12400	8580	10020	10350	11600	11930
非瑞典裔人口比例（1988）	28.3	51.3	16.9	24.0	10.8	12.1

注：1 综合维林栢、法斯特、斯卡豪门三个新城的统计数据得到。

2 由天斯塔和林克比组成。

3 数据表现的是整个斯卡潘尼卡地区的特征，但新城只是该区域很小的一部分，按照规划，新城的居住单位数将达到3000。

资料来源：斯德哥尔摩市市议会档案资料。

施班加是在过去军事基地上开发起来的，有两个主要的中心——天斯塔和林克比。20 世纪 60 年代末施班加大发展时，正是大量非欧洲移民涌入的时期，因此为迎接大量低收入产业工人的到来，与精雕细刻的设计相比建设时间显得更加重要。多数在天斯塔和林克比的公寓为 3 ~ 6 层，楼宇拥挤在一起。施班加还引入了瑞典最早的住宅区停车库，减少了停车对土地的占用，使得即便在高密度的建筑区也能保证足够开放式绿地。施班加的规划打破了马克利乌斯居住就业平衡的模式，为一个居住型社区（1990 年，就业与居住的比值仅为 0.31），同时，该城也是平均收入最低的瑞典新城。施班加设有两个地铁车站，车站对面是熙熙攘攘的农贸市场，居民在此进行水果、蔬菜和小商品的买卖交易（照片 4.3）。

照片 4.3 林克比车站外的农贸市场。地铁线路上许多车站共有的一个特点就是：乘客可以在晚上下班回家前在车站附近的市场购买水果、蔬菜和鲜花

斯德哥尔摩市市中心西北 16 公里的基斯塔是在瑞典出现的主要高新科技新城（照片 4.4）。20 世纪 80 年代初，由于基斯塔毗邻欧洲第三繁忙的阿兰达国际机场，并处于通往乌普萨拉大学城的主要交通干道上，跨国电子公司纷纷落户于此。如今，这里已有大约 240 家公司和超过 2.4 万名职员。基斯塔的工作与居住比为 3.84，很难称得上是居住和就业平衡的社区。在这里的大部分公司与地铁车站在步行距离之间并由一个相当大的人行天桥系统相连，人们不用步行很远就能到达车站。基斯塔的中心是一个名为电子大厦的室内购物商场和办公楼综合楼，包括培训和会议中心的设施。与早期的新城镇相比，基斯塔的住房种类更丰富，包括高层公寓、多层花园阳台公寓、双拼式别墅和独栋别墅等形式。

照片 4.4 基斯塔新城的高新技术中心。地铁线将紧凑开发的办公区和紧凑开发的居住区分隔开来。受到保护的绿带环绕着基斯塔

      最新建设的城镇是斯卡潘尼卡，位于斯德哥尔摩市市中心以南 10 公里。斯卡潘尼卡被设计为新传统主义的新城镇，与以前的那些新城镇完全不同。它的规划师们反思了早期新城镇中的过大的建筑尺度和刻板的建筑风格，在斯卡潘尼卡新城规划时试图创造一个符合人体尺寸的城市环境：两或三层的建筑、网格状的街道布局、紧凑有序的土地利用、底层商铺、以及主要街道上的路边咖啡店（照片 4.5）。这里没有立交桥，所有街道都是平面交叉的。超过 3000 套的各类住房可供购置，公寓位于城镇中心，连体别墅和独栋别墅则远离城镇中心。大部分停车场都建在住宅楼和办公楼背面。尽管斯卡潘尼卡的路网布局是方格形的，但每隔一条街道就出现一条断头路以保护封闭的庭院。社区里的每一个人都能在十分钟内步行到达刚刚投入使用的地铁车站。

      斯德哥尔摩由轨道交通服务的第二代新城镇比第一代新城镇更加引人注目。它们更有特点，如：施班加是一个不同民族混居的"卧城"；基斯塔是一个充满活力的高新技术城；斯卡潘尼卡则代表了瑞典对新城市主义的响应。然而在区域规划中，它们都代表了一个新的理念。在 1960 年以后发展的新城镇，已经不再将在社区内实现居住和就业的平衡认为是必须的，更为重要的是在新城镇之间通过有效的轨道服务的连接来实现平衡。因此，社区内的平衡让位给了区域内的平衡。新卫星城镇出行内部化已不再被强调，新的焦点是鼓励在新城镇之间通过轨道交通来服务

照片 4.5　新传统主义新城斯卡潘尼卡的街景。一个有站棚的公共汽车站设在不宽的主要街道上，宽阔的人行道让充足的阳光穿过 4~5 层的公寓照亮街道

双向平衡的交通量。也就是说，公共交通客流的双向平衡已经取代就业和居住的平衡，成为了规划学说的新标准。

市镇内的平衡与区域内的平衡

图 4.1 显示了斯德哥尔摩各个新城镇就业和居住平衡的不同水平。正如规划的那样，斯德哥尔摩市的第一代新城（维林栢、法斯特和斯卡豪门）有大体相当的就业和居住人口数，后来建设的新城镇却大相径庭：施班加主要是一个居住区，居住人口是就业岗位数的三倍；最近规划建设的新城斯卡潘尼卡也是以居住功能为主，但与施班加相比，它具有传统的设计风格；该区域的科技城市基斯塔的特点是汇聚了大量企业，就业岗位数是居住单位的四倍。

图 4.1 也列举了用于参照对比位于郊区的塔碑新城的统计数据，塔碑与其他新城距离斯德哥尔摩市市中心的距离大致相同。它不是按照整体规划建设的新城镇，但却是最早按照市场规律发展的郊区之一，最初也是高收入家庭追求独栋别墅生活方式的地方。塔碑之所以适合与其他由轨道交通服务的新城镇进行对比，除了它们都与斯德哥尔摩市市中心的距离相似外，家庭平均收入接近（除低收入的施班加）也是重要原

因。该城独栋别墅住宅的比例要明显高于其他新城镇，人口密度也因此处于较低的水平。虽然也有轨道交通线路服务，塔碑却并不位于地铁线路上，但与其他大多数瑞典社区一样，该城享有高品质的地面公交服务（斯德哥尔摩市市政府曾建议将地铁延伸至塔碑，但被当地政府担心其他社会阶层的人士会乘坐地铁进入该城而拒绝）。塔碑就业岗位数与居住单位数的比例为 0.64，基本上是一个"卧城"，而在图 4.1 中列出的另一个用于对比的区域—斯德哥尔摩中心城区，该比例大约为 2。

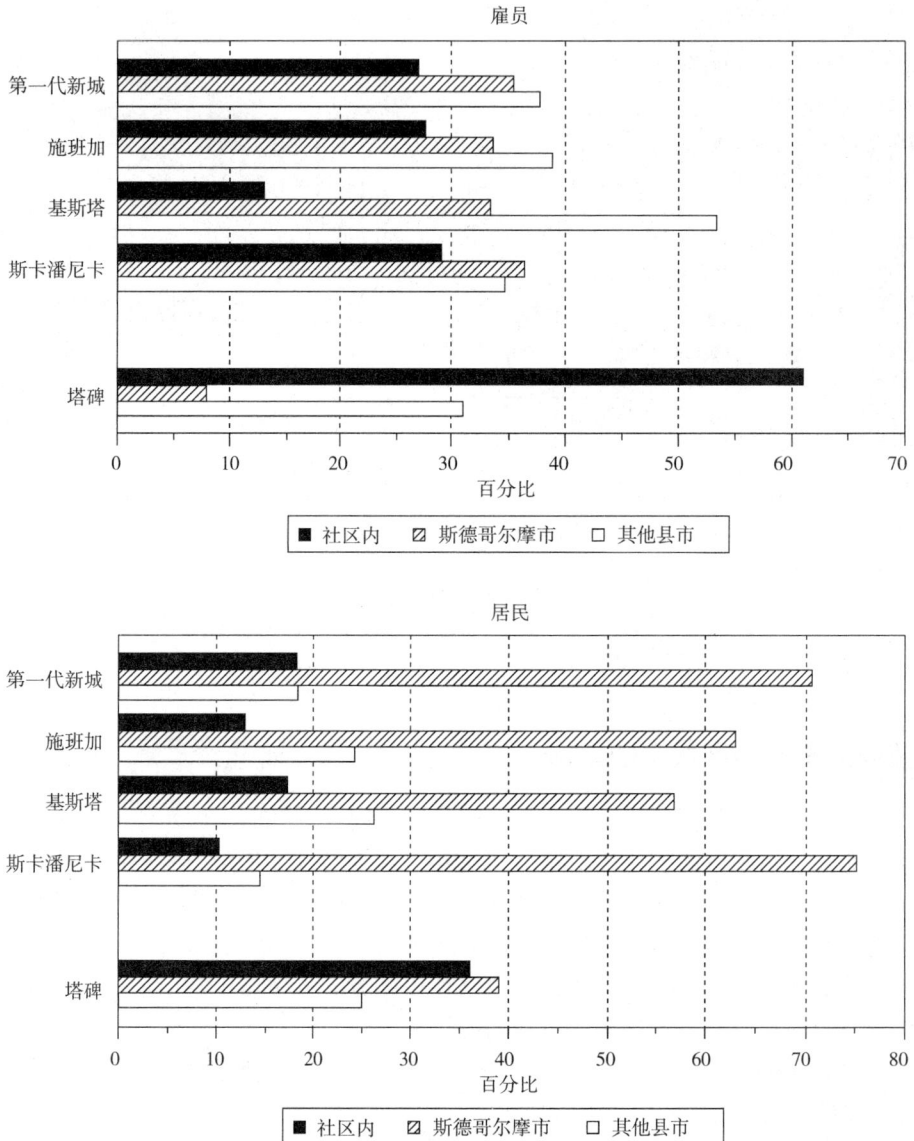

图 4.1　新城的独立性 上图显示在新城镇工作的人中分别在该新城镇、斯德哥尔摩市，以及区域其他地方居住的比例。下图显示在新城镇居住的就业人口中分别在该新城镇、斯德哥尔摩市，以及区域其他地方工作的比例。图中均采用 1990 年的数据

斯德哥尔摩新城镇的这些不同的就业居住平衡模式是否会影响到新城镇的独立性或半独立性呢？从图4.1中显然看到没有。不论新城镇内就业岗位数与居住人口数的比例如何，都仅有很低比例的就业者在其工作的新城镇中居住，更低比例的人选择在他们居住的新城镇里工作。总的来看，只有不到三分之一的就业者居住在其工作的新城镇中，在基斯塔，这一比例甚至低于15％。更多的人选择在斯德哥尔摩市居住，而在其他城镇就业，更多的人居住在斯德哥尔摩县。而在没有整体规划的新城塔碑，就业者中在本地居住的比例却要高得多，尽管这种现象的部分原因是因为塔碑的地域更加广大。

在所有的新城镇中，不到五分之一的就业人口在本地工作，就业岗位主要集中在斯德哥尔摩市，新城镇中居民到斯德哥尔摩市外其他地区工作的人数也要比在居住地工作的人数多。虽然新城镇的就业和居住在数量上是平衡的，但这远不是新城镇内部的"自给自足"。新城镇内的工作机会吸引了许多在外居住的人，同时，新城镇的劳动力又去往其他地方工作。每个工作日，在整个斯德哥尔摩区域内产生了大量双向对流的通勤交通流。

大量的双向对流交通意味着斯德哥尔摩的新城镇与区域的其他地区有着紧密的联系并在经济上相互依赖。即便是第一代的新城镇也没能像马克利乌斯所期望的独立或哪怕是半独立。一个常被城市地理学家们用于衡量地区独立的指标是"独立指数"，即地区内部通勤量（出行起讫点都在地区内部）与地区外部通勤量（出行起点或讫点在地区外部）的比例。大斯德哥尔摩地区所有的新城镇，不论其建设年代如何独立指数都很低，低于0.15（图4.2），这就是说，地区外部通勤量是地区内

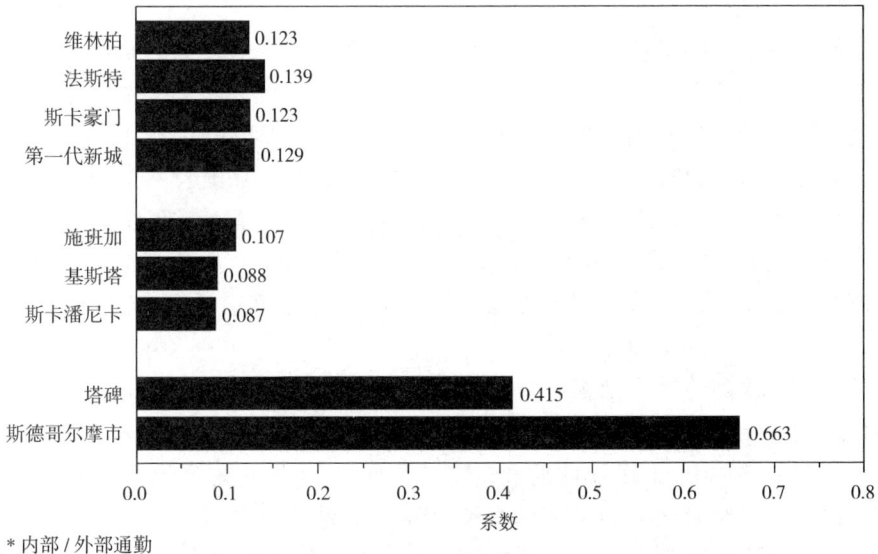

* 内部／外部通勤

图4.2 各市镇的独立程度1990年斯德哥尔摩的新城镇和参照地区的独立指数（内部通勤与外部通勤的比值）

部通勤量的六倍多。新城镇的独立指数同样也低于那些开发时未经过良好规划的郊区城镇塔碑，以及斯德哥尔摩市。斯德哥尔摩新城镇的独立性也远不及英国 20 多个新城镇中的任何一个，在 20 世纪 80 年代早期，英国新城的平均独立指数为 1.2。战后英国以小汽车为导向建设的新城镇（如密尔敦基尼斯和里德迪驰），大多数上班族在本市就业，并在市内出行。但在斯德哥尔摩由轨道交通所覆盖的新城镇却完全相反，这里每天都会产生大量的双向对流通勤量。

斯德哥尔摩新城镇的通勤交通

由于具有很高的外部通勤量，以及住房和就业岗位在轨道交通车站周围高度集中，斯德哥尔摩的新城镇居住的市民就自然地习惯利用轨道交通来通勤。图 4.3 显示了所有的新城镇都有超过一半来上班的人和超过三分之一的居民每天乘坐地铁上下班，这一比例要明显高于用来作比较的郊区城镇塔碑。斯德哥尔摩的新城镇实际上更接近"一半的公共交通通勤"而不是"一半的自我平衡"。总地来说，在大斯德哥尔摩区域，由轨道交通服务郊区这种用地模式和对区域腹地的经济依赖造就了通勤时段不同寻常的公共交通高出行分担率。

斯德哥尔摩地区居民的工作地点与通勤交通模式有很强的联系。图 4.4 显示了在本地工作的新城镇居民中有半数以上步行或骑自行车上班，接近四分之一乘公共汽车上班；在高新科技城基斯塔，有超过三分之一的市内工作出行乘坐公共汽车。那些居住在斯德哥尔摩中心城区，并在轨道交通沿线新城镇工作的人中，约 60% 使用公共交通反向通勤。

斯德哥尔摩公共交通系统最值得称道的成就之一就是其双向平衡的客流。在高峰期，系统的双向间客流量之比为 45∶55，在一些轨道交通线路上也是常见。造成这种平衡的主要原因是反向通勤到由轨道交通服务的郊区城镇去上班。在高新科技城基斯塔和新传统主义风格的新城斯卡潘尼卡，乘坐公共交通上班的人是驾车上班的人的两倍还多，这一比例甚至高于斯德哥尔摩市，在那里，1992 年每个工作日平均有 32.5 万人乘坐公共交通上班，约有 29 万人开车上班。这样，在大斯德哥尔摩地区，正反向通勤的客流量相当，轨道交通系统得到了均衡的利用。

轨道交通通勤的潮汐型客流（一个运营方向满载率很高，而另一运营方向车辆却只载满一半的车厢）一直是世界上很多城市"阿基里斯之踵"的弱点。在就业岗位过分集中在市中心的城市，在放射形线网上不均衡的客流是相当的常见。大斯德哥尔摩地区双向平衡的客流是经过深思熟虑区域规划的结果，特别是沿轨道交通走廊将人口和工作岗位的增长集中在紧凑混合开发的郊区市镇中心。每个工作日，成千上万的新城镇的居民从家里步行数分钟到达轨道交通车站，搭乘列车三、四站后，再步行几个街区到达上班地点。从机动性的观点上看，斯德

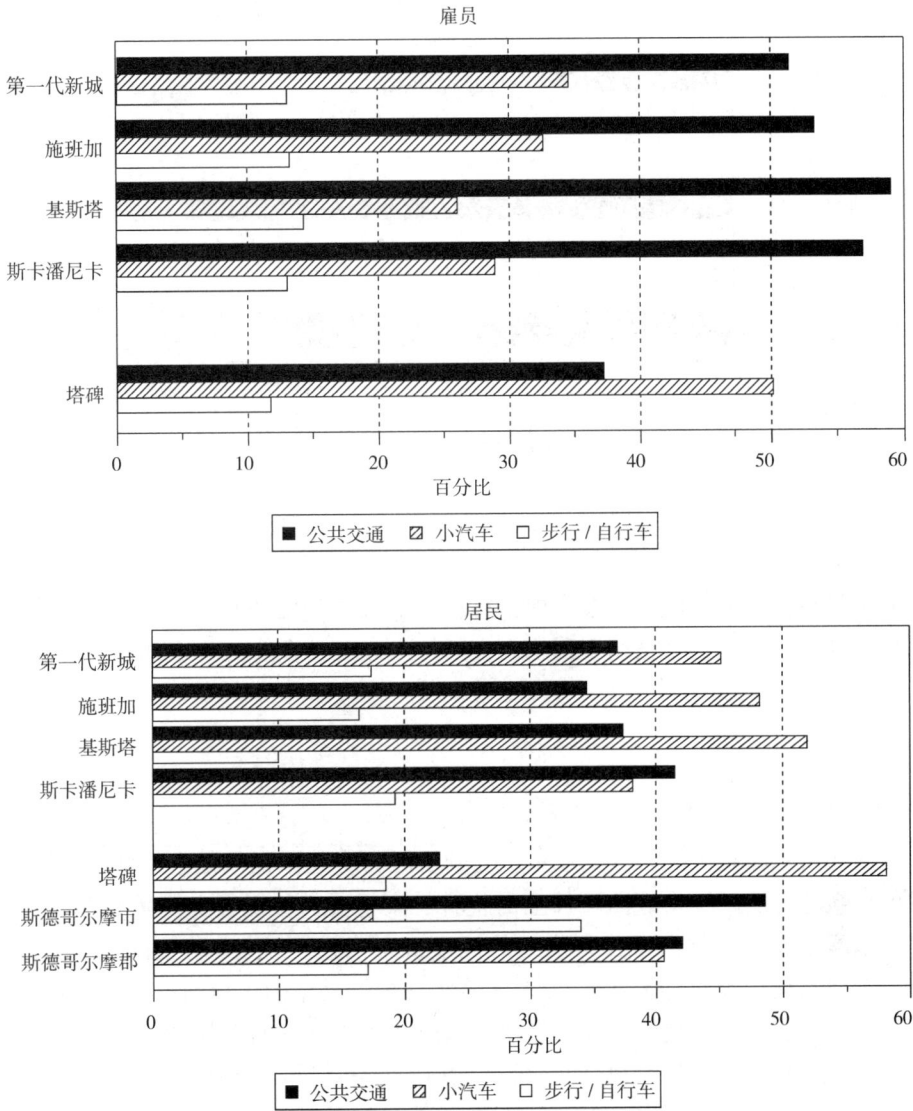

图 4.3　工作出行的交通模式分布 在斯德哥尔摩以轨道交通为导向发展的新城镇中，来上班的人通勤时的出行模式分布（上图）以及有工作的居民通勤时的出行模式分布（下图）

哥尔摩的经验告诉我们：新城镇内就业和居住的平衡不如通过高质量的公共交通系统联系各个新城镇来得重要。本书接下来一节将呈现巴西库里提巴市的经验，该市的城市活动沿放射形的走廊集中，并由高品质的公共交通系统连接，实现了高效率的出行。

　　大斯德哥尔摩地区是富裕地区，家庭的私家车拥有率很高，因此它在公共交通上取得的成就才更令人印象深刻。斯德哥尔摩的居民享受着高私家车拥有率，但大

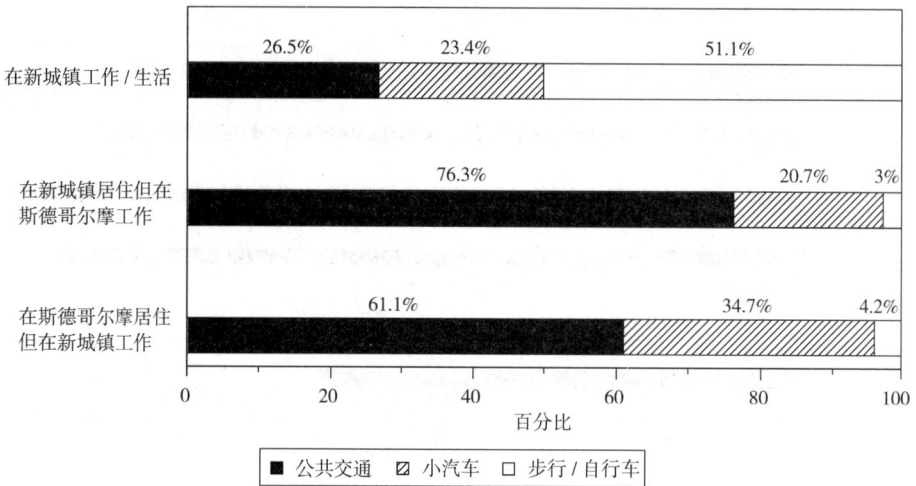

图 4.4   不同通勤空间模式下的交通方式分布

多数人选择将他们的小汽车留在家中，喜欢上下班时使用公共交通。在这里小汽车有更特殊的角色，它们常被用于购物、夜间外出或者去乡村（许多瑞典家庭在那里购买了第二住宅）欢度周末。

支持性的政策和项目

大斯德哥尔摩地区的公共交通系统受到广泛的欢迎不仅仅是由于郊区市镇中心的发展和轨道交通系统良好的硬件上的整合，大量支持性的公共政策也同样重要。斯德哥尔摩市政府通过保持公共交通的低票价来回馈环境友好型的可持续交通模式。由于成人现金车票每次仅需 1～1.5 美元（根据乘车的里程确定），同时还设有高折扣的联程票，公共交通系统的票款收入仅及运营成本的三分之一。为了控制成本（以使低票价政策能持续执行），该区域所有公共汽车和轨道交通的服务都采取招标竞争。在 1991 年，斯德哥尔摩公共交通管理局被分解成为两个部分：规划部——负责规划运营服务和制定票制；运营部——负责地铁和全市 400 多条公共汽车线路的招标工作。到 1995 年，已有超过 60% 的公共汽车和轨道交通线路在市场化的竞标机制下运营。研究表明，竞标外包的公共汽车线路服务每公里的运营成本比没有外包的降低了 37%。

在维持公共交通低票价的同时，停车费和出租车费十分的贵，尤其是在斯德哥尔摩中心城区。除了设置记时收费表的停车位，路边停车通常是被禁止的，而路边停车的费率也由市中心至城区外围逐级递减。在地铁车站周围停车位的设置标准明显的降低，每个工作岗位只配一个车位。瑞典比在其他地方征收高额的机动车增值税和车辆登记费。在 1992 年，车辆购置税和登记费大约为新车本身费用的 58%，与之相比美国这两项费用仅占新车本身费用的 9% 。在瑞典燃油税是基价的 80%（在美国仅为 25% ）。

多年来，斯德哥尔摩的政府官员们一直在限制小汽车使用和满足一个富裕社会人们安全、有效驾车的需要之间做平衡。斯德哥尔摩是斯堪的纳维亚半岛中最早在全市范围内实施社区宁静交通策略的城市之一。该策略主要通过一系列低成本的手段来实现，如在缩小道路交叉口的尺寸，以及在路段中设置人行道。美国式的环路已经被否决，早期修建两条外围环路的计划已经被建设城市西侧一条短得多的连通性道路所取代。尽管如此，该地区仍在兴建主干道路。一项地下快速路的计划正在推进中，该道路完工后，人们可以驾车直接穿越中心城区。支持者想要该项目得到批准的惟一办法是支持在市中心引进道路使用收费计划。根据邻国挪威的两个城市奥斯陆和卑尔根的经验，道路使用费率在一天的各个时段不同，通过电子设施收取的路费，将用于改善道路和公共交通。项目的规划者希望增加对机动车的收费能使进入市中心的小汽车流量减少 25% 。

斯德哥尔摩市市政府并不满足于已有的成就，近年他们又对公共交通的发展作出了新的承诺。支持发展的力量和环保主义者达成了丹尼斯协定，根据协定，斯德哥尔摩市和周围的市镇许诺至 2006 年共为公共交通项目投入 21 亿多美元。规划要求向外进一步延伸地铁线路，并建设部分环绕中心城区长达 14 公里的高速有轨电车路线。有轨电车路线会延续传统的整合轨道交通和城市发展的模式，将重点集中在"建在城内的新城"而不是"建在城外的新城"。公共交通系统的车辆也正在逐步升级，所有柴油动力的公共汽车正逐渐被使用清洁燃料的公共汽车所替代。在部分线路上，公共汽车在专用的车道上运营，并在通过信号交叉口时享有优先权。同时，地铁现有的车辆正逐渐被更换为三节车厢互通的新车型，以使乘客能在车厢间自由移动。

斯德哥尔摩的启示

斯德哥尔摩的第一代新城镇在规划中被有意识的用来促进通向市中心的轨道通勤交通，同时也使新城具有"自我平衡"特性。从统计数据上看，第一个目标已经达成，而现实与第二个目标却相距甚远。斯德哥尔摩的新城镇吸引了大量劳动人口来居住，同时有更多的新城镇居民到其他市镇去工作，进出新城镇通勤常常是利用轨道交通系统进行，最为重要的是客流出现了双向平衡的情况。新城镇内的通勤通常利用步行或骑车完成。斯德哥尔摩的新城镇是区域内出行机动性良好的成功典范，这并不是因为用地的平衡或是人口和工作岗位的"自我平衡"，而是因为高品质轨道交通系统将各新城镇有效地连接在一起。

大斯德哥尔摩地区的经验表明，以公共交通引导的新城镇发展并不一定会在大都市区内产生许多"孤岛"。除了仍然保持区域的一致性，斯德哥尔摩的新城互相间分享着劳动力资源。经验也表明一个就业居住平衡的城市和功能上的"自我平衡"并不能降低对机动车依赖。事实上与英国的卫星城镇相比，还可以发现新城镇的独立性与公共交通／非机动化通勤之间存在着反比的关系。与斯德哥尔摩的新城镇相比，尽管英国的卫星城镇的独立程度要高出许多，但它们却更加依赖小汽车。比如密尔敦基尼斯（伦敦以北80公里处一个按照总体规划建设的新城）绝大多数的就业人口在当地工作，但其中有大约四分之三的人使用小汽车通勤，仅有7%乘坐公共交通，这就使得这一区域的人均小汽车行驶里程数位于欧洲前列。

通过最近的一个研究对比可以看到斯德哥尔摩可持续发展之路的光明前景。此项研究对大斯德哥尔摩地区和旧金山湾区的居民出行特征进行了对比，这两个地区拥有规模相当的区域轨道交通系统。正如本书上一章所述，湾区郊区轨道车站附近鲜有土地集中开发的行为。一个典型的湾区居民每个工作日的机动车出行里程是大斯德哥尔摩区域居民的2.4倍，湾区居民出行的为44.3公里而大斯德哥尔摩区的平均出行距离为18.4公里。斯德哥尔摩区域规划所造就的公共交通与土地发展高效整合，远比湾区由市场力量推动的以小汽车为主导的发展更加是资源节约型的发展模式。"干预市场"（如由轨道交通引导的城市发展）没有让斯德哥尔摩人在出行上花费太多的时间。平均起来，湾区居民的购物行程要比斯德哥尔摩居民多出60%，而在出外用餐时这一比例是40%，但在购物和用餐这两类出行时两个地区居民所耗费的时间是相当的。很明显，湾区居民的出行距离要长的多，消耗更多的不可再生资源，但却没有任何节省时间的利益。

总地来说。斯德哥尔摩的城市建设形态——一个强大和繁荣的区域性的市中心，周边环绕的是以公共交通为主导发展的新城镇——是产生这个低小汽车依赖度城市的最大功臣。对于那些正着手建设区域轨道系统的美国城市，斯德哥尔摩经验的启示是：在无序蔓延式发展的土地上建设有限的几个以公交为导向的社区并不能产生明显的机动性和环境效益，只有将社区层面的规划和设计纳入到一个整体中——有时需要区域性的框架——一个可持续的公交都市才会形成。

第五章

手形都市：丹麦哥本哈根

　　哥本哈根的城市发展经历讲述了一个城市如何利用轨道交通来创造其所希望实现的城市形态——一个手形状的区域，形似手指的走廊从哥本哈根的市中心向外发散，走廊之间被由森林、农田和开放休闲空间组成的绿化带分隔。1947年，哥本哈根的规划者提出了"指形规划"，该规划采用了手形的概念，五根手指从哥本哈根中心分别向北面、西面和南面伸出，每根手指指向一个丹麦历史古镇。经过多年的努力，指形规划已经取得很大的成功，最重要的是，指形规划是一个有效的市场推广工具来阐明城市的空间规划。现在丹麦人已经能理解并真正地认同指形规划。通过一系列以该规划思想作为指导原则的当地地块可被使用的功能区划和土地利用规划，指形规划已经被逐步地、几乎没有偏差地付诸于实施。放射形的轨道交通服务，联同充分体现步行者和自行车出行者优先的街道资源重分配，共同加强了哥本哈根古老的中心城区。今天，大多数在中心城区工作的新城居民使用公共交通上下班。

　　哥本哈根是一个小国家中的大城市，大哥本哈根地区位于丹麦东部的西兰岛上，拥有丹麦全境500万人口中的170万。在该区域2800平方公里的土地上有五个行政区域：两个直辖市——哥本哈根市和腓特烈斯贝市，共有约50万居民；哥本哈根郡环绕在中央城市以外，拥有60万居民；外围的两个郡——菲德烈堡和洛斯基尔德也拥有60万人口的（地图5.1）。哥本哈根市是丹麦的首都，同时也是国家的商业、工业和文化中心。

　　为确保大哥本哈根地区的发展符合国家利益，二战以后丹麦政府一直在指导该区域的规划。比如，国家的政府部门构思、规划并发展了区域南部和西南部，由轨道交通服务所覆盖的新城。多年以来，由于国家领导人对区域政府这样一种的管理层次和效果评价褒贬不一，区域政府机构不断被建立和取消。但是，国家的指导一直稳定地促进着该区域的协调发展。

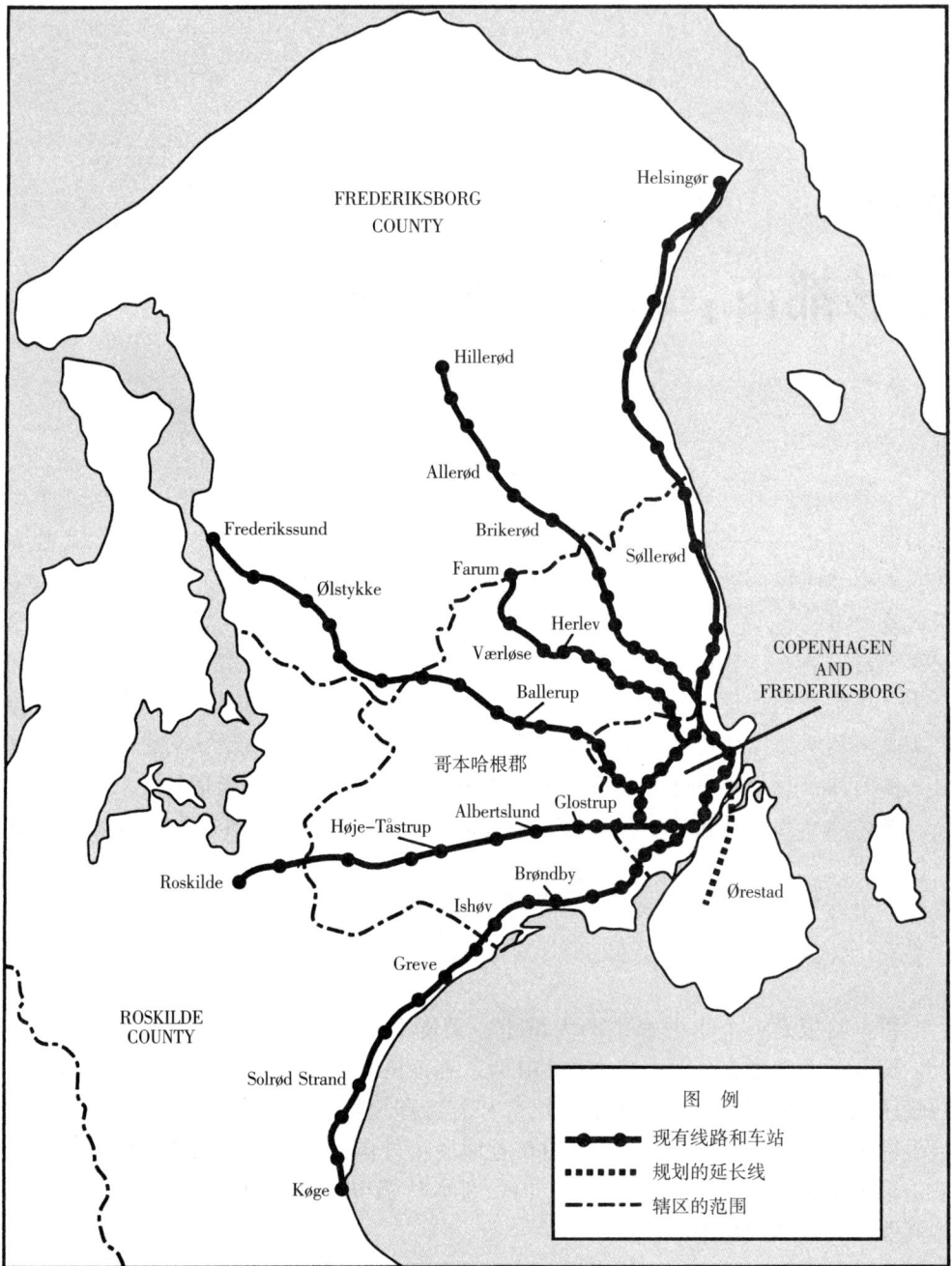

地图5.1 大哥本哈根地区郡、市和区域轨道交通线路分布图

　　哥本哈根城市协调发展的根基是 1947 年的指形规划及其以后不断演变的修正方案。与大斯德哥尔摩地区相似，一个强有力的区域土地长期发展规划将一个放射形的轨道交通系统与按照总体规划发展的郊区有效地整合起来。今天，哥本哈根市

已经成为世界上城市建设最优秀的典范之一，展示了一个具有说服力的、由一个覆盖面广泛的轨道交通网络及其配套支线公交组成的公共交通系统所支持的城市发展模式，哥本哈根是如何实现公共交通和土地利用协调发展的呢？

管理机构的构架

大哥本哈根地区的管理组织机构是比较繁琐的。多年以来，土地利用规划和公共交通服务都是由各级政府的多个部门负责的，同时，这些部门也经常相互竞争有限的资源。土地利用的规划和发展与交通的规划和发展在制度上是分隔开的。尽管如此，在不同管理部门间仍然存在足够的相互制约和协调的政策，以确保能够实现协调发展。

公共交通：机构与服务

区域内轨道交通的所有权和运营权分属两个不同部门。丹麦国家铁路部负责运营郊区铁路交通系统。如地图 5.1 所示，郊区铁路交通系统拥有 170 公里长的线路，79 个车站，沿哥本哈根市向外伸展手指型的城市发展轴而建，主要作为哥本哈根市市中心向外辐射 30～40 公里范围内的通勤铁路。城市轨道系统是该区域轨道交通的另一个组成部分，它常被人们视作与郊区铁路交通同属一个系统，实际上这个由哥本哈根市交通部门管理的系统主要在哥本哈根市的中心区域运营。同时，作为这两个系统的补充，该区域还有一些私营的铁路交通服务。哥本哈根公共汽车运输系统总共运营 1100 辆公交车，主要服务西兰岛北部地区。与斯德哥尔摩相似的是，哥本哈根有计划地将哥本哈根公共汽车运输系统所有的公共汽车运营服务都以市场竞标的方式外包出去。自 1989 年开始用市场竞标外包公共汽车运营服务，到 1996 年，在公交车服务的运营里程增加 5% 的同时，运营成本却降低了 18.5%（按 1989 年不变价格计）。

丹麦用地规划的分级制订

丹麦的用地规划是由各级部门在国家政府的总体引导下分级编制形成的。首先在国家引导下编制区域规划，接着依据区域规划编制各市的总体规划，最后依据各市的总体规划编制小区规划。

国家的指导和政策

二战以后，国家政府每四年会发布一次相关政策以引导国家的城市发展。丹麦城市化政策的一个重点是适当地在哥本哈根南部和西部推行带状发展，沿放射走廊建设有总体规划的多个新市镇。中央政府在追求城市的发展在全国范围内更加均衡的同时，通过严格的国家用地区划法律保护农田和开放空间。

在过去的十年里，国家制定了一系列的政策指引目的是要求大哥本哈根区域未来的发展集中在轨道交通车站的周围。这些政策规定未来所有的城市发展都应该集中在已建成或规划轨道交通车站周围一公里的范围内。虽然这些政策并不完全具备法律的效力，但国家的政策指引明确地要求各地方政府尽心尽力地推动利用公共交通引导土地发展的模式。同时，如果国家环境部认为拟建的当地发展项目不符合相关规定，它有对该项目行否决的权力。但迄今为止，这种否决权很少被使用，这很大程度上是由于大多数地方政府非常支持这种可持续的发展模式。

国家的税法对于促进区域的协调发展也起到了重要的作用。在丹麦，对个人征税，而不是对企业和土地征税。因此，几乎所有的公共税收都来自于个人所得税和消费税。这就有效地减少了因为争夺税源而产生的财政竞争，丹麦的税收方法与美国的完全不同。在美国常为人诟病的是，地方政府因为互相激烈竞争吸引可以征收到高物业税的项目来本地区落户，而形成不紧密的用地形态和产生城市蔓延。相比较而言，在丹麦，地方政府较少地倾向于把土地优先用于商业用途而排挤建造公寓。

地方层面的规划

大哥本哈根地区的三郡两市每隔四年都要共同编制一份符合国家政策的区域规划。根据法律，该规划必须能满足未来 12 年该地区经过预测的发展需要。从 1974 年到 1989 年，大哥本哈根地区区域议会负责编制这项规划，但由于区域政府这一政府层次在 1989 年因为来自各市郡议员的压力而被废止，这项制度也被停用。同时，国家法律还要求大哥本哈根地区内的 48 个市政府每隔四年必须分别准备一个与区域规划协调一致的总体规划。市一级的规划由所在的郡和国家环境部来审查。更高级别的政府机构能以与区域政策和国家政策导向不一致为由而拒绝市一级的规划和地方性的发展项目。

市一级规划的下一级是小区规划，该规划确定小区内的用地区划以及每地块所被允许的用途。根据国家政策的指引，轨道交通车站周围一公里范围内所有的地块都被划为要用于城市的活动。尽管规划编制的过程无容质疑地是自上而下的，但是每一具体的步骤都有自下而上的参与。例如区域规划的修订，就必须在郡议会的主持下，先要经过历时八周的公众辩论。

哥本哈根土地利用和交通规划的发展过程

哥本哈根的区域规划已经稳定地发展了半个世纪，其中明确地包含了协调用地与交通规划的原则。除了有一次显著的例外，指形规划一直都被扩展和完善，并已成为该区域所有规划的指路明灯。

指形规划

在二战期间，大哥本哈根地区的人口就已经超过了 100 万，而各种迹象都预示着该区域会稳定的向前发展和有一个不断进步和完善的政府机构，这些因素为采纳一个大胆的、具有创造性和前瞻性的区域规划奠定了基础。由于受到战后英国城镇规划原则的影响，该项区域规划的最终成果——1947 年版的指形规划，要求土地发展沿着狭窄的手指走廊集中进行，这些手指分别指向西兰岛北部的五个古市镇（地图 5.2）。

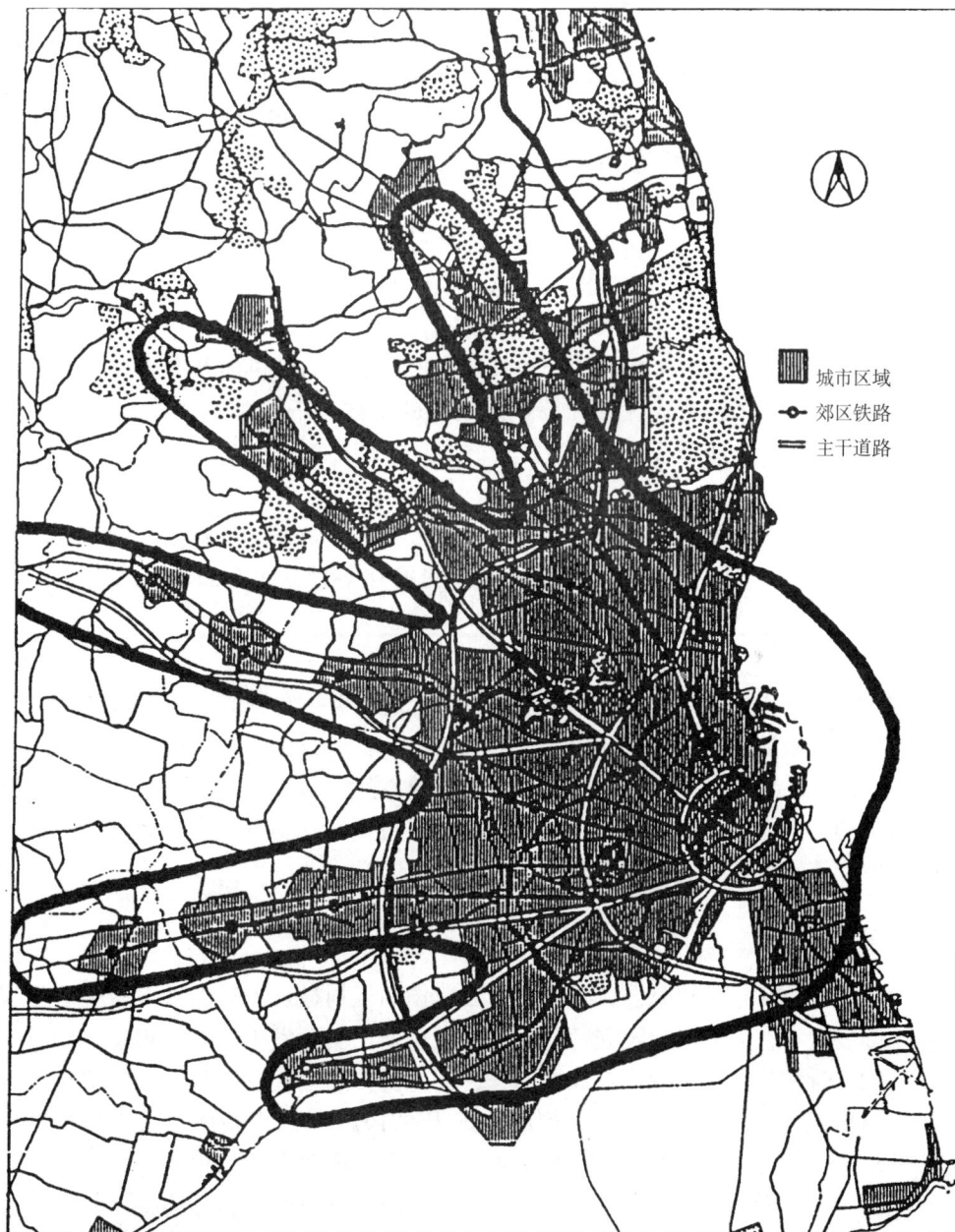

图例：

■ 城市区域
◆ 郊区铁路
▬ 主干道路

地图 5.2　指形规划

但是，与阿伯克隆比为大伦敦区域城市发展设定的将新城布置在宽广绿带的外围战略不同，指形规划引导大哥本哈根地区沿着由轨道交通线路清晰地划出的走廊接连不断地发展新的城镇，并在不断发展中的手指间保留开放空间的绿化带。在大哥本哈根地区城市规划产生后，当局又颁布了严格的城市中乡村式的地块可被使用的功能区划以确保该规划保护绿化带的目标得到有效实施。

与斯德哥尔摩的例子相似，指形规划的核心是通过在已被清晰界定的轨道交通走廊沿线进行开发，以保证区域内很大比例的就业人口能够使用轨道公共交通来通勤上下班。用绿化带分隔开来的手指，可以形成有效的、放射形的向心通勤模式，也有助于维持一个有生命力的市中心。由此产生的城市安居模式同样也有利于保持自然环境，及抑制城市基础设施的投资。

在指形规划及随后的更新版本里所列出的目标中，有许多是围绕着实现区域可达性和可持续性发展的原则来制定的，这些原则如今已被广泛地接受，但在战后的头几年却没有被很好地建立起来和被普遍认同。规划中列出的目标包括：减少每日出行的距离和时间；减少市中心的交通拥堵；根据劳动力的供给状况合理安排工业区和商业区位置；维持建成区和开放空间之间的平衡。正如在 1961 年的规划更新版中提到的那样，这些目标已成为现实：

> 通过将所有新开发项目集中在郊区轨道交通的沿线……规划的基本目标之一不仅是要提高交通服务的速度，同时也要控制工作出行的实际距离……将此类出行时间控制在 45 分钟以内。

多年以来，指形规划已经成为了该区域的标志，并体现出它独有的权威性。其手形的概念已被证明具有巨大的市场和公关价值。普通市民能够很容易地想像到城市未来将以手的形状向外发展。而对该区域不熟悉的人来说，手形的发展逻辑即简单又清晰和引人注目。这也是过去半个世纪以来民众一直支持这个规划方案，并使这个方案保持坚强有效的一个重要原因。

一个多中心的都市？

到 20 世纪 70 年代初时，二战刚结束后所作的规划显现出对未来发展过于乐观和与实际发展不符的情况，规划师预测的发展速度比实际发生的要快很多。当时小汽车的拥有量和出行量出现了爆炸性增长，同时支持土地开发的观点和声浪也不断涌现。指形规划第一次面临严峻的挑战，该规划 1973 年的更新版建议搁置指形规划中的许多原则，以便于在大哥本哈根地区范围内形成多个大的中心节点，这些节点之间通过环路和放射形的轨道线路所构成的蛛网状交通网络相互连接，每一个节点都将变成一个大的地区中心。尤其不同的是，1973 年版的规划将大哥本哈根地区从一个单中心的都市变成一个多中心的都市。这时，一群具有先进城市建设理念的规划师和建筑师结合在一起，共同反对这种在发展模式上的转变，并指出这种转变是向美国式以小汽车为主导无序蔓延发展模式的投降。普通的市民也不同意放弃指形规划，许多人都担心快速郊区化和开放空间流失导致的后果。最后由于全球范围石油禁运和生态保护运动的同时发生，将哥本哈根以小汽车为主导多中心都市的规划企图划上句号。

正如接下来将要讨论的，随后指形规划的更新版本再次确定了该规划最初的原则和重申了一个具有活力的公共交通系统的重要性，其中最重要的承诺就是继续发展以轨道交通为支撑的新市镇，特别是手形中的拇指（最南面的走廊）和食指（西南的走廊）。

新市镇的发展

与斯德哥尔摩相似，哥本哈根在指形规划的引导下，将轨道交通的投资与新市镇的发展成功地结合在一起，并为该地方赢得了公交都市的声誉。今天，新建的市镇沿着区域的五条形似手指的走廊分布，这五条走廊分别指向南面（到考姬），西南面（到洛斯基尔德），西面（到腓特烈松），西北面（到希勒勒和公园区），以及北面（到海滨城镇赫尔辛格）。其中大多数的新市镇集中在南面和西南面，它们的发展由丹麦政府负责设计、提供资金和组织实施，并获得国家环境部的支持。

与斯德哥尔摩相比，大哥本哈根区域内新市镇的建设并没有过多地强调居住人口和工作岗位数的平衡。如表5.1所示，位于内环郊区（主要沿西南走廊）的新市镇如葛洛斯卓普和阿尔伯特施勒德成为就业岗位的集聚处，在轨道交通车站周围聚集了大型的购物中心和工业区。与此相对的是，大多数位于外围郊区的新市镇（如沿西南走廊的格雷弗和绍洛德施泉塔）已经发展成了"卧城"。在1991年，将位于区域轨道交通线路终点处的历史市镇（如：洛斯基尔德）和三个郊县加在一起，与哥本哈根市相比，该区域内有轨道交通服务的新市镇、其就业的居民人口和工作岗位数之间是相当不平衡的（在表5.1中的工作岗位/就业的居民人口比例可以看出，在新市镇的比例远低于或高于其他地区）。工作岗位和就业的居民人口的不平衡使这些由轨道交通服务的新市镇中的居民和上班族产生了许多向外的通勤出行。从表5.2中的独立指数就可以看到在环绕着哥本哈根市由轨道交通服务的新市镇中存在着大量的向外通勤出行。与之相反，在哥本哈根市和老市镇，城内通勤出行的比例要高得多。因此与斯德哥尔摩相比，大哥本哈根区域内新市镇的居民和上班族更加依赖机动化的交通出行模式。

大哥本哈根地区内新老市镇通勤量统计数据（1991 年）　　　表 5.1

	就业的居民数	工作岗位总数	工作岗位数与就业居民数之比	早晨的通勤量		向内通勤与向外通勤之比[2]
				向外通勤	向内通勤	
中心城区[1]	260688	362976	1.39	115546	213829	1.92
环绕中心城区的郊区						
由轨道交通服务的新市镇						
南手指和西南手指						
伊思赫	10763	8075	0.75	8019	5331	0.66
葛洛斯卓普	10864	34245	3.15	7547	17246	2.28
阿尔伯特施勒德	6170	22279	3.61	11360	17466	1.54
豪纪塔施却沛	25336	28066	1.11	15934	18644	1.17
其他手指						
海莱乌	14350	18414	1.28	9922	13986	1.41
鲍尔鲁珀	25508	32425	1.27	16275	23192	1.42
沃罗斯	10480	7700	0.73	7828	5047	0.65
哥本哈根郡	328661	345532	1.05	227686	244557	1.07
外围远郊区						
由轨道交通服务的新市镇						
格雷弗	27540	14122	0.51	20020	6602	0.33
绍洛德施泉塔	11833	4927	0.42	9180	2274	0.25
法鲁姆	9986	8209	0.82	6989	5212	0.75
博克罗德	11690	13729	1.17	7670	9709	1.27
由轨道交通服务的老市镇						
考姬	20448	18495	0.91	9368	7415	0.79
洛斯基尔德	27029	30345	1.12	11893	15221	1.28
腓特烈松	9771	7933	0.81	5268	9709	1.84
希勒勒	18929	20894	1.10	9454	11419	1.21
洛斯基尔德郡	127389	88440	0.69	78823	39874	0.51
菲德烈堡郡	192951	148444	0.77	114087	69580	0.61
整个区域	9.9689	945392	1.04	532142	567845	1.07

注释：1 包括哥本哈根市和腓特烈斯贝市。

资料来源：大哥本哈根地区统计年鉴（1993 年）

大哥本哈根地区内新老市镇通勤模式和独立指数的对比（1991 年）　　表 5.2

	内部通勤	外部通勤		独立指数
		向内通勤	向外通勤	
中心城区	181779	181197	78909	0.699
环绕中心城区的郊区				
由轨道交通服务的新市镇				
南手指和西南手指				
伊思赫	2744	5331	8019	0.206

续表

	内部通勤	外部通勤		独立指数
		向内通勤	向外通勤	
葛洛斯卓普	3317	17246	7547	0.134
阿尔伯特施勒德	4810	17466	11360	0.167
豪纪塔施却沛	9402	18664	16044	0.271
其他手指				
海莱乌	4428	9922	13986	0.185
鲍尔鲁珀	9233	23192	16275	0.234
沃罗斯	2653	7827	5047	0.206
外围远郊区				
由轨道交通服务的新市镇				
格雷弗	7520	20020	6602	0.282
绍洛德施泉塔	2653	2271	9180	0.232
法鲁姆	2997	6989	5212	0.246
博克罗德	4020	8693	10732	0.207
由轨道交通服务的老市镇				
考姬	11080	7415	9368	0.660
洛斯基尔德	15133	11893	15221	0.558
腓特烈松	4503	5268	3430	0.518
希勒勒	9475	9454	11419	0.454

注释：独立指数：内部通勤量与外部通勤量之比。

资料来源：丹麦统计年鉴（1994 年）

　　这种在社区内居住人口和工作岗位数量的不平衡造成了放射形的潮汐式通勤交通，由于公共交通与新城的整合协调发展，轨道交通成为了通勤出行的主导模式。在哥本哈根市工作的人中有约三分之一乘坐公共交通上下班（其余三分之二中的大多数通过步行和骑自行车上下班）。那些在郊区新市镇中居住而在中心城区工作的人中，约有 70% 乘坐公共交通上下班。但是作为大型单中心的都市也造成了客流方向性的不平衡。在 1981 年的早上七点到九点间，郊区铁路交通系统 80% 的乘客集中在进城方向，到了 1992 年，随着工作岗位的分散，该比例下降到 72%。但哥本哈根的公共交通客流在出行高峰期仍然显示出明显的单向性，特别是与斯堪的纳维亚半岛另一个同类的城市斯德哥尔摩相比较时，这一点更为明显。

　　大哥本哈根地区新市镇发展三个明显的阶段分别是：（1）早期南面走廊的发展；（2）该区域标志性新城——豪纪塔施却沛的建成；（3）以及伸向规划新城奥瑞斯塔第六根手指的发展。这三个阶段将在以下进行详细阐述。

南面的手指：拇指

　　南面的手指，或被称为手形中的拇指，沿海岸伸展了约 30 公里后，今天已经延伸到了迷人的中世纪古镇考姬。该走廊是在 20 世纪 60 年代末，为解决区域内就业人口不断增长的问题，在专门订立的国家法律支持下发展起来的。根据多方合作协议，相关地方政府负责准备专门而详尽的发展规划，国家政府则为主要的基础设施建设和住宅发展提供资金来发展该走廊。尽管从交通的角度来看已经取得了巨大的成功，在新市镇中居住的上班族中有约三分之二乘坐公共交通沿该走廊通勤，但是沿南走廊发展起来的新市镇因为其高层平民住宅单调乏味的建筑质量受到了当地建筑师的严厉批评。丹麦的建筑评论家彼得·奥莱森悲叹道：南走廊沿线的郊区已经"被乏味的高层楼房、多层公寓和其他的三流建筑弄得面目丑陋"。他还宣告：由轨道交通服务的新城伊思赫成为滋生令人感到恐怖的高层建筑的最大温室（照片5.1）。尽管如此，沿南面手指的新市镇对于许多低收入阶层和首次置业者而言，是在他们经济能力可负担的下并且地理位置也是非常理想的居住地。此外，这些新市镇在不断增加商业、工业和零售业方面也有了相当大的进步，在市镇中心也不断进行着美化设计的工作。

照片 5.1　沿南手指伊思赫城的平民住宅。形式与功能间碰撞的经典。尽管建筑师批评这些在新城市镇内预制的、大量建设的、标准化的多层建筑，但它们具有的可达性的功能和以轨道交通来引导社区发展方面却是成功的。郊区铁路车辆侧面的自行车图标表示允许携带自行车乘坐列车

豪纪塔施却沛

　　有很大部分是反思了南手指沿线新市镇发展的不足后，大哥本哈根地区的规

划师们从 20 世纪 60 年代中期开始去着手努力创造更符合人体尺寸和平衡的新市镇，为将来几代人建立起新的发展模式。他们选择的是西南手指中段的豪纪塔施却沛。该城的设计紧密地追随着英国和瑞典新市镇的设计传统（图 5.1），以"自我平衡"的社区以及围绕在轨道交通车站周围发展为特点。远期规划人口为 40 万的豪纪塔施却沛由一系列小区组成，每个小区都包括约一千套公寓单位，并由步行道网络相互连通。部分是为了启动发展的势头和作为体现国家政府对新市镇发展承诺的象征，20 世纪 80 年代初在住宅区开工建设前，国家政府就投资在城镇中心建成购物中心（照片 5.2）。到 1993 年，该市的人口还只有最终规划目标的十分之一，决策者们当时都在担忧豪纪塔施却沛是否能像预期规划的那样顺利发展下去。但目前该市已经成为深受中产阶级欢迎的居住区，有越来越多的高科技公司也选择在此落户。另外，从出行机动性的角度上看，豪纪塔施却沛绝对已经取得了成功：在该市居住并沿着西南走廊通勤的上班族有近一半使用大容量的轨道交通。

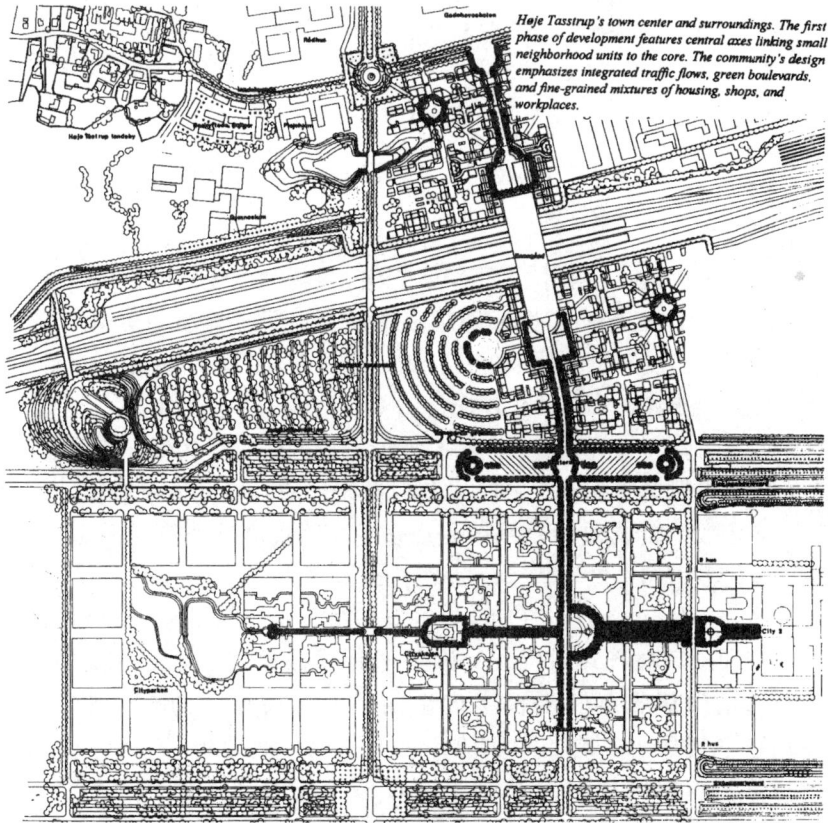

图 5.1　豪纪塔施却沛的总体规划。从郊区铁路交通车站发散出的两条商业轴线是该规划的重要特征

照片 5.2 豪纪塔施却沛城市中心的小汽车禁行区。只有常规公交与步行者和骑自行车的人才可以使用市中心商业区的道路

奥瑞斯塔的重建开发

第六根手指现在正向着东南方向，朝着国际机场和已规划的连接丹麦和瑞典的跨海大桥发展。在 1992 年，通过一部国家法规划出了一片名为奥瑞斯塔占地 310 公顷的土地，用来建设围绕在将来现代化轨道交通线路周围的新市镇。此举希望创造出一个线形发展能容纳 7 万个工作岗位的就业区域，和容纳 1 万名到 1 万 5 千名居民。重建计划强调吸引研究型和高科技产业，以新建一所大学、市政配套设施和多种类形的住宅作为支撑手段。发展将会沿着先进的轻轨交通系统线路周围展开，这条名为"城市线"的先进轻轨系统是以多伦多市的轻轨系统、温哥华市的"天车"系统以及伦敦市的港区轻轨系统为范本的。

为实施这个项目，成立了一个名为奥瑞斯塔土地开发的联合发展公司，由哥本哈根市政府和国家政府共同所有。该公司计划以可以获取的邻近城市线轻轨系统土地将来的增值收益和出售半世纪前填海造地得到的土地来筹措银行贷款。然后用这笔贷款将生地变为熟地，再不断地将熟地出售，收回的资金用于偿还银行贷款，和再向银行贷款用来建设城市线轻轨系统和该市的主要基础设施。

哥本哈根出现的第六根手指也没有逃脱批评。一些反对者指责奥瑞斯塔的重建开发反映了政治人物们秉承法国霍斯曼式建设宏伟大项目的偏好。批评者认为，这些资金可以被更好地利用在重建现有轨道交通站周围的地区。一些人甚至担心，在大哥本哈根地区自二战以来一直引导着区域发展几乎是神圣不可侵犯的五指手形，将会不可逆转地变成畸形的肢体，或许有一天五指手形会被曲曲弯弯的手形所取代，向各个方向蛇形蔓延。由于该项目有在促进就业增长方面的潜力，以及政府毫不动摇的支持，这些反对声音至今为止都没有能阻碍奥瑞斯塔项目的推进。

城市发展和公交客流的趋势

在过去的40年中，城市发展的分散化已经对哥本哈根的指形规划造成了严重的威胁（表5.3）。从20世纪70年代处开始，工业区的发展就开始侵入五根手指之间的绿化带。在区域经济发展放缓的情况下，许多地方政府欢迎新的工业和商业前来落户，甚至即使这些新的工商业想进入绿化带内，这些政府仍然希望基此吸引到上班族来当地居住（从而增加当地的个人所得税）。因此，即便是收不到物业税或公司税，一些地方政府愿意接受新到来的商业和工业，就算这意味着要违背指形规划中值得珍惜的原则也在所不惜。

哥本哈根中心城区和环绕中心城区的郊区人口、工作岗位
的增长率（1955～1993年）　　　　　　　　　　　　　　　　表5.3

	人口			工作岗位		
	1955年	1993年	变化率	1955年	1993年	变化率
哥本哈根市	760000	460000	−39.5%	460000	310000	−32.6%
哥本哈根郡（环绕中心城区的郊区）	310000	605000	+95.2%	135000	330000	+144.4%

虽然有极好的整合城市发展和轨道交通建设的愿望，但哥本哈根的指形规划和对放射形轨道的投资并没有增强市中心作为主要就业中心的地位。事实上，郊区铁路交通系统很可能促进了城市分散化的发展。通勤的统计数据反映了该地区内的工作岗位向郊区转移，从1980年到1990年间，区域内郊区之间的上下班出行量增加了47%，而沿放射形铁路的通勤出行量却减少了3%，五根手指之间的通勤出行量也减少了5%。与整个欧洲的情况相一致，随着出行起讫点分布的不断分散，公共交通的乘客量受到冲击。大哥本哈根地区的公共交通年客运量从1982年的3.10亿人次跌至1992年的2.42亿人次。使用郊区铁路交通系统的出行在所有机动化出行中所占的比例也从1981年的11.5%跌至1990年的10%。但是，公共交通仍然是大哥本哈根地区交通系统中的重要组成部分，占有所有机动化出行人公里总量的约三分之一。这相对来说高的公交出行比例反映出该区域在长距离、沿手指走廊出行方面对轨道交通的依赖。值得注意的是，轨道交通继续承担着大量的由郊区向中心城区的上下班通勤出行份额。

更加分散化的城市发展趋势并没有削弱所有公交模式的市场份额。今天，区域内公共汽车的客运量以每年2%的速度递增。在20世纪90年代，与其他公共汽车线路的客运量每年减少2%～3%相对应的是，一种高品质的在市镇间的公交服务（如跳站停靠和长途公交的线路）——郊区铁路交通系统的客运量却每年增长6%～7%。一般而言，出行结构越复杂会导致产生更为细化的交通服务市场。虽然沿放射形走廊出行的市场份额不断下降，轨道交通依然承担着大量的放射形出行份额。公共汽车运输主要承担了市镇间的出行需要，目前占有所有人众交通客运量的15%，并且在持续地增长。同时，公共汽车运输也正更多地服务于沿手指走廊那些起终点远离轨道交通车站的出行。

将公交客运量停滞不前的原因仅仅归咎于城市的分散化发展和对不坚持指形规划是错误的。大哥本哈根地区大众交通市场的萎缩至少还可以归结于另外两个原因：小汽车拥有量的迅速增长（尽管有惩罚性的车辆税制度）和汽车使用的实际成本下降。从1980～1994年，按照通货膨胀调整后，丹麦机动车燃油的价格下跌了50%，公交的票价却上涨了85%。研究表明由于人们在选择出行模式时会对直接的花费和从口袋中掏出的钱，如对公交票款支出的感受加重，这种价格上的双向变化不可避免地鼓励了小汽车的使用。

对指形规划的支持

1980年以后该区域发展模式的本身以及对未来可持续发展将会造成的影响并没有被忽视。为了应对城市分散化的发展和公交乘客逐步下滑的现象，大哥本哈根地区的规划师通过一系列的措施支持和实际上是再次确定了许多最初指形规划中的原则，特别是那些与利用公共交通引导土地发展有关的原则。在最近几年，公共交通的重要性，不仅是在运送乘客的狭义层面还是在更为广泛的环境背景之下，在所有不同层次的规划中倍受强调。

1987年更新版的区域规划中强制规定，所有重要的具有区域性功能的单位都必须要建设在距离轨道交通车站步行距离一公里的范围内。随后1993年更新版的区域规划对此更加重视，在国家环境部制定的"限制性引导"政策下，有轨道交通服务的市镇被要求必须将未来的城市发展集中在距离轨道交通车站一公里的规划区域内。如今在轨道交通车站周围已经保留有足够可供建设的土地，可以满足大哥本哈根地区未来30年发展所需所有各种城市活动的需要。目前在区域内每年新建约3000个住宅单位，最新更新的规划要求这些发展项目全部集中在公共交通的车站周围。过去五年以来，轨道交通车站周围土地被允许的最高建筑密度有了大幅度的增加，对商业地产的发展也同样利用建筑密度奖励的杠杆来调节。在位于西北手指轨道交通走廊上的鲍尔鲁珀站，封闭式的购物中心利用轨道线上方的空中发展权建成。（照片5.3）

照片5.3　鲍尔鲁珀站处利用空中发展权的发展项目和多种交通模式的结合。上面的照片展示了在轨道交通车站上方利用空中发展权建成的封闭式购物中心和行人天桥。下面的照片展示了与这个轨道交通车站/购物中心的混合建筑相连的是一个大型综合办公楼，坐落在铁路线的一侧。该轨道交通车站和办公/购物中心的混合建筑与一个大型公共汽车换乘枢纽和自行车专用道网良好地衔接在一起

在地方政府层面，哥本哈根市在推进以公共交通引导土地发展方面比其他任何城市都要做得更多。哥本哈根市现行的城市规划规定："工业用地的位置要与城市主要公共交通网络相衔接，服务业及相关产业的位置要布设在区域性轨道交通的车站，特别是历史保护区以外的现有车站周围一公里的范围内，最好是在半公里的范围内。"

非机动化交通

哥本哈根市对以公共交通引导土地发展的承诺已经与一个更大的议题，即控制小汽车使用中心城区街道相关联。由此出发，步行和自行车这些非机动化的交通模式，不仅作为是一种可以替代小汽车的出行方式，同时也是接驳郊区铁路交通系统的有效方式，正被大力提倡。

步行者的城市

同其他很多欧洲城市一样，哥本哈根市的市中心保持着中世纪的街道布局和许多古老的建筑。今天，这个中世纪城市被证明了具有自然而然的环境来创建出世界上最大和最成功的行人道路网之一。哥本哈根市的第一条步行街——施桥盖特于1962年开放，之后迅速发展成为该城主要的购物街和散步休闲街，事实上它同时也是城市的主要街道。现在，它是欧洲最长的小汽车禁行街道，可容纳约55000名行人，在热闹的夏日，步行街上行人摩肩接踵。

许多地方都希望效仿施桥盖特的成功，在当地商家的坚持下中心城区的其他街道迅速地纷纷被改造成步行街。这其中的许多街道，如施桥盖特，虽然允许小汽车与行人共同使用，但是给予行人和骑自行车的人以优先的通行权。与1962年建立施桥盖特步行街时相比，今天的哥本哈根有比那时多六倍的小汽车禁行的行人专用区。街边小贩、流浪音乐家、露天市场以及街头庆典活动在市中心的行人专用区举办。哥本哈根市交通和规划的负责人说道："仅仅30年，市中心已经从以小汽车为主导的地方变成了以人的活动为中心的地方"。

在哥本哈根，很重要要了解的一点是，城市设计者认为街道不仅是为让步行者走路通过的地方，同时也要让人们能够停下从事其他的活动。哥本哈根市令人欣喜的不仅有宽阔的大型公共广场（如"老广场"和"新广场"），在各处也有许多小巧精致的广场（如格兰博德里乔夫）。在哥本哈根市市中心近十万平方米的主要供人们活动的开放空间中，公共广场占了三分之二。与步行街相比，广场更加适合人们休憩，观察和参与城市的生活。良好的公共空间不仅容纳了繁忙的行人和让城市有举行庆典的地方，同时也是人们歇息和放松的场所。在一个关于哥本哈根行人生活的研究中，城市设计师扬·盖尔和拉尔斯·吉姆松发现，白天在市政广场和步行街歇息和消磨时间的平均人数由1968年的1750人上升到1995年的5900人。这些不引人注意的日常发生的事，对于城市设计师而言，却是一个城市活力的一部分。

自行车的城市

　　一个不断扩展的自行车车道网络和相关的设施补充和完善了哥本哈根优良的行人系统。最近几年，哥本哈根市在促进城内自行车的出行，并将自行车列为与轨道交通车站接驳的重要交通方式等方面取得了显著的进展。

　　自20世纪80年代中期以来，哥本哈根市就开始将原有的机动车道和紧靠路缘石的停车位改造成自行车专用道。从1970年到1995年，该市自行车专用道的长度从210公里增加到超过300公里，自行车出行量增长了65%。天气晴好的时候，更多的哥本哈根市民使用自行车作为上下班的交通工具，自行车出行所占的比例是34%，高于乘坐小汽车或公交所占的比例（均为31%）。即使是在下雨天，也有60%的自行车使用者坚持使用这种他们所喜好的交通工具上下班，而在冰雨天、结霜天和下雪天，也仍有30%的自行车使用者坚持骑车上下班。

　　为进一步推广自行车，哥本哈根在1995年推出了一个名为"城市自行车"的自行车短期租赁计划。该计划的基本想法是给城市配备足够的闲置自行车以满足那些采取步行距离太远，搭乘公交和地铁距离又太近的出行需要。该系统的运营方式类似于在超市中堆放的载货车：与普通自行车在外观上有明显区别，2000多辆简单地漆成白色的自行车放在散布在全市范围内的125个自行车站里，使用者往投币机里投入20克朗（约3.7美元）就可以取到一辆自行车，并在归还该自行车后取回这些押金。实施这项计划的部分资金来自于自行车上的广告收入。除了能改善轨道交通的可达性，管理公共交通的官员们还希望城市自行车计划能够降低轨道交通车厢内的自行车搭载量，从而为乘客提供更多的乘车空间。

　　至今为止，还没有足够的自行车供应以充分满足该计划，正如事先预料到的那样，供应短缺的部分原因是人们把自行车放在家里造成的。尽管这种违规行为会被处以1000克朗（185美元）的罚款，但还是有人这样做。项目的实施者已经通过修改自行车设计对此做出了回应：更改配件以使这种自行车上的每个零件都与普通自行车不兼容；调整自行车构造让骑行长距离时赶到费力；在自行车上安装可以定位的微型晶片。

以非机动化的交通模式到达轨道交通车站

　　因为哥本哈根有大比例的以非机动化交通模式到达轨道交通车站的出行，创造出一个以行人和自行车交通为主的城市的价值被大大地加强了。一项在1994年有关部门对乘客到达15个城郊轨道交通车站的出行方式的调查结果显示，在距离车站1公里的范围内，步行是主要的到达方式，在到达各车站总出行中所占的比例从38%~100%不等；在距离车站1到1.5公里的范围内，骑自行车到达占据主导地位，约占40%；只有在距离车站超过1.5公里时，机动化的到达方式才占据主导地位，但其中乘坐公交车到达占 40%～50%；即便远在距离车站 2.5 公里时，骑自行车到达在所有到达出行中所占的比例也超过了开小汽车到达后换乘的比例——30%对 19%。这些特点与北美轨道交通车站到达交通模式的分布形成了强烈的反差。以旧金山湾区为例，在距离轨道交通车站 2.5 公里时，步行和骑自行车到达所占的比例不足 4%，而私人小汽车却占了三分之二。理查德·恩特曼等城市设计师证实了，通过创造舒适、有趣的城市空间和步行走廊，人们可接受的步行距离可以显著地增加（或许能增加一倍）。具有讽刺意义的事实表明，在了无生趣的环境里步行是让人很不舒服的，正如许多美国人会开车很长距离去找一个靠近购物中心入口的停车位，却并不认为在购物中心内步行一两英里是什么很大不了的事。哥本哈根的经验清楚地强调了，为了让人们把小汽车留在家中而使用其他非机动化的交通方式前去轨道交通车站，城市的设计和为步行者和骑自行车者提供基本的设施这两者是如何的重要。

对小汽车使用的其他限制

多年以来，哥本哈根市已经采取了更多的措施去限制在中心城区小汽车交通的使用，给予行人和自行车优先权就是"在管理下的拥堵"政策中的一项内容。根据市政府交通工程师的有意设计，为了控制小汽车的使用，自 1970 年以来一直保持市中心道路网的总通过能力不变。部分地因为这一措施的效果，市中心的交通量，按年行驶里程计算，在撰写本书时已经比 1970 年下降了 10%。除了扩展市内的自行车车道和行人道网络，哥本哈根的交通管理政策还非常重视公交的信号优先、设置公交专用车道、将路边停车位移到别处、以及公交服务形式的扩展和多样化（包括采用电动的中巴循环线路和新的有轨电车线路）。交通管理的目标不是将小汽车从城市里赶走，而是要确保任何出行需求的增长都不是简单地以增加小汽车的出行来体现的。

停车位的供应和收费水平的管理也是控制市中心小汽车交通量的关键。在过去的几十年间，哥本哈根市停车位的数量每年减少 2%～3%。今天，哥本哈根市市中心的停车位只有斯德哥尔摩市市中心停车位数量的三分之一。此外，停车的收费是不断变化的，要确保收取足够高的停车费，以促使快速周转。目前中心城区路边停车的费用高达每小时 4 美元，在有良好大众交通系统服务的地区，停车的收费是最高的。

最后，丹麦的税收体系也被用于限制小汽车的拥有和使用。目前，购买私人小汽车所需缴纳的税费大致是购买车辆费用的三倍。同时，为了限制购买大型、高油耗的小汽车，车辆购置税随着车的重量和发动机的排量增大而增加。目前，丹麦每千人拥有小汽车 330 辆——在欧洲排名第十一位（排在一些比丹麦更贫穷的国家如西班牙之后），甚至低于日本的小汽车拥有量水平。高昂的小汽车拥有和使用成本、支持公共交通的优先发展、令行人方便设施、以及对使用小汽车出行的限制等措施相结合，抑制了哥本哈根的小汽车保有量，使其成为发达国家中小汽车拥有率最低的城市之一——在 1994 年时仅为每千人拥有小汽车 185 辆，甚至低于曼谷的小汽车拥有率。

哥本哈根的启示

　　哥本哈根手形状的城市形态是在 1947 年指形规划及其随后更新版本的引导指挥下，精心整合轨道交通与城市发展的产物。城市的发展集中在五根手指的沿线，而且直到现在，手指间的绿化带还没有被严重侵占。哥本哈根的中心城区仍然可以方便地通过沿着五根手指运营的轨道交通来进入。许多住在郊区的人们都离轨道交通车站很近可以方便地通过步行或搭乘公交到达。当人们前往中心城区时，有效的轨道交通服务，以及对用小汽车出行和停车的限制使得乘坐公共交通成为一种明智的选择。但是哥本哈根所做的并不只是沿手指建设以轨道交通支撑的新市镇，当地政府通过增强古老市中心的活力、美化市中心、和改善市中心的生活质量来加强公共交通系统与城市发展的整合。街道和路边停车的空间已经被划为让行人和自行车来专用，今天大多数的公交乘客通过自行车和步行到达中心城区的轨道交通车站。尽管近几十年来，公共交通在总出行中所占的比例下降已经几乎成为全欧洲所有城市的趋势，但哥本哈根将城市未来的发展集中在轨道交通车站周围的做法将很有希望扭转这种趋势。

　　从体制的效率上看，哥本哈根并不是个模范。有多级政府涉及城市发展的规划，而很大程度上是按照从上到下、分级制订的。多年以来，伴随着政治形势的不断摇摆，区域规划中的承诺也随之起舞，很多时候，这种不稳定性会直接造成规划失败的灾难。所幸的是，由于大哥本哈根地区的指形规划已经成为一个被普遍接受的标准来用于指引整个区域的发展。所以它的存在使得该区域的发展规划能够处于一种稳定的状态。虽然很难来描述这部指形规划起到了多大的标志性作用，但勿庸置疑的是，如果没有它构建出这个为将来要把大哥本哈根地区发展成为手形城市模式的标准化愿景，大哥本哈根地区内公共交通与城市发展的整合发展情况会远不如现在，目前规划中提出的将未来发展集中在现有或将来轨道交通车站周围一公里范围内的目标，仅仅是在今后几年中增强这种公共交通与城市发展整合的关系。

第六章

整体规划的交通都市：新加坡

让新加坡在国际上引以为豪的轨道交通系统是这个岛国多中心居住模式的支柱。通过高度集中规划，结合多种自由市场经济政策，城市的扩展被安排在市中心外围的几个商住两用的次中心。这些中心通过大运量的公交系统，尤其是轨道交通，以及私营的传统巴士和双层巴士，与市中心有效地连接起来。规划者特意将高层住宅和写字楼安排在靠近公交车站的地方以便尽量提高公共交通可达性并减少小汽车的使用。为了全力使新加坡的公共交通利用率达到世界最高水平，新加坡的长期"集中规划"要求建成约50个以地铁相连的城镇中心，这些城镇中心呈多级式式样。在新加坡，与公交优先这颗"胡萝卜（激励措施）"相配合的是对机动车的严格控制这根"大棒（惩罚措施）"。如今，这个岛国在控制小汽车交通方面位于世界领先的位置，被认为处于一个对整个社会而言非常理想的水平。新加坡是第一个引入区域交通发证管制的国家，这个方案的优点在于促使出行者选择地铁和公交，并使一天当中各个时段的交通流均匀分配。新加坡还倡导了小汽车限量系统，要求每个想要购买小汽车的人需要通过投标的方式获得注册和拥有车辆的权利，每年被允许注册的车辆将与全岛交通状况相联系。小汽车限量措施，连同额外的费用和附加税将年小汽车保有量的增长速度从每年6%降低到3%，这对于一个在过去10年来人均收入的增长速度几乎高于世界任何其他地方的城市来说，是一个相当非凡的成就。

在过去30年间，新加坡这一城市国家从贫穷的第三世界发展成为亚洲最具活力的、现代工业化的经济体之一。在1970年至1980年之间，新加坡的GDP每年增长9%，制造业的就业从2万5千个猛增到28万7千个，从而实现了充分就业。在几乎没有土地和资源的情况下，新加坡依靠其所处的战略位置，低成本的劳动力，基础设施的建设以及史无前例的在总体规划指导下的发展使自己迅速跻身于现代化的工业国家之列，其生活水平目前已可与日本及西欧国家相媲美。新加坡经济形态转换的一个关键因素就是建立了一个综合高效的交通运输系统。今天，新加坡拥有世界第二繁忙的集装箱码头，一个重要的国际机场，一家一流的航空公司，一条相当规模的国内水运航线，一个超级高速公路网，和一个新的、现代化的大容量快速轨道交通系统。其交通基础设施的大规模发展纳入了该国高度集中的基建与经济计划体系框架内。在过去的 30 年里，这一计划体系一直周密地引导着这个国家的发展。集中规划的另外一个成果是约 20 个有整体规划的卫星城镇的出现，它们沿着新建的地铁线分布，如同被地铁线串成的珍珠项链。与斯德哥尔摩或者哥本哈根的郊区不同，新加坡大多数新城镇都是以地铁站为中心的，将住宅、购物中心、公共设施以及露天场所与交通中心巧妙地结合起来。作为对新城镇与地铁相结合的补充，通过一系列严厉措施限制小汽车的拥有和使用，从而将大多数的机动交通出行转向地铁及公共汽车。

新加坡的经验显示出，一个具有社会意识的、坚持公交优先的政府，通过对城市的发展和社区的规划设计进行极端地、甚至接近完全集中地控制，同时对小汽车进行惩罚性地定价所取得的成就。新加坡可称是当今世界上将公共交通与土地利用结合得最为有效的国家。尽管有人认为这是以政府过度干涉及限制公民对于生活方式的选择为代价的，大多数新加坡人依然强烈地支持他们的政府及其强有力的集中规划，并认为一定程度的集权管制方式不过是为生活在拥有良好的公共服务以及世界一流轨道交通的现代繁荣大都市中所付出的一点小代价。

从黄包车到快速公共交通系统

新加坡位于赤道略为偏北的位置，由几个小岛组成，其中最大的钻石形的一个即新加坡的主岛（东西长 42 公里，南北长 23 公里）（地图 6.1）。整个岛国面积为648 平方公里，有 340 万居民。其中 78% 的新加坡人有华人的血缘。

在经历一个半世纪英国的殖民统治之后，新加坡于 1965 年成为独立共和国并采用单级议会制政府。李光耀被选为该国的第一位总理，他任该职直到 1990 年辞职。在李光耀的领导及严格管理下，新加坡的经济和整个国家发生了巨大的转变，开始步入一个现代化的工业国。

20 世纪早期，新加坡只是一个岛上的贫穷村落，老旧的港口和商业区周围围绕的是肮脏的贫民区。大多数新加坡人采用的是原始的交通方式，主要是黄包车和马车，或者是几百辆由华人经营的小型巴士，俗称"蚊子"。随着新加坡的繁荣，人力、畜力和蚊子巴士以及其他机动车辆之间的矛盾促使政府统一公交服务并禁止速度缓慢的交通工具。到 20 世纪 70 年代中期，11 家由华人经营的长期服务岛内交通的巴士公司在政府的指示下，合并成为三家，并最终成为一家由国家控制的企业。到 1990 年，许多贯穿全岛的公交路线被一条现代的地铁路线所取代。今天，新加坡还有支线和干线巴士，市区内的往返公交以及世界最大的出租车队之一作为轨道

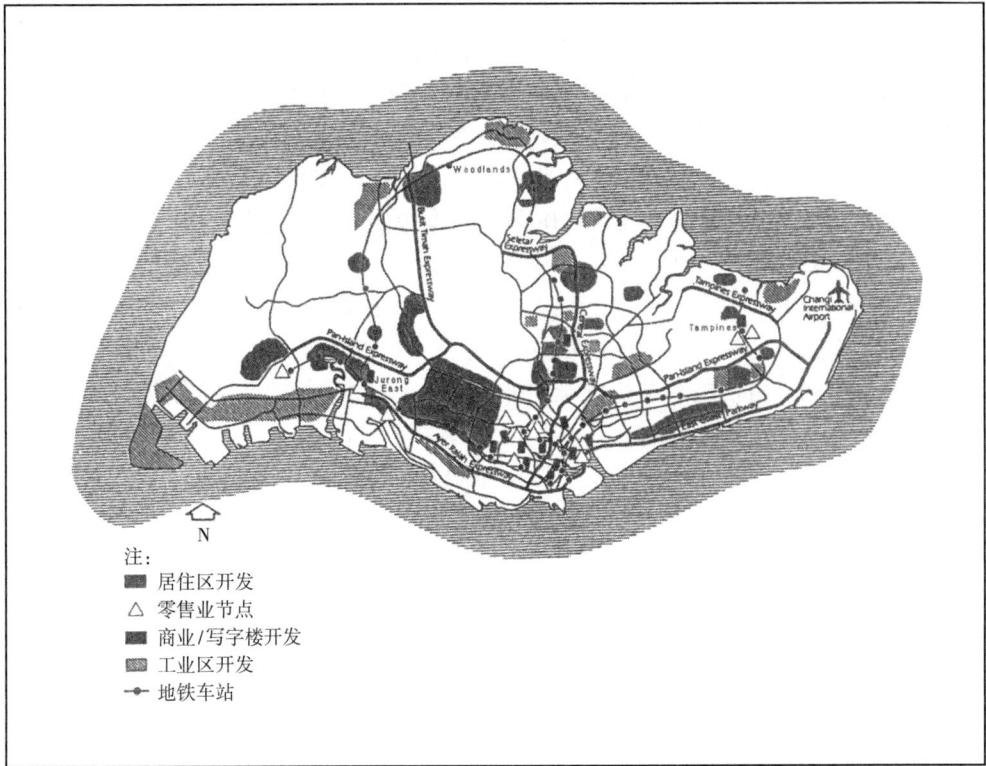

地图 6.1　新加坡岛的发展，1997 年

来源：改编自理查德·艾理斯新加坡出版公司，城市土地研究所市场概况（美国华盛顿：城市土地研究所，1995 年）

交通的补充。虽然距离使用黄包车的年代已非常久远，但在著名的商业街乌节路附近的一些历史较久的城区还可以看得到黄包车作为观光游览的项目。在某种程度上，从黄包车到快速公共交通的转变也正是新加坡从荒凉贫瘠的港口小镇发展成为现代繁荣大都会的变化过程的一个缩影。

新加坡中央集权式的规划

　　新加坡的具体转变首先是从经济发展政策开始的。独立不久，新加坡的领导人认识到本国最重要的资源即其天然港口，战略位置以及丰富的低廉劳动力，于是开始着手制定以出口制造业和跨国投资为重点的工业发展策略。优厚的税务政策能够吸引国外资本，以预制构件方式建造的工业区使国外厂商能够快速启动劳动力成本低的海外分厂。在自由企业体系下有政府介入的商业和工业发展成为新加坡今日所特有的社会资本主义。

　　新加坡领导人认为提升岛内的基础设施对于推动国外投资和启动经济发展是绝

对的关键。在 20 世纪 60 年代，新加坡通过填海造地使可用面积获得了 10% 以上的增长；丘陵被夷平，破败的社区被拆除并重新开发，建立了工业园区和住宅区，樟宜国际机场投入使用，南部海岸被发展成为世界最繁忙的口岸之一。污水处理管道从 650 公里发展到 2145 公里长，服务的人口也从不足三分之一上升为总人口的 96.8%。

新加坡的一党专政为高度集权的策略规划的形成提供了所必需的政治上的统一和稳固。并且，土地和自然资源条件的限制意味着新独立的政府必须向国民证明：为了让新加坡走上一条可持续的经济发展之路，政府的统一管理是必需的。赢得民众对中央集权式规划支持的第一步，即是把一些居住在条件困难拥挤的贫民区和半农业地区的居民重新安置在现代化的高层住宅中。经过一段时间，零售业、文教及服务设施在这些高层住宅区逐渐完善，并且修建了道路和高速公路网络，使居民可以通往市中心和新建的工业区。从 1970 年至 1990 年，新加坡人口增长了将近 50%（从 207 万到 301 万），住宅单位的数量将近是以前的 4 倍（从 18.06 万套到 73.59 万套），商业建筑的楼底板面积增长超过 7.5 倍（从 31 万平方英尺到 245 万平方英尺）。在同一时期，新加坡的城市化土地面积在全岛的占有率由 32% 上升到 51%。另一方面，平均人口密度由每平方公里 11000 人降到 8800 人。

新加坡在 20 世纪 60 年代所进行的建设基本上遵循的是从英国殖民统治时继承下来的城镇规划原则。然而快速发展更需要全面的规划，所以 1971 年批准通过了概念规划方案，这一方案描绘了新加坡未来 20 年建设发展的蓝图。这个规划方案被称为环形规划，提出将高密度住宅区、工业园区以及城镇区域中心以环形包围在城市的核心区周围，并以高通行能力和高效率的交通网络系统相互连接（地图 6.2）。该规划方案是以修建新城镇及联结它们的轨道交通为基础的。规划者解释说，把岛上原有的星型（放射型）路网改建成环路是为了避免跨岛的交通流穿过拥挤的市中心地带。

规划的实施

新加坡与斯德哥尔摩及哥本哈根的相似之处在于，采用的交通技术和居住模式最有效的结合在一起。所有成功的规划，都是以土地使用规划来引导交通建设。新加坡的特别之处在于，正是这种以新的卫星城镇为特征的多点居住模式的环形规划，使新加坡建成了其享有盛誉的固定轨道交通网以及与之配套的公共交通系统。

在新加坡，不受打扰的自上而下的决策加速了规划的实施。新加坡人民很尊重并且服从他们的政府，并未因普通市民无法参与城市发展决策而提出反对。和斯德哥尔摩的情况一样，规划实施的一个重要因素是土地的公共所有权。1966 年颁布的土地获得法案规定，国家有权为了任何公用目的，包括新城镇建设，而征用土地。

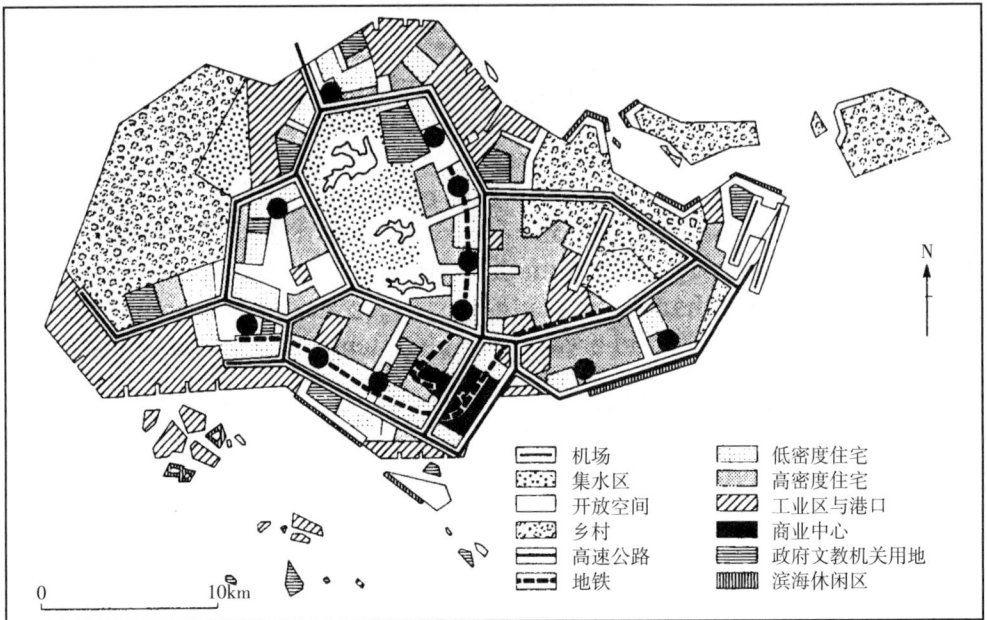

图例：
机场　低密度住宅
集水区　高密度住宅
开放空间　工业区与港口
乡村　商业中心
高速公路　政府文教机关用地
地铁　滨海休闲区

0 ————— 10km

地图 6.2　新加坡环形规划。规划目的是在维护城市中心高度集约发展模式的同时提供一个有序的途径来分散发展。对有效通勤模式的期望强有力地引导着发展。来源：王，新加坡住宅新城镇的发展：背景、规划和设计，菲利普和叶。（香港：牛津大学校刊，1987 年）东亚与东南亚的新城镇：规划和发展

国家持有的土地占土地总量的百分比从 1949 年的 31% 上升到 1985 年的 76%。土地获得法案为建设新城镇、建立工业园区、提供公共住宅、建设交通设施有效地节省了成本并简化了过程。

新城镇设计

　　虽然建造地铁是早就规划好的，但新加坡的大多数新城镇都在地铁之前建造完成了。因为预计的地铁早晚会到来，新城镇都建设得比较紧凑，有土地混合使用的中心区和大量的人行道及自行车道，简言之，是以公共交通为导向的发展模式。

　　新加坡的第一批卫星城镇大多数选择的是分等级的发展模式。每个城镇由 5 ~ 7 个紧密联结的邻里社区构成，这些社区都围绕着一个更高一级的城镇中心。大多数居住区面积在 40 公顷左右，拥有 4000 ~ 6000 套住宅单位，有一个小型社区中心，包含零售商铺，学校以及娱乐设施，这些都在 5 分钟的步行范围内。邻里社区的最基本单位为建筑小区，每个小区包含约 600 ~ 1000 套住宅单位，围绕着一片经过景观设计的小广场、运动场、一些小商铺以及一两个餐厅。人行道系统将建筑街区与邻里中心联接起来，邻里中心再与城镇中心相连。行人则主要通过坡度较缓的地下通道或人行天桥而与繁忙的道路分开。

新加坡由轨道交通服务最成功的新城镇之一是淡滨尼。淡滨尼最初是一块荒地，在过去20年中变成新加坡东部主要的地区性枢纽（照片6.1）。这个位于中部的城镇中心包含一个地铁车站，一个巴士换乘站，还有新加坡发展银行淡滨尼中心和嘉华淡滨尼影城。后两者是通过政府的土地出售计划建造的。该城镇中心有8个邻里社区，每个都拥有5000~6000套中层或高层住宅。每个社区都有自己的商业中心解决日常需求，诸如干洗店、便利店。住宅都在距邻里中心步行10分钟的范围内，学校、公园和娱乐中心一般来说搭乘短途公交即可到达。淡滨尼是新加坡第一个采用"绿色连接"的新城镇，住宅区中间的一系列相互连接的人行道和公共绿地将活动区和景观区的绿色延伸到居民的门口。淡滨尼的建造模式因为具有模范性并且以公共交通为导向而获得2002年的世界人居奖。

照片6.1 淡滨尼中心。位于地铁站西侧私人修建的购物商场其侧面围绕着中层和高层的居民住宅楼

新城镇的中心是新加坡首次真正地尝试在市中心以外建造商业区。他们独特地将美国式的大型购物中心与东南亚传统的商铺结合起来。除了零售商铺，城镇中心还提供全系列的社区服务，包括影院、银行、诊所以及电信局等。所缺的是办公楼和其他主要的能提供工作岗位的来源。因此，虽然1971年的环形规划提倡城镇实行一定程度的内部居住和就业的自我平衡，但是很少有城镇能达到这个目标。1990年时，79.3%的就业人员在他们居住的城镇外就业。所以就像斯德哥尔摩和哥本哈根一样，在新加坡有相当数量的城镇与市中心之间的通勤交通流以及跨城镇的通勤。

新城镇的住房

新加坡的新城镇选择的住宅原形是高层板楼，高 10～20 层，每公顷平均有 200 套住宅。虽然建筑外观较为单调，但标准化建筑可降低成本并缩短建设时间。平等的思想强烈地影响了建筑的设计。新加坡的住宅规划者细心地提供了各种大小的公寓（从一居室到五居室），以免不同收入人群间产生在居住地区上的分隔。在住宅的分配上，规划者努力寻求种族和宗教间的混居和平衡，这个方针一直延续至今。出于当时贫困的状况以及该国的土地资源的限制，新加坡人很快适应了这种居住状况，对此，调查显示既便是在高层住宅居住人们对居住的状况都有较高的满意度。

到 1995 年，新加坡主要的建筑营造商——建屋发展局以约 70 万套住宅安置了 87% 的人口，其中大多数居住在 20 个新的城镇中。公共住宅的拥有率从 1970 年的 25.4% 上升到 1995 年的 84%。包括私有住宅在内，目前新加坡的所有家庭中有房子的比例达到 86%，比大多发达国家高出很多。这个成果的取得跟政府的补贴和提供毛坯房有关，这使得住房价格较低，且允许居民按照自己的意愿进行装修。

新加坡的住房规划者希望能通过促进低层的私有住宅的建设使岛上的住宅多样化。从 1991 年至 1995 年，住宅发展局释放出了 200 公顷土地用于私有住宅的建设。其中的一些地块在临近轨道交通车站的位置，包括碧山、四美和义顺，希望以此带给某些地铁站宽阔、开放的特征。在这些地铁站附近，有短途巴士从距离较远的高层住宅通往地铁站（照片 6.2）。

照片 6.2 巴士与轨道交通的换乘。连接义顺地铁站以及外围高层居民住宅的公共汽车车站

工业和就业的增长

自新加坡独立起，国家主要通过发展规划好的工业园区来实现就业岗位的分散。成立了裕廊集团作为管理和发展工业园的独立法人单位。到 1968 年，在新加坡岛西部的裕廊工业园约发展了 950 公顷的工业用地，另有 285 公顷工业用地分布在其他 11 个工业区，包括大巴窑、宏茂桥、勿洛以及坎宾岛。到 1990 年为止，岛上的 24 个工业园区容纳了 4160 家企业，雇佣工人约 25 万 4 千人，接近新加坡五分之一的劳动力。和许多工业化了的社会一样，众多企业不断地迁离市中心，以便寻找更加便宜和丰富的用地。他们倾向于在政府规划者的指导下集中在规划好的工业园区内，这样就更加强化了新加坡岛上的多中心居住模式。

零售业的发展

新加坡不仅经历了多中心居住和工业发展，还有大量的零售业的分散过程。实践证明，轨道交通对于零售业的发展具有强大的吸引力。在新加坡的 23 个最大的多功能大型购物中心中，有 15 个都在距地铁站 400 米的范围内。此外，地铁附近的商铺，特别是在政府大厦、乌节路、欧南公园和武吉士地铁站附近，可以赚取相当的租金。最近的一项调查显示，每个地铁站附近的商业地产离地铁站的距离每增加一米，每平方米的地产价值就下降 4 美元，靠近地铁站的商铺的租金可能比距离远的高出 30%。甚至卫星城镇的购物中心也都集中在地铁沿线了。一些私营的购物中心，如纳福坊购物中心（义顺）、第 8 站购物中心（碧山）以及银座购物中心（金文泰）以及新加坡发展银行淡滨尼中心，借助靠近地铁站的位置而接近了逐渐富裕的住在公共住宅的人群。新加坡政府希望既能把地铁和土地发展结合起来，又能分享房地产的利润，所以最近在建造新的地铁线时，也积极进取地在地铁站的上方和附近建造高层建筑。

新加坡的市内交通

依照东南亚国家的标准，新加坡有值得称赞的道路系统——2900 公里的沥青公路以及 132 公里高架的高速公路。这个城市国家的人均道路面积是东南亚其他大的首都城市如曼谷、雅加达和马尼拉的三倍。因此，新加坡的道路相对而言没有交通拥堵，在交通高峰期，市中心的街道上平均车速为 30 公里/小时。

新加坡的公共交通，是新加坡的城市交通系统中承担重任的部分，为三分之二的机动交通出行提供服务。私有经营的轨道交通干线服务以及公交支线线路的结合，产生了全世界最完整有效的公共交通网络之一。

新加坡的公共交通服务

1971 年的新加坡概念规划方案中提出了修建一个新的大容量快速轨道交通系统

作为服务该国的生命线，可将新住宅区的居民运送到全岛的工作地、购物中心及娱乐场所。在 1983 年下半年，轨道交通最主要的东西向线路开始修建，并于 1987 年投入使用。1990 年，两条南北向的分支也完工并投入使用，比预计提前两年并在预算内（22 亿美元）建造完成了一个 67 公里，42 个车站的地铁系统。在 1996 年又在原基础上增加了 16 公里，6 个车站，通过一个北部的环线把南北两条线连接起来。随着轨道交通工程的扩建，它最终的规模将是目前的三倍。轨道交通投资建设的时机是幸运的，因为当时新加坡的城市发展速度正处于世界最快的阶段，这意味着当时轨道交通处于一个非常有利的地位能引导和加强当时的城市在什么地方和什么时间发展。

轨道交通的表现无论以什么标准来看都令人印象深刻。地铁的平均速度为 40 公里／小时，比高峰期间小汽车的平均速度高 25%。高峰期内，每两趟车之间仅隔 3 ~ 4 分钟，非高峰期时两车的时间间隔大概是高峰期的两倍。99.7% 的地铁到站时间与预订时间表上的时间误差不到一分钟。轨道交通能将乘客送到他们想去的地方，约一半的新加坡人住在离地铁站一公里的范围内。

作为轨道交通的补充，以营利为目的的巴士公司是获政府许可运营的私营公司。最大的公司是新加坡巴士私人有限公司，运营饲喂地铁站以及跨城镇的巴士线路，既有与地铁线平行的线路，也在地铁服务不足的地区提供服务。高峰期间，在新加坡巴士公司的 200 多条巴士线路上，两趟车之间的间隔在 3 ~ 5 分钟之间。新加坡巴士公司也运营世界上最大的三轴双层巴士——超级巴士。在 1983 年，为了增加岛内巴士服务的良性竞争，成立了泛岛巴士公司，允许其提供全岛 10% 的巴士服务，主要集中在北部地区。另外新加坡短程巴士（私人）有限公司还运营五条路线的往返巴士将市中心与周边的停车场相连。在大多数新城镇，三分之一通往轨道交通车站的乘客是由巴士输送的。基本上所有新城镇的居民都居住在距离巴士车站步行 5 分钟的范围之内。总体上来讲，新加坡所有的巴士公司盈利状况良好，每天运送 300 万人次，比受到广泛称赞的轨道交通所运载的乘客量多出三倍。虽然新加坡的轨道交通系统在国际上由于其高效及美观继续享有盛誉，但在新加坡的公共交通系统中，功能性卓著但又默默无闻的巴士系统才是象老黄牛一样的承担着重任。

在 1990 年，新加坡为了整合地铁和巴士服务的车费、时间表和乘客信息系统而成立了通联私人有限公司。其结果是产生了世界上第一张可在地铁和巴士间通用的储值交通卡。在 1995 年，每天约有 220 万人次的交通出行使用通联车资卡。

公共交通乘客量

轨道交通自从开通以来乘客数量便一直稳定上升，从 1990 年每日 37 万人次到 1992 年每日 67.6 万人次，到 1997 年的每日约 1 百万人次。乘客增加的部分原因在于地铁系统的不断扩建；不过，即使相对而言，轨道交通的乘客数量也在增长中，从 1992 年每辆车每公里 24.4 名乘客到 1996 年每辆车每公里 29.2 人。除去轨道交通越来越受到乘客的欢迎，巴士也继续承担了公共交通系统中的大部分运输任务，在 1996 年每天要运送 3 百万人次，其中相当部分是饲喂地铁的客流。

在 1994 年，平均一位新加坡居民要利用公共交通进行 427 次出行，10 年前的人均公交出行则为 304 次。在亚洲，只有香港有这么高的人均公交出行。在新加坡公共交通受到显著青睐的原因是一系列因素相结合的结果，如高效的服务，高密度发展（每平方公里超过一万人），社会经济以及对小汽车限制的政策等。表 6.1 显示了公共交通的运输量和其中两个因素——居住密度以及职业有很强的关连性。在 1990 年，新加坡的就业人员有三分之二通过公共交通进行通勤——12% 使用地铁，54.4% 使用巴士。在高层住宅居住的人口中 72.3% 使用公共交通上下班。与之相对比的是，住在低密度及私有住宅的人只有 37% 的人使用地铁或巴士出行，一半以上的人都使用小汽车出行。这些出行方式的差异反应了在土地利用和收入方面的影响——那些住在公共住宅的人更加接近公共交通设施，也更难负担得起小汽车的使用费用。他们也更倾向于居住在由政府统一规划的、围绕着地铁并有意识地与地铁相结合的新城镇里——在 1990 年 74% 的新城镇居民使用公共交通去上班。住在高层住宅的就业人员花在通勤上面的平均时间也较短，可以推测出他们是特意的选择居住地点以缩短通勤时间以及降低通勤费用。

1990 年[1] 新加坡工作出行模式划分								表 6.1
		居住类型			职业			
	所有职业	公营高层住宅	私人独立洋房	私人公寓、住宅	专业/技术	行政/管理	办事员/销售/服务	制造业/其他
公共汽车	54.4	59.0	30.3	28.8	38.6	14.3	57.6	66.4
地铁[2]	12.0	12.2	7.9	7.9	18.3	6.2	18.7	6.9
小汽车	18.5	13.9	50.1	52.1	33.8	68.5	11.9	6.6
摩托车/电动车[3]	5.6	6.5	1.5	1.3	3.2	1.2	4.8	7.9
其他	9.5	8.4	10.2	9.9	6.1	9.8	7.0	12.2
总共	100.0	100.0	100.0	100.0	100.0	100.0	100.0	100.0

[1]针对由上班族居住地到工作地点的工作出行（不包括那些在家工作，例如那些生活在私人住宅的居家工作者）。

[2]包括同时使用地铁和公共汽车的工作出行（例如使用公交支线）。

[3]包括渡轮、出租车、自行车、步行和其他方式。

来源：新加坡统计局新加坡人口普查办公室，1990 年新加坡人口普查：交通和地理分布（新加坡：1994 年新加坡国家简报）

通过分析各种职业的通勤数据进一步揭示了社会经济水平差异与交通出行方式差异的关连性。75% 以上的办公室职员和售货员、50% 的专业人员和生产工人，以及仅仅 20% 的行政和管理人员采用公共交通方式通勤。在专业人士和办公室职员以及售货员当中通勤使用轨道交通比例较高这一现象说明许多在市中心的工作场所得到轨道交通良好的服务。即使对在卫星工业中心的人来说公共交通也是受青睐的通勤方式——1990 年，在作为新加坡样板工业园区的裕廊岛，15.7 万工人当中有 67.9% 的人是通过轨道交通或者巴士来上班的。值得注意的是，在收集这些数据的 1990 年，轨道交通还处在刚投入使用的阶段；轨道公共交通被认为承担了更高比例的通勤交通客流，甚至在购物休闲交通客流中的比例比通勤交通还要高。

　　虽然香港的人口密度是新加坡的三倍（收入和公共交通的服务水平相近），但是人均公共交通出行次数与新加坡的相近。受到很多责难的新加坡政府限制小汽车使用的做法，很大程度上解释新加坡相对低密度而高人均公共交通出行次数的现象。

对小汽车的限制措施

　　限制小汽车的保有和使用的举措，对新加坡政府建立以公共交通为导向大都市的愿景是至关重要。认识到国家的土地有限，同时为了避免像许多其他城市，特别是东南亚城市，那样受交通拥堵的困扰，新加坡的政府官员从 1972 年起便坚定地通过一系列对小汽车的附加税、养路费，以及小汽车限量系统来逐渐缩紧控制岛上小汽车的保有量。所有征取到的机动车税都纳入统一基金；因此，在政府收入中越来越重要的有关交通的税收不再仅仅被用于交通项目，更多地是用在住宅建设和其他的公共服务的项目上。尽管车辆的拥有权以及使用花费很高，但机动车的出行仍以年均 7% 的速度增加。新加坡政府承诺把使用机动车的费用设到必要高的程度，来将这个增幅减小几个百分点。

车辆拥有的限制

　　自从 1948 年引进道路税起，对大排量小汽车的年度道路税达到 3500 美元之高。在 20 世纪 60 年代末，新加坡设定了一项小汽车进口附加税，新加坡所有的小汽车是进口的。经过这些年来，这项附加税已经升到高达小汽车市场销售价的 45%。1980 年，又添加了一项 670 美元（以 1996 年的汇率计算）的一次性注册费。然而由于岛上居民的可支配收入稳步增长，这些附加税并不足以抑制小汽车的使用。因此，新加坡政府又引入了另外一项注册费，相当于小汽车市场销售价的 175%，目前大约相当于市场销售价的 150%，对于注册车龄 10 年以上的小汽车有严重的惩罚（为了使污染严重的车不能上路）。汇总起来，这些额外的费用使得在新加坡买新车跟其他地方一样的使人觉得贵。虽然新加坡的人均收入是亚洲最高的国家之一，但只有不足 30% 的家庭拥有小汽车。

　　除了提高收费遏制车辆的拥有，新加坡还直接管制小汽车的供应数量。1990 年，新加坡引入了小汽车限量系统，要求每辆新车都要有一个拥车证。拥车证的有效期为十年，通过每个月的密封投标抽签获得。交通规划师根据当月的交通状况设定每个月发证的最高数量，并将新的拥车证数目根据引擎排量的大小划分 8 个类别进行分配。对其中某个类别（其中包括一种"非高峰时间车辆"的类别）的车感兴趣的人要对获取该类别的拥车证进行投标。1997 年中，有一半的投标人成功地得到了拥车证。自从小汽车限量系统问世以来，拥车证的价格以几何速度增长。1990 年，豪华车（引擎容量在 2000cc 及以上）的拥车证价格为 330 美元，两年之后，这个价格飙升到 11400 美元。到 1995 年，价格达到了 7 万美元。除了控制小汽车的拥有，拥车证还产生了很大的现金收入，1991 年产生了 1 亿美元，而 1996 年已达到 12.3 亿美元。在实施的前五年中，新加坡的小汽车限量系统被谴责是毫无节制的投机做法并且造成精英体制，只有富人和大销售商才能买得起车。最近采取了一些措施，使对车辆的投标仅面向消费者而非零售商，抑制了投机和不正当的牟利行为。

车辆使用的限制

　　征收进口附加税、注册费，以及以小汽车限额作为定购费的办法——这是驾车者为了享有一辆小汽车的豪华生活所必须支付的初始购置费，而且还必须按比例承担基本道路设施的相关费用。为了更加完善对小汽车的定价和收费，新加坡政府还引入了一系列与小汽车使用相关的收费，从 1975 开始引入世界上第一个地区通行证制度。在那一年，新加坡政府制定了一块 6 平方公里的区域作为"限制区"，在早上 7:30 至 10:15 进入那个区域的车辆需要在挡风玻璃的显著位置处放置一个特别的许可证，并且要缴纳每天 2 美元的费用。没有特别许可证的驾车者如果被布置在限制区入口处的巡逻警官抓到将被处以很重的罚款（照片 6.3）。地区通行证制度实施的第一年，在高峰时间进入该区域内的车辆减少了 76%；9% 在此之前驾车通过该区域的人改为乘坐巴士。1994 年初，地区通行证制度在全天内实行，导致进出该区域的交通量立刻下降了 9.3%。在 1995 年到 1997 年之间，道路收费被引入到三条主要高速公路在市中心的部分。如果要在早上 7:30 至 9:30 的时间段内进入这些路段，驾车者必须提前购买并出示一张价值 1.4 美元的许可证（或者一张 28 美元的月许可证）。这些措施对交通状况的影响是立竿见影的，实施后，中央高速公路在高峰时间的平均速度由 31 公里/小时猛增到 67 公里/小时。

　　20 多年来，地区通行证制度只经过很小的调整。随后，新加坡开始淘汰地区通行证，代之以全面的电子道路收费系统。这个系统是无线射频、光学探测、成像以及智能卡等技术高度精密的结合，将会把道路使用收费的繁杂性以科技的手段来解决。有了电子道路收费系统，当车辆通过顶上装有感应器的收费门进入可能拥堵的地区的时候，费用将自动从储值智能卡中被扣除。扣除的金额根据交通拥堵程度以及时间地点而变化。为了强化这一方案的执行，收费门上还安装了照相机，会给违规进入的车辆拍下照片。在实际安装应用前，电子道路收费系统曾进行了广泛的实地测试，显示了其能够与车载单元进行通信、鉴别车辆类型、准确地扣款、并在多车道自由通行车速接近 120 公里/小时的情况下拍下违规车辆后方的车牌。虽然交

照片6.3　自动收费的限制区。高架的收费门显著地标志着限制区入口处

通经济学家长久以来一直鼓吹道路收费是能够消除交通拥堵惟一肯定奏效的方法，但是实行时却经常遭到政治上的阻碍。如果一切按照计划进行，那么新加坡的电子收费计划将是世界上第一个将实时拥堵的成本转嫁到驾车者的真正做法。

　　电子道路收费的第一阶段于1998年3月被引入东海岸景观大道，到1999年系统已经在全部的高速公路上和中央商务区准备就绪。在启动电子收费系统的第一个月里，沿东海岸景观大道的交通量下降了15%，从每天16200车次下降到13900车次。减少的这部分交通量和与之平行的不收费路段上增加的交通量基本相同，显示了道路收费主要是在空间上重新分配了交通流量，而对交通模式的重新选择作用较小。另外，高峰期的车速从36~58公里/小时提高到50~60公里/小时。规划师们目前正在集中精力调整收费系统以使其更加精确合理。目前，高峰期内（8AM~9AM）的交通量很高，而对于高峰期边缘时段（7:30AM~8AM以及9AM~9:30AM）的交通量则低许多。然而，对驾车者在高峰时段收取相当于在高峰边缘时段内两倍的费用并没有像期望的那样有效地改变交通量。有了电子道路收费系统后，新加坡进入了一片未知的领域，需要依靠一定程度的试验和改进才能找到最佳的收费方案。

　　除了道路收费，新加坡的驾车者还要面临其他和汽车使用有关的费用。燃油税被设定为零售价的50%，与大多数欧洲国家相近。对于含铅汽油，每升还要支付额外的附加费。另外，还规定所有离开新加坡车辆的油箱内四分之三必须装满油，以阻止从马来西亚跨境购买汽油（马来西亚的燃油税比新加坡低很多）。新加坡有一些私人停车场，而大多数不设在街道旁的泊车位都属于政府并且收费很贵。目前在市中心的停车位每个月再征收 45 美元的附加费。

尽管有这些惩罚性的收费，新加坡的小汽车保有量依然持续增长，从 1980 年的 16.2 万辆增加到 1997 年的 38.1 万辆，或者说从每 15.8 人拥有一辆小汽车增长为每 8.8 人拥有一辆。即使在新加坡，政府也不得不接受这样的现实，随着可支配收入的增加，机动车的增长是不可避免的。在新加坡有辆好车是件很有面子的事。这些年来，新加坡人对不断增长的与小汽车相关的费用显示出非常强的接受能力，部分原因是他们的高储蓄率以及相对较低的住房费用。（在 1991 年，一套四房室的住宅的价格相当于一个平均收入者 2.29 年的收入，而丰田花冠牌小汽车的价格相当于一个平均收入者 3.65 年的收入）。在计划将来建造更多的高速公路和降低新建住宅密度的同时，通过对车辆供应和收费的严格控制，加上新加坡交通与土地利用的有效结合，基本保证了交通拥挤将不会发展到失去控制的程度。虽然岛上的小汽车保有量在绝对数量上仍在继续增长，但小汽车高额的拥有和使用费用已经使车辆的年平均增长率从上世纪 80 年代的 6% 显著地下降到目前的 3%。没有其他城市或国家在这个问题的处理上取得这样的成绩。

展望未来：集中规划

在成功地建立了一个健康繁荣的以出口制造为基础的经济之后，新加坡的目标是成为"亚洲的瑞士"，不仅出口商品，还出口信息以及服务。凭借持续地对基础建设投资、拥有受到良好教育的劳动者和一个亲商的政府，新加坡希望能够吸引跨国企业的区域总部并将其自身的服务业全球化，为本区域其他正在工业化的国家提供从银行业到建筑业的全面服务。新加坡目前正良好地发展成为信息时代的城市——1993 年从事商业和金融业工作的人数是 1970 年的三倍之多。

政府把民众的富足作为"下一轮"国家发展的要求。为了到达这一要求，在新加坡新的国家发展战略中，其基建部分将根据经过修订的 1991 年概念规划方案进行。规划年限分为三个阶段：到 2000 年、到 2010 年，以及到 X 年（约 50 到 70 年后，预计人口达到 4 百万，面积扩大 17% 的"最终"规模）。最值得注意的是，其中以"星群"规划取代了"环形"规划。规划设想了城镇中心被有序的划分等级并通过轨道交通互相连接。中心地区仍然作为岛上最重要的金融和商业中心。经过大规模扩建的市中心以及新增加的住宅将保证这一地区仍将是岛上经济和文化的焦点。城内的住宅被认为对于创造市中心 24 小时不打烊的街道生活是非常重要的。

21 世纪的新加坡中央商务区将位于马里纳湾周围围海造地得来的土地上，新加坡政府正试图将其建成世界上最利于步行的环境之一。几乎所有车辆，包括巴士，都将被限制在市中心的外围。中央商务区周围的停车升降杆将会进入的车辆拦下。

密集的人行天桥的自动移人系统或自动人行道将把中央商务区外围和内部的住宅与商业中心连接起来。规划对私人开发商要求把为自动人行系统提供建设资金作为发放建筑许可证的先决条件。能够进入和在中央商务区内运行的只有是不同级别的全部由电子系统控制的公共交通，包括地铁主线，轻轨支线以及自动人行道系统。作为对自动人行道系统的补充，将有一个经过丰富园艺设计的步行路网，其间穿插着公共广场、林荫路和户外休闲区。城市规划师希望这样可以营造一种吸引人和适宜步行的环境，从而帮助行人忽略新加坡常有的热带湿热。

在星群规划之下，部分区域中心，如裕廊东、淡滨尼、兀兰、实里达等，将会环绕着新扩建的中央商务区。每个区域中心将会安置约 80 万居民，并被一些更小的城镇中心环绕。规划最终大约需要增建约 50 个不同大小的新城镇。其中一些将要成为新传统主义的社区，其中的道路面积要尽量保持最小。1998 年初投入使用的榜鹅新城位于新加坡东北部，将实行小汽车公共所有。榜鹅新城的居民并非拥有而是按需租赁小汽车。一般的邻里社区在 5000～6000 套住宅的规模，榜鹅新城将控制在 1200～2800 套住宅的建筑规模，按城镇规划师的话来说："创造一种邻里间亲密的感觉"。总体来讲，新加坡的长期集中规划努力实现一种井然有序的"集中的分散"模式——分散以解决市中心的过度拥挤，但又集中在一些土地混合使用的结点以便可以有效地以轨道交通连接。

星群规划有别于环形规划的另外一点是要求工作岗位和住宅在岛内更加均衡的分布。规划通过创造更多的内部自足的社区来控制岛内路途较长的通勤。规划还着重发展更加丰富多样的住宅（如独栋别墅、多层建筑等）、露天场所、通往海岸的公共步道等必需的令人赏心悦目的生活环境，来吸引那些为全球经济服务的高收入管理者和专业人士。并且，这个规划巩固并加强了轨道交通在未来泛岛交通中的重要角色。新扩建的轨道交通将从市中心沿三条放射性的主轴并辅以环型的线路将主要的住宅区和就业中心与周围的城镇中心联系起来。地图 6.3 即为未来所构想的"半蜘蛛网"形的轨道交通网。巴士和新的轻轨将会把轨道交通地铁站与附近的住宅、就业、商业区以及地铁服务不足的地区连接起来。未来轻轨会成为受欢迎的与重轨轨道交通的支线连接方式。约在世纪之交的时候，新加坡最先完成的轻轨路线将会投入使用——一条是通往已经修建完成的武吉班江社区（8 公里长，13 个车站），紧接着还有一条通往新修建的盛港社区。虽然列车容量小很多，车站间距也近的多，但是轻轨同重轨轨道交通一样，是全自动无人驾驶和全立交的。以盛港为例，车站间的平均距离为 0.6 公里，以保证 70% 以上居民的住所与轻轨车站的距离在 400 米之内。由于盛港是全新的社区，轻轨以及城镇的设计和营造将紧密地联结起来以实现最大的可达性。政府关于盛港的宣传册名为"盛港轻轨交通：动态的一体化"，"盛港新城的一体化程度在新加坡是空前的，并为未来的新城镇的交通规划设立了新的标准"。

新加坡的未来中心

建设次级中心将支持新加坡继续作为以公共交通导向的国际化大都市的主要方

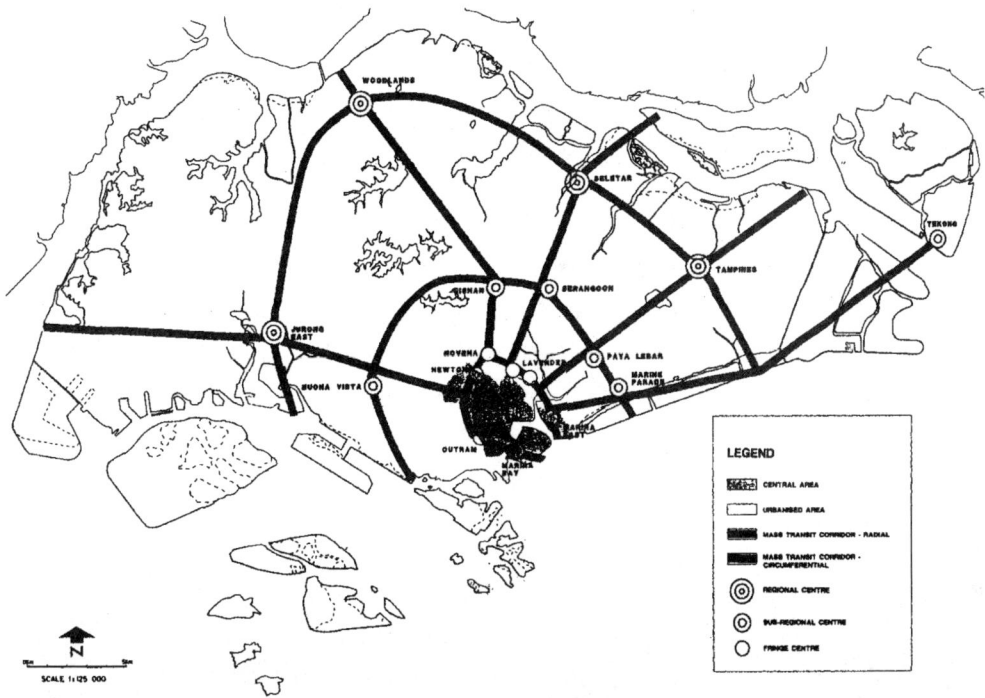

地图 6.3　轨道交通的长期规划。星群规划包含了 5 条较长的从市中心开设的放射型地铁线路和 3 条环型线路，包括核心区"环线"、一个中"半环"和一个外围偏半环。地铁车站会从目前的 48 个增加到 130 个

法。在星群规划之下，4 个区域中心将承担小型中央商务区的功能作用，向已经分散的劳动力提供商业服务以及就业岗位。每个区域中心将有 150 万平方米的商业楼底板面积并作为一系列不同等级的商业中心的核心，包括 5 个将在轨道交通地铁站附近建造的亚区中心以及 7 个在中心地带边缘的更小的边缘中心（也有地铁服务）。规划要求这些商业中心具有不同程度的自足，从而使工作岗位和商业娱乐场所可以分布在离就业者住宅尽可能近的地方（表 6.2）。

星群规划中分级的城市中心中的非居住用地开发				表 6.2
	非住宅建筑面积（平方米）	非住宅建筑面积占有率		前往市中心的平均距离
		办公	零售/饮食业	酒店/娱乐业	
区域中心	150 万	50%	35%	15%	13.0
次区域中心	50 万	40%	40%	20%	6.0
边缘中心	20 万	35%	45%	20%	2.5
城镇中心	10 万	40%	60%	0%	—[1]

[1] 根据新城镇位置而不同

来源：新加坡城市重建局，生活在下一个富裕时代：成为一个优秀的热带城市（新加坡城市重建局 1991 年）。

　　每个区域中心将有自己的工业及经济基础以及区域特色。兀兰靠近马来西亚的柔佛州，将成为金三角商业中心（对新加坡、南马来西亚以及印尼的廖内群岛地区）。淡滨尼靠近樟宜国际机场，将建成信息技术产业园区并成为企业总部聚集的地方。裕廊东已经成为制造业的心脏地带，这里将会增加一个商业园区。实里达已经有了一个区域性的机场，并且到 2010 年都将不会开通地铁线，这里将被开发成为航空产业园，为航空业及与石油相关的工业服务。

　　目前，新加坡的 4 个区域中心周围是大片的空地（照片 6.4）。新加坡政府希望能通过对这些地方的公共投资，包括用税收将轨道交通延伸到此，将土地增值的部分以资本的方式收回来。然而大多数区域中心的空地都将保持现状，作为维持自然生态的绿色保护带并且建立城市与乡村间的清楚的界线。

照片 6.4　由高架地铁线划分的开放空间和淡滨尼城镇中心的北边。由地铁淡滨尼东边的终点站分隔开的空地，为巴西立斯新城镇提供了土地升值机会的同时也保护了城市绿地

发展的阶段

　　星群规划的建设将分三个不同的阶段展开。2000 年阶段要求加速完成沿地铁线北部环路的新城镇（兀兰、三巴旺、新邦）的建设。到 2010 年，将会有一条新的轻轨通过实里达区域中心连接义顺和淡滨尼。在这个阶段里全部 4 个新的区域中心将基本建设完成。到 X 年，发展目标将会转移到南部和东部海岸的填海造地。到那时世界闻名的伟大的公交都市将会变得更加壮大。

新加坡的启示

　　明智而有远见的规划将新加坡逐步塑造成为一个多中心的大都会，其主要的城市中心享有世界级公共交通系统的服务。就像斯德哥尔摩和哥本哈根一样，新加坡的生活水准和人均公共交通使用率都很高。也如同这些地方一样，无论老幼贫富、残疾或健全，人人都平等地享有高水准的出行便利，可以方便低廉的从任何地方到达任一地方。随着对小汽车的限制越来越严格，新加坡政府充分认识到需要进一步扩建并改进公共交通系统。除了扩建轨道交通系统，交通规划者还积极地通过修建轻轨来提升与重轨轨道交通的支线连接，并增加最基本的交通设施如自动人行道以及高架的人行天桥网络等。

　　记住这点是非常重要的，新加坡的公共交通与土地使用之间的密切结合是政府仔细慎重决定的结果——决定控制小汽车的拥有和使用，建造简洁紧凑的以公共交通为导向的社区，保证交通能够公平地到达住宅、学校以及医疗设施。另外还须认识到，在新加坡进行集中规划的范围其实和世界上许多国家进行中等大小的地区性规划的范围相仿。当然，新加坡政府的命令比许多北美或欧洲规划部门的要更强有力。而且，作为小小的岛国，新加坡没有多层级的政府，这使得决策的制定更加高效和顺畅。此外，不像其他地方，新加坡政府做出的决策受到广泛的尊重，很少有人提出异议。部分原因是由于新加坡政府言而有信；另外一个原因是，他们非常慎重地界定政府部门的责任和私人商业的责任。还有一个原因就是政府有大量的人才储备。每年都有一些最聪明优秀的高中毕业生被招募进公务员队伍。他们被送往美国的常春藤学校或者英国的大学，当他们回到新加坡政府部门后所得到的薪水和福利与私营部门支付的最好水平相当。

　　当然，新加坡成为一个伟大的公交都市的过程不是在其他地方能够轻易复制的。历史与地缘政治的独特结合部分地造就了今天的成果。并且，作为一个集中规划的大都会也有其自身的代价。居民不得不接受标准化的住宅，较紧凑的居住环境，以及一个几乎存在于日常生活中每一方面的半独裁政府。新加坡经验的真正价值在于他们表明，在一个繁荣的经济体中，有效的、可持续的城市发展模式是可以实现的；同时也展示了为了实现这一模式，人们必须在他们的生活方式上做出哪些牺牲。

第七章

企业化运作的公交都市：日本东京

日本东京地区约 2000 公里的城市铁路线网纵横交错，其中多数由大型企业财团投资修建。这些财团不仅投资城市铁路的建设和运营，同时也经营相关的消费品、服务业和房地产项目。东京的铁路企业财团从一片空地开始，建成整个新的卫星城镇，以及一系列在新城镇内的社区服务业。城市铁路和公交系统的运营给铁路企业财团带来了一定的收益，但更大的利润来自于投资铁路而产生的沿线土地增值。在东京都市区，城市铁路沿线土地开发非常活跃而且收益显著，不仅私营财团得到了很高的投资回报，一般公众也从这种高效的公共交通与土地利用联合开发中受益匪浅。东京在公共交通与城市联合开发中采用的独特的企业化方法带来了双赢的效果：公共部门和私营财团都从中获益，还引起国家和地方的政府对这种私营铁路辛迪加联营模式的纷纷效仿，并于最近着手开展由轨道交通衔接的新城镇建设。这种由私营财团主导的城市铁路与郊区土地联合开发的东京模式在任何地方都不应当被忽视。在世界上其他地方，城市公共交通投资和郊区土地开发之间的不协调普遍存在，因此东京的联合开发模式值得人们认真的思考。

与斯堪的纳维亚半岛和新加坡一样，东京也是轨道交通与卫星城镇联合开发的成功典范。但是与斯堪的纳维亚半岛和新加坡经验的不同之处在于，东京都市区轨道交通与卫星城镇的有机结合，是由私营财团在逐利的动机下推动的。这种城市公共交通和城郊土地的联合开发模式并非起源于日本，而是源于美国。一个世纪以前，美国规模庞大的城市铁路建设投资就和土地开发项目结合在一起，因为有机会从相关的土地开发项目中获得丰厚的利润，众多实力雄厚的工业和石油巨头纷纷冒险涉足城市铁路建设。早期拥有有轨电车的城市郊区的发展，如克利夫兰市郊的谢克高地市和曼哈顿北部的斯卡斯代尔市，都归功于这种追求利润的企业动机。在日本，尤其是在东京都市区，城市铁路和新城镇的联合开发模式到现在仍然被普遍地采用。东京都市区大部分的城市铁路由私营财团投资修建，并结合郊区土地利用进行联合开发。在美国和其他一些发达国家，政府部门负责公共交通的发展、私营财团主导土地开发的模式在第二次世界大战以后几乎成为一种城市建设的规范，但通常却导致公共交通系统客流规模不足。在那些有公共交通服务的郊区走廊上的办公楼、购物中心和住宅，仅能使开车者能够方便地到达，这彰显了政府部门所规划建设的公共交通服务通常不能和土地开发保持同步。在公交和城市联合开发方面，应当向过去的经验学习，鼓励私营企业协调公共交通和土地开发项目，正像一个世纪前美国做的这样，也像现在东京正在如此实施的一样。

东京都市区的轨道交通建设

东京都市区是一个拥有密集、延伸广阔的城市铁路交通网络的大区域，总计拥有超过 2000 公里的城市轨道，其中私营线路约占 52%。1915 年至 1935 年是东京轨道交通的快速发展时期，在这期间共建设了约 580 公里的城市轨道。作为一个土地资源稀缺的国家，伴随着快速的工业化经济发展和急剧的人口城市化进程，轨道交通沿线出现大量新开发的住宅。郊区的城市轨道车站周围也新建了许多城镇，因为公共交通几乎是惟一去往东京中心区的出行方式——目前东京中心区的就业岗位占全区域总就业岗位的比例仍然高于三分之一，是世界上就业集中程度最高的地区之一。

东京沿城市轨道线路的郊区化过程始于 20 世纪初，但到了二战后重建和工业化时期，随着新城镇的迅速增加，郊区化进程的速度才真正加快。与美国城市因政府资助的高速公路带来的城市郊区化不同，在东京都市区和日本其他一些地区，是私营财团建设的轨道交通推进了郊区化进程。

东京都市区域简介

技术上来说，并不存在东京市这样一个实体。该区域的中心是在传统历史中心——江户半径 20 公里的范围内，即俗称的东京 23 区，人口共计 800 万（地图 7.1）。由东京都市区政府管辖的东京都市区有 1190 万居民，该机构也负责该区域内大部分新城镇的规划。而被称为东京都市区域的地区面积约为 1.5 万平方公里，人口超过 3400 万，包括了周边的崎玉县、千叶县、神奈川县（包含横滨市）以及茨城县南部。地图 7.2 显示了东京都市区域的地理特征，包括了 23 区外围大片的居住和商业区域。以轨道交通为导向的新城开发多集中在都市区西部的多摩。多摩的名字来源于当地的丘陵，它由东京中心区域向西延伸 50 公里至山区，地势也有所降低。区域内两座最大的以轨道交通引导发展的新城镇分别是由私营财团开发的多摩田园都市和由政府部门开发的多摩新城，正如其名称那样，它们都位于多摩地区。

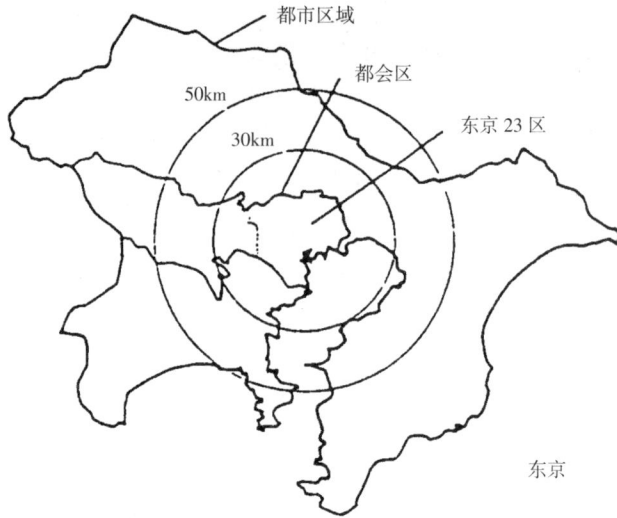

地图 7.1   东京都市区域和郊区

东京中心区是该区域城市化最为集中的区域，据统计，全国有 10% 的人口分布在这一地区（而该地区的面积仅占全国的 0.6%）。同时，日本 58% 的大型公司总部、47% 的银行存款以及 84% 的外国公司都集中于此。在 1990 年，东京都市区内 830 万个工作岗位中，有 670 万（占 81%）分布于 23 区内。然而，随之而来的就是人满为患、高昂的土地价格、繁忙的地铁、长期的交通拥堵、污染，以及这样一个大都市面临的水、能源和其他必需品的供给困难。在过去的几十年里，中央政府就已经通过发展新城镇来分散过于集中的东京市中心，但却在一定程度上忽视了土地和道路通行能力的限制将阻碍东京的经济发展。现在，东京都市区域内每平方公里土地上的日车辆通行量为 14200 车公里，是巴黎都市区的 1.9 倍、纽约三州地区的 1.4 倍。在 1980～1990 年这十年内，东京都市区的平均交通速度从每小时 22.8 公里降到了每小时 15.8 公里。最近人口的大量外迁（导致中心区域家庭数量的净减少）已经产生了日本人口学家所谓的"油炸圈饼"式用地模式——随着住宅和公寓被办公大楼所取代，中心市区不断空心化。

都市区的轨道交通网及乘客量

东京都市区的轨道交通网和系统乘客量以任何标准衡量都是令人印象深刻的。本节主要概括地介绍目前都市区内的轨道交通服务及其利用情况。

轨道运输系统

到 1990 年，一个线路总长 2100 公里的轨道交通网络服务了以东京站为中心向外扩展 50 多公里的通勤区域，而东京站的西侧即为皇宫和江户古城遗址（地图 7.3）。东京都市区的轨道交通网，包括国营和私营的铁路是迄今为止世界上最大

注：
○　住宅项目
△　区域性的购物中心
□　办公室项目
◇　工业园
▨　东京市区

地图 7.2　东京都市区域和近期区域发展

的。整个系统包括由各市运营的地铁、有轨电车、单轨以及其他主要服务于中心区
的轨道交通方式，私营的郊区铁路和地铁，以及现在已经私有化的日本铁路公司城
际轨道运输系统（表 7.1）。从 1970 年开始，老化的有轨电车线路已经开始逐步被
地铁所取代。

| 东京都市区城市铁路的长度（1970～1990 年） | | | | | | 表 7.1 |
| 系统 | 1970 年 | | 1990 年 | | 1970～1990 年的变化 | |
	线路长度	百分比	线路长度	百分比	线路长度	百分比
日本铁路公司所属的轨道	713.6	38.9	876.4	42.0	162.8	+3.1
私营郊区铁路	805.7	43.9	902.9	43.3	97.2	−0.6

续表

系统	1970 年		1990 年		1970～1990 年的变化	
	线路长度	百分比	线路长度	百分比	线路长度	百分比
地铁	131.4	7.2	241.0	11.5	109.6	+4.3
有轨电车/轻轨	171.3	9.3	17.3	0.8	-154.0	-8.5
单轨、个人轨道运输系统和其他轨道系统	13.0	0.7	49.8	2.4	36.8	+1.7
总计	1835.0	100.0	2087.4	100.0	252.4	—

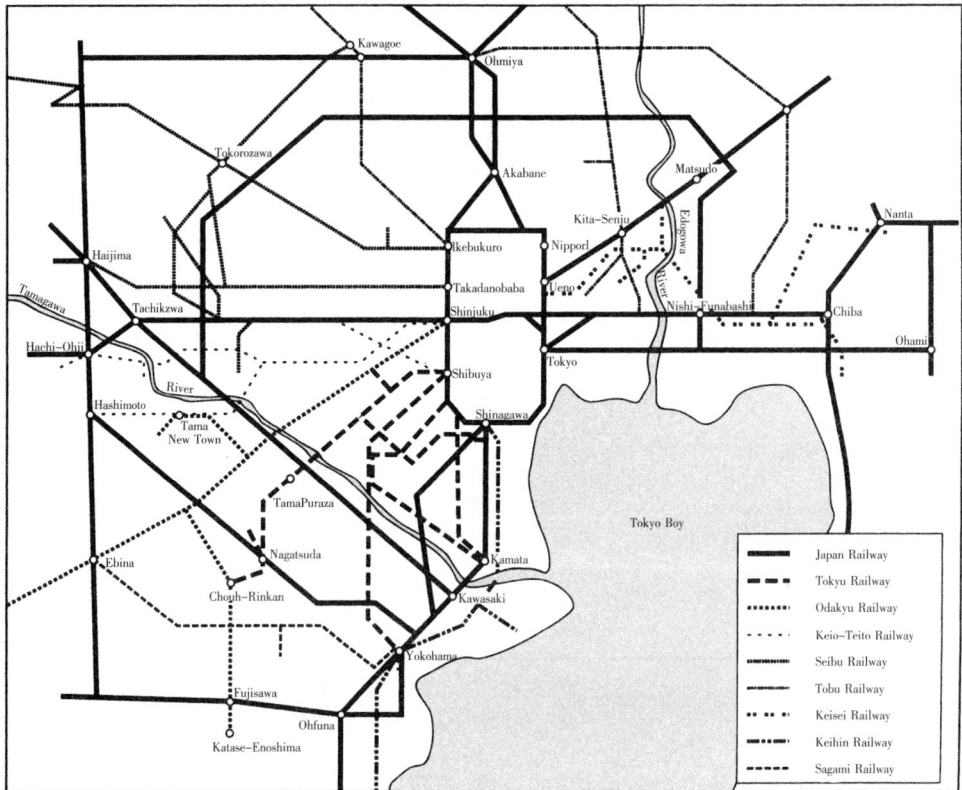

地图 7.3   在东京都市区的私营郊区铁路和日本铁路公司的轨道线路

　　山手线环绕整个东京中心区，它在东京、涩谷、新宿、池袋和上野都设有枢纽车站（以及高密度写字楼）。山手环线以内是一个密集的轨道交通网络，它包括在东京中心区相互交织的公营地铁和私营地铁（营团线和都营线），以及几条已经私营化的日本铁路（JR），以前这几条路线归公有的日本国家铁路（JNR）经营。由山手线向外辐射出许多私人建设的轨道线路和属于日本铁路（JR）的城际线。按照日本国家法律，私人经营的铁路是不允许横穿东京中心的，因此这些线路终点与山手线衔接，乘客要由私营线路换乘到地铁线路，这些换乘车站也是最为繁忙的。

东京地铁系统每天运营 4500 多个圈次，东京中心区的列车运营间隔平均为两分钟，乘客候车时间往往不到一分钟（站台平均长度为 200 米，乘客步行速度是每小时 4 公里，所以即使乘客错过了某班列车，通常在他或她从站台一端走到另一端之前，下一班列车就已到达）。在高峰时段，大多数郊区轨道线路的发车间隔是 6~8 分钟。总体来说，东京的轨道交通系统是非常准时和值得信赖的，而且还有良好的安全记录，这些都是令世界其他国家羡慕不已的。

然而尽管按国际标准，东京地铁的发车间隔已经非常的短，但这并没有使东京进入快捷通勤的时代。1990 年时，都市区内的单程平均通勤时间为 66 分钟。大约有 21% 的通勤者（即 185 万人）单程通勤的时间花费在 90 分钟以上。因此，虽然都市区拥有高效的世界级轨道网络，但由于东京都市区的发展覆盖范围已经非常之广，通勤者的工作出行时间还是要多于世界其他大多数国家和地区。东京的单中心化，以及就业岗位在中心区域的聚集，也增加了通勤时间。

公交客流量

东京都市区占有主导地位的中心区域以及广泛延伸的放射状轨道网，在吸引通勤客流方面共同发挥了显著的作用。每天早晨，数十万穿着整洁的通勤者涌入干净的列车开始他们忙碌的一天。在 1990 年，共有 350 万的通勤者使用轨道交通或者其他公共交通方式到达东京中心区，这个数字是曼哈顿或巴黎中心区的 2.5 倍（尽管东京都市区的轨道网规模比它们中任何一个的都小）。高峰期大约一半的出行都是在特别拥挤的情况下完成的，在部分线路上，列车载客量是座位数量的 2.5 倍以上，还需要带白手套的工作人员在车站将乘客推到列车上，以减少列车在站台的停靠时间。车厢像沙丁鱼罐头般拥挤，而在冬季，由于乘客的穿着更厚，拥挤状况会更加严重。

从出行比例上看，轨道交通出行占大东京地区机动化出行的四分之一，其中 40% 都发生在中心地区。在通勤出行时，轨道交通更加普及，承担了地区通勤总出行的 46%，同时，在前往东京中心区域的通勤出行市场中，轨道交通占有 67% 的份额。总的来看，东京都市区是世界上出行率最高的城市之一，人均年公交出行次数约为 460 次，多于墨西哥城、巴黎、伦敦和纽约。

支持性的公共政策

国家和地方政府颁布的关于交通发展和土地利用相结合的政策，为东京都市区轨道交通主导的城市发展铺平了道路。受日本国土的限制（三分之二的国土是山区）和对进口石油的完全依赖，日本政府一直以来都在通过各种各样的汽车税严厉控制小汽车的数量：对生产厂家征收产品税，以及对消费者征收的三种税。对消费者征收的三种税分别是汽车拥有税、汽车年度登记税和一个按车辆自重征收的附加税。此外，日本的燃油税是美国的 3~4 倍。还有一点就是，日本所有市区和城际高速公路都是收费的。总的来说，日本并没有去追求其他发达工业化国家的道路建设水平，而是将注意力集中到轨道建设上。

繁忙的停车场已经要求日本必须严格机动车保有量。任何人想注册一辆小汽车，都必须出具一份在其住处拥有一个路外停车位的证明。狭小的街道只能提供很少路边停车位置，在20世纪80年代初期，全日本的路边停车收费仪只有13500个。东京市区的停车位供应量由1980年的每1000个工作岗位66个，减少为1990年的每1000个工作岗位43个。在今天的东京中心区，一个永久性路外停车位的价值甚至与一套小型公寓相当。日本政府也更加青睐小型的、占用空间更小的车，这可以通过对发动机容量为500cc及以下的车免征注册税和免除停车位要求的政策来体现。尽管汽车制造业为日本带来了巨大的财富，但是对小汽车的限制政策和世界级的公共交通服务却有效限制了城市中心区域的小汽车拥有率。1990年，东京都市区内平均每1000名居民拥有275辆小汽车，而在伦敦和美国的大部分城市，这一数字分别为350辆和600多辆。

除了直接资助公共交通服务以外，日本国家政府还通过税收刺激来进一步引导公交乘用。日本所有的雇员每月都可以从他的雇主那里领取最高达500美元的免税通勤补贴（根据公司收入所得税法这些金额可以从公司的收入中直接全额扣除）。在公共交通通勤者可以最高获得这一金额的全额补贴同时，个人驾车的通勤者却只能根据自己的通勤距离拿到这一金额15%的补贴。这与美国的政策恰恰相反，在美国雇员可以得到免费停车位作为免税的福利，而雇主给雇员的公交补贴却被作为需要纳税的个人收入。

在最近几年里，日本的国家政策一直在致力于将城市中心区以外的发展引导至已经规划好的卫星城镇，通过此举促进了轨道交通与城市发展的整合。1988年，日本政府颁布了一部关于多中心用地分布的国家法律，这项法律通过税收刺激和财政支持来鼓励东京周边"商业中心城市"的发展。这样做的目的是希望能够在东京外围构建起居住就业更加平衡的城镇，进而减少通勤出行量，缓解轨道交通系统和道路系统的压力。然而，雇主支付的通勤补贴进一步刺激郊区的居住发展，因为这消除了长途通勤的财政负担。事实上，越来越多的东京雇员正在把自己的住所安置在新干线车站附近，这些地方距东京市区有100公里甚至更远。

私营郊区铁路和新城镇

在东京市中心的西面，有很多最新建成的区域和大部分高消费的郊区城镇，今天它们共同构成了强大的发展地带，并因其百货公司而闻名，如东急、小田急、京王和西武，但是这片地区最早出现且最重要的却是轨道系统和房地产的综合发展。在本世纪早期，私营铁路公司开始兴起，并逐步进入与轨道运输密切相关的产业，包括房地产开发、零售业、公共汽车服务和发电。这些都纯粹是出于经济上的原因。车站附近的超级市场、百货公司和娱乐场所产生了轨道交通客流，而轨道交通也为这些设施带来了大量的消费者。

政府政策对这些产业起到了直接的推动作用。由于日本所有轨道交通系统的票价都由运输部制定，并始终维持在一个可负担的水平上，所以铁路运营商发现只能通过发展其他产业来提高边际利润。此外，东京都市区内的私营轨道运输公司多年以来都享有特定区域的专营权，这样就减少了直接的竞争，并增加了潜在的利润。在某片区域内，公共汽车服务通常也由负责同一区域的轨道运输公司或其子公司经营。这样，子区域内的公共汽车和轨道交通网络从线网运营和管理体制两方面都得到了整合和协调。

私营铁路的经营者

现在，东京都市区内的郊区轨道服务由八家私营铁路公司所有和运营（见地图7.3）。其中由东武集团经营的轨道网络规模最大，线路覆盖了整个都市区北部（表7.2）。从1955～1993年，私营郊区铁路的客流量增长了2.5倍以上。

东京都市区郊区轨道公司的服务和客流量特征				表7.2
公司	1993年的轨道线路里程	每年的乘客量（百万）		1955～1993年客流量增长百分比	1993年每千米轨道上的乘客量
		1955	1993		
东急	100.7	415.1	961.1	131.5	9544100
小田急	120.5	113.8	720.6	533.2	5898900
京王-帝都	84.4	159.7	564.9	253.7	6930300
西武	175.6	149.5	667.3	346.4	3799900
东武	464.1	181.1	950.3	424.7	2047600
京成	91.6	97.7	281.4	188.0	3071500
京滨	83.6	177.5	437.8	146.7	5237300
相模	35.0	26.9	247.9	821.6	7084500
合计	1155.5	1321.3	4831.3	265.7	4181100

在这些铁路公司中，东急公司在整合铁路运输和房地产开发方面是做得最好的。早在本世纪前期轨道交通建设之前，东急公司就购买了大量的土地。东急的第一个大工程叫做"田园调布"，这个工程也是日本国内非常有名的一个居住区域，建在东急线沿线涩谷站和位于横滨城区的樱木町站之间。东急公司还在这两个枢纽站周边建有高密度的商业中心（以东急自己的百货公司为特色），并吸引了几所著名大学在线路中间站附近建设校园。这些商业中心和大学产生了稳定的双向型客流，保证了轨道线路的高效运营。今天，铁路运营的收入大约占东急公司总收入的35%，房地产开发所占的比例则为25%，但从净利润来看，房地产经营却占到整个公司净利润的三分之二。

现在东急公司已经成为日本最大的以轨道交通相关产业为主的集团企业。它拥有七条主要的轨道交通线和一条有轨电车线路，线路总长约100公里。1991年，东急公司的轨道网共运送乘客9.61亿人次，比日本其他任何一家私营铁路公司都要多。东急公司的线路都比较短（最长的还不到 30 公里长），因此，轨道系统的出行距离相对较近，这也使得该线网每公里轨道上的客流量和票款收入位居日本所有私有铁路的首位（表 7.2）。此外，除了与几条日本铁路线路相互交叉外，东急轨道交通网和其他的私营轨道网络之间几乎不存在竞争。

和东急公司一样，日本大部分的私营铁路公司也都在寻求其他商机，包括公共汽车服务，还有宾馆酒店、百货公司、体育中心、休闲娱乐场所以及其他相关产业设施的建设和运营（表 7.3）。比如东京迪斯尼乐园就是由京成集团这样一个轨道产业公司联合开发的。在房地产、零售业和旅游业为轨道车站带来客流的同时，铁路公司也开始尝试涉足建设、设计和工程领域，以利用和扩大公司的业务范围。

日本铁路集团及其附属公司的经营范围	表 7.3
行业	经营范围
交通	铁路运营、公共汽车服务、出租车服务、小汽车租赁、货车运输、空运、海运、货物递送、包裹快递、轨道列车制造
房地产	住房、办公楼和宾馆酒店的建造、出售和租赁；建筑和工程服务；景观美化工程
零售	百货公司、连锁超市、车站售货亭、饮食服务和专卖店的建造和经营；
休闲和娱乐	温泉浴场、娱乐公园、棒球场、综合影院、健身俱乐部和高尔夫球场的建设和运营；旅游机构的经营

日本私营铁路开创的经济学

虽然轨道运输经营一直以来是铁路集团的主要产业，但并不是利润最大的产业。从 1980～1993 年，东京私营铁路部门成本回收率的平均水平是 1.16～1.21（表 7.4）。在 20 世纪 80 年代，利润增长非常缓慢，在那个经济增长迅速的年代，这样的收入回报状况是非常低的。尽管如此，每个私营轨道运输公司依旧获得了盈利，而在世界上并没有多少轨道运营商能够做到这一点。而且，这些成功还是在政府法规规定了私营铁路公司票价水平的情况下取得的。

东京都市区八个私营铁路公司在铁路运营方面的业绩（1980～1993 年）								表 7.4
	净收入（百万美元）			总收入/总成本			平均每位乘客的净利润（美分）		
	1980 年	1993 年	增长率	1980 年	1993 年	变化量（%）	1980 年	1993 年	增长率
东急	36.4	184.3	406.3	1.18	1.22	+3.4	4.9	19.2	291.8
小田急	32.6	154.7	374.5	1.19	1.22	+2.5	6.1	21.8	257.4
京王 - 帝都	29.6	93.3	215.2	1.24	1.18	- 4.8	6.4	15.9	148.4
西武	11.8	153.3	1199.2	1.06	1.24	+17.0	2.1	23.0	995.2
东武	36.4	187.3	414.6	1.12	1.17	+4.5	4.9	19.7	302.0
京成	16.5	88.5	436.4	1.16	1.24	+6.9	7.0	31.5	350.0
京滨	24.6	101.4	312.9	1.18	1.22	+3.4	6.5	23.2	256.9
相模	13.3	38.6	190.2	1.27	1.18	- 7.1	7.0	15.6	122.9
总计	201.2	1001.4	397.7	1.16	1.21	+4.3	6.3	23.9	279.4

注：实际（不随通货膨胀调整）美元；日元兑换美元：1980 年 1 美元 = 203 日元；1993 年，1 美元 = 111.1 日元

大多数日本铁路公司的主要副业是房地产。尽管受 20 世纪 90 年代初期日本土地市场危机的影响，房地产行业的效益已经有所下降，但 1993 年时绝大多数的铁路公司都从房地产投资领域获得了相当于公司总利润 30% 的回报，这从表 7.5 中可以看出。而且在 1993 年，房地产行业创造的利润还占到东急，西武和相模这三家铁路公司总利润的一半以上。图 7.1 展现的是 1990 年（房地产市场衰退前期）八个私营铁路公司在四个产业（轨道运输、公共汽车服务、房地产投资和其他产业）上的净利润。除了京成和东武两家公司外，其他公司从房地产上赚取的利润都高于其他产业（京王 - 帝都公司由于缺乏房地产业绩资料被排除在外）。有趣的是，京成和东武这两个公司的郊区铁路利用强度也是最低的，这从表 7.2 中每公里轨道长度的乘客量数据就可以看出。上述这些证据都支持了一个观点，即要达到高效的轨道客运服务，将轨道线路建设和不动产开发相整合是非常重要的。

东京都市区七个私营铁路公司在房地产行业方面的业绩（1980～1993 年）　表 7.5

	净收入（百万美元）			总收入/总成本			占公司总利润的百分比		
	1980 年	1993 年	增长百分比	1980 年	1993 年	百分比地变化	1980 年	1993 年	百分比地变化
东急	99.9	202.6	102.8	1.97	1.46	−25.9	73	61	−12
小田急	50.3	99.5	97.8	2.22	1.49	−32.9	56	39	−17
西武	50.4	135.5	168.9	1.63	1.77	+8.6	77	58	−19
东武	58.0	158.6	173.8	1.83	1.61	−12.0	65	46	−19
京成	11.9	19.9	67.2	1.20	1.35	+12.5	45	19	−26
京滨	2.9	72.5	2400	1.65	1.44	−12.7	7	43	+35
相模	45.0	123.4	174.2	1.53	1.30	−15.0	83	81	−2
总计	318.4	812.2	155.1	1.72	1.66	−3.5	69	50	−19

注：实际（不随通货膨胀调整）美元；日元兑换美元：1980 年 1 美元 = 203 日元；1993 年，1 美元 = 111.1 日元

如图 7.2 所示，观察所有私营铁路公司的各项产业，可以发现房地产一直以来就是投资回报最丰厚的产业。另一方面，支线公共汽车服务通常会有轻微的亏损，票款收入大概占到总成本的 96%～98%（包括资产贬值和债务成本），这按照国际标准并不算坏，但也明显是利润最低的副业。只要能在铁路运营和房地产经营上获利，私营铁路公司就能接受支线公共汽车营运的亏损。公共汽车所起到的作用是将私营铁路公司建设经营的住宅区与同属它们的轨道线路车站相互联接。最近几年，私营铁路公司的其他附属产业，比如经营旅行社和工程咨询服务，都很少能够盈利，这也折射出 20 世纪 90 年代期间日本经济萧条的状况。

从这些统计资料可以清楚的看出，东京的铁路公司实行的是一个内部相互补贴的经营方式，它们用房地产投资获得的利润来补偿低利润率的轨道交通服务和公共汽车服务。因为轨道交通和公共汽车运输的票价是受相关法规限制的，因此相对运营轨道交通而言，房地产开发也就成了提高利润的主要途径。此外，此举还改善了

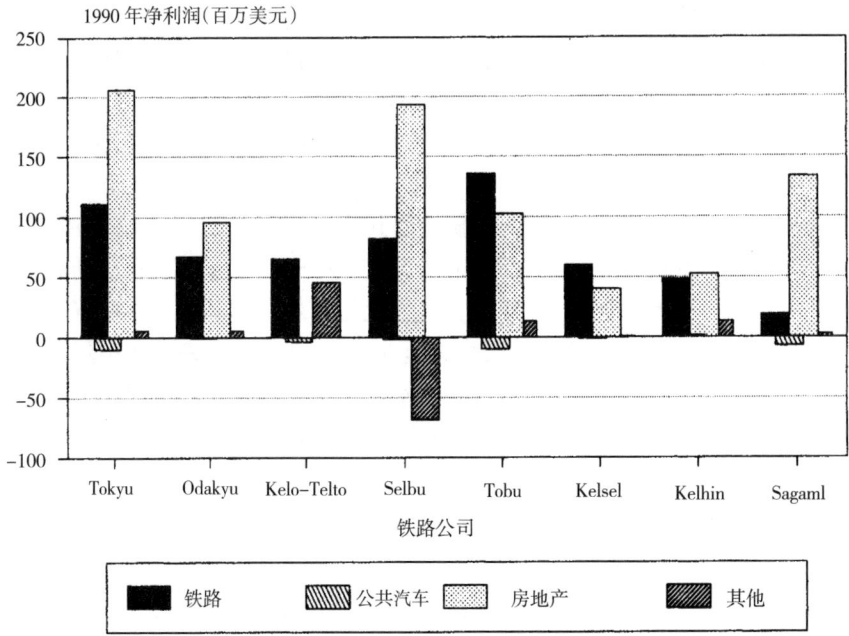

图 7.1　东京都市区铁路企业在主要产业上的净利润（1990 年，单位：百万美元）

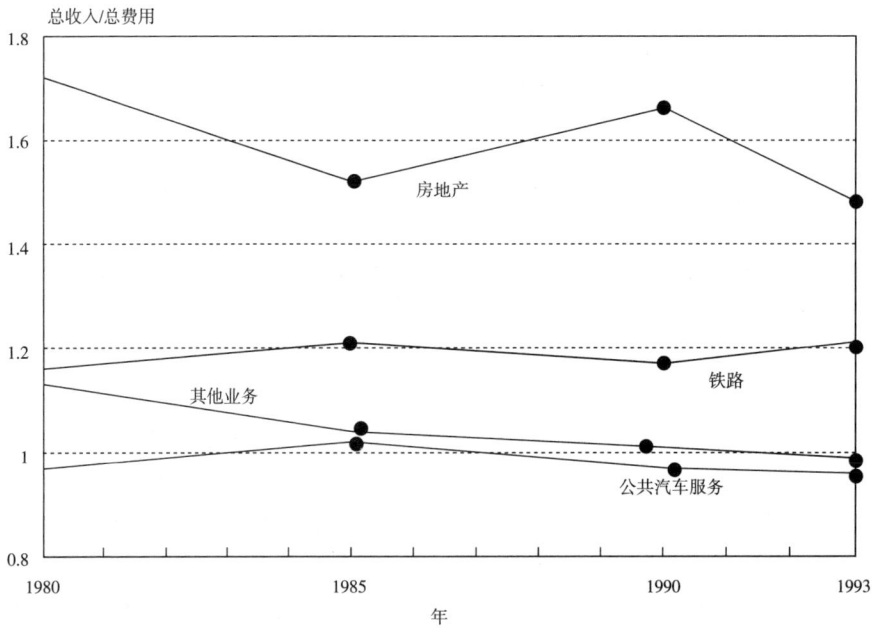

图 7.2　东京都市区铁路企业各种产业的投资回报（1980 ~ 1993 年）

铁路企业的资金流动性和信誉，使得这些企业在筹资扩建轨道线路时通常能够获得满意额度的贷款（而且如果必要的话，这些资金通常来自这些集团内部）。

房地产开发的途径

在日本，整合轨道线路和新城镇发展的理念是由阪急铁路公司在 1910 年大阪宝冢线开通后随即提出的。紧接着，阪急公司就发现仅仅依靠轨道客运服务很难盈利，吸引乘客甚至要比筹措建设资金还要难。于是阪急公司开始在几个车站周围经营房地产，在接下来的几年里，又在大阪——京都地区的轨道沿线相继建设了办公楼、购物广场、酒店和娱乐中心等取得相当盈利的开发项目。

阪急公司的成功事迹很快就得到了广泛传播，在很短的一段时间内，东京和日本其他地区的铁路公司就接纳了阪急公司的商业模式。1934 年，东急集团在私营轨道线路和国营轨道线路交汇的一个枢纽站（涩谷）附近开设了第一家百货公司。在二战后日本经济的发展时期，这种铁路公司向多产业集团的转型模式逐渐为人熟知，并被冠以"枢纽站文化"的名称，即指轨道枢纽终点站周边迅速林立的高密度建筑。

日本铁路公司积极投身于房地产的开发的原因很明显，就是创造"价值获取"的机会，即由轨道交通车站附近房地产可达性提升所引起的土地增值。日本的铁路公司历来都是在轨道建设以前低价收购农业用地。在过去的半个世纪中，由于土地资源的稀缺以及日本经济的迅速崛起，土地价格一路飙升，使得那些拥有大量郊区土地的幸运所有者赚取了难以计数的财富，这其中就包括铁路公司。图 7.3 体现了靠近郊区轨道交通车站的土地所具有的巨大附加价值。在轨道交通线路通车运营以后，东海道线（位于东京市区西南 50 公里）车站周边 50 米范围内的商业设施增值了 57%。随着与车站之间距离的增加，土地价值迅速下跌，当土地距离车站的距离达到约两公里时，轨道交通对于土地价值将不会产生影响。另一项研究也对华盛顿地铁郊区车站周边零售和居住用地的土地价值进行了分析，其土地增值程度要远远低于上述东京地区的统计数据。日本铁路公司认识到：土地增值的直接收益将用于收回在轨道交通上的投资，而在经过很长一段时期后，又会产生一项重要的二次收益，即土地利用产生大量客流，有利于维持轨道线路的日常运营。

被轨道公司用来积聚土地以满足轨道布设和房地产项目建设需要的主要机制是"土地重整"策略。通过这一途径，私人土地拥有者们组建一个合伙公司，把各自通常是形状不规则的土地连接在一起，并以一块面积更小但享有完善基础设施的用地（通常是矩形的）作为回报。道路、排水、污水处理、公园和其他基础设施的建设资金都来自出售"额外"土地储备所得的收入，这些土地储备也是由合伙公司的成员提供。土地重整策略缓解了铁路公司巨大的在前期土地方面的工作负担，以及购买土地和提供基础设施建设的成本压力。

土地价值增长百分比

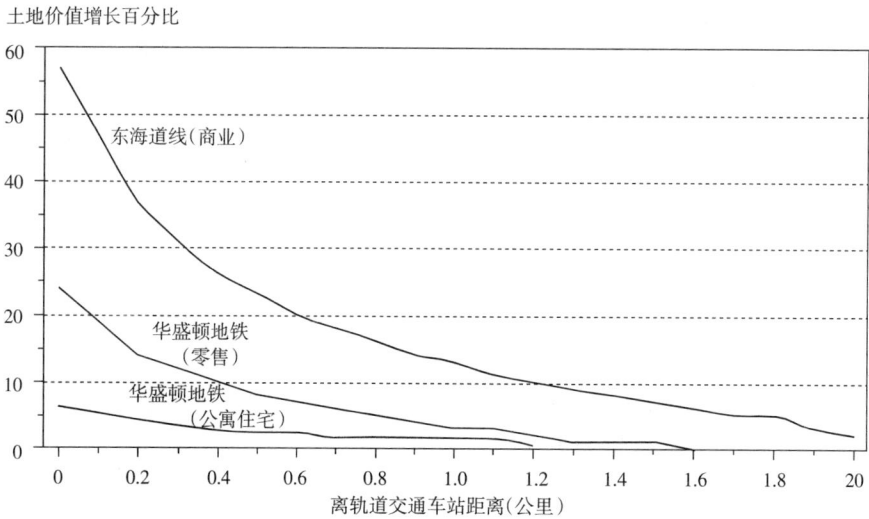

图 7.3　土地价值与至车站距离的关系图：华盛顿与东京郊区的对比

在有些情况下，铁路建设者和新城镇开发商是两个不同的商业实体，但即使这样，它们各自的投资通常也能紧密协调。这在某种程度上是由中央政府颁布的法规造成的，这些法规明确了当轨道系统的建设/运营商和不动产开发商不是同一实体时，项目开发成本的承担原则。这些法规如下：

- 开发商要向运营商支付地面城市轨道基础设施建设成本的一半。
- 在新城区域内，当开发商向运营商出售轨道线路的路权用地时，要依照土地未开发时的价格进行交易。
- 在新城区域外，开发商要向运营商支付土地开发前后的差价（土地价格将因为靠近新城而上涨）。
- 在上述这些开发商提供资金的基础上，中央政府和地方政府还将各自提供最高可达轨道系统建设成本 18% 的财政拨款。

通往千叶（东京市中心的东北部）和神户郊区的新建轨道线路都是基于与上述相似的法规建设的。

多摩田园都市新城

由东京多摩区的田园都市轨道交通线所引导的用地发展，是日本由一个私营铁路公司实施的规模最大、且被普遍认为是最为成功的土地开发项目。从 1960 年到 1984 年间，东急集团用一条长 22 公里轨道线路将一大片人烟稀少的多山丘陵地区变成了一片根据规划建设的拥有 5000 公顷土地、近 50 万人的新城。这些相互连接的新城镇从东京向西南绵延 15～35 公里，跨越四个城市，被称为多摩田园都市（地

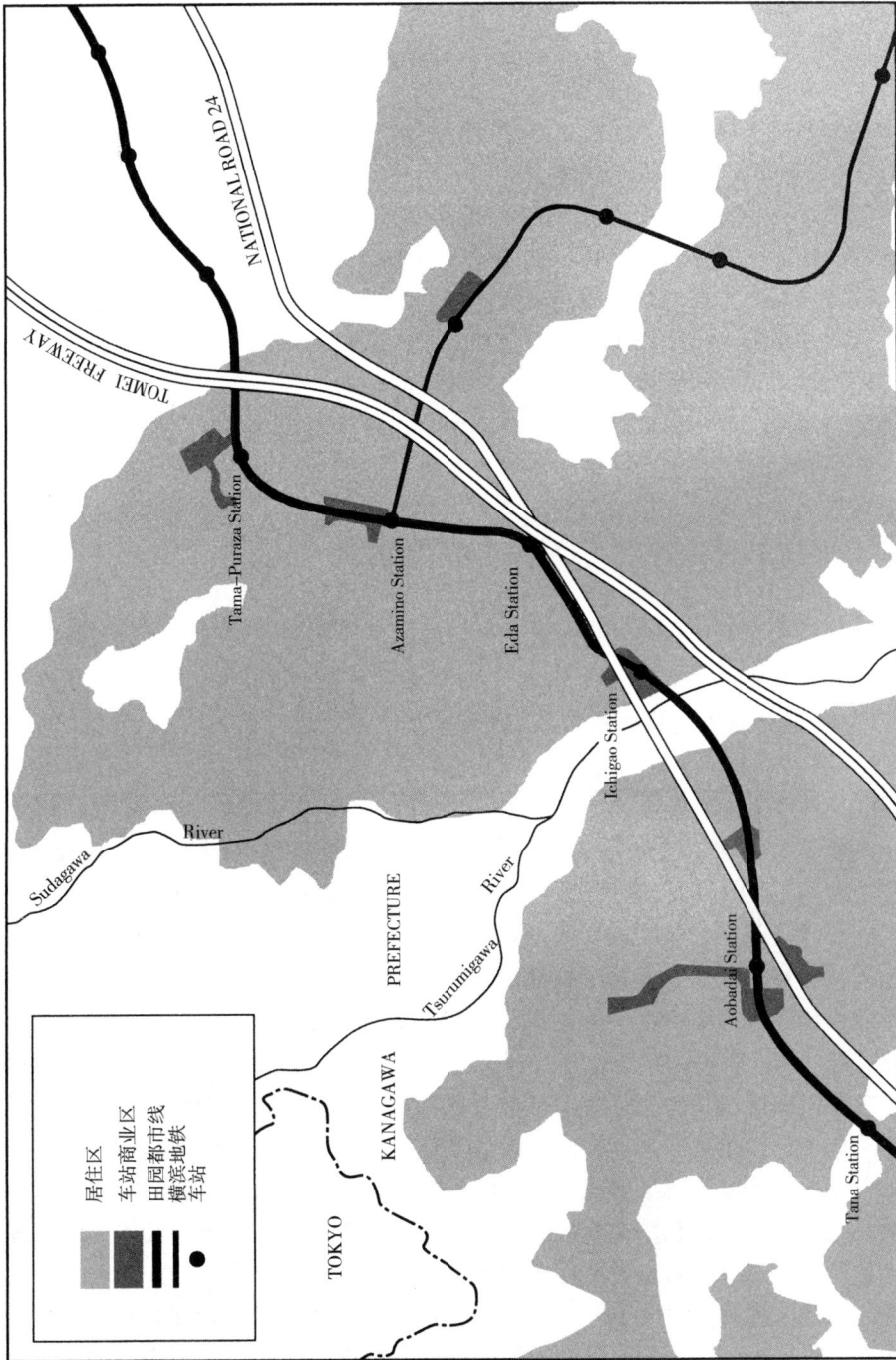

地图 7.4　多摩田园都市的中心部分

图 7.4）。多摩田园都市于 1956 年开始规划，并从 1959 年开始进行土地开发建设，1966 年时第一段轨道开通运营，到 20 世纪 70~80 年代，土地开发和轨道建设得到了飞速发展。

多摩田园都市的发展道路

多摩田园都市的构想可以追溯到 1918 年，当时，涩泽荣一这位明治时期（1868~1912 年）的成功企业家创立了田园都市集团，也就是今天东急集团的前身。就像公司名字所体现的那样，涩泽荣一大量借鉴了埃比尼泽·霍华德的理论，试图通过建设富有乡村气息的城镇来缓解东京过度的拥挤。然而，与霍华德追求建立一个自我平衡的、且在设施和经济上独立于伦敦的新城镇不同，涩泽荣一所构想的日本花园城市只是上班族和他们家人所居住的卧城。涩泽荣一也成功的建立了几个郊区住宅新城，其中最成功的当数田园调布，以至于在今天它仍然是东京都市区最著名的居住区域，然而由于第二次世界大战，他的梦想被迫搁置。后来，在涩泽荣一的继任者五岛庆太（前日本交通大臣，同时也是一位非常成功的企业家）领导下，多摩田园都市逐渐成型。一位日本历史学家写道：

> 涩泽荣一博爱的花园城市构想已经被五岛庆太转变为一个可以谋取暴利的商业投资……五岛庆太深信，轨道运输行业并不是"简单地连接各点"，而是沿轨道走廊的房地产开发机会。

在轨道线路开通以前，多摩田园都市一直发展缓慢。直到 1955 年五岛庆太为多摩田园都市选址时，它还是东京都市区内发展程度最低的地区，人口仅 31000 人。在 1966~1984 年间，全长 22 公里的田园都市线陆续开通运营，总计 1.6 亿美元的线路总投资一半来自商业贷款，另一半则是由日本发展银行贷款提供。

和其他新城镇一样，多摩田园都市也曾利用土地重新调整的方法来积聚土地，并为基础设施建设筹集资金。总共有 53 个土地拥有者的合伙公司在 1953~1966 年间成立，将 4900 多公顷的土地集中到一起。大部分土地的原始所有者都是农民，由于东急集团曾经成功构建了花园城市（那时叫做田园都市集团），因此他们相信该集团有能力建设出高质量的社区。东急集团最早是一个城市规划公司，而不是铁路公司，这也成为其相对于其他竞争者的优势，赢得了土地所有者的支持。这些合伙公司还把土地开发权和整个项目的规划权全部让给了东急集团。日本的城市规划者都把这种前所未有的新城发展方法称作"东急模式"。

在东急的土地重整系统下，土地所有者放弃 45% 的土地，用来换取设施齐备的建成用地。多出的土地中约一半的土地用作公共用途，而另一半则用于储备，并最终被出售以筹集项目发展费用。储备土地在 1953 年项目第一阶段土地开发时的售价为每平方米 0.43 美元，而到了 20 世纪 60 年代中期却涨至每平方米 1.5 美元。在当时，这个价格已经相当高了，但是投机商人却仍然愿意以这个价格购买土地，以参与预期的、高品质的、有轨道交通服务的社区开发。东急集团在集结土地和工程筹资上采用的协调的方法，能够逐步构建起一整片的城市化区域，并配备有统一的、高质量的道路、排水、污水处理和其他方面的基础设施。此外，东急集团自身卓越的领导能力、强大的经济实力，以及作为合作企业中最大土地拥有者的地位，使其能够在一段相对较短的时间内"重新描绘"新城内的景观，并建成必要的基础设施。表7.6以位于多摩田园都市线上的赤田为例，对土地重整策略的实际应用进行了详细说明。

多摩田园都市的赤田土地重整项目　　　　　　　　　　　　　　　表 7.6

背景：赤田土地重整项目位于江田站和浅见野站之间（见地图7.4），实施时间为1985年1月到1992年3月，项目包括一片面积为685.7公顷的地区，由1078块原始的不规则地块构成。整个地区有175.2公顷（25.5%）被预留起来，随以1.66亿美元的总价出售（按1985~1992年的币值计算），售出资金被作为项目发展支出。横滨市也为该项目的发展提供了近一百万美元。到1992年，赤田地区已经形成了如下表所示的土地利用结构。

土地用途	面积（公顷）	占总面积的百分比	人口
预留土地			
道路建设	134.7	19.7	
停车场建设	35.5	5.2	
给排水和卫生设施	5.9	0.9	
公共设施用地			
学校、教堂等	49.7	7.3	
住房用地			
独立住宅（每地块200平方米；共1488地块）	297.7	43.3	5952
农舍及周边建筑（每地块300平方米；共250地块）	75.0	10.9	1000
低收入群体住房（地块85平方米；共267地块）	22.7	3.3	668
中等收入群体住房（每地块85平方米；共759地块）	64.5	9.4	2656
总计	685.7	100.0	10276

　　仔细观察多摩田园都市土地价值获取的途径，你就会发现它有别于霍华德的英式花园城市（多摩田园都市仅仅是一个卧城，而不是自我平衡的社区）。霍华德试图让新城居民直接获得资本收益和土地增值收益，以作为从安全的中心城区迁往荒僻郊区的一部分补偿。但多摩田园都市的发展却是出于根植在资本主义中的逐利动机——获取房地产投资的利润，满足企业的利益要求，并保证轨道交通发展所需的资金。

多摩田园都市的设计

　　按照设计，多摩田园都市的城镇中心和住房都集中在东急田园都市线19个车站中大多数车站的周边。为了加快启动住房建设，东急集团把土地卖给公营房地产公司、其他企业（作为雇员宿舍和公司住宅）以及私人房屋建设者。东急集团下属的东急房地产公司也进行住房开发。在通过土地重整筹集基本基础设施建设成本的同时，东急集团还在多摩田园都市内修建了博物馆、游泳馆、网球场和其他体育设施，并开通了区域性的有线电视服务。通过提供高品质的社区设施，东急集团才得以高价出售住房。近几年里，多摩田园都市内超过三分之二的房地产开发都集中在轨道交通走廊一段两公里长的线路上。

东急集团特别热衷于吸引社会事业性的用地，其中除了医疗中心、邮局、图书馆、消防局和公安局外，还包括几所大学和知名私立学校。为吸引这些机构，东急集团以捐赠或低于市场价格出售的方式来向它们提供土地。在 1975 年，东急公司把位于田奈站南部 36 公顷的土地捐献给京王大学用来建设校园。除了能提升多摩田园都市项目的市场吸引力外，大学以及其他的社会性机构还产生了理想的低、平峰轨道客流，并使得轨道客流的方向分布更为均衡。图 7.4 就体现了这一现象：项目最初的 35 年里，在多摩田园都市人口稳定增长的同时，服务于这条走廊的轨道客流量甚至增长得更快，这在很大程度上要归功于新城多样化的土地利用状况。在 1994 年，田园都市线日客流量高达 72.9 万人次，私营公共汽车的日客运量也为约 8.3 万人次。

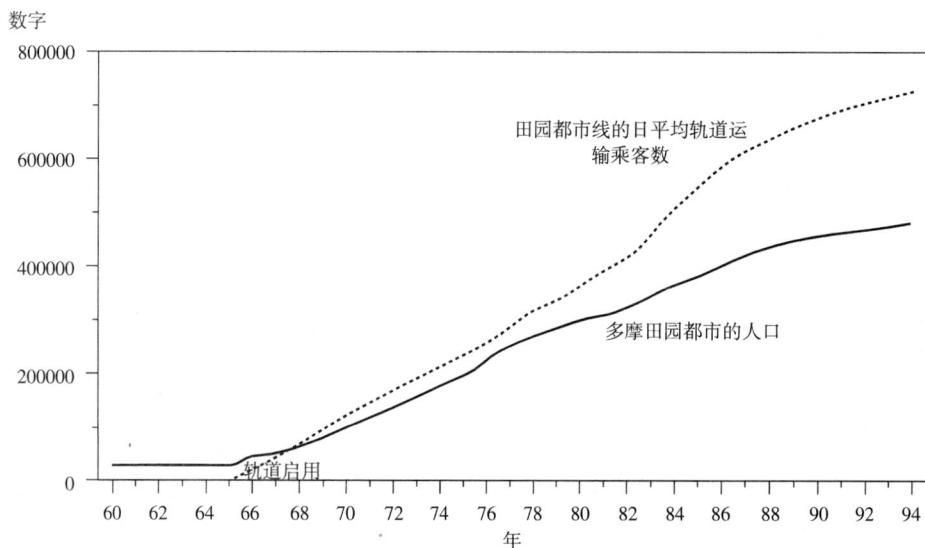

图 7.4　多摩田园都市的人口和田园都市线的客流增长趋势（1960～1994 年）

商业开发最为集中的是多摩广场站和青叶台站周边区域（照片 7.1 和照片 7.2）。这两个车站都地处一个用地紧凑且功能混合的城镇中心之中，城镇中心设有一个有东急百货公司进驻的购物广场、一家大型超级市场、一些中层办公楼、一家宾馆酒店、银行、邮局以及包括体育俱乐部在内的娱乐设施。步行道由城镇中心向四周辐射，通往附近的居住小区，而随着与车站距离的增加，这些居住小区的密度也迅速降低。同样值得注意的是，大多数的轨道交通车站周边都没有停车换乘设施，这与便捷的支线公交服务以及经过精心景观设计的步道相结合，使小汽车成为到达轨道交通车站并不理想的交通工具。比如 1988 年时，在田园都市线到达轨道交通车站的所有出行中，小汽车仅占 6.1%，而公共汽车占 24.7%，步行/自行车更是占到 67.8%。

照片 7.1　多摩广场车站区域。多摩广场位于东京西南 23 公里处，从照片可以看到多摩广场车站周边的积聚式发展。多摩广场被设计为多摩田园都市的中心区，拥有多摩广场社区 118 公顷土地中 80% 的东急集团在车站周围集中了大量高档零售业。随着与车站距离的增加，居住密度迅速下降。在 1994 年时，多摩广场车站的日乘客量约为 7 万人次。

1988 年，也就是多摩田园都市开始实施的 35 年后，东急集团因其在新城镇规划方面的杰出成就，获得了日本建筑学会和日本建筑部颁发的奖项，这也是日本历史上私营铁路开发商第一次获此殊荣。然而，东急集团并没有就此安于现状。缺乏就业机会和某些社区设施，特别是医院，被广泛地认为是多摩田园都市和其他由铁路引导发展的新城镇的缺点。为了解决这个问题，东急集团现今已经制定计划，准备新建一个集研究和教育功能为一体的综合大楼以及几个工商业园区，这些设施全部都将配置光纤电缆，并采用智能建筑设计。东急集团希望逐渐将多摩田园都市从一个卧城（虽然是由轨道交通引导发展的）转变为一个具有高效、稳定的交通流和信息流的，像宣传册上所描绘的那样"多样化、富有活力的多功能城市社区"。

照片7.2　田园都市线青叶台车站的积聚式开发。由东急集团子公司拥有并经营的公共汽车直接驶达车站大门，提供了便捷的换乘服务。Licre 大型商厦矗立在青叶台车站之上，它拥有 60 家专卖店和餐饮店，并与东急百货公司和音乐厅相邻。从照片中可以看到，列车正沿着街道上方的高架轨道直接驶入 Licre 商厦。青叶台站是田园都市线上最繁忙的车站之一，1994 年时的日客流量为 10.2 万人次。

近期由政府投资建设的轨道交通主导的新城镇

日本政府部门汲取了私营企业的成功经验，近期已经着手建设由轨道交通引导的新城镇。这在某种程度上是在当前日本土地价格迅速上涨和日元走势强劲（至少到 20 世纪 90 年代中期）的背景下，新城建设成本相当高昂。当前，只有地方政府和国家政府相互协作，并与私营房地产开发商合作，才能积聚到足够的资源来进行轨道交通与新城镇的综合开发。在东京都市区，由政府支持新建的最大的两个轨道主导型新城是东京西部的多摩新城和北部常磐新线上的筑波科学城（地图 7.2）。其他由政府主持修建的主要新城还有龙崎（671 公顷）、千叶（1933 公顷）和湖北（1317 公顷）。

近期规划建设的郊区新城都是在新城镇轨道建设计划下实施的，它们是国家住房城市发展公司、地方或所在城市的政府，以及铁路公司共同合作开发的。在该计划下，地方和国家政府分别要提供最高达 18% 的轨道建设成本，补贴共计达到 36%，剩余的成本则由主要受益者分摊（包括公共交通乘客、铁路公司和私营开发商）。从 1960 年至今，国家住房城市发展公司已经建设了超过 1200 万套的住房，并开发了 4.5 万公顷以上的土地，成为世界上最大的房东。

多摩新城

多摩新城是由东京都市区政府、国家住房城市发展公司和一些私营企业共同开发的。多摩新城发展计划于 1965 年启动，从 1971 年起开始入住，随后的十年是住房开发的主要时期，到 1985 年，新城人口已经达到十万。尽管多摩新城的总体规划是政府部门编制的，但是轨道和房地产开发却是由公共部门和私营企业共同实施的。京王相模原线和小田急多摩线这两条服务多摩新城的轨道线路直到 1990 年才开通，它们都是由公营铁路公司建设的，并在随后转由一家私营运营商经营，其建设成本将分 15 年偿还。其中，私营铁路公司和那些公私合营的房地产开发商将共同负担投资成本年利息的 10%。

几个公共机构分别负责多摩新城内各区域的开发（表 7.7）。在 21 个"居住区域"中，新城西部和北部的八个区域由东京都市区政府开发，国家住房城市发展公司则实施南部和东部的 12 个区域。此外，东京都市区房屋供给集团负责开发一个位于新城中心的社区。和日本其他新城镇一样，多摩新城前期的基础设施建设投资也是通过土地重整计划筹集的。

今天，在多摩新城 3000 公顷的土地上，共拥有 17 万人口和 3.5 万个工作岗位，而新城的发展目标则是拥有 36 万人口和 13 万个工作岗位。因此，与东京都市区内的其他新城镇不同，多摩新城被作为一个居住就业更为平衡的新城。东京都市区政府通过税收激励和低于市场价的土地价格大力吸引新的公司入驻这里，至今为止，新城已经达到了合适的居住就业平衡程度。1991 年的一项调查发现，在新城居住的就业人口中，有 20% 就在新城内上班。而在剩余 80% 的就业者中，有三分之二在东京 23 区内就业，70% 的人乘坐轨道交通通勤。在日本所有的新城镇中，通常有两个因素不利于形成居住就业的自我平衡，它们是全日本就业者都享有的通勤补贴和终生雇佣的企业文化，这就意味着即便公司迁往多摩新城，在其他地区工作的本地居民也不大可能出于节省通勤成本的考虑在这些企业中求职。

多摩新城项目的面积和目标人口（1994 年）			表 7.7
开发责任人	开发面积（公顷）	居民区域的数量	项目的目标人口
东京都市区政府	738.4	7	96500
房屋和城市开发集团	1437.5	13	174700
东京都市区房屋供给集团	49.7	1	10500
私人开发/尚未确定的[1]	758.1	\	80100
总计	2983.7	21	361800

[1] 在土地重整机制下由最初的土地所有者开发或出售，或尚未确认的开发计划。

在规划设计上，多摩新城继承了美国式的"规划单元开发"方法，除此之外，又让轨道交通车站处在城镇中心和购物广场的包围之中。新城的规划原则是每一片居住区都要以一所初中为中心。所有的 21 个"居住区域"都各自拥有两所小学和一所建在中心位置的初中，它们通过集散道路与各处相连，并掩映在绿带之中。此外，由于拥有日本城市中鲜见的多样化的住房，多摩新城还赢得了各方赞誉。由当地政府和国家政府出资建设中、高层的公寓靠近轨道交通车站，主要供中低收入家庭居住，在这些住房外围是私营企业建设的独立式别墅，它们按照市场价格出售。所有的住房中，有55%是由私人拥有的，剩余的45%则被租赁出去。从都市区的标准看，多摩新城的住房宽敞且具有吸引力，周边树木繁茂的环境更是深得住户青睐。

　　多摩新城的四个轨道交通车站都与建有零售广场、办公楼、银行和公共机构的城镇中心联接（照片7.3）。同样值得注意的是，尽管新城中大多数家庭都拥有一辆小汽车和车库，但这些新城中心却并没有设置停车换乘设施。多摩新城的居民利用公共汽车、步行或自行车换乘到轨道交通。

照片7.3　堀之内车站区域。由城市房屋开发集团开发，自动步道将山坡上公寓内的居民与京王相模原线上的车站及周围的商业设施联系在一起。正如照片前景所示，堀之内中心地区的主要建筑据说在公共艺术设计风格上受到了巴塞罗那建筑师高迪的影响

常磐新线/筑波科技城

　　当大多数新城开发都在沿东京都市区西南轴线的多摩地区产生的同时，区域的规划者们也在试图利用常磐轨道交通新线来拉动北部轴线的发展。由于新近开通的长60公里的常磐新线途经的地区分别由12个政府管辖，而土地价格和建设成本也飞速上涨，因此需要引入新的、协调的方法来进行新城镇开发。于是，国家政府颁布了整合发展法，要求实施协调一致的总体规划，不鼓励土地投机买卖，并设立了开发成本分摊方面的条款。该法案同时还建立了一个实施实体——名为都市区新城镇轨道建设公司的第三方政府机构——以统筹管理常磐新线和未来国内其他轨道走

廊沿线的不动产开发。

位于常磐新线上的筑波科技城是国家高科技研究和高等教育的中心。它从 20 世纪 60 年代初开始规划，现在的人口已经超过 18 万，而规划的建成时人口将为 22 万。在国家住房城市发展公司的直接管理下，筑波总共 2.85 万公顷土地的十分之一被用于研究和教育。虽然常磐新线仅仅从筑波东部边缘区通过，但却通过高频率的公共汽车服务以及一个物理隔离的步行和自行车专用路网（长 48 公里）与城市中心区相连。

东京的启示

东京的经验强调了一种更加企业化的、整合轨道和社区发展的方法所具有的潜在效益。在整个东京都市区，郊区轨道服务为各类产业构建起了战略性的发展基础。其中首要的就是新城镇的发展。在逐利的动机下，大型企业集团成功地将新城镇和轨道线路的投资整合在一起，而在它们从中获取巨大利益的同时，公共部门也有很大的效益，这包括高效、便利的区域性轨道交通服务，精心设计的郊区社区，以及世界大都市中最可持续的区域发展模式。私营企业的成功也引来了公共部门的模仿，比如多摩新城就是由都市区政府和国家政府共同开发的。

有趣的是，在美国的几个大都市区的郊区和远郊区，一些私营公司正在建设收费公路，此举部分是为了利用通勤者支付高价以避开拥堵的意愿，同时还有一个并不总是显得很清晰的目的，即为了在收费公路出入口附近进行综合土地开发。在弗吉尼亚州北部李斯堡与杜勒斯国际机场之间飞速发展的走廊上，最近就开通了一条长达 22 公里的收费公路——杜勒斯大道，一个由道路建设者、收费道路运营者和土地所有者共同组成的联合企业是这项工程的实施主体。投资者不仅希望从那些愿意支付至少两美元以避开交通拥堵的驾车者那里赚取大量利润，还希望通过租赁和出售主要出入口附近的土地得到利益，也就是说，他们希望像多年以来的日本铁路公司和一个多世纪前美国早期私营铁路建设者所做的那样，能够赚取交通投资引起的土地增值利润。这种将收费公路与土地开发整合的做法，可能会在未来数年间让华盛顿郊区和其他美国都市出现更加依赖于小汽车的郊区发展形态。美国的公共交通行业很有必要借鉴日本私营铁路建设商的经验，并效仿同时代美国收费公路投机者的做法。日本的经验教育我们，追逐利润的企业和心系社区的政府相互联合，为创造一种大容量公共交通能与私人小汽车成功竞争的城市发展带来了美好的前景。

第三部分

混合型的公交都市：适应性的城市和适应性的公共交通系统

　　混合型的公交都市是兼有将土地发展集中在公共交通的主干线沿线，和调整公共交通服务来有效地适应向郊区扩散的城市发展形态的地方，通过这些做法促使公共交通系统与土地的协调发展，即部分是适应性的城市，部分是适应性的公共交通系统。混合型的公交都市在许多方面汇集适应性的城市和适应性的公共交通系统的共同优点。

　　慕尼黑是一个与其他德国城市不同，那里的公共交通系统在不断地扩展着市场份额，这主要应归功于他们的公共交通网络在服务和票制方面的高度整合。该区域的城市地铁和郊区铁路线路由在慕尼黑市区内环行的有轨电车补充支持，加上由私人运营的常规公共汽车和小型公共汽车为郊区的轨道交通车站提供支线饲喂服务。城市内和郊外的新城镇沿着有些轨道交通线路逐渐形成，传统上的市中心因为有高质量的公共交通服务和积极的交通宁静化运动得到了复兴。

　　与慕尼黑不同，在美洲南北两端的两个城市加拿大的渥太华和巴西的库里提巴，选择了以公共汽车为主导的公共交通系统，既引导城市的发展，又服务郊区的居民。公共汽车专用道是这两个城市区域化整合性的公共交通服务的基石。除了比轨道交通的投资要小很多外，公共汽车专用道在提供服务方面有着潜在的优势。在渥太华同一辆公共汽车即可运营在主干线上，同时也可以运营在服务与社区内的支线线路上，以此来消除换乘的需求。在库里提巴是将公共汽车专用道作为大容量的载运工具，除了只是在地面上运行其功能类似于地铁。这些大客流量和效益高的世界上的最优秀公共交通系统之一，具有如下这些特点：在干线上站点多、直达线速度高、换乘场站齐全、灵活等。渥太华和库里提巴都以实例显示，只要是高质量的公共交通服务，无论是轨道交通还是橡胶轮胎的公共汽车，都可以促进紧凑型土地发展的模式。

第八章

在高速公路王国发展公共交通：
德国慕尼黑

　　大慕尼黑地区采取了协调发展的措施，将公共交通和城市发展有效地结合了起来。慕尼黑这个城市无论是城市形态布局还是城市规划都是以公共交通为导向的，此外，高品质的公共交通为城市周边地区提供了良好的服务，并且还设置许多"停车换乘"设施，慕尼黑市以这些措施来抵消城市土地蔓延扩展所带来的不利影响。总体上，这个地区拥有高度发达的轨道交通和公交网络，而这些服务都很好地满足了当地居民的交通需求。U-Bahn，即德国的城市地铁，服务于城市中心地区；S-Bahn，即德国的郊区轻轨，为远郊的居民往返城区提供了便利。同时，市区运行的有轨电车和公交车的主要功能则作为轨道网络的接驳功能。政府组建了一个地区管理部门，来确保快速轨道网的运行时刻和配套的公交服务能相吻合。统一票价保证整个公共交通网络的票价系统是高度整合的。近几年来，当地规划部门也都加大力度建设和完善火车站内外的设施和环境，为了建设的顺利进行，采取了多种多样的交通管理策略。例如，通过停车的限制来减少私家车的驾驶，也就是所谓的将人们从小汽车中"推"出去；同时，通过加强人行道和自行车道的建设，将这些居民们"拉"到其他"绿色"的可替代机动车的交通方式上来。

　　无论哪本介绍公交都市成功经验的书，一旦它遗漏了德国，那么它就是不完整的。正如德国人自信能生产世界上工艺一流的汽车一样，他们也以拥有新颖和高效的公共交通系统和技术而感到自豪。在德国，轨道交通是大众较为喜爱的交通方式，因为它能提供快速、准时、高效的服务。德国所有的大城市都有复杂的轨道网络，但没有哪一个城市的轨道规划、协调性和与城市特征的匹配程度能比得上慕尼黑。德国，甚至欧洲所有城市的公共交通都曾因为私家车拥有率持续上升而造成出行比率下降，尽管如此，慕尼黑却是少数几个城市逆流而上，扭转了公共交通出行比例下降的趋势。究其原因，应归功于其不断扩大轨道系统的服务范围和提高服务质量。更为重要的是组建了区域交通委员会，来协调大慕尼黑区域内轨道交通和公共汽车的票价、线路和运行时刻表，同时区域交通委员会集中采取一些有利从小汽车中"推"出去和将他们"拉"入其他替代的交通方式的措施，例如设立禁止小汽车通行的步行区和将市中心的停车场搬迁到城市的边缘地带，这些措施都对公共交通的发展是有利的。值得一提的是，由于慕尼黑市政府对发展紧凑型用地和"填充式土地开发"的承诺，已经在火车站周边建成了多个公交引导城市发展的社区。这些措施使得慕尼黑成为德国公交出行比例第二高的城市——每位居民每年搭乘230 次公共交通，这仅次于首都柏林，远高于那些有轨道交通服务的大城市，像汉堡（183 次）、法兰克福（160 次）、和鲁尔工业区（144 次）。根据最近一次对德国13 个大城市的公共交通公司经理的调查评比结果，慕尼黑的公共交通系统在整体表现和服务质量方面名列榜首。

　　本书描述了各种类型的公交都市，斯德哥尔摩市是以公共交通为导向而发展的大都市，阿德莱德是发展合适的公共交通系统去适应郊区的发展形态，而慕尼黑市取其二者的特点打造了一座混合型的公交都市。在城市中心区和部分郊区轨道交通车站的附近区域，土地开发沿着典型的公共交通为主导的模式发展。城市扩展地带有覆盖面广的地铁网络和支线公交服务，此外还有许多停车换乘设施，而这些是一个适应性的公共交通系统的特征。在慕尼黑老城区（或者说是旧城）的大部分机动化的出行都是采用公共交通方式，郊区居民机动化出行近三分之一是使用轨道交通或公共汽车。

　　德国是一个汽车制造王国，所以其在公共交通方面取得的成就显得尤为突出。在 1990 年东德和西德统一之前，西德的人均汽车拥有率为欧洲第一，世界第二，仅次于美国。而前东德当时拥有汽车的家庭并不多，国家统一后使得德国的人均汽车拥有率在整体上有所下降。但是，现在德国的人均汽车拥有率仍然较高，仅次于美国和斯堪的那维亚半岛国家。慕尼黑是欧洲人口最稠密的城市之一，在 1995 年慕尼黑的汽车拥有率为每一千居民拥有 530 辆车，这一数字大大超过了全国平均水平。同年，慕尼黑本地居民花费在汽车上的费用为每月 141 美元，而花费在公共交通上每月只有 16 美元。另外，德国拥有先进的高速公路系统，是世界上惟一没有限速规定的高速公路系统，这一状况也不利于公共交通的发展。最近，约翰·普切和克里斯蒂安·勒弗指出："德国人酷爱小汽车交通出行"，他们认为对于大部分的德国人来说，拥有汽车等同于享有政治自由，战后繁荣，及社会经济地位。任何针对高速公路限速的建议，都会毫无疑问地引发德国人呐喊出"自由市民，自由驾驶"这一口号。资助保护汽车运动在德国具有一定的政治性，并与其发达的汽车工业息息相关。但是，令人好奇的是，德国同样也是由"绿党"领导的反汽车或者说环保主义运动最活跃的地区之一。绿党人士大力倡导"绿色"交通模式，即除了汽车，什么都可以。越来越多的民众也开始认同这种观点，他们认为随着交通拥堵的加剧，空气质量会变得越来越糟糕，城市中心区那些中世纪时代的历史建筑也将受到环境恶化的威胁。普切和勒弗的认为"在德国，人们对小汽车的爱恨情节，比世界上任何一个地方都要强烈"。

对于小汽车及其应扮演的角色的意见分歧，也带来了一个好处，那就是在德国，无论自由党人还是保守党人，他们达成了这样一个共识，那就是不管小汽车的未来会如何，公共交通对城市的发展是有好处的，所以应该不断地被扩展和更新现有的公共交通系统。当慕尼黑和德国其他的许多城市在道路建设步伐停滞不前的时期，对公共交通的财政支持却是源源不断。现在大慕尼黑地区一项公开的政策是最大程度地要将驾驶私人小汽车的出行转为使用公共交通。

值得提醒的是，不像本书中提到的其他公交都市，慕尼黑在交通方面取得的成功并不是一项了不起的技术发明，或是卓越的规划理念，更不是一项庞大的工程，慕尼黑的经验向我们展示了采用各项以公共交通为引导的可持续城市发展措施后可以得到的效果。

公共交通与城市

从表面上看，慕尼黑基本上已经具备了一个成功公共交通系统所需要的外部硬件条件。波里斯·普士卡尔和杰弗瑞·祖潘在他们开创性研究报告《公共交通运输和土地使用政策》中指出，为了确保轨道交通服务的投资效益及轨道交通的可持续发展，周围土地使用性质必须具备如下三个先决条件：（1）有一个主要的市中心；（2）高密度的居住区；（3）足够长的放射状土地发展轴线，而慕尼黑同时具备有以上三个条件。慕尼黑大部分地区都是郊区用地特征，并且没有很强的城市分中心，是一个典型的单中心的城市。现今，大约70%的工作岗位都在慕尼黑内环路以内地区，这个地区以慕尼黑市政厅为中心，半径约为4公里，基本上是该市二战前的城市规模。虽然部分被古城墙包围的旧城占地面积仅为整个地区的0.5%，但那里却聚集了全区域25%的零售业商店和12%的工作岗位数。慕尼黑的人口密度也同样符合建设轨道的要求，人口密度为每公顷43人，是德国第三大人口密集的城市。在欧洲，德国的人口密度是第三高的，仅次于比利时和荷兰。慕尼黑区域也是沿着放射状发展的，城市外围地区的建设沿着连接郊区和市中心的放射状通勤铁路和地铁线。慕尼黑面积为310平方公里，现有人口1300万。从市中心向外延展50公里的范围内都属于城区，拥有整个地区三分之二的人口。城市向外扩展的趋势造成出行距离逐步变长，自1970年到1990年，超过35公里的出行次数增加了180%，是该地区人口增长速度的三倍。总而言之，单一的商业中心，高密度居住模式，沿着放射线轴线发展的郊区建设，所有这些使轨道交通自然而然地成为当地的最佳选择。

因慕尼黑土地形态而形成的出行特征是十分适合公共交通出行的。慕尼黑每天的出行总次数为 29 万人次，早高峰出行主要是沿着放射轴从城郊进入市中心，潮汐交通的现象特别严重，高峰方向占了 80% 的比例，公交客流占了总出行比例的 50%。另外，有 56 万 5 千上班族住在城里，公交出行比例占机动化出行的 75%。尽管和世界上大多数城市一样，慕尼黑市放射状的出行占了主导地位，但是这种出行特征正在逐步转变为各个地区交叉式的出行。20 年前，有 90% 的上班族都是去慕尼黑市中心上班。现在，已经有半数住在郊区的人在慕尼黑之外的其他城市上班。从全球角度来衡量，慕尼黑地区在空间发展上还是相对集中的，且居住人口数与就业岗位数往往能够互相平衡。1992 年，市区内出行比市区与区外地区的出行多了 62%。

　　虽然在该地区公共交通起到很重要的作用，但是在一个以放射状出行为主导的和一个有强大市中心的都市里，不断增加的机动车交通所带来的问题是可以预料到的。由于每天都有大量上班族开车从同一方向由郊区赶往市区，在城市中心汇合，因此慕尼黑市内的主干道上交通阻塞十分严重。因为受到环境因素的限制，大规模道路建设已不大可能。因此该区域选择了大力发展公共交通，及推广紧凑型和混合用地的土地发展模式，以应对未来的发展需求。

　　慕尼黑市收集了大量的数据来证明，紧凑型和混合用地的发展模式能够带来较高的公共交通客流及促进地区的可持续发展。表 8.1 显示，在全市的出行中公共交通出行比例与土地密度和离市中心的距离是相关联的。在 1995 年，除去步行出行，慕尼黑市内的公共交通出行占到了全部机动化出行的 45%，占到了去市中心商业出行的 75%，所以公共交通的作用还是很大的。

1992 年慕尼黑市土地利用和出行特征　　　　　　　　　　表 8.1

	慕尼黑市				
	旧城	内城	外城	整个城市	城外
总居民密度（每公顷人数）	72	76	34	43	22
每天的单程出行人数（百万）	0.21	1.19	1.73	3.13	0.33
交通工具所占比例					
私人小汽车	16	31	46	40	78
公共交通	55	34	23	27	15
自行车	5	8	9	8	3
步行	24	27	22	25	4
总计	100	100	100	100	100

　　紧凑型的土地发展模式对推动非机动化交通方面也是极为重要的，在市内距离不超过 3 公里的出行中，步行占到了 48%，自行车出行为 10%；在距离不超过 5 公里的出行中，有 37% 的人选择步行，11% 的人骑自行车。只有当出行距离超过 10

公里时，开小汽车的出行才占大多数。

公共交通和机构组织

　　慕尼黑公共交通取得成功很重要的一个原因就是公共交通和城市土地管理机构间的高度协调。从土地利用的角度来看，政府抱着积极负责的态度努力创建高品质的城市生活，区域性的机构着重制定城市发展的长远战略和政策，为区域的发展明确了目标。从公共交通方面来讲，区域公共交通管理部门负责协调轨道和公共汽车系统的运营服务和票价体系。慕尼黑市的高效率和目的明确的地区管理机制对促进公共交通建设和城市的土地开发的协调发展一直起着至关重要的作用。

　　这一节着重介绍了慕尼黑城市公共交通管理局的发展历程及其在规划、设计和实施和整合区域公共交通系统中的重要作用，以及介绍了整合各种公共交通方式服务与票价的方法。

慕尼黑公共交通管理局

　　慕尼黑公共交通管理局成立于 1972 年，它是一个综合机构负责制定公共交通项目的规划与建设工作，以及统一制定轨道交通和其他常规公交运营时间表和票价。成立慕尼黑公共交通管理局主要是借鉴了汉堡公共交通管理局的成功经验，五年前汉堡成立了德国第一个公共交通管理局。慕尼黑公共交通管理局的管辖范围与地区内大部分通勤者的出行范围是基本上相一致的，管辖范围覆盖 5500 平方公里，共有 2500 万的居住人口，以及基本上涵盖了所有的工作岗位所在地。慕尼黑公共交通管理局执行董事会成员来自巴伐利亚州、慕尼黑市和周边各郊区市的市长。执行董事会制定区域性的公共交通服务计划（如通勤铁路的最大发车间隔和区域公共交通的票价）、票价政策、公共交通基础设施投资项目和运营补贴政策。董事会另一个极其重要的作用就是对各个公共交通运营者提供必要的支持以及确保票价的合理制定，同时他们还会奖励工作出色，业绩突出的运营者。对于一些日常事务，如保证火车和公交的准点运营，划分收费区间，设计多种收费方式，规定工作纪律，制定标准化的服务合同条款，分享营销方式，诸如此类，都会交给有各轨道和公交公司的负责人或部门经理组成的管理层来处理。慕尼黑公共交通管理局在政治上保持中性，他们经常讨论优化区域公共交通系统的服务品质，以及一定程度的运营自由度、运营时刻表和票价能得以良好的协调。

　　现在，德国和中欧的许多大城市都建立了公共交通管理局，许多城市认识到对于发展快和公共交通落后的郊区，这种组织机构对规划和运营一个有效和多种模式整合的公共交通系统特别有效。在吸引乘客和成本控制方面，慕尼黑取得了卓有成效的成就，之所以能取得这些难能可贵的成就主要应归功于"3P 原则"，既"产品（product）"，就是要设计消费者需要的产品和服务，这里指的是制定出科学合理和方便各种公共交通换乘的运营时刻表；另一个"P"就是指定价（pricing），商家确定价格与其预期收益目标是息息相关的，而对于慕尼黑城市公共交通管理局来说，就是既要保证有足够的居民乘坐公共交通工具，又要使公共交通运营商有利可图；第三个"P"就是促销（promotion），即积极兜售自己的产品，比如促使那些经常开车的人转而选择搭乘地铁、电车和公交车。

慕尼黑公共交通管理局管辖范围内的公共交通网络

慕尼黑公共交通管理局需要协调三个不同的轨道运输系统和数家公交运营商，因此，相比其他地区的管理局，它所面临的挑战更大。该地区的公共交通不仅范围广，而且形式多样。慕尼黑公共交通管理局负责管理绝大部分的区域内的公共交通运营服务，从70年代初以来，慕尼黑公共交通管理局正在逐步地扩展该公共交通系统，使之与区域的土地发展形态相适应，同时也促进土地扩展的形态的形成。

慕尼黑公共交通管理局所管辖的公共交通网络共有四个不同的层次。上面两个层次主要提供主干线的公共交通服务，下面两个层次主要是接驳线和支线公交线路。

主干线公共交通服务

慕尼黑公共交通管理局管辖的网络里最上面的两个层次分别是：地铁和轻轨，几乎承担了所有高客流走廊的中长距离的出行。虽然两者都在主要线路上运行，却存在着细微的、却不容忽视的差别。地铁线主要是在市区、地下运行，一般线路之间可以进行换乘，一般站距较短，且发车频率较小（在高峰时期，发车间隔为两分半钟到五分钟）。相反，轻轨的主要作用就是连接城市中心和郊区。通常在郊区，轻轨有沿地面运行和高架运行两种方式，站距一般较长，发车间隔也较大，有些可以达到20分钟；但是轻轨在市中心的部分，往往和地铁类似，也是在地下运行、且站距较近。轻轨一方面大大地加强了郊区的轨道运输服务，另一方面在城区，轻轨穿过的区域一般都是没有被地铁覆盖的，因此它是地铁的补充，而不是竞争者。地图8.1展示了慕尼黑大区地铁快线网络的密集程度。从图中我们还可以看出地铁线路主要是南北方向运行，而轻轨线路主要以东西方向对地铁进行补充。从运营和机制上来看，二者也有很大的区别。地铁是由慕尼黑市政府拥有和控制的。轻轨过去几十年一直都是属于德国国家铁路局的，自从1994年联邦立法制定以来，轻轨的所有权便归属于巴伐利亚州。为了履行欧共体的政策，在公交部门引入更强的竞争机制，这项立法同时规定铁路的基础设施所有权和维修权归政府所有，但是将公共交通的服务分离出来，集体和私人的运营商都有平等的机会通过竞争获得公共交通的运营权。

地铁和轻轨都是在20世纪70年代开始投入使用的，当时，也是为了举办1972年奥运会服务。轻轨主要是在原有的货运和客运铁路线上进行改造建设。轻轨的线路总长达约500公里，延伸到离市中心45公里的地方，总的路线长度是地铁的5

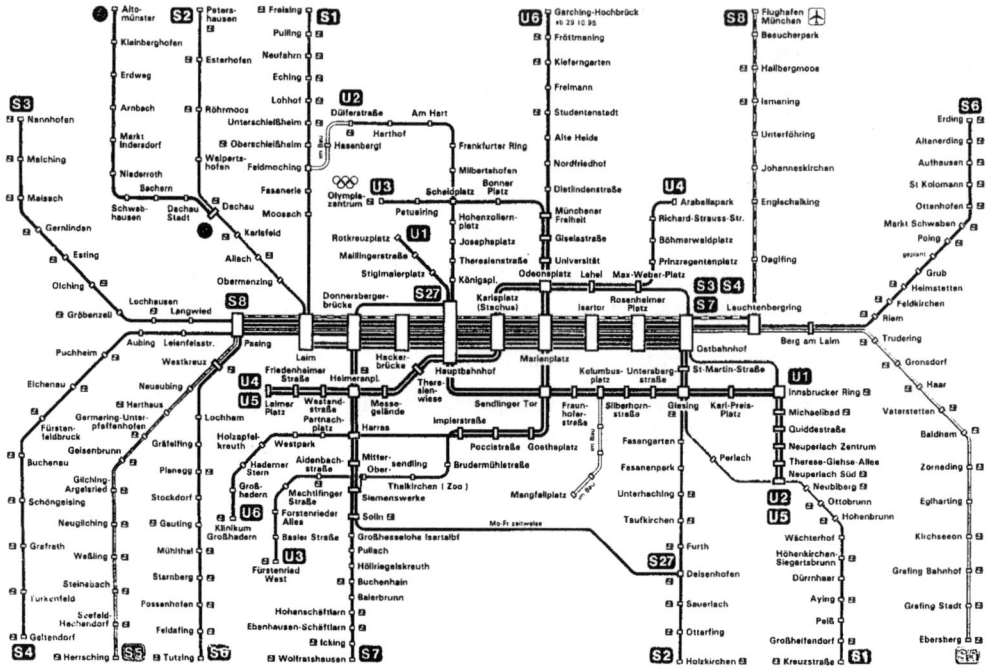

地图 8.1　1995 年慕尼黑市的城市地铁和郊区铁路快速轨道交通系统

倍多。旧城区西部的主站和东部的东站之间有一个 4.1 公里长的隧道，其中有 8 条轻轨线路运行，由于存在运能的瓶颈，所以对车头时距实行了限制，这个问题促使人们提出在南部建设一条绕行线路，由于需要大笔的投资，所以这一建议也不了了之了。慕尼黑的轻轨网络已经基本形成了，没有大规模扩展的计划。相反，城市地铁自从 1971 年运行以来，一直在稳步发展、不断地延伸，从 1983 年的 36 公里增加到了 1995 年的 77.5 公里，地铁线路的总长度几乎增加了一倍。规划的地铁网络总长度为 108 公里，然而建设地铁耗资巨大，平均每公里的造价超过了 8 千万美元，所以何时才能建成规划的地铁网络，目前还很难确定。

接驳线和支线

　　大慕尼黑区公共交通网络的第三级和第四级是有轨电车和传统的公交车，它们作为支线和接驳线，是对第一、二级公共交通网络的补充，但二者在具体功能上也有较大的区别。在慕尼黑，电车也叫路面有轨电车，在交通中起着不可或缺的作用。电车是在专用的轨道上行驶的，具有严格的路权。在大部分街道上，电车轨道与路面交通是分开的。比起城市地铁，电车在城市中心区运行，范围较小，行驶速度较慢，但它却能方便地穿越各个街区。在旧城的那些"公交行人专用道"上，电车与行人共同享用专用的街道，这一景象也时刻提醒着人们，慕尼黑以公交为主导的理念已经得到落实（见照片 8.1）。相对于地铁而言，电车轨道并没有呈现明显的放射状分布，仅有一些新建的线路略微延伸到了城市的北部地区。大部分的电车

照片 8.1　慕尼黑老城区的有轨电车。电车是慕尼黑城市风景线重要的组成部分，在大部分的人行道上都有。因其车速较慢，且能显示出古城的魅力，电车与慕尼黑的步行街道和传统的集贸市场巧妙地融为了一体

都是归慕尼黑市政府所有和负责运营。电车的出现比地铁和轻轨还要早十几年。在德国大部分城市，电车的轨道都在二战之后被拆除了。但在慕尼黑，在地铁和轻轨都无法到达的街道上，我们仍然能看到电车穿行。由于新建地铁的成本过高，慕尼黑政府现在已把目光投向了有轨电车，正在着手实施一项大规模的扩展计划。新投入的电车与轻轨相类似，设备先进，低底板，在街道当中的专用轨道上行驶。在慕尼黑，舆论一致认为，对于生活节奏快，人口密度大的城市来说，电车对方便人们的生活有至关重要的作用，这也是政府决定投入电车建设的原因之一。慕尼黑规划当局所作的一项调查显示，电车与其他交通方式相比主要优点在于：坐在电车上，能够欣赏窗外的风景，感受城市生活；因为是在地面上行驶，因而对于乘客比较方便搭乘；此外，因其车厢较小，且在地面上行驶，所以对于很多人特别是老年人，会比较有安全感。

　　在慕尼黑，对以上三个层次的轨道网络进行补充的是传统的公交线路。由慕尼黑市政府管理的公交线路主要与城市外围的地铁站衔接，人们出了地铁站就可以换乘公交到达目的地。在城外，公交线路的所有权和运营权一般都属于私营企业，这些线路或者衔接轻轨车站，提供短途接驳，或者是提供跨地区的长距离出行服务。一些轻轨车站还有运营灵活的非常规公交服务。轻轨 6 号线的终点站（埃瑞汀站），

坐落在东北部离市区 30 公里的地方，私人公交公司提供一种定时发车，没有固定运营线路的非常规公交线路，把旅客从轻轨站送到边远地区。在车站，旅客可以在一台仪器上选择自己的目的地，然后信息就会被自动地传送到控制中心的电脑里。接着，调度员就会通过对讲机让距离旅客最近的车辆过去接他。自从 1995 年投入使用以来，这项非常规公交、"单点到多点"的公交业务使得埃瑞汀轻轨车站每个工作日额外吸引了数百名乘客。

公共交通的特征和状况

大慕尼黑地区公共交通的运营状况可以通过对各项服务的投入和得到的效果的统计数据来显示。从表 8.2 中可以看出各种交通方式在服务质量，车站站距和运能力方面存在的显著区别。在慕尼黑公共交通管理局管辖范围内，轻轨和公交运行的范围最广，两站之间的平均距离也最长。城市电车的平均站距要比轻轨站距小 6.5 倍，比地铁站距短了 2.4 倍。慕尼黑常规公交每年的运营里程最长，但是由于地铁的车厢较为宽敞，如果按照人均空间计算通行能力，那么地铁系统的运载能力就比较大。因此轻轨的承载能力超过了所有地面交通方式总载客量的一半。但是，这些数据并不能反映出公共交通和当地居民居住模式之间的联系。从人均到达车站的距离的情况来看，慕尼黑的公交在这方面的服务水平还是很高的。现在，大约有 80% 的居民和 95% 在工作岗位，平均步行 400 米可以达到地面车站，平均步行 600 米可以到达地铁或轻轨车站。在旧城，任何一个人距离一种轨道交通车站的距离都可以控制在 400 米以内，因此可以说轨道运输服务的覆盖实现了 100%。由此可以看出公交服务在城市中心区范围内是完全能满足需求的。

慕尼黑公共交通联合管理局公交系统的服务项目和载客能力　　表 8.2

	线路		车站		车辆		载客能力
	数量	单向长度（公里）	数量	平均间距（公里）	数量	年车里程（百万公里）	年载客位里程（百万公里）
城市地铁	9	510	137	3.72	549	17.12	13406
郊区铁路	6	92	68	1.35	420	9.34	6652
有轨电车	9	85	148	0.57	188	6.52	1145
市内公共汽车	75	703	816	0.86	508	31.54	2449
郊区公共汽车	170	3541	2220	1.59	394	13.65	970
总计	269	4931	3389	1.46	2059	78.17	24422

注：载客能力根据慕尼黑公共交通联合管理局的设计标准计算，每平方米载客 4 人。城市地铁平均座位数为 194 人和站立人数 254 人，每列有三节车厢，一列车能载 1344 名乘客。郊区铁路有 98 个座位和站立人数 192 人，平常每列有两节车厢，一列车能载 580 名乘客；在高峰期，有三节车厢，能载 870 名乘客；新的有轨电车有 82 个座位，可以站 92 名乘客，按两节车厢算，能载 358 名乘客。

慕尼黑城市公共交通管理局管辖的各项交通方式其客运量和服务质量的对比参

见表8.3。主要轨道运输线路客运量占到了当地所有交通方式总客运量的62%，地铁在1994年的年客运量达到了2.84亿，居各种方式之首。由于郊区的出行距离一般较长，轻轨占全部出行方式的57%。表8.3还清楚地显示了各种公共交通方式的效率。地铁每公里运营里程的客运量是最大的，大约是1994年区域范围内平均每公里客运量的3倍；如果考虑了出行距离的长度，那么轻轨是最大的（公里数×乘客总数）；而从平均载客量来看，市区有轨电车是最高的。

1994 年慕尼黑公共交通联合管理局公交服务的需求和运行特点　　表 8.3

	年乘客量（百万）（换乘数量也计算在内）		服务效率		
	数量	乘客公里数	乘客数/每节车厢里程	乘客里程/每节车厢里程	满载率（%）
城市地铁	225	3014	13.1	176.1	22.5
郊区铁路	284	1209	30.4	129.4	18.2
有轨电车	88	276	13.5	39.3	24.1
市内公共汽车	183	534	5.8	16.9	21.8
郊区公共汽车	30	230	2.2	16.8	23.7
总计/平均	810	5263	10.3	67.3	21.6

来源：慕尼黑公共交通联合管理局 1995 数据

慕尼黑公共交通管理局的发展趋势

慕尼黑公共交通管理局成立后最显著的变化就是公共交通的机动性扩大了，公共交通方式在出行中所占的比例稳步增加。1975年的公交出行比例是30%，到1980年增加到了36%，1990年为38%，截止到1994年，公交出行比例已经达到了42%。与此相反，德国另外两大公共交通管理——汉堡和鲁尔河工业区的公交出行比例在同期却呈下降趋势。虽然公共交通方面的票价在不断地增加，但慕尼黑公交系统能保持其服务范围不断扩大和增加客流，要做到这一点是很不容易的。为保持良好的公交财政状况，慕尼黑城市公共交通管理局根据通货膨胀率和转嫁运营成本，不断地提升票价。在过去的20年里，大慕尼黑地区公共交通票价的涨幅比德国其他的城市都要大得多。因此，慕尼黑公共交通管理局的票款收入和运营成本的比率一直保持在45%～50%的范围内，根据同期通货膨胀调整后，给每个出行者的公共交通补贴费用基本保持不变。相比较德国其他的公共交通管理局，约翰·普切和斯蒂芬·科斯认为慕尼黑在降低公共交通运营成本及补贴方面做得是最成功的。

影响乘客运量和公交出行比率的因素有很多，最重要的因素之一就是公共交通的发车频率和服务质量。自1972年慕尼黑城市公共交通管理局成立以来，截至1992年，公共交通人均运送距离增加了62%，这主要是因为地铁和轻轨线路的不断延伸。由于慕尼黑公共交通系统内各种方式的发车时间互相协调，与20年前相比，乘客所需的平均换乘时间大大减少了。

慕尼黑公共交通发展的经验更加证实了这一普遍观点：顾客对服务质量的敏感度远比对价格变动要强。比起费用低廉服务质量也差的服务，人们更欢迎价格虽高但服务质量好的公交服务。

服务质量的提高

除了提高轨道和公交车的数量和服务质量，慕尼黑城市公共交通管理局还采取了其他改进措施，如通过市场开发和广告宣传采用前台、电话、网络或光碟等方式，提供每一条公共交通线路的时刻表、线路走向以及票价信息。旅客只要提供出行的起点和目的地，电脑程序就能给出最佳的路线和时刻表。

慕尼黑城市公共交通管理局的票价体系因为统一的票价和高效的换乘，因而取得了好评。顾客可以通过全市分布的400处的售票处及1500个自动售票机根据需要选择月票、现金买票或购买联票。检票则是全凭自觉，据统计，平均每200个乘客中只有一人次逃票。科学设计的区间划分体系（包括134种不同的区间收费组合）使收费更加合理，票价直接与出行距离挂钩。同时，还有短途调整：通常出行距离在同一个区间内，则只需要两张联票，而搭乘距离在五站地以下的，则只需要一张联票。然而，如此灵活的收费体系也有不利的一面。普切和科斯将其评价为"极度复杂的收费体系"，"比世界上任何地方的收费体系都要令人困惑"。尽管他们也承认，慕尼黑公共交通系统上乘的服务质量大大弥补了收费体制的不足，但复杂的票价标准仍给参观者和游客带来了诸多不便。对于当地居民来说这不是个问题，因为他们大多都使用月票。为了解决区间收费的复杂问题，慕尼黑公共交通管理局引进了一种专为游客设计的三天票，凭此票可以在三天内任意乘坐指定的所有交通工具。

慕尼黑出众的公交服务质量和其完善的集成体系，同时也体现在具体细节的设计上。沿慕尼黑中心的轴线步行专用道，从卡尔斯广场到玛丽安广场，多层地下隧道使得各种短、中、长途的地铁和轻轨线路能够交织在一起，从而方便了乘客的换乘。步行大街上的主要站台都是中央站台，且对应线路共有三层站台，并且有电动扶梯，因此乘客可以在三层站台的各条线路之间方便的换乘。电梯的运行也讲求效率高。在一些站台，只有一台电梯，运行方向是根据需求而定的。当乘客不是很多时，电梯运行一次后会停休好几分钟，这样的设计不仅节省建设费用，而且还省了电费，乘客的需求也得到了很好的满足。近些年，慕尼黑公共交通管理局逐步重新设计和改善了数百个公交车站，以提供舒适的座位、增加照明以增强安全性、并增加了其他的安全保护设施。公共交通之所以被德国人看作是二等服务是因为其主要服务于学生及工薪阶层，如果想让中层收入的小区居民远离他们的私家车，慕尼黑公共交通管理局就必须做出更多的努力，为人们的出行创造更多的便利。

停车换乘方案

另一个有助于提高慕尼黑地区公交搭乘率的因素是慕尼黑公共交通管理局兴建的大型停车换乘设施。目前，在轨道交通车站附近已经修建了25000多个用于停车换乘的免费停车位，并计划下一年再增加 18000 个车位。停车换乘是公交服务适应于分散型用地模式的好方法。从某种程度上来看，此举是双刃剑，有利有弊。一方面，停车换乘方案是公交赢取郊区居民青睐的关键，尤其是像慕尼黑这样市区高度集中、呈放射状发展的大都市，只要轨道车站停车换乘方便，那么乘坐轨道交通比自己开车往返市区要更快。另一方面，自驾车、停车、换乘公交的方案对改进空气质量及降低能量消耗作用不大，因为这部分人的自驾车行程一般较短，而短程车的引擎燃烧效率相对较低，尤其是当车辆陈旧的时候。批评家们也抱怨，停车换乘实际上使私家车出行更加方便，因而导致城市形态的无规则蔓延。权衡利弊，慕尼黑公共交通管理局的官员认为停车换乘方案利大于弊。越来越多的城市规划者趋近于接受停车换乘方案，认为它能带来很多好处：可以使小汽车停在城市边缘而不是停在城市的核心区；间接的刺激小城镇的商业和商店繁荣；通过乘客数量的增加从而帮助维持公共交通的服务水平；减少城市中心区的停车需求负担；从而在多方面保持一个城市的强大和有活力。

慕尼黑公共交通管理局的一个停车换乘设施的一个典型案例是毗邻地铁佛罗特曼宁站、位于 A9 高速公路（连接慕尼黑与纽伦堡）旁的换乘停车场。这个停车场可以容纳 1270 辆小汽车和 80 辆大客车。在高峰期，地铁每 10～15 分钟一趟，居民从这里开车 15 分钟就能到达玛丽安卡广场。这个换乘停车场都有一个矩阵视频系统，可以随时显示停车场内的实时车位信息，在显示剩余车位信息的同时，还能提示下一班开往市中心地铁的离站时间。此外在必要情况下，还能显出下游交通状况信息和交通事故等信息。只要车辆到了换乘停车场入口，同步监控系统就能引导驾驶员进入最近的空车位。这些实时显示的信息来源主要是安装在停车场入口和各出口匝道上的激光扫描仪、以及各停车位的声频检测器提供的。有调查显示，在佛罗特曼宁站车站被乘客提起的频率最多的词就是"大屏幕"，因为乘客们往往需要靠着它来帮忙实现停车换乘的过程，从而顺利的搭乘地铁去上班。

公共交通与城市发展的协调

慕尼黑的成功不仅仅是因为公共交通能够良好地与出行的起点和目的地相匹配，此外，还与慕尼黑市数十年来执行的土地发展政策有关。土地发展政策的目的是让城市沿轨道车站发展，这样的规划方法也就形成了居民出行、目的地的模式必然是和轨道交通是密不可分的。在协调公共交通与城市的发展相协调方面，无论是地方还是市政府，都作出了很多的努力。

区域规划计划

几十年来，慕尼黑各个地区都有各自的长期发展规划。领导力量是慕尼黑地区协会，由 145 名从慕尼黑及周边社区选举出来的官员组成。根据联邦及巴伐利亚法律，该协会只能制定宏观的地区发展政策，但对土地进行分区及土地使用的控制仍属于地方政府的权利范围。然而，该协会完全有权否决地方政府的决策以确保各个社区所制定土地使用政策与整个城市的发展政策相协调。该协会的专业规划人员的主要职责就是确保各个分区每年通过审核的600多个地方规划与已经制定好的大慕尼黑的发展目标、纲领相一致，从而确保慕尼黑的发展。

    自1963年第一个慕尼黑大区的区域规划出台以来，慕尼黑的土地发展规划就与公交发展紧密地结合在一起。最早的规划强调了建设放射状大都市的概念，并促成了新建地铁与轻轨的交通体系的决策。在接下来1975年的规划里，设想了在慕尼黑大区中有多个中心共同发展的形态，因此建设了几条沿各分中心（组团）边缘切线而过的轨道线，并提出了围绕分中心建设轨道线的设想。随后几次的规划修订进一步明确了多中心主义的理念，这里所指的多中心不是单纯的在地图上标注出几个中心点而已，而是强调各个分中心之间紧密地联系，各分中心的土地利用模式与城市的总体设计相结合，从而提高整个城市的宜居性与可持续发展的能力。全市范围内都达成了一致意见，认为针对将来可能存在的出行增加问题，必须依靠公共交通方式予以消化和解决。区域法规提倡引导增长的人口到沿轻轨走廊坐落的混合用地的小城镇。照片8.2所示的札美拉公园就是一个很好的例子。区域协会还规定了

照片8.2   札美拉公园，这是一个19公顷混合使用的方案，包括1300户居民，一个带零售商店的社区中心，500000平米的办公空间，一个湖，所有的这些到伯格阿姆兰姆郊区铁路线只有数步之遥。规划还呼吁最终要将郊区火车车站搬到札美拉公园社区中来。

大规模的居住、商业和工业的发展必须围绕轨道车站建设。土地的价格会因为位置不同而有区别，这种基于公共交通出行的郊区地区成了商家经营地点的理想选择。目前，郊区轨道车站附近的地皮比远离车站的地皮相比要贵出30%。

　　区域增长的控制管理已经进入日程。为了在发展快速的地区促进就业居住的平衡发展，尤其是在慕尼黑的国际机场地区，最近几年来很多高科技企业云集在此，地区规划要求每公顷商业或工业开发必须附带两公顷的住房开发。有调查表明在机场地区附近的工作人员大部分都居住在附近居民区中，控制增长的效果已经初见成效。

紧凑化、城市化、环保的慕尼黑

　　慕尼黑市内对公交主导型交通体制建设也势头十足。自20世纪80年代中叶以来，慕尼黑规划者大胆地寻找将中心城市区域作为生活与工作混合使用的社区的方法。21世纪以来慕尼黑采用了"紧凑化、城市化、生态化"的口号。现在规划号召城市沿轨道的车站发展，并且控制地铁和轻轨车站附近的建筑容积率（建筑的面积除以所占土地的面积）在0.9~2.5范围内。在地铁和轻轨车站半径600米的距离内（大约合步行10分钟的距离），以车站为核心形成每150米一个环形带，建筑允许密度从内到外逐渐递减（类似于婚礼蛋糕）。在最内侧的150米环内，容积率的范围在1.2~1.6之间，车站就紧邻城市的二级中心区，这些地铁站周边的中心地区就是将来会大力发展的地区。而对于大部分相对远离中心区的车站，其周围的商业、住房建筑容积率一般都是介于0.9~1.2之间。

　　慕尼黑规划最成功的社区之一就是阿拉贝拉公园，坐落在玛丽安广场东北4公里外的U4地铁线上，堪称是未来公交引导发展模式的典范。阿拉贝拉公园是个充满活力、多姿多彩的社区，由于是从老城发展过来的，所以很明显能感受到城市化的痕迹（见照片8.3）。20世纪60年代中期实施了大规模的重建工程，地铁站位于社区中央，住房、办公、商店及其他社区设施相互混合，而所有这些地方到地铁站都仅需很短距离的步行。阿拉贝拉公园有10000个长期居民及18000个仅白天在这里工作的人，因此这里总是有很多人。阿拉贝拉公园建设的第一阶段采用公交引导的设计理念（斯堪的那维亚模式，北欧模式），不同地块的用途、用地性质不同，推行4~17层的建筑。阿拉贝拉公园的第二阶段完成于80年代早期，采用了更为人性化的设计，为3~6层高的建筑，风格与以前的建筑迥然不同。最新阶段的设计比上一阶段的要密集一些（建筑容积率由1.0变为1.2），但是更注重内部空间及风景的人性化与亲切感。由于禁止机动车进入社区，内部风景宜人的小径随处可见，因而阿拉贝拉公园是一个很适合散步或骑车的好地方。阿拉贝拉公园的休闲广场到处可见花店、水果摊、室外咖啡店，并且还有城市艺术品与喷泉，是整个社区心脏与灵魂，阿拉贝拉公园环境的优雅和宜人的居住条件，毫无疑问是得益于公交的便利：居民购物一半以上都是步行或骑自行车，有65%的工作或上学出行是搭乘

照片 8.3　阿拉贝拉公园。以地铁站为中心，是一个迷人的，经整体规划的混合用地的社区。社区内环境优美，不许机动车辆行驶，所以步行和骑车是在社区内出行的最好选择。在第二发展阶段，基本上是低层的坡顶结构（图片中间），这与北边的第一阶段发展的高楼大厦密度一样高，但第二阶段发展的住宅更人性化

各种形式的公共交通工具。

促进环保的交通

在规划公交引导型社区的同时，还需要一系列的配套措施，包括将人们从私家车里"推"出来，"拉"向地铁、轻轨、电车、公共汽车、步行便道上。慕尼黑已经采用了这个称为"推拉政策"的交通管理方案。最先用来减少小汽车出行的措施是停车控制。大幅减少路上停车位，尤其是在火车站附近及市中心地区。同时，老城区内部和周边的计时收费停车场进一步的扩建。另外，在 1990～1995 年间，路侧停车的费用翻了一倍，而且为了避免长时间的停车，停车计价表被改装，只允许一小时以内的停车。在慕尼黑市中心，禁止新建路外停车场（或是停车楼），整个城市的社区停车都要有许可证才行。

在大幅提升公共交通的设施与服务外，还有一系列的措施力图让众多市民、上班族接受绿色环保的交通模式，尤其是非机动化交通。环保学家近期指出，尽管历来城市在交通方面的投资支出都流向了机动车交通，但如今慕尼黑市民平均每天的92 分钟出行里，步行与骑车的方式就占了 47%。在最近的投资中，有一项称为

"提升休闲场所"，主要内容包括：扩大、拓宽人行道网络；在繁忙的交叉口建造行人和自行车天桥和地下通道；修建几条步行街、禁止小汽车入内；增加自行车专用信号相位和优先拐弯权；重新设计交叉口，用限速标线、设置瓶颈、街道树木、减速带等手段使车辆在即将进入交叉口时提前减速；在所有的地铁站和轻轨站附近提供自行车寄存处甚至是自行车停车库等。这些措施的核心是步行化。这些步行化的道路可以分为三个层次：第一类是完全步行化的街道，只允许行人步行，其他一切交通方式都是禁止的；第二类是允许自行车、有轨电车、公交车进入，与行人共同使用街道；第三类是只在第二类的基础上，允许特定机动车进出，如附近居民的私家车或给本地配送货物的货车（如照片8.4）。

　　现在，慕尼黑是世界上骑自行车最方便的城市之一，共有644公里的自行车专用道（其中456公里的是在街道上通过标线隔离出来的自行车专用道，51公里是城市道路网等级最低的小路，还有137公里是在公园及绿地内部的独立自行车专用道）。在市内地铁站和轻轨站及其附近有超过35000多个室内自行车停车位，既遮风挡雨，又能保障安全。这些改进措施已经初现成效：现在，老城区以及沿景色优美的伊莎河沿岸专用自行车道上，骑自行车出行的人占到了24%，在其他设有自行车专用道的地方自行车出行比例达到了14%。由于绿色环保者的坚持，就连公共政策都对自行车使用者与步行者格外照顾。德国与巴伐利亚税务法规定，使用自行车或步行上班的家庭，每出行一公里可以少交7个芬尼的个人所

照片8.4　在旧城一个半专用的步行区。在这条街上只允许有轨电车，自行车与行人分享街道，有特殊许可证的其他机动车只能在特定时段内可以进入。使用街上的花坛，以及砖块铺地，都是为了将交通宁静化。

得税（约合 4 美分）。

慕尼黑的启示

　　慕尼黑，这个以汽车制造工艺发达、高速公路没有限速而闻名的城市，其公共交通取得的成就就显得更加引人注目。在德国，大多数地区的公共交通作为一种出行方式已经逐渐弱化，慕尼黑的公共交通却能一直保持着重要地位。即使在高速公路发达的地方，公共交通的发达也不会阻碍城市的发展或出现经济衰退。慕尼黑被看作是德国最吸引人、居住最舒适的城市，是外国人来德国旅游的首选之地。在过去的十年里，慕尼黑成为欧洲主要的高科技中心，超过 4000 多家公司在这里落户，主要涉及微电子设备的研发和制造、精密仪器、以及电脑软件等领域。慕尼黑的经验告诉我们，高质量的公共交通服务是与生活的高品质、城市环境以及经济发展的可持续性息息相关的。

　　慕尼黑作为一个公交都市也是具有双重性的。当然，这种双重性遍及德国政治生活的各个方面，比如，一方面保守派积极推进机动车驾驶者的利益，另一方面，环保主义者在积极维护非机动车使用者的利益。但是，这种双重性还体现在慕尼黑地区最基本的公交与城市形态的关系上。慕尼黑市区是典型的公交引导型城市，但其郊区就像其他地区一样，并非是公交引导型的。但是通过对公交的巧妙设计和配置，完全可以为分散发展的郊区提供良好的公交服务。公共汽车与电车的良好衔接，加上还在不断扩建的高科技停车换乘设施，使得郊区居民也能享受到轨道交通带来的实惠。因此，慕尼黑的公交都市双重性，体现在公交既充当引导城市发展的角色，同时也需要去适应城市自身的发展状况。同时，双重性还体现在干线与支线公交服务的互补性上，支线服务又是由公有和私营部门共同提供。在公共交通服务与城市发展间的组织协调方面，既存在双面性也有互补性。慕尼黑公共交通管理局主要致力于协调各条线路的运行时间表与票价，并取得了杰出成效。他的双层组织结构确保了决策制定的有效性与合理性：执行委员会负责制定服务和收费的政策，公交管理部门负责每天的运营情况。在土地使用方面，慕尼黑公共交通管理局相当于就是慕尼黑的地区协会，在城市自身的发展扩大方面去与各个部门协调。土地使用政策本身就具有两面性，一方面轨道车站周围的确的规划设计要依据这个地区将来会成为出行产生地和大规模发展地区的特点来制定，另一方面车站外围地区却又完全按照市场化模式去操作。因平衡互补的土地使用规划而产生的各种交通管理策略，也体现了双重性，即慕尼黑的"推拉政策"，促使了交通方式的转换增加：严格的停车控制政策确实把人们"推"出了自己的小汽车，而精心设计的自行车道、步行区、机动车低速行驶街道等的出现，又将人们"拉"进了公交模式中。

　　总之，慕尼黑的经验是多方面的，无法用只言片语来简单概括。也许最有价值的经验就是一个可持续发展的公交都市，不一定就是按照某一个一成不变的规划理念或是沿袭一个固定的范本。成为公交都市的道路可能有很多种，有些措施看起来很小，但是却能发挥很大的作用。在一个城市或区域该如何发展方面并没有一个绝对权威的观点，不是一定要发展斯德哥尔摩、哥本哈根、新加坡的模式，但是现在普遍认为建设和维护一个先进的公交系统，是对这个地区的长期发展最有益的。从这些城市的经验来看，即使是在高速公路主导的国家，适合的机制与方法也可以实现公交都市的美好理想。

第九章

公共汽车专用道系统和混合型的
公交都市：加拿大渥太华

　　在一个富有远见规划的指导下，大渥太华地区建立起一个功能性极强的公共汽车运输系统，它很好地适应了该区域混合的用地模式——一个紧凑的城市中心和分散式发展的郊区。渥太华有专用路权的公共汽车专用道系统，不仅在许多方面具有轨道公共交通系统所具有的优势，而且公交车辆还可以灵活地驶出和驶入专用道系统，因此减少了不必要的换乘。公共汽车专用道系统还具有灵活的优势，比如能够分阶段建设与投入运营。目前，渥太华的公共汽车专用道系统每天运送20多万人次，乘客往返于城市活动中心之间。在出行高峰时段，进入城市中心区总出行人次的近四分之三是由公共交通承担的，在去往郊区购物中心和就业中心的出行中，渥太华的公交出行分担率也与北美许多同等规模城市的市中心公交出行分担率相当。渥太华公共汽车专用路系统最重要的服务特征，就是能够采用直达快车和大站快车的运营形式，为乘客提供在居所和上班场所之间直接的、无需换乘的通勤运输服务。今天，在区域内乘坐公交快线，最多只需要一次换乘就可到达所有的主要就业中心，而无论这些就业中心是否在公共汽车专用道沿线。与通常人们的想法不同的是，渥太华证明了公共汽车专用道沿线也能够吸引高密度的发展，包括高层公寓项目。由此看来，无论所采用轨道交通还是地面公共汽车系统，只要是高品质的公共交通服务都能促进城市的发展。

　　加拿大的大渥太华地区是个真正意义上的混合型都市，作为一个有着72万人口的北美大都市，其中心区用地相当紧凑，但中心区外围的卫星城却是典型的北美郊外卫星城的风貌。渥太华市城市规划的特色之一是其拥有一条环绕着市中心，在二战后建成的，在郊区的城市绿带。这条绿带于1959年建成，是经由当时的加拿大议会决议批准的，被用于限制城市的无序蔓延和保护区域内的开放空间。与斯德哥尔摩一样，随着时间的推移，这条受到严格保护的绿带对引导城市形态发展起着关键的作用，使得公共交通服务能很好地适应大渥太华地区高密度和低密度相混合的土地使用状况。随着近年来该区域城市空间形态采用跨越绿带在市郊两个外部集团集中发展，以公共汽车运输为主导的公共交通系统，由于其具有的极高的灵活性，是最适合大渥太华地区的土地形态的一种公共交通模式。

渥太华公共交通系统的核心部分是一个完全与其他交通模式相隔离的、有专用路权的公交专用道网络（当地人称之为 Transitway）。地图 9.1 所示为区域内 31 公里长的公交专用道网络，这也是北美地区最大的公交专用道路系统，此外，地图中还展示了环绕渥太华市和战后形成郊区的绿带。在这里，公交专用道具有扮演着双重角色：公共汽车可以使用专用道通过它驶入市城市中心区；同时，公共汽车可以灵活地驶出和驶入专用道，因此它就能为低密度开发的郊区提供无需换乘的公交服务。在大渥太华地区，公共交通系统与城市形态间的关系也呈现出二元性：一方面，公交系统通过自身调整适应了低密度的发展形态；而在另一方面，它又促进了许多公共汽车专用路车站周围的土地高密度使用。公共交通系统适应于城市形态，而城市形态也促进公共交通系统的发展，这并不是偶然发生的，而是像斯德哥尔摩和哥本哈根那样，公共交通系统与城市形态相互整合，以及该区域规划理念被付诸实施。

渥太华卡尔顿区域

渥太华卡尔顿区域共有 11 个城镇，加拿大首都渥太华市是其中一个城市，共有人口 325000 人。该区域地处安大略省的东北部，渥太华河的南岸，还辖有广大的乡村地区，区域总人口数为 73 万，其中超过 90% 的人口居住在绿带内的地区。

经济和增长

在 20 世纪 80 年代期间，渥太华卡尔顿区域的人口以每年 2.1% 的幅度增长，这一增长率高于加拿大其他都市区。这些增长的人口有相当部分都集中在绿带外新城镇的市中心及其周边地区，特别是区域西部的卡那达和东部的奥兰（地图 9.1）。尽管在 20 世纪 90 年代，受长期经济萧条的影响，渥太华卡尔顿区域经历了与加拿大其他地区一样的经济增长放缓现象，但该区域仍是全国经济状况最为健康的区域之一。1992 年，该区域的人均可支配收入高出全国平均水平 33%，高出安大略省的平均水平 18%，比大多伦多地区高 12%。

与其他许多国家政府所在地不同，渥太华卡尔顿区域并不仅仅依赖于单一产业。虽然联邦政府依然是该区域最大的就业岗位提供者，但政府公务员职位占总工作岗位的比例已经从 1981 年的 33% 下降到 1996 年的 20%。今天，该区域是加拿大高科技企业最为集中的地区，商业服务和与医疗相关产业的工作岗位也在不断增加。

渥太华市的市中心（如地图 9.1 中的插图所示）聚集了该区域四分之一的工作

岗位和大约一半的联邦政府岗位。与整个北美的发展趋势一样，这里的就业岗位也正在迅速地郊区化，然而在该区域的长期规划中，这一特点并没有被忽略。

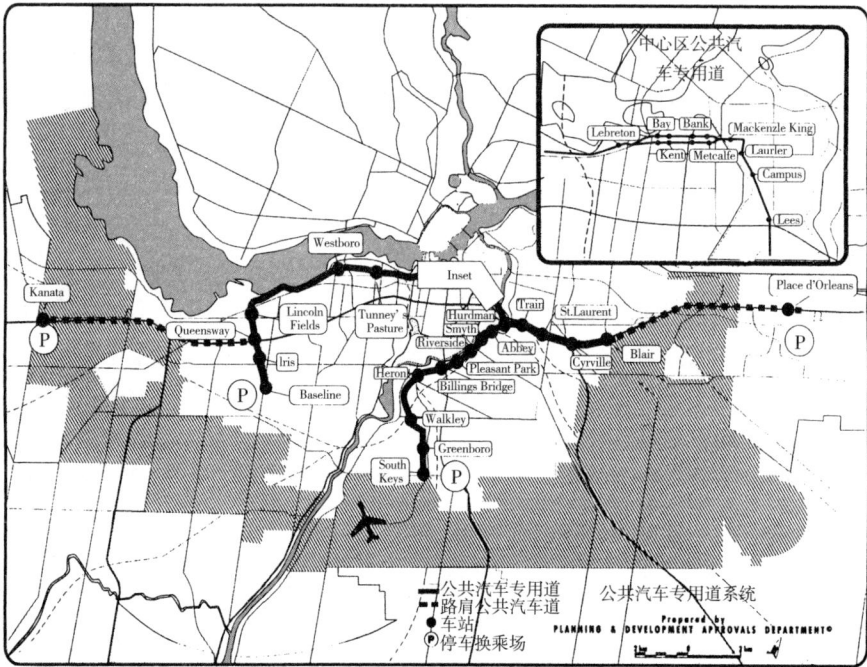

地图 9.1   大渥太华地区内的公共汽车专用路和绿化带
资料来源：渥太华卡尔顿市镇区域政府，规划和发展核准部，1997 年

管理机构的构架

合理的区域规划和高超的规划管理能力是渥太华卡尔顿区域成功地将交通系统和土地发展紧密结合的基本要素。渥太华卡尔顿市镇区域政府是二级市镇政府构架中在上级的一层，由安大略省政府参照大多伦多市的模式在 1969 年组建，负责在相当于大多伦多市四倍面积的管辖区域内制订和执行综合规划、投资主要的基础建设和提供公共服务。区域政府中选举产生的成员任职于区域议会，区域议会的职责包括监管区域内的公共交通服务和规划未来的发展。区域议会指派其议员加入渥太华卡尔顿区域公共交通委员会，该委员会负责区域内公共交通系统的运营和管理。区域议会中常设机构交通运输委员会则管理着公交专用道系统。

地方市镇政府是二级市镇政府构架中在下级的一层，主要承担市镇内的功能，如垃圾回收和消防等。地方市镇政府也通过制订土地区划法规和批准土地分割发展的权限来控制土地的利用。虽然区域议会对地方市镇政府在用地区划法规和土地规划发展上有批准权和否决权，但在实际操作时，除非地方市镇政府的决定与区域政府的法定规划有严重的冲突，区域议会很少会推翻地方市镇政府的决定。此外，安大略省政府由于负责拨款补贴区域中的公交服务以及授予区域政府立法权，联邦政府尤其是国家首都委员会因为在此区域里拥有大量的土地，也在规划的制订中扮演着举足轻重的角色。

创建一个公交都市

渥太华卡尔顿区域为如何成功协调交通系统和城市发展提供了范例。一个强有力的规划描述出一个理想城市安居模式的远景，为最终打造出一个世界级的公交专用道系统铺平了道路。

法定规划

法定规划对于创建一个拥有切实可行公交服务的都市起到了至关重要的作用，它提出了整个区域的发展政策，确定了主要的土地利用的类型和位置，并确认了支持土地发展目标的基础建设投资项目。法定规划的制订和批准是渥太华卡尔顿市镇区域政府和 11 个地方市镇政府共同的职责。

区域发展战略

与其他所有优秀的城市规划一样，区域议会首先建立起一个未来发展的长远规划。20 世纪 70 年代初，在筹备建立区域政府的几年间，区域议会举办了历时一年的活动，来探求各阶层市民的相关意愿，以确定区域未来理想的用地模式——这在法定规划中被称为区域发展战略。1974 年，区域议会批准了一个多中心的城市结构：即渥太华市的市中心将保持其作为整个区域主要商业、就业和文化中心的地位，在其外围则有层次地环绕着一级和二级的城市中心。在这些城市中心的外围，则广泛允许市场力量主导的土地发展形式，包括低密度的蔓延式发展。

为实现这样的城市用地结构，所采用的主要手段就是公共汽车专用道系统。1974 年版的法定规划只是提出了公共汽车专用道的概念，要求城市发展要集中在大容量交通轴线沿线（地图 9.2）。后来修订版的法定规划更为详细地确定了那些在规划中被称为混合用地的市镇中心，并确立了它们与公共汽车专用道之间的空间关系（地图 9.3）。

当有了一个未来发展的长远规划，以及通过建设公共汽车专用路系统将这一长远规划变为现实的共识后，区域议会将重点转到土地利用和开发的管理上，决定采用以公共交通引导城市发展的政策，鼓励公共汽车专用道车站附近工作岗位数占区域总就业数的比例持续增长。长期的目标是要实现区域内 40% 的工作岗位都位于公共汽车专用道车站周边的合理步行距离（400 米）之内（1996 年该比例约为 32%）。这就意味着在今后 20 年里，区域内一半以上的新增工作岗位都要集中在公

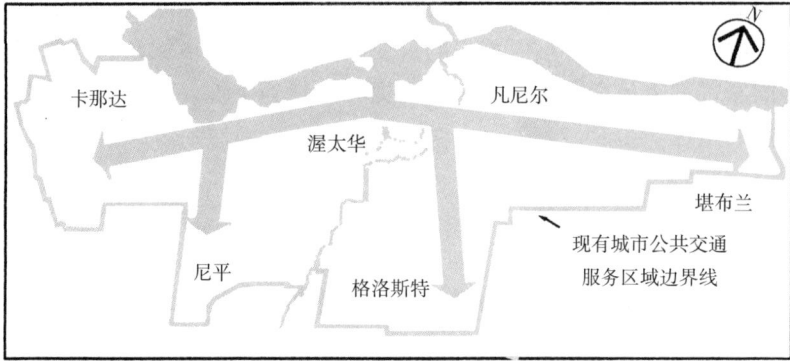

地图 9.2　1974 年版法定规划中的快速公共交通系统概念图。最初的法定规划仅仅是概念性地勾
画出一个包括 5 条公共汽车专用道走廊的系统，该系统最终会被延伸到达位于绿化带之外新发展
的市镇地区

资料来源：渥太华卡尔顿市镇区域政府，快速公共交通系统评估研究（渥太华：渥太华卡尔顿市镇区域政府，1976 年）

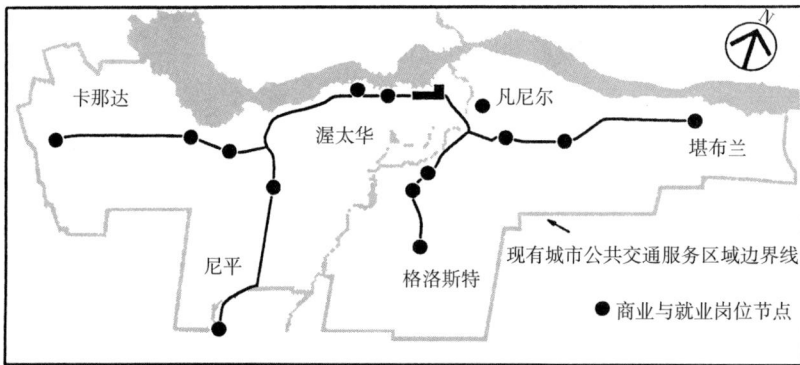

地图 9.3　区域的增长中心和公共汽车专用道系统的发展策略。以后更新版本的法定规划进一步
清晰地勾画出 31 公里长的公共汽车专用道系统，该系统连接着绿化带内外的多个市镇中心

共汽车专用道车站附近。

　　法定规划对什么是由公共交通系统支撑的多中心都市做出了精确的阐释。在整个
多中心的城市层次结构中，仅处于渥太华市市中心下层的是九个主要就业中心，它们
都分别位于公共汽车专用道现有或规划车站 400 米的覆盖半径之内，并集中有 5000 个
甚至更多的工作岗位。卡那达和奥兰这两个主要的郊区工作岗位增长点，都将提供
超过一万个新的工作岗位。按照规划，主要就业中心将建有办公楼、商店、宾馆、
政府机关、社区活动中心和市政公用设施等多种设施，这些设施在建筑风格上相互
协调。主要就业中心在满足了工作岗位数量的要求后，也可以开发住宅项目。

　　城市结构中更低一级的是次级就业中心，每个次级就业中心被规划提供 2000
到 5000 个工作岗位。次级就业中心可以建在公共汽车专用道之外，但必须享有频繁、有效的全日公交服务。

法定规划也涉及到其他的土地利用形式及其与公共交通服务之间的关系。规划要求区域内毛出租面积超过34840平方米的购物中心,都必须建在公共汽车专用道或规划的延伸线附近。大多数的新建居住区也必须与主要就业中心和次级就业中心相连,以避免用地发展的相互孤立,而不连贯的用地模式恰恰难以被包括大容量公共交通在内的公共服务有效覆盖。

交通战略

交通战略是法定规划中区域发展策略的重要补充,其作用是确定交通投资,以及进一步细化公共汽车专用道的概念。

公交优先政策

最近20年来,法定规划中凌驾一切的目标就是:依靠公共交通来提供更多的交通系统容量,以满足区域未来发展的需要。1974年版的法定规划包含了"公交优先"的理念:现有公交系统的改善和快速公共交通发展优先于一切形式的道路新建和扩建工程。在法定规划中特别要求创立快速公共交通服务,但未提及所倾向的具体线路或公交技术。

渥太华卡尔顿区域的公交优先政策取得了很好的成效。从1975年到1986年间,公共交通系统承担了约三分之一的区域新增出行量,以及几乎所有出入渥太华市市中心的新增出行量。在这期间,区域中心区的道路网几乎没有进行扩展。事实上,在1986年,晚高峰时驶离渥太华市市中心的机动车数量甚至少于1975年。

公共汽车专用道系统

公共汽车专用道系统是区域议会全力推动公交乘用和多中心都市发展战略的基石。公交专用道的想法是在20世纪70年代初浮出水面的,它被认为既能引导区域发展,又能满足由人口快速增长带来的交通需求。当时北美地区每一个中等规模的城市在投资新的公共交通系统时都选择了非常流行的轻轨技术,如卡尔加里和埃德蒙顿在70年代和80年代分别建成了区域轨道交通系统,同时期全国第三大城市温哥华建成名为"天车"的先进高架轻轨系统,而渥太华卡尔顿区域却选择了公共汽车专用道。虽然选择公共汽车专用道的决定使得渥太华卡尔顿区域在同类城市中显得特立独行,但从经济角度来看,这却是十分明智的。与轻轨系统相比,公共汽车专用道系统的造价和运营成本分别要低30%和20%。由于公共汽车在专用道系统中的运营速度比在普通街道上运营时高,因此在承运同样乘客数量的情况下,整个区域可以节省150辆公共汽车。这笔被节省下来的超过2亿7500万的资金,被用来建设初期20公里的公共汽车专用道。公共汽车专用道也十分适用于渥太华卡尔顿区域的理想城市分布模式——集中的就业分布和分散的居住分布,这种用地模式所产生的"单点到多点"的通勤形式可以说是为一个灵活的、以公共汽车运输为基础的公共交通系统而量身定做的。

今天,渥太华卡尔顿区域内的人均公交出行率高于北美地区任何一个拥有相似规模公交系统的城市，其中还包括那些拥有轨道交通系统的城市。1991 年，渥太华卡尔顿区域内人均年公交出行 133 次（不包括换乘的次数），几乎是卡尔加里和埃德蒙顿年人均公交出行 69 次的两倍，而这两个与渥太华卡尔顿区域规模相似的加拿大城市却拥有轻轨系统。渥太华卡尔顿区域在快速公共交通系统上的花费尚不及这两个城市的一半，但公交客运量却是它们的近两倍。1994 年，每天有大约 20 万人使用渥太华卡尔顿区域的公共汽车专用道系统，相比之下，卡尔加里和温哥华的轨道交通系统每天却只有大约十万名乘客，埃德蒙顿轨道交通系统的客运量甚至更低。在 20 世纪 80 年代，当整个加拿大出行高峰时段公交乘客量都在下降的时候，渥太华卡尔顿区域的公交乘客量却增长了 10%。如果用每英里运营道路的平均乘客量作为指标，渥太华公共汽车专用道的客流是匹兹堡公共汽车专用道的近四倍，是北美近 20 年来多个新建轻轨系统平均值的 35 倍（图 9.1）。

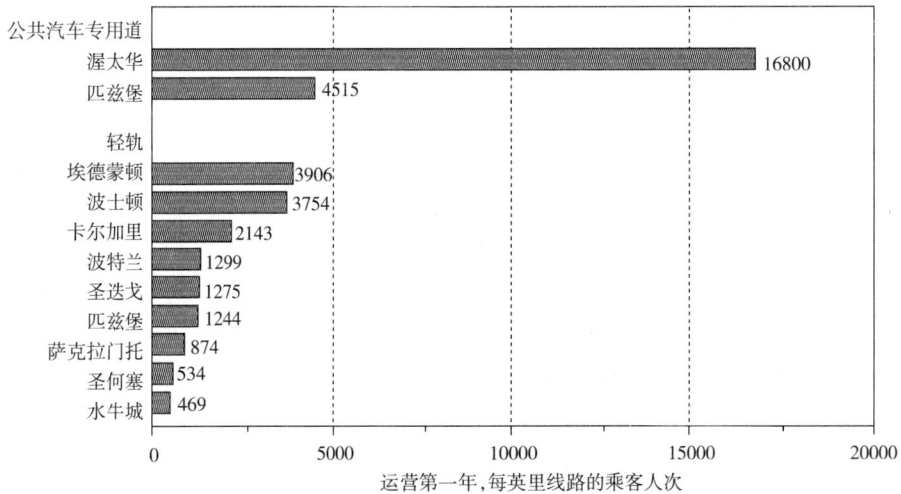

图 9.1   1991 年到 1993 年间，北美公共汽车专用道和轻轨系统在建成当年每英里平均乘客量的对比

资料来源：美国公共交通协会，公共交通数据大全（华盛顿特区，美国公共交通协会，1991 年，1992 年和 1993 年）；数据由加拿大城市公共交通协会提供

渥太华卡尔顿区域公共汽车专用道的一个主要优点是它可以被分阶段地灵活实施，在建成一段后，不管该段是否与整个系统的其他部分直接相连，都可以立即投入运营。这使得公共汽车专用道能够立竿见影地缓解交通堵塞点的压力，并发掘出有益于公共汽车专用道本身的土地开发机会。此外，渥太华卡尔顿区域建造整个系统时采用了新颖的、"由外及内"的方法，即没有率先建造费用昂贵的渥太华市中心段，而是集中精力首先建成公共汽车专用道系统中的一些外围路段。这种做法能够利用有效的资金更快更多地建成公共汽车专用道，对形成建设公共汽车专用道的

动力和取得政治上的支持也贡献颇多。这同时也允许在其他路段仍然在建的情况下，将已建成的路段投入运营。此外，这样的建造顺序使得公共交通系统对渥太华卡尔顿区域土地发展的影响力更大，而如果首先建造渥太华市中心段，由于市中心是已开发的建成区，公交对土地发展的影响力会非常有限。巧合的是，在公共汽车专用路系统建设的鼎盛时期，渥太华卡尔顿区域正是加拿大发展最快的都市区，这就使位于区域外围的公共汽车专用道系统发挥了引导当前都市增长的作用。今天，在渥太华卡尔顿区域内那些首先建成公共汽车专用道的郊区，出行高峰时段的人均公交乘用率与该区域内旧建成区一样高。

未来的扩展

1988 年，区域议会修订了法定规划，决定将公共汽车专用道延伸至绿带的内缘。随着城市增长跃过绿带，区域议会考虑用公共汽车专用道来确保城市继续保持集中式发展。目前，高速公路的路肩被用做公共汽车专用车道，来连接渥太华与新兴的卡那达和奥兰两个市镇中心，由于高速公路在绿带附近没有上下匝道，在高速公路路肩上运营的公共汽车也就不会受到其他交通的干扰。规划要求最终将公共汽车专用道系统延伸到卡那达市和奥兰市市中心，如有可能的话还将继续扩展，以建成一条东西向伸展总长达 70 公里的强大增长轴线。

土地分割/合并发展的审批和项目设计导则

虽然法定规划将主要的篇幅用于在宏观层面引导区域发展，但也没有忽视微观层面的具体项目设计。法定规划特别认识到在土地分割/合并发展和设计具体项目时创造宜于公共交通和行人的环境。在渥太华卡尔顿区域，公共交通与街道、饮用水和污水收集一样被视为必须确保的基本服务项目，它是在设计和建设社区时考虑的重心，而不是装点门面的摆设，或是社区建成后再添置的服务。

渥太华卡尔顿市镇区域政府和区域公共交通委员会的规划师们一起，共同制定出可支持公交发展的项目设计导则。在项目开发的概念规划阶段，发展商必须要和公共交通规划师一起工作，以保证公交车辆可以在项目建议实施的集散道路上有效运营，公交车站和候车亭也能够布设在适当的位置。项目设计导则要求高密度的开发项目、购物中心和老人公寓尽可能地布置在邻近公交线路的地方，而将独立别墅和运动娱乐型的公园放到离公交线路较远的地方。项目设计导则还鼓励在次级就业中心进行混合用途的土地开发，这样一来，办公族在去餐馆、银行和其他消费场所时，会倾向于更少地使用小汽车。

支持性的停车政策

限制停车的政策完善了公交支持性发展的设计。当公共汽车专用道在 1983 年启用时，联邦政府就开始取消为其雇员提供的免费停车待遇，并减少市中心的停车位供应量。到 1984 年底，尽管市中心的办公面积增长为 1975 年的两倍，但停车位数量却比 1975 年减少了 15%。联邦政府还推行公务员弹性上下班制度，让一天中公交的使用分布更加均匀。

支持公交发展的停车政策也在公共汽车专用路的车站处采用。如地图 9.1 所示，渥太华卡尔顿区域公共交通委员会限制在公共汽车专用道终点站处建设停车换乘的设施，以鼓励人们多乘坐支线和快线公交车，并最大限度地发挥这些车站周边区域的开发潜力。很多市镇政府也各自出台了支持公交发展的停车政策，例如，渥太华市市政府允许购物中心每提供一个公共汽车停靠位，就可以少建 25 个停车位（无论公共汽车停靠位是在购物中心之内，还是在公共汽车专用道车站外与购物中心有设施相连接的位置）。

渥太华卡尔顿区域公共交通委员会：让公交与城市相互适应

今天，一个世界级的公共汽车系统服务于渥太华卡尔顿区域，运送大量客流，正如英语谚语"布丁的好坏只有吃过才知道"所说的一样，从这个系统中可以发现公共交通与城市发展非常协调地结合在一起。本节分析了公共汽车服务系统如何去适应该区域的用地模式，以及这种适应取得的成果，下一节则将反过来探究城市发展又是如何来适应一个已有的公共汽车专用路系统。

今天，渥太华卡尔顿区域公共交通委员会作为区域公交运营机构，最多时负责运营 800 辆公交车，每年提供 210 万小时的服务。由这一运营车队运送的人次比北美地区任何一个相似规模的系统都要多——平均每天承运 32 万人次，其中大约 20 万人次由公共汽车专用道系统承担。

今日的公共汽车专用道系统

法定规划要求首先建设的公共汽车专用道网络中的 31 公里，在 1996 年耗资约 4 亿美金建成。该系统由三部分组成：25.8 公里长的公交专用道路，与周围路网物理隔离，仅在部分关键地点设置出入口匝道（照片 9.1）；市中心两公里长的公交专用车道；以及沿渥太华河景观大道 3.3 公里长的混合运营路段。作为对这一系统的补充，还有一段 10.6 公里长的在区域绿带中高速公路路肩上辟出的公交专用车道，连接着卡那达和奥兰这两个市镇中心。如今，乘客从 34 个公共汽车专用道车站或六个市中心公交停靠站中的任何一个都可进入公共汽车专用道系统。位于绕城绿带之外的两个车站——卡那达站和奥兰站，其位置早在公共汽车专用道系统拓展前就被确定在用地发展的中心地区。

如今，公共汽车专用道系统已成为渥太华卡尔顿区域公共交通服务的骨架，每运营公里的乘客数是区域道路系统的 10 倍。该区域约 60% 的公交乘客在出行时会较多地使用公共汽车专用道系统的服务。在乘客高峰断面，公共汽车专用道每小时运送近一万名乘客，如果这些乘客由小汽车运输，则需要单向五条高速公路车道。

照片9.1　渥太华卡尔顿区域公共交通委员会辖下全封闭的公共汽车专用道系统。一辆公共汽车正从史密斯站向西开去，从照片中可以明显看到史密斯站周边建成的高层住宅和办公大楼。照片的后方是阿比站，也聚集有许多高层住宅

　　渥太华的公共汽车专用道就像一个城市轨道交通系统那样运营。公共汽车停靠所有的车站，市区中车站的平均距离在500米左右，而在其他的地方平均几公里设一个车站。13米宽的两车道公共汽车专用道在车站处设有超车道，公共汽车在车站处可以互相超越，站台最长达55米，可同时容纳三辆公共汽车停靠。车站的外观和功能与地铁系统相似，所有的车站都安装了自动电梯，站台建筑可以挡风遮雨，车站内布置有座位和公共汽车运营时刻表，在有些车站，还设有与周围的地区相连接的行人天桥。当将来客流需求增长到需要使用轨道系统时，公共汽车专用道线形和净高的设计都允许该系统最终转变为轨道系统。

　　在驶过渥太华市市中心时，公共汽车沿着司拉特路和阿尔伯特路这两条平行相邻的单行街道运营。公共汽车专用道布置在右侧向内的第二条行车道，而不是紧靠路缘石的行车道，这样可以避免与沿街停放车辆和出入口进出车辆的冲突。同时，在市中心的公共汽车车站，人行道向外拓宽并占据路侧行车道，以此为公交乘客提供更多的候车空间（照片9.2）。目前，市中心的公共汽车车站在出行高峰时段有30多条不同的公交线路通过，日乘客登降量高达25000人次。区域内60%以上的公交乘客都搭乘公交车经过司拉特路和阿尔伯特路这两条街道。由于如此之高的断面乘客量已经接近地面公交系统的通行能力极限，渥太

华卡尔顿区域公共交通委员会正在研究将市中公共汽车专用道建成地下隧道的可行性。

照片9.2 在市中心的公共汽车车站，人行道向外拓宽以服务公交乘客。渥太华卡尔顿区域公共交通委员会的规划师认识到有很多其他合法使用者会使用紧靠路缘石的行车道，如上下货的货车、上下客的出租车、右转车辆和路边停车等。将公共汽车运营与上述这些交通活动混杂在一起，只会增加延误和事故。因此设计师索性将沿司拉特路和阿尔伯特路这两条平行相邻单行街道最右侧的行车道专门分配给上述这些交通活动，而将从右侧向内的第二条行车道辟出作为公共汽车专用道。如照片所示，为了保护上下公共汽车的乘客，在市中心的公共汽车车站处，路缘石向外拓展直至从右侧向内的第二条行车道

公共汽车服务体系

实践证明，"中心加放射"布局的公交服务网络与渥太华卡尔顿区域的用地形态相得益彰。然而，和以轨道交通为基础的"中心加放射"网络不同，公共汽车专用路系统可以将干线和支线服务整合到同一辆公交车上。一辆在公共汽车专用路上飞驰的公交车也可以驶离专用道路，服务于区域内四散分布的居住区，这就避免了乘客的换乘。

共有三种相互补充的公交线路服务在公共汽车专用路中运营或者向其提供支线饲喂服务（图9.2）。"快速"服务（以90开头的三条线路）只在公共汽车专用道内运营，发车间隔为三分钟，并停靠沿途所有车站。正如其名称那样，这类服务非

常快捷，即使是在高峰时段站台和公共汽车内乘客量比常规地面公交要高 15% ~ 20% 的情况下，其平均速度仍能达到每小时 45 ~ 60 公里。如此高的平均运营速度要归功于专用运营路权、不需要在登车时购检票以及车站处的多车门同时登降。关键路口的信号优先设计保障了公交车在城区街道上的运营畅通。

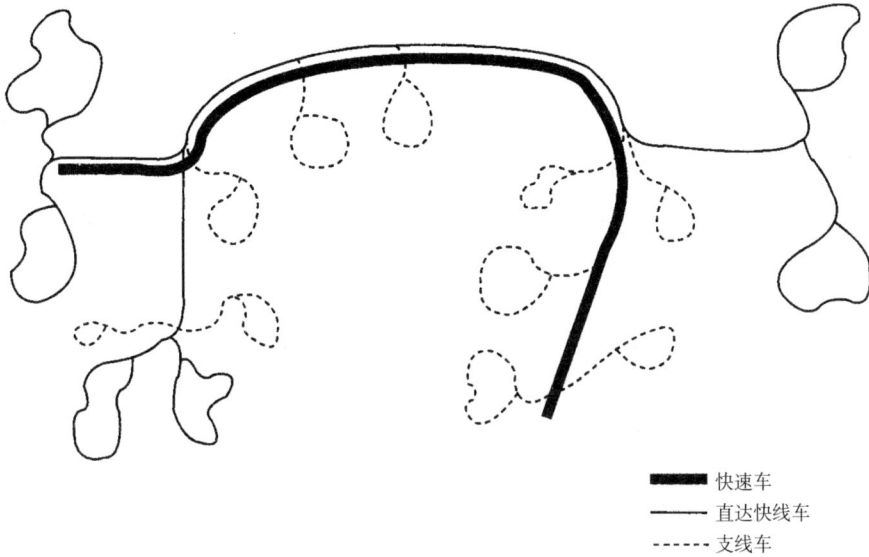

快速车

直达快线车

支线车

图 9.2　渥太华卡尔顿区域公共交通委员会辖下三种不同类型的公交线路服务

"直达快线"服务作为"快速"服务的补充，在高峰时段运营，主要连接居民区和就业中心。"直达快线"线路的发车间隔为 8 ~ 20 分钟，有时也以跳站停靠的形式运营。渥太华卡尔顿区域公共交通委员同时也运营与主要通勤方向相逆的公交服务，其目的是覆盖郊区的就业中心，这类线路与"直达快线"的运营大大减少了换乘。通过这些服务，同一线路的公共汽车将乘客从居住处附近经过公共汽车专用路载送到目的地附近，由于能够减少换乘，"直达快线"服务非常受欢迎，目前它的乘客量占渥太华卡尔顿区域公共交通委员会下辖公交服务系统乘客总量的半数以上，成为公共交通服务适应城市用地模式的一种成功形式。在渥太华卡尔顿区域，大多数居民都认为低密度的居住环境是最适合他们的，公共交通的规划和发展不应去改变这种居住环境，而应当想办法去服务和适应它。当政府积极主导在公共汽车专用路沿线的车站附近进行高密度商业设施开发时，却放任市场力量去决定住宅区开发的位置和密度。

在非高峰时段，公交服务摇身变成设计好换乘时间的"干线—支线"模式，在这种运营模式下，公共汽车专用道仅用于干线服务，三条快速线路继续保持运营，但发车间隔稍稍延长到 5 分钟。第三类服务：支线服务以 30 分钟的发车间隔直接覆盖居住小区，并与公共汽车专用道的车站相衔接。设置在公共汽车专用道系统起终点站的停车换乘设施能停放大量来自郊区的私家车，使公交能够服务于城区范围之外的人口。

渥太华卡尔顿区域公共交通委员会所属基础设施中的一个重要组成部分就是全自动的乘客信息电话查询系统，在其服务范围内的所有车站都分配了一个以560开头的电话号码，乘客可以拨打电话问讯每个车站有关该站下两班公共汽车到站的时间，以及如运营延误等线路运营状况。该区域冬季气温几乎总在零度以下，在这种环境下，这项服务就显得非常有用。类似的公交服务信息也显示在主要公交枢纽和购物中心的大型显示屏上，为人们提供了便利，因为许多乘客在公交车到达前的几分钟更愿意待在商场内而不是在车站无聊的等待。

每个月渥太华卡尔顿区域公共交通委员会都会通过自动乘客信息电话查询系统回答超过85000个问讯，这些问讯大多数发生在发车间隔较长的非高峰时段。这套信息系统也享有很高的知名度：一项调查发现，渥太华卡尔顿区域内有82%的家庭知道该系统，26%的家庭经常使用该系统。同时，通过比较开通该系统和没有开通该系统的地区间公交客流的统计数据，发现这套系统的应用使得区域公交系统的非高峰期客运量增加了约8%。

优质的公共交通服务赢得了大量乘客

乘客量的统计数据反映了渥太华卡尔顿区域公共交通服务对用地模式的高度适应性，本节将回顾这方面的内容。目前，渥太华卡尔顿区域公共交通委员会的公交服务承担了高峰时段内城市化地区机动化出行总量的35%。

公交的出行分担率

除上述出行比例数据外，70%左右的高峰期进城通勤出行（主要来自低密度郊区），以及近30%由公共汽车专用道车站附近郊区就业中心产生的出行都由公共交通承担。虽然区域性的购物中心在设计时主要强调方便小汽车出行，但是由于这些购物中心建在公共汽车专用道的车站附近，因此全天购物出行的25%～30%仍然由公交承担。而在远离公共汽车专用路的郊区就业中心和购物广场，公交承担的的购物出行比例仅有5%～10%。该区域较高的郊区公交出行分担率，体现出这一快速、高效、换乘需要少的公共汽车专用道系统的成功。

公共交通引导城市发展模式对公交乘客量的影响

1986年区域交通调查报告的结果，为公共汽车专用道车站周边土地发展对公交乘客量的影响作了最好的说明。表9.1比较了1986年两个混合用地社区和三所大学之间的公交出行分担率。特尼牧场和联邦高地这两个相邻的社区在用地形式、家庭收入和公交服务水平方面都十分相似，但前者位于公共汽车专用道车站附近，其公交出行分担率要比远离公共汽车专用道的联邦高地高出近20%。

在三所大学校区中，坐落在基线站附近的阿尔贡昆学院，公交出行分担率高于更靠近市中心但远离公共汽车专用道的卡尔顿大学。渥太华大学紧邻学院站，超过三分之二前往渥太华大学的人都使用公共交通，这一出行分担率与其他市中心地区相差无几。

在是否邻近公共汽车专用道的社区和三所大学之间比较公交出行分担率，1986 年　　表 9.1

	在所有机动化出行中占的比例 (1) 在渥太华卡尔顿区域中城市化的地区 (2)	
	起点 早上 6 ~ 9 点	终点 下午 3 ~ 6 点
混合用地社区		
特尼牧场 *	47	49
联邦高地	29	31
大学校区		
渥太华大学 *	68	50
阿尔贡昆学院（伍德鲁非校区）	51	44
卡尔顿大学	38	40

＊公共汽车专用道车站可直接服务到

（1）包括所有的出行目的，只包括利用公交车、小汽车，或者其他机动车辆的出行。不包括步行、骑自行车、滑板出行，及其他非机动化的出行。

资料来源：渥太华卡尔顿市镇区域政府，首都地区出行起终点调查报告（渥太华：渥太华卡尔顿市镇区域政府，1986 年）。

（2）包括渥太华卡尔顿市镇区域政府辖下由渥太华卡尔顿区域公共交通委员会提供公交服务的地区和魁北克省霍尔市的中心地区。

对土地发展的影响

在渥太华卡尔顿区域，公共汽车专用道车站附近的土地利用形态已经发生了明显的变化。依照法定规划，公共汽车专用道郊区车站周边五分钟步行范围内已经发展起几十万平方米的办公大楼和商业中心，这在布莱尔站和奥兰广场站尤其明显。有些区域性的购物中心，如圣劳伦购物中心和格鲁斯特购物中心，与公共汽车专用路车站在建筑构造上直接相连。虽然法定规划中没有作出相关要求，但近年来在西布鲁站、特尼牧场站和合德门站周围也建起了中层公寓和高级公寓。

在经济蓬勃发展的 1988 年到 1991 年期间，当地的政府官员估计在距离公共汽车专用道车站五分钟的步行范围内，有价值十亿加元的土地发展项目被分期分批地建设。这一投资额几乎是同期建成的 20 公里长公共汽车专用道所花费 2 亿 7500 万加元的四倍。虽然公共汽车专用道本身并不会吸引如此多的土地发展投资（即使没有公共汽车专用道，区域同样会发展），但毫无疑问的是，公共汽车专用道系统对于新建办公大楼、购物中心和居住楼宇的选址有着很大的影响。

值得注意的是，法定规划从来都没有打算在所有公共汽车专用道车站的附近都进行高强度的土地开发。公共汽车专用道西段是建在由国家首都委员会拥有的公园土地上，这一段沿线不允许任何形式的开发。而在其他一些车站，如艾瑞斯站和林肯地站，由于受到地形条件和已有低密度独立别墅住宅区的限制，排除了新开发任何大规模项目的可能性。

本节总结了至今为止在渥太华卡尔顿区域公共汽车专用道附近最重要的开发项目，分门别类地介绍了公私营机构联合开发项目、办公商业大楼项目、购物中心项目和居民住宅项目。

公私营机构联合开发项目

公共汽车专用道沿线的圣劳伦站和河边站各有一个相当值得关注的公私营机构联合开发项目，它们都是由渥太华卡尔顿区域公共交通委员会和私营发展商联合开发的，通过将各自项目的建筑联接在一起，双方都从中受益。

圣劳伦购物中心

在 1987 年公共汽车专用道圣劳伦车站建设的同时，恰逢圣劳伦购物中心实施新增 80 个零售店铺的扩建工程，这就为购物中心和车站在建筑上相互连接提供了机遇。圣劳伦站共有三层，顶层由常规公交线路使用，中间层直接与购物中心相连，底层则是公共汽车专用道的停靠站台。车站建设耗资 1300 万美元，是全系统至今为止最昂贵的一个，不过其中的部分费用由购物中心承担，包括提供建设车站的土地，以及建造连接车站和购物中心的行人走廊。发展商同时将购物中心向车站的方向扩展，把许多商铺放在靠近车站入口的地方，营造出一个与多伦多市和蒙特利尔市中心城区地铁站相似的封闭式行人环境。购物中心的业主们认为这样的联合发展不但可以吸引更多的购物者，还可以节省停车场的建设费用。在渥太华市，购物中心在车站里每提供一个公共汽车停靠位，其配建停靠位规模就可以减少 25 个。

河边医学综合楼

位于公共汽车专用道东南段的河边站可能是医疗设施与公交线路结合的最佳范例。按照概念规划，公共汽车专用道仅是在河边医院现有建筑边上的地面穿过，并没有在此设置车站。幸运的是，在公共汽车专用道规划时，河边医院正计划扩建。于是双方达成协议，院方允许公共汽车专用道从医院中间穿过，而作为回报，渥太华卡尔顿区域公共交通委员会在此增设一个车站，车站与扩建的医院建筑直接相连。1991 年，河边医院在河边站上方建成并启用了一栋 4200 平方米的医院管理裙楼，为病人、访客和医务人员提供了一条直接与公交服务相连的通道（照片 9.3）。最近，一座四层的医院办公楼也在河边医院附近落成，这栋建筑同样包括了一条连接医院和车站的封闭式行人天桥。

办公和商业大楼项目

依照法定规划的指引，相当比例的新开发办公和商业大楼项目都集中在公共汽

照片9.3 在河边站处利用上空发展权建成的河边医学综合楼。公共汽车专用道车站和扩建后的河边医学综合楼建筑风格统一

车专用道的车站附近。在经济发展陷于低迷前的 1986 年到 1991 年期间，整个渥太华卡尔顿区域就业岗位增长数量的 35% 都分布在公共汽车专用道车站的附近。在 1990 年和 1991 年，中央商务区以外办公和商业开发总量的 75% 建在公共汽车专用道车站五分钟步行范围内，这一比例明显高于 1988 年至 1990 年期间的 53%。绝大多数的新商业发展项目都围绕在六个指定的主要就业中心所在的车站周围，它们是基线站、特尼牧场站、圣劳伦站、塞维拉站、布莱尔站和奥兰广场站。以下的篇幅总结了布莱尔站和特尼牧场站周边的发展经验。

布莱尔站

迄今为止中央商务区以外最大的、以公共交通为主导的办公和商业大楼项目，坐落在目前公共汽车专用道东段的终点——布莱尔站的附近。在布莱尔站五分钟步行范围内，建有四栋中层办公大楼，它们分属格兰优派克商业公司、加拿大泰勒塞特卫星通信公司总部、加拿大综合运动公司和奎士威公司一期项目。一座巨大的行人天桥将位于奎士威高速公路以南的办公楼和公共汽车专用道车站连接在一起。这座行人天桥由格鲁斯特市政府出于促进当地经济发展的目的出资修建，当地政府官员相信，与公共汽车专用道系统建立起便利的联系，是为本地吸引发展项目的一个关键因素。在 1989 年布莱尔站启用以来的五年间，已有大约 7500 万美元的办公和商业发展项目在附近落成。

由渥太华卡尔顿区域公共交通委员会主导的地块发展设计范例之一，就是布莱尔站北侧格鲁斯特购物中心的再设计。按照该购物中心的最初设计，项目主体建筑距离公共汽车专用道车站还有一定距离，公交乘客必须要在费力穿过大片露天停车场后，才能到达购物中心的入口。渥太华卡尔顿区域公共交通委员会的规划师说服开发商修改了这个设计，将格鲁斯特购物中心的出入口处正对布莱尔站。规划师们指出，在某些购物时间，乘坐公共汽车经由布莱尔站而来的购物者要多于从奎士威高速公路开车来的购物者，因此开发商接受了这个修改建议。由于在渥太华卡尔顿区域公共交通委员会所辖公交服务系统中，有四分之三的乘客使用公交月票，因此大部分乘客可以在不增加交通费用的情况下，在布莱尔站下车购物，然后再回到他们位于东郊的家中。

特尼牧场站

在特尼牧场站开通后，一个大型的混合用途项目——荷兰十字项目在车站附近的再开发区域建成（照片 9.4），该项目包括 18200 平方米的底层商铺和上层办公空间，以及旁边包含 638 个住宅单位的楼宇。由于建在公共汽车专用道车站附近，荷兰十字项目被允许执行比一般规定更高的开发密度和比一般规定更低的停车位配建标准。很多人相信，如果没有公共汽车专用道，也就不会有今天的荷兰十字项目。项目内建设廉租屋的公共资助，与再开发区域内基础设施改善项目的专项财政补贴一起，共同推动了荷兰十字项目的实施。

照片9.4　特尼牧场站和荷兰十字项目。如照片右上部分所示，由底层商铺、美食城、上层办公楼及附近的廉租公寓和高级共管公寓组成的荷兰十字项目，是该区域内公共汽车专用道车站处建成的最大规模的混合用途开发项目

商业和零售业项目

　　依据法定规划，渥太华卡尔顿区域内所有的大型购物中心都聚集在公共汽车专用道车站附近。目前，共有四座总楼层面积超过34840平方米的区域购物中心位于公共汽车专用道沿线，它们是：圣劳伦购物中心、瑞德奥购物中心、格鲁斯特购物中心和奥兰广场购物中心。翻建后的瑞德奥购物中心坐落在渥太华市中心东北边缘，无论从哪方面来看，它都称得上是区域内最成功的由公共交通引导的购物中心，有约60%的购物者中乘坐公交来此，这一比例与市中心其他地区相差无几。其他一些小型的、较为老旧的购物中心也被公共汽车专用道系统所覆盖，这其中包括比尔林桥广场购物中心，它通过一条封闭式的行人天桥直接与比尔林桥站相连（照片9.5）。

　　这些购物中心紧邻公共汽车专用道车站的地理优势为零售业带来了明显的效益。一项由渥太华卡尔顿区域商会在1986年进行的调查发现，近三分之二的公共汽车乘客认为公共交通系统对于他们的购物出行非常重要，超过三分之一的公共汽车乘客认为公交线路会直接影响他们的购物地点选择。约三分之一的公共汽车乘客

照片 9.5　比尔林桥广场购物中心和车站。位于照片左侧的比尔林桥广场购物中心，一直就是区域内几个购物者利用公共交通服务到达最多的商场之一。目前，每天估计有 2 万购物者乘用公共交通服务前来购物。该车站与购物中心在建筑上相互连接，它也是沿南线主要的公交换乘点，公交车辆到达该车站的时间都已事先确定，以减少乘客换乘时间

提及，他们会在乘坐公交出行的途中下车购物，这些乘客每年的购物消费总额超过 4 亿 2000 万美元。虽然这只是购物消费的位置重分配，如果没有公共汽车专用道系统，这些消费行为也会在其他的地区发生，但那时其中的大部分消费会利用小汽车出行完成。由此看来，并不只是零售业者从中获得了利益，由于购物出行由小汽车向公共交通的转移，整个区域在环境保护和资源节约等方面也取得了很大的社会效益。

居民住宅项目

在渥太华卡尔顿区域公共交通委员会所辖公交服务系统中，覆盖面广泛的快车线路和设计好换乘时间的支线服务有效地将快速公交服务延伸到许多郊区居民的门前，由此也增强了公交服务对该区域低密度住宅发展模式的支持。渥太华卡尔顿市镇区域议会对在公共汽车专用道车站附近促进高层住宅发展方面有所保留，这与大多伦多地区的做法有所不同，它将车站附近最有价值的土地留给了开发强度更大的商业和办公用途。（从公交运营的观点来看，这样可以带来更多的乘客，并可能提

高公交系统的运营生产率）在渥太华卡尔顿区域内，精心设计的、整合的公共交通服务很大程度上减少了发展公共交通依赖型住宅的需要。几乎所有的人，包括郊区低密度住宅区的居民，都可以享受到高品质的公交服务，使用渥太华卡尔顿区域公共交通委员会所辖公交服务的乘客，据估计有95%都居住在公共汽车车站400米范围之内。

虽然在法定规划中，从来没有明确要求要利用公共汽车专用道系统吸引住宅发展，但是从1988年到1993年，在公共汽车车站周边800米的范围之内，已有超过2300套住宅投放市场。这些新增的住宅大部分是中高层公寓和高级公寓，分布在西布鲁站（290套连体别墅和公寓）、特尼牧场站（除了荷兰十字项目中的住宅单位外，还有393套中高层的公寓）和里兹站周围（超过450套供应低收入人士的非赢利性住房）。自从合德门站启用以来，附近的里维拉高级楼宇群又在车站附近新建了387套住宅。里维拉的发展商曾公开表示，公共汽车专用道的存在就是项目获得银行贷款的一个重要原因。基于同样的原因，在里维拉附近的另一幢高层住宅项目克拉塞克也增建了195套住宅，并另有313套住宅处于规划阶段。公共交通引导的住宅项目开发形式也对私家车拥有率产生了一定影响，与其他富裕程度相当的加拿大城市区域相比，渥太华卡尔顿区域的私家车拥有率要略低一些。

综合而言，公共汽车专用道沿线高层住宅的发展打破了人们已经习以为常的错误认识，即：人们都不愿意住在公共汽车车站附近（如为了避免烟雾、噪音和过多的行人等），高密度的土地发展只会出现在地铁车站附近。其实，公共交通技术本身（轨道交通或公共汽电车运输）并不是吸引土地发展的关键，高品质的公共交通服务才是积聚发展的决定性因素，这一点在渥太华得到了很好的体现。

渥太华的实践同时也证明了，该区域对公共交通友好的地块设计导则收到了良好的效果。以坐落于机场南边的河岭镇为例，这是一个规划容纳30000居民的新市镇，在该镇，对公共交通服务的需求早在社区设计时就已经被周到地考虑，而没有等到社区建成后再去弥补。来自渥太华卡尔顿区域公共交通委员会的规划师们与格鲁斯特市政府及土地开发商一起工作，共同制订了一份概念性的发展规划，该规划将一个未来的公共汽车专用道车站作为新社区的中心，这就意味着要预留公共汽车专用道的路权、为将来的车站拨备土地，以及重新分配社区用地以充分利用毗邻公交车站的地理优势。在布置集散街道时也充分考虑了公交服务有效运营的需要，道路网络的布局还使得人们能够方便到达有公交服务运行的集散街道。社区设计的目标就是要让河岭镇所有的居民都住在距离公共汽车车站五分钟的步行范围（400米）之内。

渥太华的启示

渥太华卡尔顿区域成功经验展示了通过周密规划发展起来的公交都市所能带来

的效益。这里的公共汽车专用道系统很好地适应并服务于低密度的土地发展，与此同时，在一个正确的区域规划指引下，该公共交通系统也成为一个有力的杠杆，推动和引导了就业和商业的增长。在渥太华卡尔顿区域，政策的制定者真正理解并利用了城市形态和交通投资两者间相互作用所带来的好处。

今天，几乎全世界都认为公共汽车专用道运输系统是适合渥太华卡尔顿区域的技术选择。该系统在以低密度住宅为主要特征的区域内提供了优质的公交服务，同时，还为未来就业和商业的集中发展提供了据点。渥太华卡尔顿区域公共交通委员会的远期规划部主任考林·李奇指出：

> 与轻轨系统相比较，公共汽车专用道系统的一个主要优点是：它在具有固定基础设施优点的同时避免了固定轨道的缺陷。公共汽车专用道系统基础设施永久性的形象给地产开发商和公众带来了信心，他们相信在车站将永远享有高品质的公交服务，因此车站可以作为一种催化剂，促进对公共交通友好的土地发展。同时，由于没有固定的导轨，系统在运营上就具有很大的灵活性。在建设被高标准的公交专用道路连通之前，奥兰广场处新建的公共汽车专用道车站可以作为一个很好的例子，展示了一个车站会如何影响当地数十年的土地发展。

在20世纪70年代，随着法定规划的形成，以及随后该规划的不断加强和完善，渥太华卡尔顿区域世界级公共汽车专用道系统的基础已经建立起来，公共汽车专用道系统被作为支持该区域多中心城市发展模式的主要手段。在富有远见的公共政策的指导下，在今日的渥太华卡尔顿区域，公共汽车专用道车站周围随处可以找到中密度办公、商业和住宅发展的范例，而这种良好的发展趋势还在不断延续。在未来，公共汽车专用道系统将作为一块磁石，将绿带外的发展吸引到一起，引导区域有序的增长。

值得特别提出的是，渥太华卡尔顿市镇区域议会首先建立起一个未来区域土地发展的长远规划，然后制定出一套相应的交通战略来将这一长远规划变为现实。区域的法定规划认可了绝大多数居民对低密度居住环境的偏好，并没有试图去改变它。而要实现这样的土地利用"结果"，其交通方面的"手段"就是建设一个高度灵活、整合的公共汽车运输网络。公共汽车服务深入各个住宅区，为居民们提供快捷直达的服务，或者作为饲喂支线将住宅区与附近的公共汽车专用道车站连接起来，并通过运营时刻表的整合缩短乘客的换乘时间。和美国大多数的快速公共交通系统相反，渥太华区域的公共汽车专用道车站并不鼓励将停车换乘设施作为接驳方式，这种做法不仅减少了建设停车场的费用，将车站附近的土地用于商业和办公发展，同时还通过消除不必要的从家到车站的小汽车短程接驳出行（这类出行会产生严重的污染）创造了环境效益。

　　目前，渥太华卡尔顿区域正在讨论是否继续将重点放在建设从渥太华市中心向外辐射的放射形公共交通系统上，讨论重点是要将有限的财力用于建造地下隧道以改善市中心公交专用道的运行环境，还是用这些资金延伸公共汽车专用道，使其扩展至新的市镇中心。这次讨论最终演变为是要继续保持渥太华市中心作为区域内主导就业中心的地位，还是要加快区域分散式发展的步伐。从渥太华卡尔顿区域的传统来看，该区域会根据土地利用发展的目标在这两种公共交通投资战略中选择一种作为未来十年的发展战略。

第十章

用地面地铁打造的线型城市：
巴西的库里提巴

　　库里提巴市是巴西南部一个中等规模的城市，该市的公共交通系统是巴西乃至全球最好和最可持续发展的系统。该市公交系统最显著的特征是全部使用地面公共汽车，但却吸收了许多轨道交通系统的优势，可以说是一个真正的"地面地铁"。库里提巴市的公共交通系统，一方面促使城市的土地开发集中在沿着主要公共交通走廊，另一方面也去适应主要公共交通走廊以外蔓延式的土地扩展形态。一个城市发展成为公交都市的道路不是一帆风顺的，库里提巴市之所以能建成世界一流的公交系统，是因为实施了一些"短平快"的项目和逐步完善公共交通发展计划，然而库里提巴市始终坚持这样一个宗旨，那就是项目的建设周期要短，能取得实际效果，造价必须控制在可承受得起的范围内。有这些大原则的指导，另一个成功的关键因素是具有长远发展眼光的城市总体规划，该规划设想以城市主要结构轴线打造线型城市的形态，这种规划设想既要能满足城市未来的发展需要，又要能使公共交通、道路和土地开发能很好地整合起来。在有三条平行道路组成的城市轴线道路系统中，简称为"三重轴线道路"，在三条路的中间一条路上的中央建立封闭式的公交专用道，此外公共交通系统还包括了环线公交线路、公交枢纽站、直达线路以及管状车站这些服务特色，最终使得库里提巴市的这一具有创新性的城市规划设想得到了实现。虽然一个又一个的重要决策出台时，它们看起来是不连贯的，但是一个长远发展目标确保这些决策迈向一个共同的目标对未来的明确想法，来保证这些政策的制订都是对城市发展有意义的。此外，有一批远见卓识像杰米·勒纳那样的开创者，加上一些天时地利的因素，如已预留了用以建设"三重轴线道路"用地等，最终才创建了库里提巴这个线型的公交引导土地发展的都市。

　　巴西的库里提巴市，作为一个发展中国家的中等规模城市，由于前瞻性的城市规划和卓越的城市领导人，以创新性的低成本策略解决了城市快速扩展的交通需求，该市已取得的成就享誉全球。库里提巴市是世界上第一个城市在市区中心禁止小汽车通行，并且把这部分道路空间还给了步行者，还实行了全市范围内让贫困人员可以用垃圾来换取食物；此外还有市中心保留有历史意义的建筑和遗址。通过周密设计的城市规划，成功将城市用地与交通系统紧密地整合在一起，并打造出了世界上独一无二的全部由公共汽车组成的城市公共交通系统。无论是对发达国家和发展中国家，库里提巴市的经验都是非常重要和有借鉴意义的。

库里提巴市是混合型的公交都市，公共交通系统和城市土地的发展天衣无缝地结合在一起，郊区的土地和居住区开发都是沿着公交专用道建设的，这一点做得比渥太华更好。然而与渥太华相似的是，库里提巴市的公交支线主要服务于主干轴线以外的地区，公交主干线与支线组合的公交网络，向世人展现了一个公共交通系统与城市土地开发协调发展的典范。

针对城市增长的解决方案

库里提巴市是巴西南部农业大省巴罗拿州的首府，坐落在海岸山脉，19世纪中叶，由于大部分欧洲移民的涌入和经济开放，库里提巴市发展迅速。在过去的30年，库里提巴的城市人口呈爆炸式增长，使得库里提巴市转变成一个工业和经济中心。1965年，库里提巴市共有人口40万，到了1995年，城市人口总数已经超过了160万，而库里提巴市的城市面积只有431平方公里。今天，库里提巴市城市的规模更大了，人口总数已经超过了230万，而土地面积也扩大到原来的两倍。在20世纪70和80年代库里提巴市的人口增长比巴西任何一个城市都快，年平均增长率超过4%。从郊区和其他小城镇来的移民是为了寻找就业机会，从而促进了人口增长。现在，库里提巴市有35%的劳动力就业于零售业和服务业，还有19%的人在制造业工作。根据1990年巴西全国人口普查结果，库里提巴市的失业率是9%，远远低于巴西的平均水平。

由于人们担心人口的增长过快、城市扩展失控及城市的蔓延式扩展，就像位于库里提巴市北部的圣保罗市那样，最终库里提巴市走上了一条整合交通系统发展和城市土地利用的可持续发展之路。很早以前库里提巴就制定了一系列城市发展原则，并且始终不渝地坚持着这些发展原则。这些原则包括：库里提巴的市中心区已经饱和，将来的增长应该集中在沿着城市的发展轴线上；交通改善项目和土地开发的密切结合是最有效引导城市发展的举措；城市交通的核心是改善人的出行，而不是汽车的出行；在交通拥堵的地方，必须把优先权对步行者和大容量的公共交通。

这些规划原则最为显著的成果之一，就是库里提巴市建成了一个高度整合的公交线网。今天，库里提巴市的公交网络包含了各种服务等级的公交线路，其中包括：运营在公交专用道上的大容量公交线路、运营在平行于公交专用道一组单行道路上的直达公交线路、连接各条公交专用道路的环线公交线路，以及100多条连接低密度居住区与大容量公交线路车站的接驳支线公交线路。这套公交系统的创建原则是追求公交的运营速度和线路结构布局的简洁明晰。库里提巴市的五条大容量公交主干道走廊中，共有20个换乘枢纽，可以提供高效和便捷的换乘。单一票制不仅让乘客从城市的任何一个地方去另外任何一个地方只要购买一张车票，而且票价也不算太高。库里提巴市的10个公交运营公司全部都是盈利的。现在，库里提巴的人均年公交独立出行次数达到了350次，这在巴西是最高的。如此高的居民出行率已经接近了纽约市和墨西哥城这两个北美最大规模城市的水平，而这两个城市都拥有发达的地铁系统。库里提巴全部采用公共汽车运营的公交系统每个工作日运送约120万名乘客，占全部工作出行的75%，这一比例位居巴西首位。在里约热内卢和圣保罗，工作出行中公交所占的比例分别为57%和45%。而更加值得注意的是，库里提巴是巴西家庭收入水平最高（库里提巴平均每个家庭年收入5150美元，巴西全国的平均水平是3160美元）、机动车保有率第二（每千位市民拥有267辆小汽车，仅低于巴西利亚的水平）的城市，因此它能建成巴西最成功的公共交通系统就显得格外突出。

库里提巴综合规划的演变

要想理解库里提巴如何会成为一座公交都市，首先就必须回顾在过去的半个多世纪中，交通规划和土地利用规划相互协调的演变历程。这一历程大概分为三个阶段：第一阶段（1943～1970年）是构建库里提巴的发展愿景，确立最基本的规划原则，用以指导城市规划建设期的决策制定；在这之后是规划的积极执行期（1972～1988年），这一阶段最终建成了一个整合的公共交通网络；最近一个阶段（1989年至今）的工作重点则主要是完善和细分区域公交服务，最显著的成果就是引入了直达快线和大容量管状车站。

库里提巴现在的用地模式和交通系统并不是一个灵感或是一连串的幸运事件促成的。早期的总体规划确立了城市未来的发展愿景，在实施中则循序渐进，不断地尝试并及时总结经验教训，在这一过程中所犯下的错误也为随即的发展提供了许多启示。通过保持城市发展进程的简单和透明，以及强调解决问题的低成本和迅速反馈，库里提巴就能够及时应对发展中出现的各种状况，并因此积聚起前进的动力和赢得政治上的信任。就如现任巴罗拿州州长杰米·勒纳所言："简洁就是我们这个系统的本质"，这位深受人们爱戴的前库里提巴三任市长正是因为在城市发展过程中引入了许多创新而广受赞誉。

建立规划的愿景和原则

库里提巴的未来发展愿景根植于在当时具有开创性的规划理念，对于一个发展中国家而言更是如此，二战前的"阿嘎洽规划"全力推动机动化的进程，后来理念更加先进的 1965 年总体规划则完全纠正了这个思想，强调城市发展应该以人为本，而不是立足于小汽车。

阿嘎洽规划

库里提巴的第一份综合规划是在 1943 年由法国规划师阿尔福莱德·阿嘎洽起草的，其目的是为了应对二战结束后的大发展。该规划的核心前提假设是机动车会呈指数级增长，而为了适应交通的增长，就需要建设由市中心向外辐射的大道。阿嘎洽规划依照了法国豪斯曼式的重视建立城市标志性公共建筑的规划传统，提倡大规模的基础设施建设，包括建设一座跨越市中心两个广场，并凌驾于库里提巴众多古老建筑之上的巨型天桥。规划中还涉及到一项将城市主干道拓宽至 60 米的计划，这要求拆除包括部分悠久历史的大型宅邸在内的沿线所有建筑。同时，阿嘎洽规划建议通过构建一个轮辐型的道路网络来增强城市中心区的功能，该道路网络中，主干道自市中心向外辐射到城市其他区域，并同时建设一些同心的环线以衔接放射状道路。这项规划关于机动车会挤满库里提巴的假设似乎一度成为现实，当时正值巴西致力于成为世界汽车制造业龙头的时期，国内油价始终维持在相当低的水平上，库里提巴也在蓬勃发展，很多人认为，该城市正沿着其附近新兴大都市圣保罗的道路向前发展。

1965 年的城市总体规划

实际上，库里提巴市一直没有足够的资金来实施"阿嘎洽计划"，但这个规划却让公众意识到面对二战后城市迅猛扩张的趋势，城市应该制定相应的对策。在州立发展银行的支持下，当地官员组织了规划师和建筑师通过竞赛的方式来组织编制城市的总体规划，并最终形成了 1965 年版的城市总体规划。新的总体规划摆脱了1943 年版制定的环形城市形态，取而代之的是放射状城市结构。这个规划也就意味着城市不能在各个方向无限制的拓展，而是在规划的特定轴线上发展，设想将库里提巴市发展成为一个线型的城市。部分市区核心商业街区和历史建筑聚集地区将禁止机动车通行，只对步行者开放。早期的放射状规划理念，需要更多的穿越市区出行，而这个新的总体规划则将市区核心地区看作是一个核心、或是终点站，由于其核心思想是保留和加强市区核心和发展轴线，反对小汽车的穿城而过的出行行为，因此，大容量的公交就成为城市的首选出行方式。

这个城市总体规划与其他规划的本质区别在于更强调交通的目的是为了满足人的出行而不是机动化的出行。实际上当时巴西的多数城市的规划都注重满足小汽车出行，以巴西首都巴西利亚为例，根据它的城市总体规划建设了大规模的高等级道路网络。到了 1960 年代，库里提巴市中心已经出现人口密度高和交通过度拥挤的迹象，为了避免重复圣保罗和其他大城市出现的漫无目的的城市扩张，城市总体规划要求将人口的增长尽量安置在最初规划的二条城市发展轴线两侧，而规划的城市发展轴最终发展为五条。这种规划思想于以往规划着重于只建设放射性干道是完全不同的，在过去的"阿嘎洽计划"中，放射性干道道路是一种纯粹的道路基础设施，其作用是连接低密度的郊区和城市中心区，这种连接轴线会产生单向的潮汐交通。而在新的城市总体规划中，这些线型走廊或者称为城市发展轴，在其两侧将吸引新的土地开发，最终与市中心遥相呼应。这些城市发展轴成为高密度土地开发的通道，并使得各种交通产生双向平衡流，及促使公共交通的可持续发展，即让所有的公交线路双向都处于相对高的满载率。而市区中心主要是对步行者或是换乘的乘客开放，机动车则退居二线。

打造一个线型城市要求城市土地开发、公共交通服务和城市道路的功能分类都能够互相紧密的结合在一起，必须做到统一规划。库里提巴促进城市发展轴线形成的最主要方式就是设置完全封闭的公交专用道。公共交通线路成为新城的骨干网络，在城市发展轴线上还包括为机动车服务的具有各种道路功能和通行能力较大的平行道路，快速直达公交也行驶在城市快速道路上，同时还设置了连接发展轴沿线用地的辅路。根据规划，城市核心区域限制发展，而将新的土地开发集中在有大容量公交的轴线附近，土地发展密度呈梯形状递减，离轴线越远土地密度越低。

在库里提巴市土地利用的目标影响交通决策。城市规划者和政府决策者首先就城市的发展形态达成一致，即打造一个线型城市，以促进城市的平衡发展，及保护中心城的社会和文化遗产。然后才是制定交通政策，用以实现土地利用规划目标，也就是沿着发展轴线建立公交专用道，公交专用道不仅引导土地的发展，而且也为沿线的土地提供了交通服务。土地利用和交通规划很紧密的结合在一起，正是大家对未来的发展模式达成了共识，最终提出了建立公交专用道的构想。

除了制定交通和土地开发共同发展的原则，库里提巴市的城市总体规划和今后的一系列总体规划修订稿，均提出了城市的文化、社会和经济都需要改革。随着时间的推移，库里提巴市在这些改革方面取得了很大的成就，如市中心改建旧城使之成为文化和会议中心，保留历史建筑，新建市民广场和公园，大力推广垃圾回收，在西部郊区创立了库里提巴产业园区（截至目前占地40平方公里、拥有400多项清洁产业包括电子产品公司和自动化装配企业）。

城市总体规划的实施

库里提巴市的城市总体规划实施的第一步就是1971年杰米·勒纳当选为该市市长。在此之前，勒纳市长担任库里提巴市城市规划研究院的院长，这个研究院成立于1965年，是专门制定该市城市的总体规划的机构。当勒纳当选市长后，这个城市的规划师才真正有实权、资源和政治资本将这个规划付诸实际。勒纳当选后很快证明他是一个充满远见、敢于面对挑战的人，并在城市规划中敢于创新。

杰米·勒纳的强势和果断的领导风范在库里提巴城市总体规划实施过程中起着举足轻重的作用。1964年至1979年，巴西处于军事专政统治时代，全国的政策都倾向于通过外国贷款建设大型基础设施工程，也就是说那个时候绝大多数巴西城市都在建设高速公路和高架桥来满足小汽车和货车的需求，项目投资规模追求"越大越好"的风气盛行。对于限制机动车发展的提议都被视为左派言论。媒体没有任何言论自由，只有政府部门自己可以提出批评和建议。为了树立起信誉和推动政府的工作，勒纳的策略是实施一系列投资少见效快的项目，这一点也是符合当时的政治气候的。

从机动车那里夺回城市中心区的道路

勒纳于 1971 年开始执政，能实施城市总体规划最快和最简单的一件事，就是将市中心区的街道改为步行街。正像勒纳回忆的那样：

> "1972 年冬天，一个寒冷结冰的夜晚，从周五至周六，一群穿着古怪夜装的人群来到库里提巴市中心街道的入口处。第一支到达的队伍带着一个木马制成的牌子，上面刻有"禁止机动车通行"，以及一些绕行指路标志。随后而来的人带来锄镐、电钻和机械铲等设备，开始系统的铲除主要街道的沥青路面。"

这个经过一年多的精心策划的"突然袭击"将库里提巴的最主要大道——"11 月 15 日大道"改为了步行街。这个改变随后很快就遭到周围团体抗议和示威，并且诉讼市政府，但是，零售商的销售量却迅猛增加，于是零售商们转变为支持者，其他地方的商人们也纷纷要求将其临近的街道改为步行街。戏剧还在继续，一群机动车的支持者计划着一个采用暴力事件将街道夺回来。城市管理者们吸取甘地的经验，采用消极的抵抗来回应：当这些欲进行干预的汽车到达的时候，步行街已是人山人海，到处挤满了孩子，他们正在一幅巨大壁画上画画，这幅巨画几乎相当于整条步行街的长度。20 年来，每逢周六早晨，孩子们就要来到"11 月 15 日大道"上散步，这已经形成了一个传统。

从此以后，库里提巴的步行街系统迅速扩展到了 49 个街区，每一天都充满了购物者和散步者，参看照片 10.1。在勒纳上任的第一年，他还推动了其他举措以改善市中心的环境，包括磨光刷新历史建筑的外表，扩大对地方艺术和文化的支持项目，以及改善提高公园和公共广场的环境等。

"三重轴线道路"的概念

建立库里提巴市发展轴线的关键步骤建成"三重轴线道路"。这个库里提巴市独创的方案有效地整合了大容量公交、道路和土地开发。图 10.1 宏观地描述了"三重轴线道路"概念，中心是两条完全隔离的车道给大容量的公交车专用，公交车辆进入换乘点，在库里提巴被称为"终点站"（尽管有些并不在线路的终点），在这些地方可以方便换乘支线或是可以穿越城区的其他公交线路。中央公交道两侧是单向的道路，用作辅助道路，以提供车辆出入道路两侧的建筑。在轴线道路两

照片 10.1　库里提巴主要的步行街。在 11 月 15 号大街散步是库里提巴城市生活的主要内容。步行街在 1972 年的开设非常成功，随后步行街道系统就在各个方向延伸开来

侧、一个街坊外平行的道路，分别是两条单向高通行能力的街道，一条单向道路服务于进城方向的车流，另一部服务于出城方向的车流。公交规划人员最终在二条成对的单向道路上设置车站间距大的"直达公交线路"（有时也称作"快线"）。这组单项道路也是城市发展轴的边界线，可以说，"三重轴线道路"贯穿着整个城市发展轴，根据城市的总体规划，其长度最终发展为 10 ~ 15 公里左右。

　　图 10.1 揭示了大容量公交服务是如何与不同功能的道路系统整合在一起的，图 10.2 的横断面图描绘"三重轴线道路"对土地开发的重要影响。与主要公交走廊相邻的都是高层建筑，这些建筑的底层和二层主要是零售商业，上面的楼层主要是办公、住宅或是商住两用。这些建筑群占据了公交专用道和单行线之间的街坊，形状有点像三明治，整个城市发展轴线上的土地形态和使用性质都是这样规划的。"三重轴线道路"沿线土地开发的最重要两个特征就是建筑密度和和混合型的土地使用性质。高密度建筑群使得公交专用道沿线产生足够多的公交生成点和吸引点，从而支撑了这些公交主干线能保持高发车频率和通行能力。同时，混合型的土地使用性质保证了城市发展轴线不仅是公交出行的生成点，同时又是公交出行的吸引点，因此使得这个交通走廊的客流需求是双向平衡的。以前人们一直认为，双向比较平衡的客流是一个公交项目是否可行的必要条件，混合型的土地开发是实现双向平衡客流的最佳方法。可以这么说，"三重轴线道路"计划是将公交和土地利用整合的最好范例（照片 10.2）。

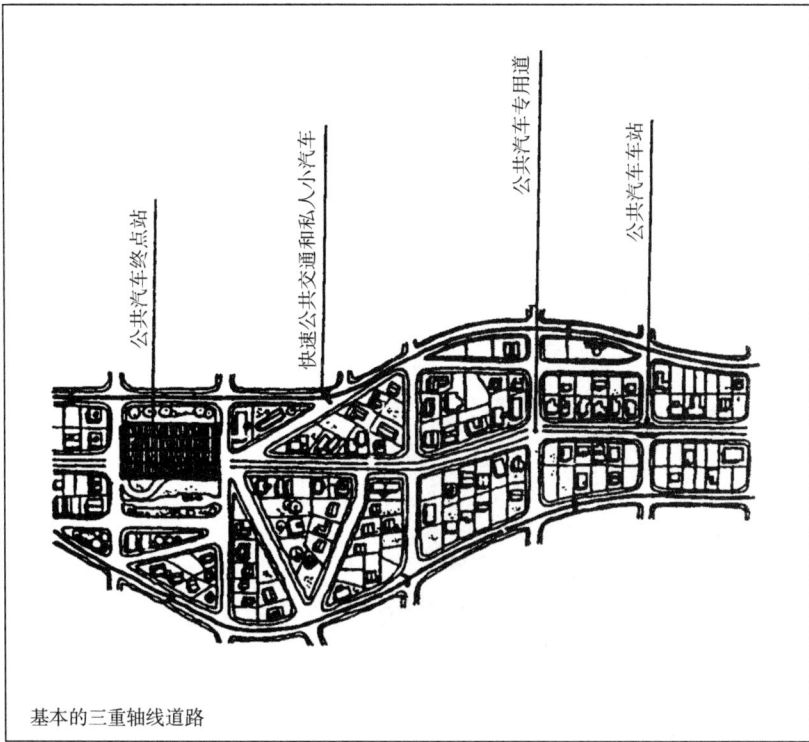

图 10.1　三重轴线道路系统的俯视图
资料来源：库里提巴城市规划设计院

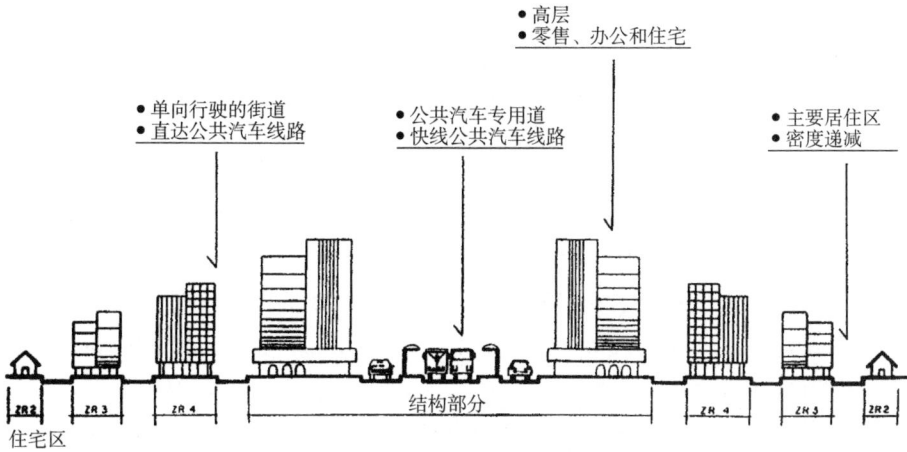

图 10.2　三重轴线道路系统沿线土地利用和密度的横断面效果图
资料来源：改编自库里提巴城市规划设计院

照片10.2　三重轴线道路系统的核心——公交专用道。北部主干道轴线，通往巴瑞林哈终点站，紧邻公交专用道外侧的辅路供社会车辆行驶。公交道两侧的住宅楼都很高，底层是零售业

　　轴线以外、可步行到公交主干线的地区，可以称作"居民区"，居民的居住密度随着距离公交干线的距离递增而锐减。在两条单向道路以外的地区，建筑密度属于中等高度（ZR4 区，如 12～14 层），这只相当于临近轴线建筑密度的一半。在单向道路的外侧相平行的就是地区街道了，周边是低层的花园公寓和建筑（3 至 5 层）。在 ZR3 区内只允许建设建筑容积率低于 1.3 的建筑。更远一点的区域为容积率等于或低于 1 的住宅其中包括别墅住宅。在这住宅用地内，也允许建设那些小型便利店和药店。

　　"三重轴线道路"确保土地利用和道路是互相兼容的。那些会带来大量人流的用地性质如商店和服务设施被设置沿附路和单行线建筑的底层或是第二层。而商铺也因为繁忙的来往交通而受益，比如沿辅路和单行线的那些建筑物里开设的一些零售店和其他服务业。高层建筑布设在机动车流量高的道路两侧，从而确保低密度居住区不受到高机动车流量的影响，低机动车流量的街道确保居住小区的宁静环境。

　　在《库里提巴：生态变革》一书中，杰米·勒纳大加赞赏"三重轴线道路"：

　　　　首先，它保住了城市的规模和传统，替代修建一条规模庞大的高速路
　　的方法是修建三条常规宽度的道路，每一条道路有其各自的功能；其次，

要想提高公交系统的运营速度，最大的障碍正好是缺乏建设公交专用道的空间；最后，无论从造价还是建设周期上来讲，一年内建成 20 公里的三重轴线道路是不成问题的。

勒纳还主张，考虑到当时库里提巴的增长率如此迅猛，为了避免土地利用因为私人房地产过热而肆意发展，"三重轴线道路"正好可以引导城市的发展方向，因为在这个概念的引导下，开发商们知道该在哪块地建高层办公楼、哪块地不能，这样减少房地产的投机行为，不仅可以帮助绝大多数中产阶级降低房价，同时还能抑制与房建配套的其他基础设施建设和配套服务的成本。

有意思的是，"三重轴线道路"得益于 1943 年制定的"阿嘎洽计划"，该规划提出了建设 60 米宽的景观放射型大道，且为此在几条走廊上预留了道路用地。虽然政府当时没有足够的资金实施这一规划，但是政府却超前购置并保留了道路用地，所以使得勒纳政府可以有机会来实施这一将公交、道路和土地利用整合在一起的项目。这也许是一个偶然的机会，但是"阿嘎洽计划"实际上起到了一个土地储备的作用，如果没有当初修建大的景观大道的设想，那么就不可能有实施"三重轴线道路"和线型城市所需要的用地。

另一个值得提到是"三重轴线道路"引入了"新城市化主义"和"新城市设计"一直反对的道路功能分类的概念，"新城市化"的理念力图实施道路功能相对一致，方便行人、让机动车频繁地停靠等一系列限制机动车出行的网格状道路网络，这种规划理念所需要的道路面积率要比根据道路功能分类的路网面积率要高很多。在库里提巴市，道路功能分类与土地使用性质、密度和公交服务是相适应的。所有的道路和公交系统都是平面运行的，也就是说整个交通系统几乎没有那些"矮化"行人和破坏居住环境的大型高架道路或是跨线桥。

集成的公交网络

为了实施库里提巴的长期战略规划，在考虑了土地利用的政策后，下一步就是集成公交网络的实施。集成公交网络可以确保公交与轴线外围地区更好地衔接。

直至 1974 年，库里提巴建成了第一条公交专用道，长 20 公里，由此"三重轴线道路"的雏形开始形成，同时市政府也着手对公交运营线路的调整和整合。在此之前，库里提巴的私有公交运营商之间既是竞争的关系，同时又存在一个松散的联盟。竞争的目标主要是市场利润，大部分线路都重叠在通往市中心的繁华路段。由于公交线路的重复太多，公交车辆导致市中区的道路拥堵不堪。

最初，勒纳政府必须权衡是建立一个地面公交系统还是投资巨大轨道系统。最终的结果是选择了地面公交——一个有严格的公交专用道、采用橡胶轮胎的公交系统，比起轨道系统它很便宜、但灵活性却很高，人们认为这样的系统更适合像库里提巴这样的第三世界的中等规模城市，这也与勒纳的行事方针见效快、成本低相一致。这个地面的公交系统是城市功能的一个有机体，会随着城市的发展而扩展，因为地面的公交系统可以运营在现有的道路上。

图 10.3 简要描述了库里提巴 1974 年至 1982 年间公交服务的变化历程。最早建成的 20 公里长的公交专用道正好是城市的南北轴线，形成了这个线形城市的"脊梁骨"，在这条主干道上，运行着被当地人称之为"快速公交"的线路（尽管车站间距平均只有 0.5 公里，但人们还是这样称呼它）。此外有大概 45 公里的常规公交线路和 2 个"快速公交"终点站相连接，作为它的接驳线。整个系统工作日平均客流量达到 45000 人次。到 1978 年，开通了第三条沿东南走向的公交专用道，自此开辟了另一个新的发展轴线。

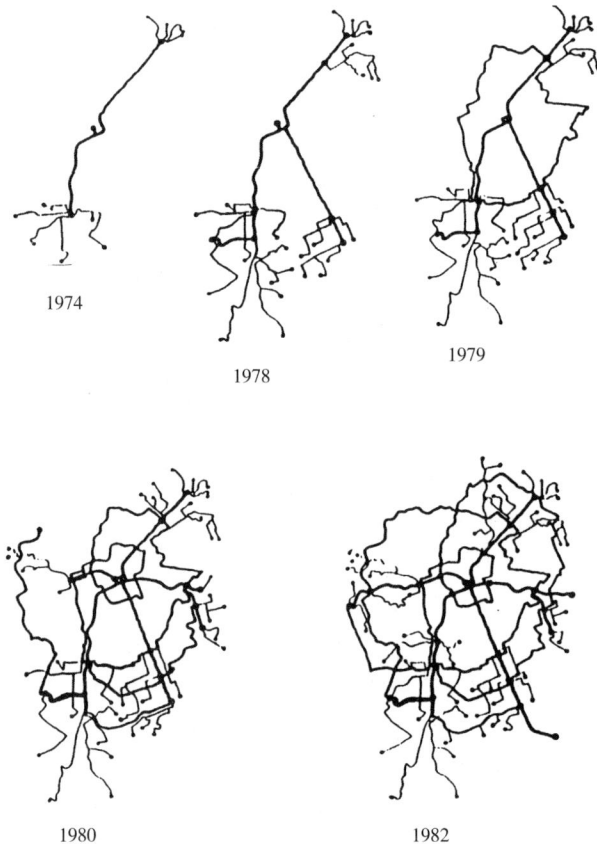

图 10.3　库里提巴公交集成网络的革新，1974 年至 1982 年
资料来源：库里提巴公交监管机构，《集成的公交网络》，1993 年

1979 年，集成公交网络的概念正式诞生。在当时，库里提巴的公交网络不能为穿城出行提供良好的服务，因此就建立了"垮区域线路"的公交服务，首先建立了一个 44 公里的环形线路，可以与三条公交专用道的中间站实现换乘。到了 1980 年，集成公交网络中共有 9 个中途站、终点站可以使乘客在快速线、接驳线、环线

间换乘，此时系统的日客流量超过了 20 万人次。截止到 1982 年，共建成四条同心圆的区域环形线路服务整个区域：最内侧的距离市中心较近，外面的一个环稍远，第三条环线更远一些，第四条几乎快到了城市的边界。由此，整个集成公交网络共有 167 公里环形线路，294 公里的接驳线路和 54 公里的"快速公交"线路，日均客流量达到了 50 万人次，是八年前客流的 20 倍。

20 世纪 80 年代，库里提巴市的集成公交网络呈一个明显的蜘蛛网状，如图 10.4 所示。从功能上，它是一个"干线加支线"的系统。运行在"三重轴线道路"专用道内的公交线路形成了一个公交骨干网络，居住在城市低密度或是边缘地带的居民可以通过环线公交到达枢纽站换乘干线"快速公交"线路。集成公交网络的核心是让乘客通过环形线路换乘快速主干线，然后再换乘接驳线，且采用单一票价、免费换乘的票制政策。枢纽站的设置使得这种换乘模式得以实现，随着时间的推移，票制、行车时刻表和设施出现了一些亟待解决的问题，一个重要改进措施就是实施类似地铁车站的封闭换乘公交车站，现在多数换乘车站除了具有站台外，还有候车座位、顶棚、换乘信息和杂志摊。此外，终点站规模往往要比中途站大一些，因为终点站的客流较高，此外还有一些去周边城市的私人运营的长途汽车线路。终点站一般还会有一些零售和乘客的便利服务，因此乘客可以自由的购物、聊天、打电话、看报等，同时可以换乘任何一条线路而不必额外购票。

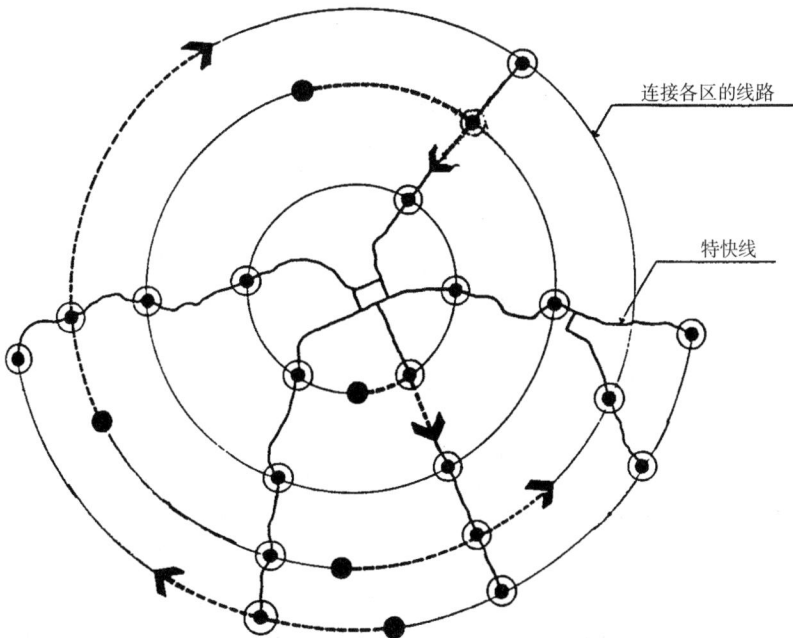

图 10.4 库里提巴蜘蛛网状的公交结构

资料来源：库里提巴公交监管机构，《集成的公交网络》，1993 年

提升公交服务品质

到了20世纪80年代中期，库里提巴的公交网络因为其自身的成功而成为受害者，客流量不断增多，使得干线"快速公交"越来越拥挤，同时车辆的延误现象越来越频繁。最初改进措施是开始使用铰接车，但事实证明这只能算是权宜之计，即使是提高了通行能力，也不能够缓解新增的客流需求。南北公交专用道的开通，成群结队的公交车，使得系统的客流接近每小时1万人次的最大通行能力，这几乎市轨道交通的客流量了。

库里提巴的发展过程再一次证明了"需求才是创造之母"的道理，由于负担不起建设地铁的投资，因此库里提巴的公交规划师们设计出了一个创新概念，即尽量挖掘"三重轴线道路"的潜能，使公交的运能达到轨道的运送能力。简单地说就是在专用道两侧的单向路上设置大容量的直达公交线路，车辆只在主要换乘站停车，也就是说从轴线末端到市区中心往往就只有2~3个中间站。这个系统的最重要的组成部分就是水平登降和站台售票，在公交车辆到达之前，提前完成购票和检票的步骤。

这个新型的公交服务被正规名称为"直达线路"，但是乘客给它的昵称为"快马"。直达线路的车辆可以搭载110名乘客，通过管状车站（水平登降、站台售票）上下客，其每小时运送乘客的能力是普通公交线路的3.2倍，比库里提巴市的铰接车的运送能力提高了70%。这种直达线路理论上的最大通行能力可以达到9000辆/小时/每方向，这一数值已经几乎达到了世界上最繁忙的轻轨系统的负荷量。按照库里提巴人的惯例来看，提出设想并设计出水平登降、站台售票的管道站台直达公交服务，与建设地铁和轨道系统相比，成本低、建设周期短、所引起的社会造成不利影响也较少。建设这个直达线路的成本是每公里20万美元，相比之下，建设地铁的成本是每公里800~900万美元，而建设一个专用道/共享路权的轻轨系统的成本是每公里200万美元。

直达线路最早于1991年投入运营，最初有4条线路，与公交专用道平行。在第一年里，这几条线路每日运送10万人次的客流。由于快速、站少直达的特征，公交管理部门指出直达线路服务对于每段工作出行平均可以节约15分钟。1995年，库里提巴的直达公交线路已经多达12条，日运送乘客22.5万人次，多数都是从全封闭的专用道公交线路（站站停）中转移过来的（如地图10.1）。"大飞快"直达线路优势使得在多数时间段内，一直保持着接近了其通行能力的满载率。吸取以往的教训，库里提巴的公交管理者们尽量控制直达线路不再继续扩增，以防止更多的乘客从公交专用道线路中转移出来，因为这样会使得集成公交线路中最昂贵的基础设施也就是公交专用道的利用率降低。与此相反，公交管理者们还通过使用双铰接车的方法提高干线"快速公交"线路（专用道站站停线路）的运送能力，使得每辆车最多能容纳270名乘客，这是第一次使用双铰接公交车（见照片10.3），到1996年，公交系统中有超过100辆的双铰接车在运行。现在，库里提巴的管理者们也在考虑在适当的时候将公交专用道运营系统改为轨道系统的可能性。

地图 10.1　直达公交线路，延主干线公交专用道的平行道路运行

照片 10.3　库里提巴的双铰接公交车。沃尔沃合资本地制造的双铰接车，最多可以容纳 270 名乘客，出众的发动机，五个很宽的门，低底板，具有现代感的内饰。巴西其他城市已经开始购买和运营库里提巴制造的双铰接公交车，期望能够取得库里提巴式的成功

　　直达线路无可非议地是库里提巴市最显著的创新措施，它打破了以往公交运送能力的极限，此外还大大改善了和提高了公交服务的水平。最重要的是，在主干道线的沿线，那些出行距离较长的乘客，如从城市边缘地带到城市中心区，往往都是选乘直达线路。那些出行距离稍短的乘客，如从居住地去往轴线沿线的购物中心，则更倾向于选乘公交专用道（站站停）的线路。即使有轨道系统的城市往往也不能像库里提巴这样提供这么丰富的出行选择。正是这些各种类型的沿轴线的公交线路，才能满足土地利用和出行的需求。无论是短距离、非高峰的日常出行，还是高峰时段的工作出行，公交专用道及其平行线路都有可供选择的公交线路，且非常便利。

　　值得一提的是，库里提巴市那些创造出直达线路和其他系统的公交规划师都是建筑师出身的。该市的首席公交规划师，也是市政公交管理部门的主要领导，卡洛斯·塞尼维亚曾经是库里提巴市综合规划院的副院长。自从有建筑师背景的公交规划师们来管理公交运营系统，这造就了公交服务策略与城市发展的紧密结合，同时又陆续诞生了一些及其明智和实用的公交运营方案，比如水平登降的管状站台和"三重轴线道路"的概念。

土地开发的管理规定和相关政策

　　库里提巴的成功，是规划、政策以及个人的努力共同取得的，那些多年来一直坚持着公共政策也是功不可没。这些政策包括：带有激励机制的土地分区规划、住宅发展计划、停车政策、雇主支付的公交补贴政策等。

土地分区规划及激励机制

　　库里提巴在"三重轴线道路"沿线范围内制定的土地分区规划，形成了一个类似"多层婚礼蛋糕"一样的建筑密度分布，如前图10.2所示。除了在紧邻公交专用道旁允许建设高密度的建筑，此外如果建造混合使用的建筑，还可以得到额外的奖励。

　　几乎所有轴线道路周边（也就是三重道路系统之间的两个地块）的土地控规都是商住两用的混合土地使用性质。用于商业的办公楼的容积率可以达到5，居民楼的容积率最大可以达到4。之所以允许商业办公楼的容积率相对较高原因，是因为根据统计办公楼每平方米所产生的公交出行次数相对纯住宅公寓要多得多。

　　对那些直接面对全封闭的公交专用道或是辅道的建筑，规划允许这些建筑的第一或第二层延伸到用地边线，用地边线可以延伸到离路缘石1.5米的地方以保留人行步道。如建筑的第一和第二层至少50%的面积要用于零售业、商店或饭馆，这些建筑面积可以不计入建筑容积率。这一规定造成几乎所有的紧邻公交专用道或是辅道的建筑物都将第一层和第二层用作了零售商店和餐馆。这就意味着，因为这两层的存在，建筑物的实际容积率可以超过法律规定的最上限。城市规划还要求这些建筑物第三层以上的建筑必须要从建筑边线向后退 5 米，以便保障阳光能够照到公交专用道、辅路和人行步道上。正是因为库里提巴市的这种土地规划的方法，才形成了城市公交主干道沿线有那么多著名和类型众多临街商店。

可转让的开发权

在库里提巴的历史保护区，历史文物建筑的所有者可以出售和转让他们所拥有的开发权，给市区内其他的土地开发商。这种做法既可以保全历史遗留下来的建筑物，又可以将密度开发权转到其他有利可图的地方，如城市发展轴沿线。因为城市发展轴沿线的混合使用发展模式可以获得额外的容积率奖励，很多这种密度交换交易都是将密度转让权给了临近公交专用道的地块。

与公共交通配套的住房政策

政府在城市发展轴线沿线或是附近购置了土地用以建造经济适用房，在过去 25 年中，已经有 2 万户家庭住进了这些为低收入家庭而建造在公交走廊周围的住宅。另外一项公交配套住房政策是"购置超标准楼层"，州立市政住宅基金法案规定，开发商可以根据"购置超标准楼层"政策，在向低收入家庭住宅基金捐助后，在限定可建造的住宅楼层以外，再多建两层，这部分贡献直接归到"市政住宅委员会"，这个委员会会将这笔资金用于资助贫困家庭解决住宅问题。捐助的金额按照多建楼层所在区域的市场价格的 75% 计算。目前这些密度奖励只允许在距离公交专用道在步行范围内的 ZR4、ZR3 和 ZR2 这些居民住宅区，因为在这些区域内，基础设施可以保障高密度的住宅发展。

购物中心的选址

在库里提巴，任何待建的购物中心其选址必须经过城市规划设计院的批准。自从 20 世纪 70 年代开始，所有被批准的大型购物中心的全部坐落在发展轴线范围内。曾经有过要建设美式商业中心的计划都被否决了。这个政策不仅将新的零售业增长集中到公交发达的走廊地带，从而增强了发展轴线的功能，而且通过限制零售业的自主发展得以保持市区的生命力。

城市发展模式的影响

俯瞰库里提巴公交、土地利用以及道路空间综合规划所造就的城市形态一目了然，站在州立电信公司的观察塔上往下看，四排高层建筑走廊十分突出。就像 1965 年的城市总体规划设想的一样，今天的库里提巴就是一个典型的线型城市（照片10.4）。混合使用的高层建筑紧临着公交专用道，外面则是低密度的居民区，它们之间的边界非常清晰。商业中心显得很突出，受保护的绿化地区恰好点缀了城市风景。发展轴线由市中心向外扩展：南北向的发展轴线向南延伸了 5 公里（从公交专用道的 Guadalupe 站到 Agua Verde 站之间），向北延伸有 2 公里长（一直延伸到 Ca-bral 车站）；东西向的主干道轴线在城市中心区又向西延伸了 4 公里（从 29 de Mar-co 站到 Campina do Siqueira 车站），向东延了 1 公里（刚好在 Rodoferroviaria 或者说主要城际公交车站东侧）。

照片 10.4　库里提巴西部的道路轴线。从州电信公司的观测塔上看，有公交服务的西部道路轴线使得两侧的街区显得渺小

　　库里提巴主要主干道轴线及其相邻居民区 1992 年的人口密度参见表 10.1。发展轴线附近平均居住密度非常高，接近了 100 户/公顷（合 38 户/英亩）。而实际净密度往往是平均密度的两倍之高。主干道的北部、西部和南部靠近市区的某些城市街区，有的平均密度已经达到 170 户/公顷。居住密度比起 1970 年的净密度 9 户/公顷水平已经增长了十倍。从 1970 年到 1992 年，这些主干道范围内的居住密度增加了 855%，1992 年，有 9% 的库里提巴的人口居住在四个高密度发展轴线之一的区域内。

库里提巴 1992 年道路轴线和相邻街区的居住密度					表 10.1
区域	人口数	人口居住密度		住户密度	
		/公顷	/英亩	/公顷	/英亩
混合使用的高层住宅	130700	294	119.0	93	37.6
中—高密度住宅 ZR4	217300	164	66.4	40	16.2
中密度住宅 ZR3	240800	76	30.8	22	8.5
低密度住宅 ZR2	416506	63	25.5	17	6.9

资料来源：城市规划设计院

　　而在临近主干道轴线的区域也就是中—高密度区域（ZR4）内，居民的密度范围是 17~40 户/公顷，1992 年这个区域内的人口数是库里提巴市人口总数的 14%。此外还有 16% 的人口生活在距离主干道 2 到 3 个街区的中密度区域（ZR3）内。因此将近三分之一的库里提巴市民生活在步行就可以到达公交专用道的范围内，这正是公交能影响城市形态形成的有力证据。

　　大部分居住在这些发展轴线沿线的家庭都属于中等偏上的收入水平。总体来说，这些居民越靠近城市中心区收入也随之提高。因为越靠近城市商业和文化设施的地方房价也自然比较高，因此居住在这里的人收入自然也会比较高。那么就不难理解为什么那些居住在发展轴线附近的居民的小汽车拥有率在城市里都是比较高的，且公交通勤出行的比例也相对较低。尽管没有正式的调查数据来证明，但有些居住密度很高的公交专用道的车站乘客搭乘率很低，表明富裕家庭乘坐公交的比例相对较低。除了人们开小汽车去上下班的原因外，公交使用率低也说明了很多快线和直达线在接近市区时已经趋于饱和的事实，此外也同时说明单一票价相当于惩罚（不鼓励）短距离出行。

其他支持公交的政策

　　在库里提巴，土地利用原则不是惟一影响出行方式选择的因素，停车政策也是一个重要因素。市区内的路边停车位很少，即使有的话也只允许短时间停车。路外停车场往往是私有的而且很贵。虽然在过去十年内无论是路上停车位还是路外停车位都在稳步增加，但是还是比不上私家车的增长速度。1995 年，库里提巴注册的机动车保有量是 50 万辆，一年前这一数字已经增长了 20%。机动车保有量的迅速增加主要是因为 1994 年中期开始的巴西货币调价刺激了消费者的消费。虽然巴西政府也考虑过要征收高额的车辆注册税和进口税，以此来控制机动车的拥有量，但是这些抵制小汽车的做法非常不受大众欢迎，具有很高的政治风险。多数的观察家同意，向库里提巴这样的一个综合公交系统，是一个鼓励使用公交的很好的手段。

　　一个全国性的支持公交的政策规定，雇佣者要支付其雇员的公共交通费用的一部分，就像日本的做法一样（见第七章）。巴西法律建立了一个标准，人均收入的 20% 应用以支付公交费用，同时还规定，员工实际支付的公交出行费用不应超过可支配收入的 6%，超过 6%~20% 之间的费用，应该由雇主提供。结果，在巴西，公共交通津贴普遍存在，尤其是在那些低技术、低收入的工作群体中（多数职员和技术性工种每个月用以支付公交的费用不足其收入的 6%，因此不需要雇主的补贴）。在库里提巴，雇主才是公交票的第一重购买者，雇员在领薪水的同时，往往还可以得到一定数量的公交票，用以支付这个月的公交费用。

低成本的世界一流公交系统：今天库里提巴的公共交通

　　库里提巴的公交网络在 1974 年形成之际，线路总里程只有短短的 65 公里，每日的客运量是45000人次，而到了1995年，公交线网的总长度已经达到了1200公里，各种型号的公交车辆总数共有1300辆，每天为超过160万人次出行服务。今天，库里提巴的市民们喜欢乘坐各种类型的公交到城市的各个地方去，既有高峰两分钟一班的主线快线，也有连接各个换乘站之间的城市内部环线。

在集成公交网络内运行的所有公交车通过20个封闭的车站换乘而形成一个整体，从而实现了免费换乘。现在运行的集成公交网络中的四个典型线路是用颜色加以区别的：18米车的公交专用道快线（红色公交车，站站停），115条支线线（橙色的车），7条区域之间的公交线路（绿色公交车），11条直达线（灰色公交车，只在有限的几站停车）。

地面地铁

通过集成、干线支线相结合的方法，库里提巴集成公交网络的作用就像是一个区域的地铁系统一样，只不过是在地面上的。因此，地方的公交规划者已经把这个系统称作"地面地铁"。

公交快线

库里提巴"地面地铁"的核心是运行在公交专用道内线路，他们分别采用了单机公交车（载客105人）、铰接公交车（载客170人）和双铰接公交车（载客270人）。载客270人的双铰接公交车，配合以72秒的高峰间隔，实际运行起来就像是列小火车一样，理论上每条车道每小时可以运送13500乘客，比任何一种轻轨系统的运量都高。

目前运行在公交专用道内的快线红车提供了库里提巴最密集的公交服务，它们占全市每天的运营里程总数的18%，日客运量达到了全市的三分之一。在一些走廊，高峰时段快线平均每90秒就到达一班车。由于公交专用道内的单机车、铰接车、双铰接车混和运营，公交管理者需要使公交的服务水平适应需求。结果是，快线的运能浪费最少。这种快线采用了车上售票的方法（且除了直达线的车以外所有的车停靠站时都直接连接管状站台），所以每辆车都有一名驾驶员和一名售票员。

直达公交线

快速的直达公交线是1991年产生的，在发展道轴线外侧的单向路里、基本上与公交快线平行行驶，停靠站较少，提供更快捷的公交走廊穿梭服务（参看地图10.1）。直达公交线的运行时速达到了32公里/小时，快线的运行时速只有20公里/小时，而传统的普通公交线路则只有16公里/小时。从运营里程来看，有40%的直达公交线服务不是在三重道路系统内，2/11的直达线路是环行线路。因为这种更快捷的公交线路给居住在城市边缘地带的人们带来了最好的公交服务（因为通常那里的人们更容易得到座位），因此相对低收入的人群成了使用这种线路的主要乘客群体。这种灰色的直达公交车，在1995年被命名为198路，只有在和它车身颜色匹配的灰色管状车站停靠，而这种车站只占全部车站的1/89。

　　库里提巴具有专利的管状站台和大容量公交车非常具有特色。这些车站由有颜色的树脂和铝制成，平行于道路，并且高出地面（照片10.5）。这些站台的功能是让乘客在车辆到达之前预先购票，这样在上车时就省略了台阶。乘客在通过闸机时付费给管理站台的服务人员。乘客付费后就可以在站台内的长椅上休息。当公交车到达时，驾驶员将车门对准管状站台的门，站台门在气压的作用下滑行，一个折叠板自动伸向固定的站台，使得车辆和站台处于一个水平面上，乘客可以水平上下车（因为这些直达线在单向路内行驶，基本上与快线是平行的，车门又在车身左侧，因此与车门在右侧的快线换乘就很容易，实现无缝衔接。下车的乘客往往在其中的一个门下车，这些门的宽度就和地铁车辆的门一样宽，然后上车的乘客迅速上车，这和地铁是一模一样的。因为在上车的过程中既不用去格外小心注意台阶，也不需要在此过程中付费，因此上车的速度也很快，通常这一过程只需不到30秒（在同等客流人数搭乘情况下，这一时间只是普通传统车辆停靠站时间的1/4）。因为车上没有售票员，节约出来的空间可供乘客使用，因而进一步提高了这种直达线车辆的容量。就像我们在前面提到的那样，如果按照每辆车能容纳110人计算，高峰时段每45秒一班车，那么这种直达线的单车道运送能力理论上可以达到9000人次/小时。在"三重轴线道路"系统内，直达线和快线分别在一个道路上行驶，一个方向的客流量已经超过了15000人次/小时，与最繁忙的里约热内卢地铁相当。

照片10.5　库里提巴的管状站台。左上图，一个折叠的踏板可以实现水平的上下车；右上图，相互连接的管状站台可以使乘客在不同街道的公交运营线路之间换乘；左下图，市中心的管状站台支持有五个车门的双铰接公交车停靠；右下图，市区内多车位的管状站台内部装饰和功能都更接近地铁站

补充公交线路

在换乘车站为快线和直达线提供客流的是 7 条区域间绿色公交线路和 115 条橙色支线。因为这些支线公交线路能够有效地连接低密度地区，库里提巴有将近 70% 的居民是居住在公交线路半公里的范围内的。因为有了这些服务范围广的区域间公交线路和支线线路，所以说库里提巴是一个混合型的公交大都市。而把这些低容量和高容量的公交线路结合起来的关键点就是换乘站。

换乘站

让库里提巴的公交网络能够像时钟一样工作的是那 20 个封闭的换乘站，图 10.5 说明了一个车站的典型结构：中间是主要的公交专用道，快线公交车从公交专用道直接进入这个带门的车站，并停靠在站台的一侧；区域间线路和支线的公交车从平行街道进入站台的另一头，与快线公交停在站台的同侧。一共有两个站台，每

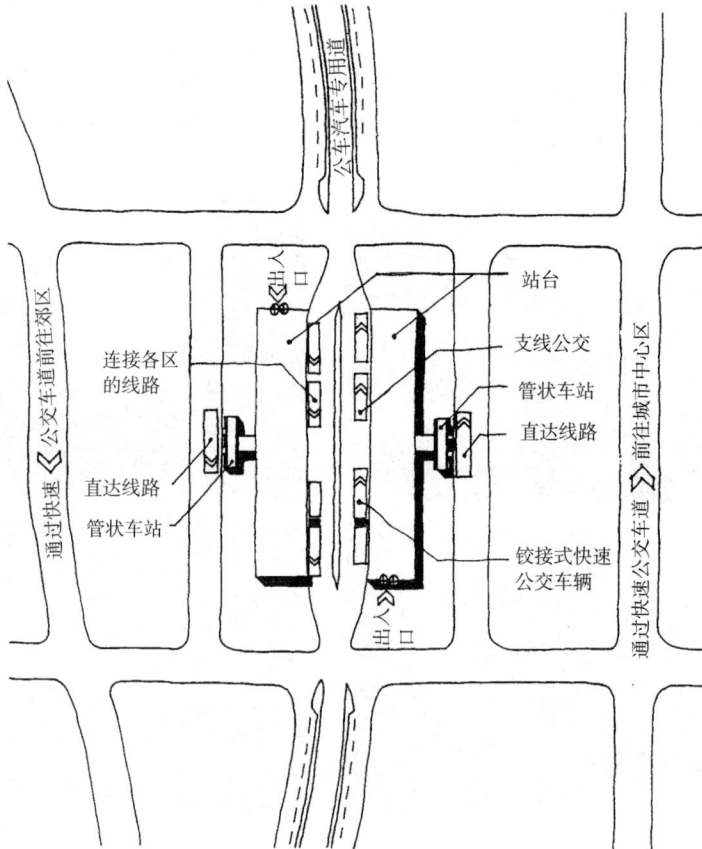

图 10.5   库里提巴集成公交网络内换乘站的原理示意图

资料来源：库里提巴公交监管机构，《集成的公交网络》，1993 年

个站台一个方向。乘客既可以在同一个站台实现通向换乘，也可以到另一个站台实现对向换乘，一般都是通过地道到另一个站台去。多数的站台，或者说是在集成的区域，都有新的报纸架、长凳、线路图和运营时刻表。往往线路终端的终点站都是最大的，有一些还配备了小的杂货店、饭馆、花店和药店等，获得的租金收入都被归入城市公共基金。

直达线从平行公交专用道的单行线到达换乘站，驶入上述车站另一侧的辅道的上，停在管状站台处（没有服务人员），乘客从车辆左侧的车门下车进入管状的车站内，通过一个乘客通道，可以很容易地到达与其他公交线路换乘的站台。

管理和组织

库里提巴公交系统的日常运营受到政府的库里提巴公交监管机构的监管。公交监管机构的职责包括：制定时刻表和运营标准，与私营公交公司协调，根据服务标准监督私人运营是否合格，规划新的线路和服务，收集和分配利益，维护换乘站。大区域内的公交集成网络规划是城市规划设计院的职责，公交监管机构和它在长期规划和近期规划方面会紧密配合，以确保它们的协调。

目前，库里提巴城区和郊区的所有公交线路由十家私营企业运营。对于乘客来说，公司之间的车辆和人员是无法分辨的。各公司根据运营里程来计算营收，而不是载客量，只有这样才能确保服务质量，以及不会因为公司之间的竞争给乘客带来不良后果。各公司也会得到在车辆上支出资金的百分之一，这种安排可以使得资本的年收益率达到12%，因此成为一个经济手段去激励各公司去更新他们在运营中的车辆。这很大程度上解释了为什么库里提巴的公交车辆平均使用寿命只有3年，这些车辆往往即使不是世界最新的，也是巴西最新的。

1987年，库里提巴将以前的竞标取得经营特许权改成了"许可权"系统。根据巴西法律规定，许可是很容易执行且很容易中止的，一个两页纸的文件列出了所有许可的基本法律框架。没有固定的合同周期，而且只要有合理的理由合同可以随时被取消。

票价

在20世纪90年代，成人的票价在30～40美分之间，因为巴西的通货膨胀，票价经常调整，在1993年中期，平均每个月就要上涨30%。票价根据公交监管机构和私人公司的成本制定（如燃料，零件，消费者物品）。公交监管机构通过调查城市里的零售价格来核对成本，还会定期的重新计算票价以确保成本能够回收。

最常用的票价媒质是预付费的票卡（前面提到雇主卖给员工的就是这个），调查显示每日乘客使用它的人数达到60%。这种票卡可以在商店、报刊亭和换乘站买到。公司大批的买这种预付费的卡分给员工，作为每个月的公共交通补贴。这种预付费的票卡并不打折，它最重要的优点是对于雇主和使用者都很方便，其次，它可以抵制通货膨胀，这在一个有通货膨胀历史的国家可是不容忽视的。

公交带来的收益

　　库里提巴这个公交系统给人以深刻印象，但衡量它的最终指标还是客流量，特别是从小汽车方式转换到公交方式的乘客数量。对交通的环节和对环境的改善，理想上，取决于用合理的成本代价，吸引开私家车的人转到乘坐公交车上。

　　1974年到1994年间，整个系统内的年平均客流增长率为15%，是人口增长速度的3～4倍，在这个时期内，公交在通勤出行中所占的比例从8%增加到70%还多。这其中大部分的增长都源于70年代开设的快线，80年代开设的区域线路和支线服务，90年代开始的直达线路服务。现在平均每三个库里提巴人中就有两个人每天必坐公交车。

　　库里提巴公交网络对交通和环境状况的改善有影响，最有力的证据是一份Bonilha研究机构在1991年组织的针对直达线路乘客的调查。此调查显示，在直达线路开通的第一个月，有28%的乘客在搭乘此线路之前是开私人汽车上下班的。据此，研究者提出，这个集成的公交网络已经减少了每年2700万次出行的机动车的使用，并且与巴西同等规模的城市相比，每人消费的汽油数量减少了25%。现在，据说库里提巴是巴西空气最清洁的城市。载客量高的另一个好处是平均每位乘客消费的支出少了，现在每位市民的公共交通支出只占收入的10%，低于全国的20%标准。

　　土地混合使用开发的模式对公交乘客运送量也有贡献，尤其是沿主干道轴线，主要体现在平衡了公交客流在方向上的不均衡。在70年代，库里提巴市区的常规公交的客流往往有90%都在高峰方向上，而现在，方向性比例大概是60：40，这是因发展轴线沿线既有出行的产生，也有出行的目的地。现在，空车的现象已经成为过去的历史。

库里提巴的启示

　　库里提巴人正在享受着世界一流的公交服务，这一成就要归功于周密的城市规划和决策者的英明决策。在以常规公交为主导的城市中，库里提巴市的人均公交出行比例是最高的城市之一。城市的决策者首先对城市的长远发展有了一个明确的目标，然后来取得社区民众的支持，之后一步一步地分别实施，最终打造出了一个让很多城市羡慕的、创新的和集成的公交网络体系。库里提巴市成功的关键因素是城市决策者最初就确立了城市发展未来的理想居住模式，即一个线型城市，然后采用一个集成的由主干线与支线组合的公交网络来促成城市的发展形态。库里提巴市根据城市土地利用和社区发展的目标，本着尽量降低公共交通建设投资，最终决定了最合适的公共交通服务类型和规模。

　　交通的目的是为了运送人而不是车辆。库里提巴的领导者们并没有采用以往那些常规的手法，而是在开始时探求为了建设一个线型城市，以及为了保护市中心，什么交通方式才是性价比最高的投资，既可以改善环境质量，还能将投资控制在合理范围内。然后渐渐将交通看作是这个大的完整的系统的一部分，关系到住宅、土地利用、道路网、商业区的混合使用、历史保护和公共空间等。具体的做法是，设计出结构轴道路，发明了"三重轴线道路"系统，设立公交专用道，沿公交道修建商住两用建筑，以及最后实现了集成公交网络有效的为低密度地区提供服务。

库里提巴市本着采用"短平快"的公交项目来缓解城市交通的本意，敢于尝试新的主意和承担风险，最终取得了很多的成功，如："三重轴线道路"系统、土地分区规划的奖励机制、利用管状车站停靠的直达线路。当然，机遇也是很重要的因素之一，1943 年规划建设巴黎模式的放射状大道已为建设"三重轴线道路"预留的道路用地。尽管如此，由于大胆的设想、果断的决策、巧妙的设计，库里提巴市最终将公共交通和土地利用的有机整合成为现实。

库里提巴市在城市管理方面提供了很重要的一些经验。库里提巴前任市长和现任州长杰米·勒纳一直坚持采用最简单的方法来解决复杂的问题。库里提巴市制定了一系列简单和可行的长远发展目标，这些目标在过去 30 多年里指导着城市分步地实施了城市的长远规划。

库里提巴市创建了成功的公交系统，还帮助了其他领域的公共政策，如改善了城市的垃圾处理设施、废物回收利用、更新旧住宅和改善城市公共空间和绿化。在这些领域，城市决策者采用类似的工作方法，即采用最简单的方法来解决城市的复杂的问题。对于库里提巴人来说，重要的是这些一系列的小步骤，最终叠加起来，却大大地改善生活质量，并让城市走上了一条可持续的发展之路。

库里提巴人并不是只认同公交这一交通方式，而是注重采用高品质及投资效益好的公共交通方式来满足日常的出行需求，随着城市的逐步发展和"三重轴线道路"的发展密度加强，越来越大的压力要求将公交专用道改为轨道交通，1997 年的一项公民投票没有通过建设轨道交通的建议，原因是轨道交通投资巨大。但是，多数的观察者认为，该市建设轨道交通也是迟早的事，只是时间上的问题。最最重要的是，哪种公共交通方式能够有效地将公共交通和土地使用结合起来，那么哪一种公共交通方式就能成为公共交通的主导方式。

第四部分

有强大市中心的城市：公共交通和市中心的重建复兴

混合型公交都市的一个分支，是那些有效地将公共交通的改善和市中心的重建复兴联系在一起的地方。在第四部分中的两个案例城市，苏黎世和墨尔本主要通过投资放射状的轨道交通系统和保留了他们传统的、分布广泛的有轨电车网络，成为了有强大市中心的城市。这两个城市都有适应性的公共交通服务，有轨电车在城市化的地区内有效地穿梭环行。苏黎世和墨尔本也有适应性城市的特征，他们紧凑型的、混合用地的城市形态有益于乘坐公共交通，但是还不像斯德哥尔摩和东京那种程度的适应性城市，苏黎世和墨尔本对公共交通支持性的环境主要是在城市中心的范围内。

在苏黎世和墨尔本，有轨电车在维持一个符合人体尺度的城市具有特别价值。有轨电车与行人和骑自行车者在市中心的街道上安全地共处，同时为街道和四周的生活增加了特色和吸引力。在苏黎世和墨尔本，在几个禁行机动车辆的步行区就只允许有轨电车通行。这两个城市的特点：即在各自的市中心中有占全区域工作岗位数量和商业零售额的很大比例，和公共交通的使用人数也具有相当规模，证明了将市中心的重建复兴和改善传统的有轨电车服务结合在一起的价值。在苏黎世，采用了许多不同的交通工程和设计的措施来沿着大多数的街道给予有轨电车和公共汽车以优先通过的待遇。将地面公共交通之间的连接和换乘的时间降到最低，再结合快速的郊区铁路服务赢得了大多数的苏黎世居民来乘坐公共交通，产生了世界上人均公共交通乘坐率最高的地方之一。墨尔本更多地依靠重建发展规划和一个中产阶级向劳工阶级居住区移居的运动，来提供一个顾客群来支撑市中心地区密集的公共交通服务。墨尔本绿色和金黄色的有轨电车是城市的一个著名象征，也回过头来刺激了沿着由有轨电车服务的商业街道的重建发展。

第十一章

实施"公共交通第一"政策打造世界一流的公共交通系统：瑞士苏黎世

　　苏黎世通过将道路面积的很大一部分分配给了有轨电车、公共汽车和自行车，辅之以很多鼓励人们使用这些方式的措施，成功地打造出在欧洲最有效的地面交通系统。这座城市应对日益恶化的交通拥堵的方式不是通过扩大道路的通行能力，而是将道路的空间重新分配给公共交通。该市实施了一套具有创新意义的，基于现代信息技术和动态交通信号灯系统的交通管理措施，这一措施的实施为将道路空间重新分配给公共交通打下了良好的基础。近些年，一个新成立的区域性公共交通管理局和新出台的各种票价优惠措施进一步加强了公共交通在市场竞争中的地位。苏黎世为行人和骑自行车者提供慷慨的路权，使得那些绿色环保的出行模式比开小汽车出行还要方便和经济。

　　当今的苏黎世，以其能成为世界上公共交通使用率最高的城市之一而自豪，每个居民年均公共交通的出行次数约为 560 次，这几乎是欧洲特大的城市如伦敦、巴黎、柏林的居民年均公共交通出行次数的两倍，更了不起的是作为欧洲最富裕的城市，苏黎世的市中心没有地铁系统。苏黎世的成功很大程度是实施了一系列经过精心策划的措施，如果有效地分配道路空间，在居住区实施宁静化交通，对公交常客给予折扣票价，所有这些措施都是偏向有轨电车、公共汽车、自行车和行人交通。

公共交通系统和城市

　　苏黎世市城市人口为 33 万左右，是苏黎世州城市群中的一个城市，苏黎世州位于瑞士北方的中部，共有 120 万人口，并包括 171 个市镇。苏黎世这个紧凑型的城市城市面积仅为 92 平方公里，有轨电车成为公共交通网络的支柱。该市 265 公里的公共交通网络中有 117 公里的有轨电车线路，有轨电车的车辆运营里程占总公共交通运营里程的三分之二，在乘客里程方面也占有相似的份额。无轨电车和柴油公共汽车线路主要集中在没有有轨电车服务的区域。苏黎世公共交通运营公司负责监管和运营苏黎世市的有轨电车、公共汽车网络和索道交通，是一家半官方企业。

苏黎世的城市人口近几十年呈下降的趋势，主要原因是由于郊区化的进程和平均家庭规模的减小。由于苏黎世是一个重要的国际金融中心，办公室和商业机构的工作岗位还在持续增加，自 1970 年以来，城市内的办公楼面积增加了一倍多，从而导致从郊区到市中心的通勤交通量显著增长。1970 年，苏黎世市 34.2% 的就业人员，是从城市外围来的，到了 1990 年，这个比例已增长到 47.6%。为了应对来自城市外围通勤交通量的增加，苏黎世州在 1990 年开通了一种区域性的郊区铁路服务，连接了城市外围地区和市中心。此外，与慕尼黑公共交通管理局相似的一个区域性公共交通管理局，苏黎世公共交通联盟同时成立来负责规划和协调在该区域中所有的公营和私营公共交通服务。

苏黎世的公共交通系统形式多样且具有活力，市中心的有轨电车和区域铁路在公共交通系统中占有主导地位，此外还有配套的无轨电车和公共汽车的服务。公共交通规划师费利克斯·劳比，将他家乡的公共交通服务的布局归纳为是一个多层次整合的网络：（1）第一层次是一个放射状干线网络，由长途郊区铁路系统将城市内的主要活动中心与外围的市镇连接起来，构成了公共交通网络中的主要骨架；（2）第二层次的公交网络覆盖在第一层次的骨架网络上，属于第二层次的公交线路与郊区铁路车站相连，此外公交和郊区铁路的运营时刻表互相准确地协调好，以缩短换车时间；（3）第三层次主要是由有轨电车线路组成的精细方格网，主要服务区域为市中心，在城市中高密度的建成区内循环往返，提供在城市内几乎到处可以上下和短途的公交服务（图 11.1）。这样的结合展示了真正意义上的适应性的公共交通，即一个多层次的公共交通网络形态与区域出行起讫点分布形态相吻合。

苏黎世市的公共交通网络是由苏黎世公共交通运营公司来运营，如今的公共交通网络非常的密集，运营的班次和频率非常的高，使得人们在步行不超过 100 米，等车时间不超过 5 分钟的情况下，就能搭乘上公共交通。在一个典型的工作日，苏黎世目前平均每平方公里的土地上有 2400 公里的公共交通的服务线路，相比之下，与苏黎世大小相似的德国城市埃森只有 600 公里。公共交通的普遍可达性，与精心整合的公共交通服务相结合，乘客们不用担心是否能坐上公共交通，只要站在主要街道的路口，有轨电车或是公共汽车将会很快地到来，然后将你送到你想去的目的地。

从市场占有的份额来看，经过过去几十年来的发展，不论以什么标准来评价，苏黎世的公共交通取得了显著的成就，图 11.2 列出了 1992 年公共交通在三个地域内和之间工作出行的分布情况：这三个地域分别是，苏黎世市中心、内环以内地区

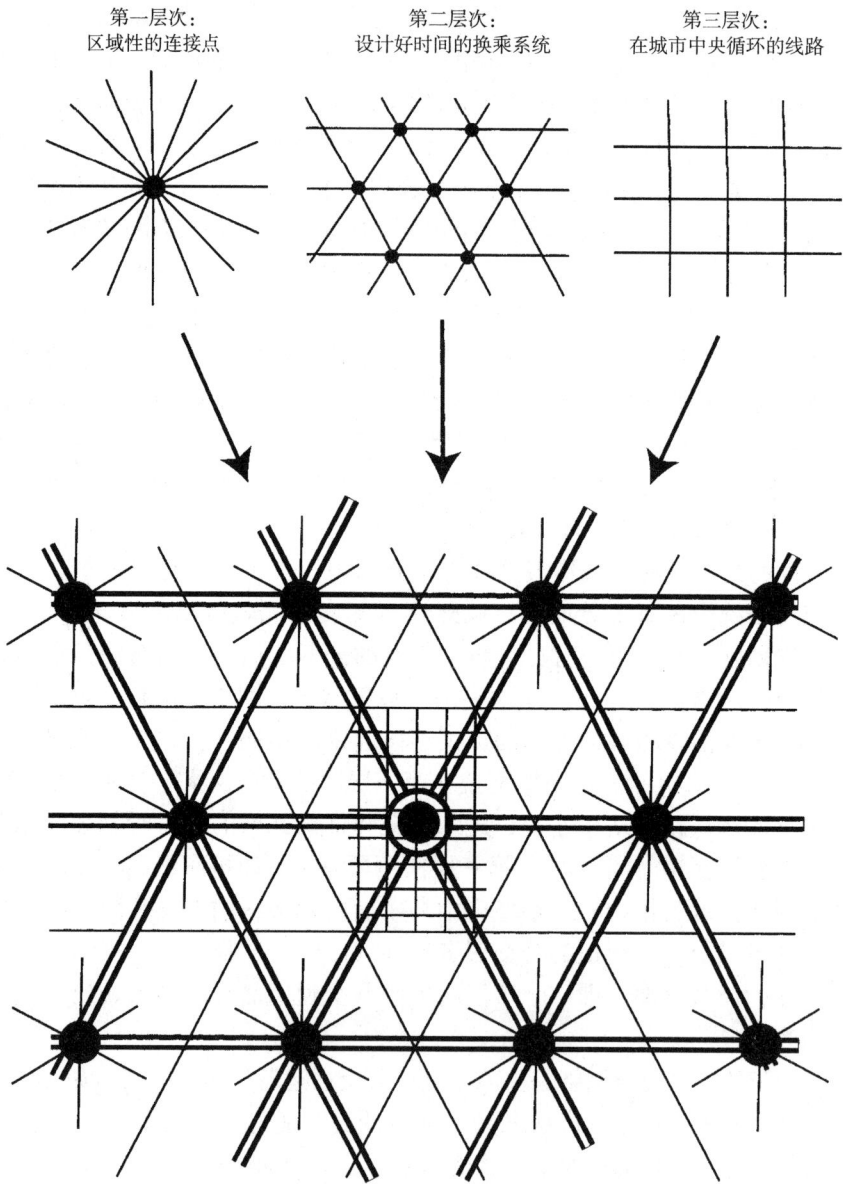

第一层次：
区域性的连接点

第二层次：
设计好时间的换乘系统

第三层次：
在城市中央循环的线路

图 11.1　在大苏黎世地区内区域性的公共交通服务网：由三个层次组成的整合性网络

和外环地区。在苏黎世市内居住和工作的人们中，76% 的工作出行是使用有轨电车和公共汽车的，只有 12% 的人使用私人小汽车上下班，这样的公共交通出行比例也同样反映在购物出行上。在反向通勤交通中也有超过 40% 是使用公共交通的，通常是使用郊区铁路。如图 11.2 显示的：公共交通第二大的市场份额，是从外环地区到城市内的长距离通勤，占有其中约 55% 的工作出行。这体现了郊区铁路广泛的覆盖（苏黎世州内有 13 条线路延伸有 900 公里的长度）和在长距离通勤出行的相对

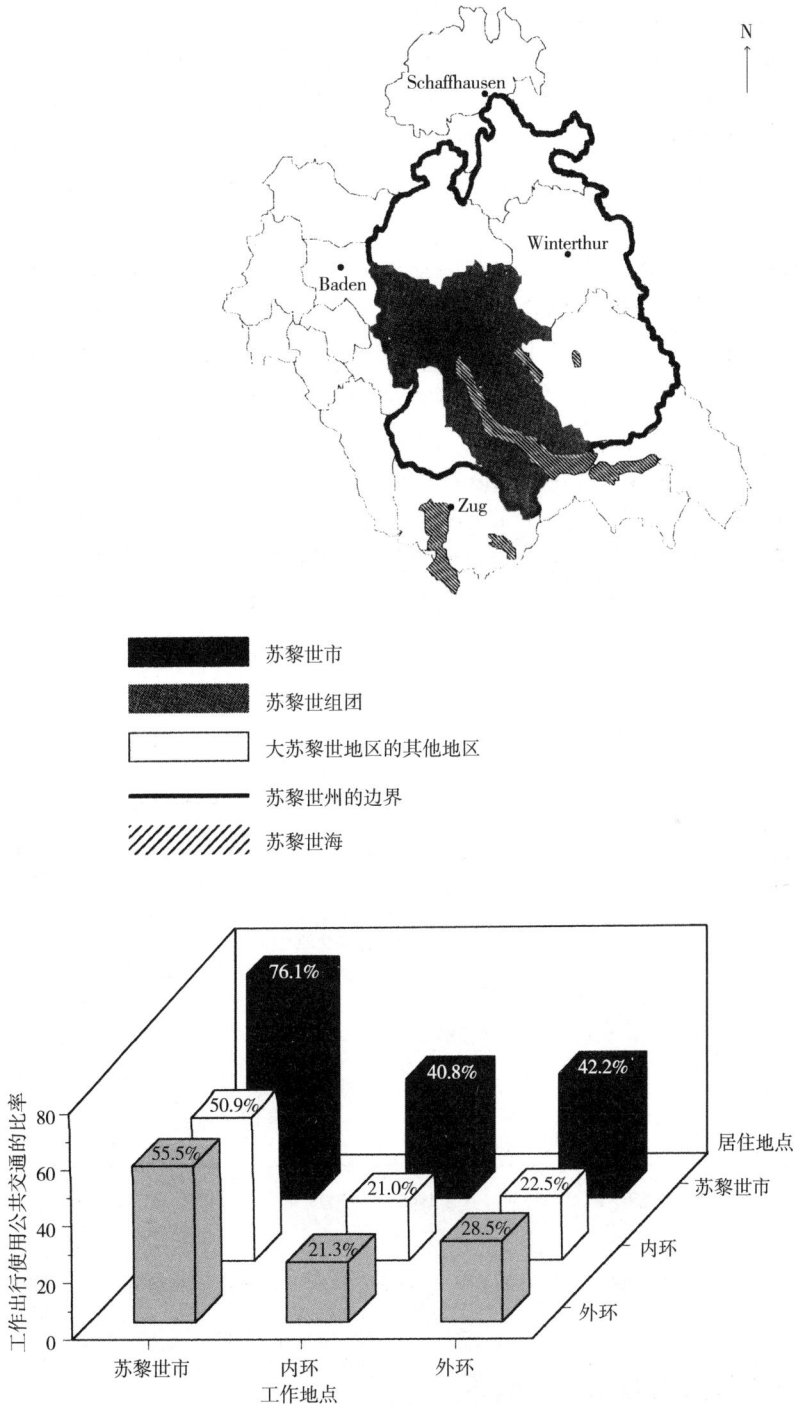

图 11.2　1992 年在大苏黎世地区按地域划分的搭乘公共交通的工作出行分布情况

优势，甚至是在苏黎世市外的环形和区域间的通勤出行中，图形显示公共交通（主要指公共汽车）占有超过 20% 的市场份额。

为了帮助更好地理解大苏黎世地区在公共交通客运量方面所取得的成就，我们来比较一下德国的汉堡的数据，苏黎世公共交通管理局在其管辖范围内共有人口120 万，土地面积 1730 平方公里，1993 年，全年公共交通的总人次为 6.44 亿，这一数据比汉堡高出 1.7 亿人次，但是汉堡公共交通管理局管辖内的人口是苏黎世的两倍。

虽然覆盖面广和整合的公共交通服务对于大苏黎世地区公共交通的成功起到了很大的作用，但是更为重要的是，苏黎世制定和实施了一系列以打造世界一流的公共交通为目标的相关政策。图 11.3 说明了在过去 20 年里，相关的公共交通政策与客运量之间的关系。苏黎世公共交通发展历史上一个重要里程碑是 1973 年的公民投票通过的"公交第一"发展政策，它的宗旨是大幅度改善传统公共交通服务质量，以及大幅度提高有轨电车和公共汽车的运营速度。"公交第一"发展政策实施10 年后，公共交通的客运量才开始迅猛增长，新近客运量增加的主要原因可归功于改善服务质量、调整票价体系、实施低票价和限制私人小汽车的使用。今天苏黎世的居民正享受着令全世界都羡慕的覆盖面广、高发车频率的、舒适的和相对便宜的公共交通服务。

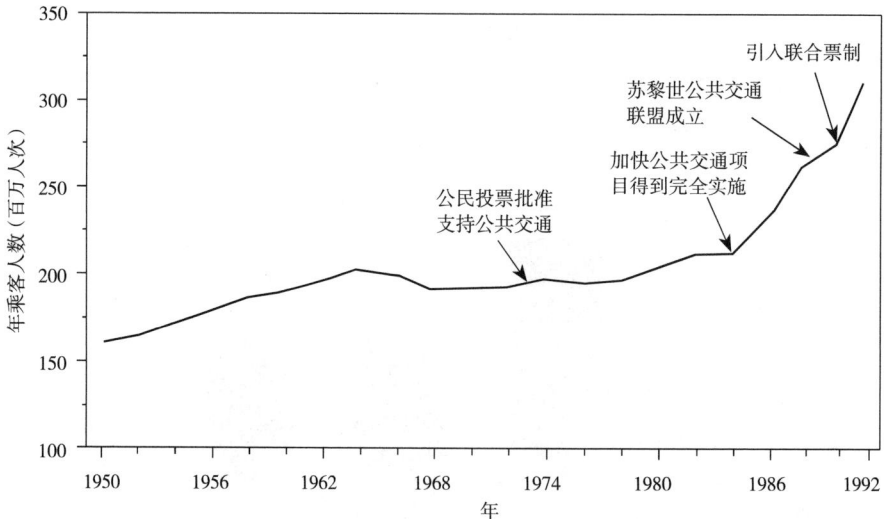

图 11.3　从 1950～1992 年间，苏黎世的有轨电车及公共汽车乘客量的趋势和重大政策事件的关系

苏黎世的"公共交通第一"政策

1973 年，苏黎世发现自己处在一个重要十字路口，交通拥堵开始出现，空气污

染日益恶化，市中心地区的居住质量逐步下降。需要尽快采取一定的措施来改善这种情况，对于有些人来说，解决的办法很简单：效仿德国许多城市的做法将地面的轨道转到地下，将道路空间腾出来给小汽车和卡车使用。1973 年夏天，一项建设城市地铁的倡议（见下附件），提交给公民投票表决，但是该倡议就像 11 年前一样，被彻底地否定掉了。取而代之的是，苏黎世通过了一项措施，要求在现有的道路上给予有轨电车和公共汽车通行优先权，并通过落实多种具体措施，来确保公共交通的车辆运行的稳定性，最大限度地减少小汽车交通所造成的延误和干扰。

1973 年 6 月 18 日，促进公共交通发展的公民投票议案

　　此公民投票议案如得以批准，从公共投资基金中划拨 2 亿瑞士法郎，在今后十年内，每年计划使用 1500 万～2500 万法郎，资金将用来扩建和改善苏黎世公共交通运营公司的公交网络，以消除来自小汽车交通对有轨电车和公共汽车的干扰，使得轨道交通和公共汽车能过无障碍地快速行驶……这些资金将用来建设有轨电车及公共汽车的专用道，兴建和改建交通信号灯系统，使得有轨电车及公共汽车可以控制交通信号灯，以及改造重要的十字路口来完全满足苏黎世公共交通运营公司的车辆和行人的要求。

　　这一进程充分表明了市民希望保持市中心现有的特征和生活质量，喜爱更人性化和城市特征相融合的有轨电车和无轨电车。

　　苏黎世是世界上一个十分富裕的城市，其公共交通能具有这样强力的影响力，部分可以解释的理由是其独特的民主形式，有关公共交通的政策是由市民批准的，而不是像其他地方往往是有政治家决定的。根据法律规定，任何一项公共投资项目如总投资超过 1000 万法郎（相当于 700 万美元/1998 年价格），必须经过全民公投。在一年中可能超过 10 个周末，市民会对 1～10 项的地方、州或联邦政策进行投票。这个民主决策过程，使苏黎世避免了有政治家挑选对自己政治生命有利的公共投资项目。从建设城市地铁议案的例子中可以看出，采纳进一步改善有轨电车和公共汽车服务的决定，就不会像在其他地方那样，受到来自道路和地铁建设的利益团体游说而带来的阻力。

　　由于每一次公投前都有与公众的充分对话，苏黎世的市民对公共建设项目的认知水平和参与程度都相当地高。在 1973 年被公民投票批准的"公共交通第一"政策，基本上是由民众提出的，同时得到左派和右派人士的共同支持，市民踊跃加入收集签名的行列，以便收集到足够的签名来将议案提交公投。"为什么不将已经存在了一个世纪的公共交通系统进行改善和现代化呢？"市民在被请求签字支持投票倡议时会被这样的问到。提升现有公共交通的服务被证明是一项具有在意识形态和政治方面有广泛吸引力的政策提案，是来自各种政治立场的人士都能接受的主张。自由党和环境保护人士害怕，城市地铁因为有较长的站距将会扩大城市的规模从而破坏苏黎世独特的城市的架构。另一方面，有轨电车已经存在了一个多世纪，帮助打造出苏黎世人珍惜的一个对行人友好的城市。苏黎世过去的历史也起到了很大的作用，由于在历史上未曾有过君王的统治，瑞士的城市避免像巴黎和维也纳那样的帝王式的设计和过大的道路，瑞士的城市也没有受到在第二次世界大战中像德国的城市那样所遭受到的破坏。对保守党来说，扩展有轨电车的服务以替代建造昂贵的新地铁线路意味着不用增收更多的税收，公共交通没有得到联邦财政的任何支持，这与德国和欧洲的其他城市是一样的情况，瑞士的民众在投票时对公共交通投资项目可能产生的税率影响是非常敏感的，因而，许多人支持有轨电车和反对地铁项目，这听起来有些奇怪，但却在意料之中。

这个公共交通政策之所以能达成共识，另外一个很重要原因是苏黎世是一个社会和文化背景相对单一的城市。苏黎世市民普遍支持公共交通，根据德国学者所做的调查显示，与德国规模相似的城市相比，苏黎世反对小汽车人的比例要高得多（占调查样本的47%）。同样值得提到的是，苏黎世的市民对于他们想要一个什么样的城市有清晰的、共同的愿景，这是采取扩展有轨电车和无轨电车服务的决定的背后推动力量。有些人批评苏黎世对政策的制定采取全体公民投票的方式，阻碍了战略性的长期规划，因为每一个大型的项目都要投票表决。而有些人深信，这能确保政策的制定是公平合理的。苏黎世公共交通运营公司的副总裁厄恩斯特·朱斯，赞同在公共交通政策的决策过程中进行公民投票，这样有利于决策的公平性，他也指出苏黎世被选举出的市长和议员们一般都是 30～60 岁的男士，与其他一般的市民相比，他们往往是驾驶自己的小汽车出行，而极少有可能乘坐公共交通出行。

对"公共交通第一"支持的另外一股强有力的动力是，在 20 世纪 80 年代末瑞士联邦政府通过的几个法令，严格控制空气中污染物，主要是会产生烟雾的氮氧化物和碳氢化合物。研究表明小汽车的尾气排放占城市中总氮氧化物排放量的三分之二，占总碳氢化合物排放量的四分之一。在机动车交通繁忙的街道，污染物水平已超过标准两到三倍。苏黎世的市议会采取了一个空气质量净化策略，进一步承诺把公共交通作为一种对环境友好的和优先的机动化出行方式。

加快公共交通项目建设步伐

在 20 世纪 60 年代和 70 年代分别建议建设大规模的轨道交通系统的一个主要原因，是由于地面上运营的公共交通服务的水平急剧恶化。有轨电车和公共汽车要与越来越多的私人小汽车竞争道路空间，在高峰时段的行驶速度降到如爬行一般。抛锚的车辆和街边停车占用了有轨电车的轨道空间，左转的交通造成有轨电车和公共汽车不得不一直处在走走停停的状态。

为了回应较早前经由公民投票作出的决定，要求在十年内大幅度地提升路面上公共交通的服务水平，苏黎世市议会在 1979 年发布一项公告，旨在加快发展有轨

电车、公共汽车和自行车这些绿色的交通方式。这个公告详细列出了三个目标:
(1)建立封闭的公共汽车专用道和更多封闭的专用轨道,将有轨电车系统转变为更
为现代化的轻轨服务模式;(2)在交叉口给予公共交通的车辆以优先权,通过采用
一个动态的交通控制系统,交通信号由轨电车和公共汽车的车辆直接控制实时反
应;(3)安装能够确定车辆位置的信息技术,检查车辆运营是否与时刻表相符合,
以便采取纠正措施。

　　政府之所以发布这些公告是因为光靠倡导"生态交通"是不够的,有利于小汽
车出行的因素比比皆是,例如有轨电车和公共汽车永远也不可能达到像小汽车那样
门到门的服务质量。因此,公告中还包括了限制小汽车使用的措施,如在居民住宅
区内的交通宁静化和停车管理措施。公告中最重要的决定是将全市的道路通行能力
保持在一个不变的水平上,20世纪80年代中,苏黎世建成一条北部过境道路和一
条新隧道时,城市缩减了其他现状道路的通行能力,来将整个城市道路系统的通行
能力保持在同一个水平上。通过撤除直行的行车道,缩短信号灯的绿灯时间和通过
渠化限制交通流量,整个区域的交通通行能力基本保持不变。之后,一项有关建设
地下道路的议案,遭到了70%投票者的反对,根据投票后在出口处的调查结果显
示,许多人认为放弃太多的现有道路面积来换取可以保障行驶速度的地下通道是不
值得的。

重新分配道路空间

　　苏黎世的公共交通成功的重要因素是它的一些设计细节,城市交通的空间被
重新分配,将路权优先给予道路使用效率高的公共交通车辆和它的乘客。苏黎世
的规划师计算出,一条有轨电车线路能够每小时运送8000人次,与10条小汽车
车道上的驾驶者和乘客的通过量相当;此外有轨电车和公共汽车在城市内不需要
停车位。

　　如今在苏黎世有轨电车和公共汽车分得的道路空间与小汽车所有的道路空间一
样多。在最右边的行车道内有很多公共汽车车站处被漆成黄色(见照片11.1),要
求小汽车停车等待公共汽车停站上下客。在40个有轨电车和公共汽车车站处建成
高起的岛式上下客区域。自行车专用道和间隔较密的人行横道进一步地缩减了小汽
车的行驶空间(见照片11.2)。为了避免等候在左转小汽车后面,苏黎世允许有轨
电车和公共汽车超越小汽车车流,此外还引入了其他的一些措施包括:在17条街
道上禁止停车;41处路口禁止左转;在主要的交叉路口安装了72个要求小汽车对
有轨电车和公共汽车让行的标志;在某些区域内完全禁止小汽车的通行;开通了21
公里长的公共汽车专用道(整个道路网络的总长度为90公里)。

动态交通信号灯控制系统

　　提高有轨电车和公共汽车运营速度另一个重要措施是实施了一套高精尖的交通

照片 11.1　小汽车一个公共汽车站排在公共汽车后面。通过调整交通信号灯使得沿着街道行驶的
公共汽车和有轨电车像是独自行驶在街上。通常公共交通的车辆都排在其他车辆的前面。如果只
有一条行车道，小汽车常常要停在公共汽车和有轨电车的后面

信号灯系统。苏黎世交通信号被持续不断地优化，已保证"绿波交通"，让公共交
通的车辆以"绿波"方式不停车地通过交叉口，以尽量减少在交叉口的延误，在其
他城市很难找到类似的系统。这种公共交通"零等待"交通管理政策，并不要求给
公共交通很长时间的绿灯信号，而只是当公共交通的车辆接近路口时才多给予几秒
钟的绿灯。

　　这个系统工作程序如下：城市的道路下面埋设了 3000 多个感应线圈，感应线
圈探测出有轨电车和公共汽车的位置，精度为 10 米以内。当一辆有轨电车或公共
汽车车辆驶近一个有信号控制的交叉口时，感应线圈探测到公共车辆并给出一个专
用绿灯相位，以保证公共交通车辆无需等待就可以通过路口。对于驾驶小汽车的人
士来说，为公交优先信号灯导致了频繁的停车（照片 11.3）。配合这个信号优先计
划的是一个动态信号转换系统，这决定了小汽车和卡车从城市的一个地方流向另一
个地方的数量。这个系统的运用就像是在全市范围内使用高速公路上匝道计量通行
的措施。苏黎世的交通工程师将城市分成几个片区，每个片区有 3 到 12 个交通信
号灯（图 11.4），通过实时监控，在每个片区的交通信号灯周期和配时不断地被调
整，来保持交通流量和拥堵程度在整个城市的范围内基本达到平均分布。如果在早
晨的时候，靠近市中心的那些片区发生了交通拥堵，在边远地带的那些部分，会少
给绿灯时间来减少驶入市中心的交通流量。总之，全市设置了 400 多个互相连通的

照片11.2　对骑自行车人士的优先，最上面的照片显示了最右边的行车道给自行车保留着。目前在全市800多公里的道路网中共有300多公里这些的自行车道。底部的照片显示给骑自行车的人士一个单独的交通信号相位，迫使所有的机动车交通停下，而让自行车穿越一个繁忙的路口

交通信号灯，通过一个中央控制的计算机系统，可以将交通流量导向有富余通行能力的路口，限制交通流量朝向交通已经饱和的路口。自从1985年对这个系统完全运作以来，在晚高峰时段有轨电车和公共汽车在有信号灯控制的路口的等待时间下降了，平均减少了38%。而且如今有轨电车在高峰时段和非高峰时段的运营速度几乎是完全相当的（图11.5）。

照片11.3　给予有轨电车的交通信号优先。在有轨电车接近时触动转换开关，迫使所有其他的车辆让出路权，就像在许多城市中货运列车通过时让其他地面的交通停下

　　车辆自动定位技术也能改善公共交通的准点率，中央控制的计算机不断地比较有轨电车和公共汽车的实际位置和应该到达的位置，并将这些信息传达给交通信号灯管理人员、司机和等车的乘客，通过调整行驶速度和停靠站的时间，司机能够很好地按照时刻表来运营。

　　值得注意的是，苏黎世的动态交通信号控制和车辆定位系统不是由交通工程师来设计的，而是由在运筹学研究院的电气工程师设计出来的，他们的任务是发明一种方法来限制小汽车交通流而不是使其最优化。在城市内有一个专门机构来统一管理这套系统，该机构有六名全职的电脑程序员，中央电脑系统由16个处理数据的计算机和两个服务器组成，整个系统的硬件和软件装备是欧洲同等规模城市交通信

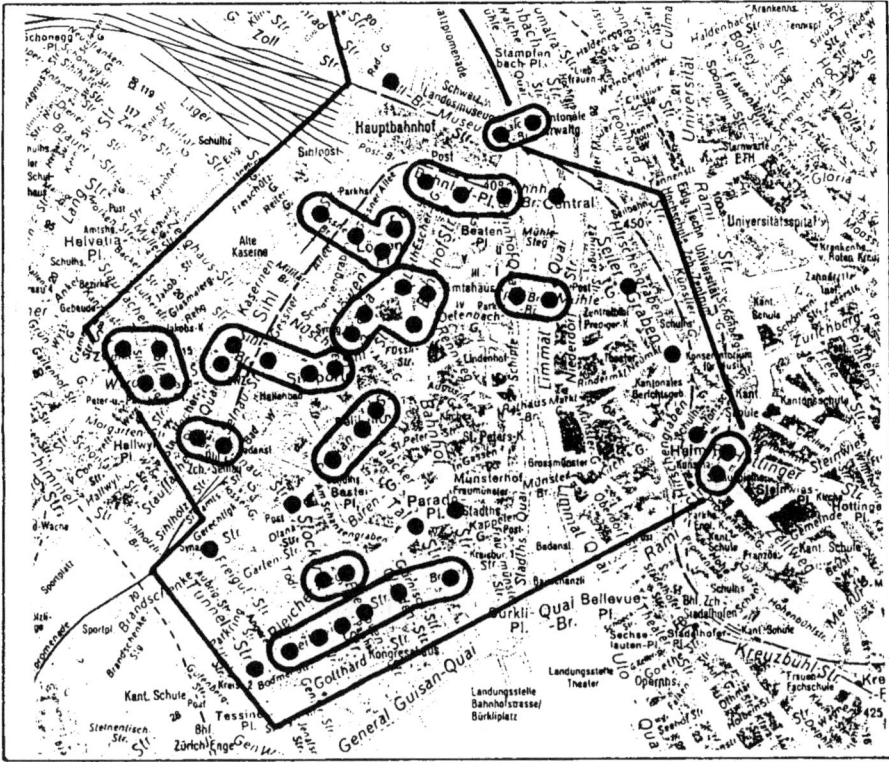

图 11.4 在苏黎世城市中心地区的互相连通的交通信号灯区格。各区格间进行的是动态协调,来控制交通流量以便在给予有轨电车和公共汽车优先的同时,将交通拥堵更平均地分配到城市中的其他地方

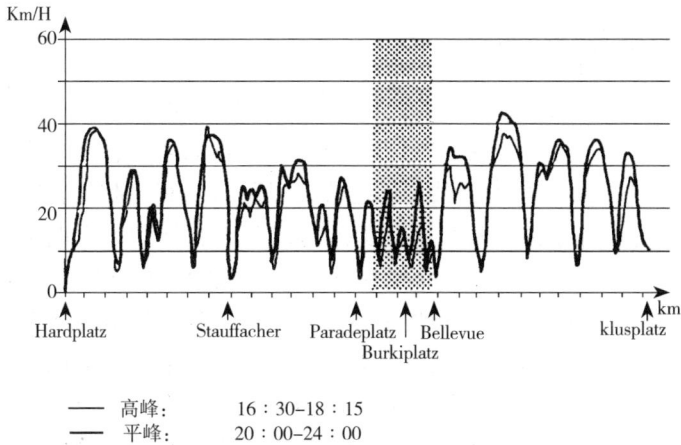

图 11.5 高峰时段和平峰时段沿有轨电车 8 号线的平均速度比较。在一段 6 公里长的路段里,有轨电车 8 号线在高峰时段期间和晚间保持了几乎一致的速度,甚至在有很多线路和频繁停车的地方也是这样

号控制系统的 5 倍。

对小汽车的限制措施

对公共交通"鼓励政策"的补充措施是一系列对小汽车的"限制政策"，在过去的十年中，苏黎世以极大的热情推广交通宁静化。如今大多数的居民区街道上设置了减速带、缩窄路口宽度、设置斑马线和其他的设施来降低行车的速度。交通渠化设施进一步将过境性的交通从居民区引开。在这些限制小汽车措施的共同作用下，有些居民区内行驶的车辆公里数减少了 25%。

限制停车的措施在市中心里也限制了小汽车的使用。路边的停车位是相当短缺，路外停车的费用高到对使用小汽车出行起了抑制的作用。城市中路边停车车位数从 1970 年的 61200 个下降到今天的 50000 个。商业化的路外停车车位的总数也已减半，市中心大部分的停车位是被预留的，每个停车位只分配给一个小汽车执照号码，违章停车会被立刻拖走，在居民区内的路边停车要有特殊许可证才可以。将来建设停车场的前景是很渺茫的，任何一个建设市政的停车设施都要首先经过公民投票来批准，私人企业如想建设多层停车场，由于受到土地规划的严格控制，批准的可能性几乎没有。

苏黎世的城市规划师们通过降低对在轨道交通车站周围的停车位要求来奖励以公共交通为导向的发展项目。对于地块附近有好的公共交通设施，相应要求提供的停车位就少，例如在有轨电车和郊区铁路车站周围的建设新公寓，要求提供的最少停车位数量只是普通地产发展项目的 30%~40%。

区域性服务和票价激励政策

随着公共交通优先计划的大规模实施，20 世纪 90 年代初以来，苏黎世和周边城镇的公共交通乘客享受到了一系列的新的服务及优惠的票价，使乘坐公共交通出行变得更加有吸引力。由苏黎世公共交通运营公司运营的有轨和无轨电车的服务从 1990 年到 1993 年，由苏黎世公共交通运营公司运营的有轨和无轨电车的运能增加了 10%（从 99 亿座位公里增加到 109 亿座位公里）。服务于苏黎世市外围地区的公共交通设施增加得更为迅速。这要归功于苏黎世州的法规，法规要求在凡是居住区居民超过 300 人，在居住区 400 米范围内必须要设置一个公共交通的车站。由于实行了对联票给予较大的折扣，扣除通货膨胀的因素，1990 年的公共交通平均票价比 1985 年的票价降低了 50%，新成立的一个区域性公共交通协调机构——苏黎世公共交通联盟，负责管理全区域内规划新的公共交通服务、整合时间表和制定票价的工作。

在一个有 45 个小区域的系统中，苏黎世公共交通联盟的公共交通票款是一种单一性的、整合的及根据乘距定价的体系，整个公共交通服务区域被分为 45 小区，该票价体系对吸引客流量一直很有效，特别是需要换乘的客流。1990 年（当单一票制被引入时）和 1992 年间，区域内的支线公共交通乘客增加了 53%。新的票款允许每次换乘时，只支付正常票价的一半。新票款另一个创新是联合票，在音乐会、运动会、大型会议和节日庆典活动的入场卷中已包含了公共交通的车票（通常是全天或可多次乘坐的票），对于有些活动，苏黎世公共交通运营公司也是主办方或是协办方。有些在城市中心地区的酒店如今甚至将公共交通的车票费用包含在房费之中。对年轻人的车票也给予很大的折扣（对 25 岁以下的年轻人都有效，而不是通常的 16 岁），根据费利克斯·劳比的看法，这样做的目的是"在年轻人考虑购买小汽车之前就培养起他们购买公共交通月票或年票的习惯"。这个票款体系对形成乘客的购票习惯有很大的影响，如今该区域超过一半的公共交通乘客使用某种形式的月票或是年票。

　　大苏黎世地区公共交通票价体系的另一个重要特征是，它的运作是完全建立在自助服务的基础上的，整个服务区域共有超过 800 台的自动售票机，自动完成收款和出票。实施在郊区铁路、公共汽车和有轨电车上无人售票，加快了乘客上下车时间，从而大大减少了平均停靠时间，进而保证了运营的准点性。

苏黎世的公共交通联盟

　　与慕尼黑一样，一个区域性的公共交通联盟，是协调票制票价和公共交通服务必不可少的机构。苏黎世公共交通联盟是由苏黎世州政府在 1990 年创立的，成立该机构特别是为了规划和协调公共交通运营时刻表和线网，设定和整合票价，提供市场推广服务，提供建设资金的帮助，管理为在 2300 平方公里的服务范围内超过 270 条公共交通线路提供的运营补贴。目前苏黎世公共交通联盟监管和协调着有 43 个独立的公共交通公司和机构提供的公共交通服务：其中有两个属于联邦政府的运营公司，两个私营的州际铁路运营公司，两个地方市政府属下的公共交通运营机构，两个州内的铁路运营公司，29 个公营和私营的公共汽车公司，6 个特别的公共交通运营公司（包括渡轮、索道和小船）。

　　苏黎世公共交通联盟总的运作理念是在满足一个由 9 位成员组成的交通委员会所设定的最低服务标准的情况下，提供最有效率的公共交通服务，这产生了一个竞争激烈的公共交通市场。交通委员会制订出一个可以基本满足在六年期间符合最低服务标准的预算，然后苏黎世公共交通联盟必须在财力范围内来设计所提供的服务和设定票价。通过一个竞标的过程，苏黎世公共交通联盟选出在指定地区内提供两年公共交通服务的特许经营者。苏黎世公共交通联盟为在指定的地区内设定运营时间表和线路的连接要求，收取票款收入，并根据协议给运营商支付运营费用，支付的数额是与运营商提供的服务里程和服务表现相关联的。苏黎世公共交通联盟视自已为监督角色，只要有可能就会要求运营商压缩成本。在最近几年，该机构引入了一个成本控制计划，被称为"苏黎世公共交通联盟减肥计划"，在满足最低服务标准的前提下，将公共交通服务调整到公共交通效率高区域内。

"公共交通第一"的效益

经过几十年来实施对公共交通友好的政策，苏黎世公共交通取得了令人注目效益，目前苏黎世市居民机动化出行中62%是使用有轨电车、郊区铁路和公共汽车，其市场占有率之高令人刮目相看。苏黎世人均公共交通出行次数是全世界最高的城市之一，以至于人均汽车的拥有量在平均水平以下，尽管苏黎世是世界上最富裕的城市之一，但每1000人小汽车拥有量仅为380辆，大大地低于德国、瑞士和奥地利同等规模的城市的平均数。大约有三分之一的苏黎世居民家庭根本不拥有小汽车。近来合用小汽车的方式变得非常流行，在大苏黎世地区有超过9000个居民参加了全国性的小汽车合作社，他们可以根据需要使用遍及全瑞士500个地点的800多辆合用小汽车。

正如所希望的那样，苏黎世能在不增加小汽车交通量的情况下可以增加就业岗位，从1989年到1992年，郊区铁路的服务被引进，"公共交通第一"计划也已实施十几年了。在这3年中，去市中心的机动化出行增加了5万人次，总数达到了135万人次，然而小汽车的出行总量却并没有改变。因此所有机动化增长量被有轨电车、郊区铁路和公共汽车吸收。

轨道交通的改善也刺激了沿着轨道交通走廊的土地发展，特别是沿郊区铁路那一带。郊区铁路在城市外围部分的运营更像通勤铁路，而在城市内郊区铁路的功能更像先进的轻轨系统。苏黎世有24个距离相距不太远的车站，与慕尼黑的40个郊区铁路车站相比，苏黎世24个车站的总面积是慕尼黑的三倍。在城市内站距较短，城市外站距较长，使得在郊区铁路车站周围地块成为具有吸引力的发展地方。沿着郊区铁路10号线的提尔嘎田混合用地发展项目就是一个很好的例子，该项目包含了一个小汽车禁行的市镇中心和在中心外围的一个地下停车场（照片11.4）。

公共交通与城市发展的良好和谐的关系也在房地产价格上清晰地反映了出来，部分的原因是由于在城市内部被公共交通很好地服务着，搭乘公共交通是非常地方便，步行、滑板和观光有着令人愉快的环境，城市中心的土地价格是令人惊愕地高。沿着苏黎世市主要的商业大街车站大街的土地价格，大约是每平方米要25万瑞士法郎（合17万美元），据称那里是世界上土地价格最高的地区之一。从1988年到1990年，就在郊区铁路服务开通的前后，在市中心轨道交通车站两个街区内的办公楼租金急剧上涨，当然，土地的价格和公共交通的服务的关系是互相促进的，昂贵的地价阻碍了增加停车位和道路，反过来进一步支持公共交通和促进一个对步行更加友好的市中心。

照片11.4 提尔嘎田混合用地的发展项目。在沿着郊区铁路10号线离城市中心西南方几公里的地方,提尔嘎田发展项目(在上面照片的中间)是建在矿场的旧址上,它以拥有各种类型的房屋而自豪,从五层楼的公寓到低层的住宅(下面的照片)。中层的办公楼和一个购物中心位于该项目禁行小汽车的市镇中心。提尔嘎田也是一项生态工程:项目内的雨水管理被作为一项美观设计的要素;恢复被下水管道破坏的小溪,改善了地表径流,提高了土壤的水渗透能力;恢复了本地的原生植被来帮助本地的动植物生长和繁殖

苏黎世的启示

苏黎世展示了当提供世界一流的公共交通服务时，公共交通系统能出行方式中起到主导的作用。由于长期坚持提升传统的公共交通服务和保持低票价，与使用小汽车出行相比，乘坐有轨电车、郊区铁路和公共汽车显得更快、更方便、更实惠。

苏黎世的经验也给我们展示了，一个中等规模的城市，当积极地落实"公共交通第一"政策时，所能得到的结果。该城市交通政策的核心是将道路空间重新分配给高乘载的公共交通车辆，补充支持这一政策的是先进的技术，不仅在交叉路口给有轨电车和公共汽车车辆以交通信号优先，并且将不间断的车辆运营是否准点的信息提供给公共交通车辆驾驶员，中央电脑控制中心和乘客。在苏黎世改善公共交通的同时，也对私人小汽车的使用进行了限制。在苏黎世开小汽车出行就意味着要在大多数的交叉口停下来，排在公共汽车的后面等待，停车等待有轨电车通过，绕开居民区行驶，以及在商业区支付高昂的停车费用。

天时地利和人文因素使苏黎世的公共交通服务成为世界一流的公共交通系统。今天苏黎世人享受着公共交通优良服务，这主要得益于那些精心策划的公共政策，苏黎世公共交通的成功之处不是因为建设了几个宏伟工程和实施了那些"短平快"的改善项目，而是落实了一系列精心策划的公共政策，这些政策的共同目标，就是将公共交通放在第一位，来创造一个宜居的、令人向往的和可持续发展的城市和都市。

第十二章

有轨电车、火车和城市中心复兴：
澳大利亚墨尔本

与澳大利亚其他所有的大都市一样，墨尔本最近几十年来也经历了小汽车主导的城市分散化发展的剧变，尽管如此，城市中心区的活力却并未消亡，事实上近来还呈现出复苏的态势。形成这种局面的最主要原因是城市领导者们坚持保留并且极力完善有100多年历史的有轨电车网络，而有轨电车则对城市中心的景观和地面街道的机动性意义重大。随着战略规划的启动，有轨电车在吸引新的投资及居民回到城市中心方面发挥了关键性作用。在许多铺设有轨电车的街道上，商铺的店面正在进行翻修，路边咖啡店接连开张，街道生活也活跃起来。对于移居到城市中心的中产阶级人士来说，有轨电车既是一种在城市中心及其周边区域出行的有效交通工具，同时也是短途通勤出行时的明智选择。然而，一条计划中的城市中心环路可能会在很大程度上抵消有轨电车和其他公共交通改善所取得的成就。与改善中心城区的小汽车机动性相比，继续加强公共交通也许才是最好的方式。

墨尔本显得有些不可思议，第二次世界大战后，正当许多进行现代化建设的城市纷纷拆除有轨电车线路之际，墨尔本这个全国第二大的城市却选择了保留已有的覆盖广泛且线路布局合理的有轨电车网络。实际上，在战后早期，城市的决策者们通过延伸有轨电车线路来迎接即将到来的1956年奥运会，时至今日，该市还在不断地提升有轨电车服务。作为对有轨电车的补充，一个发达的放射状铁路系统从城市中心向外伸展，覆盖范围远达都市区外缘。如今，墨尔本以拥有除了欧洲和日本以外世界上最大的城市铁路交通网络而自豪。

与其他的地方一样，由于近来城市中心就业、居住和零售业的分散式扩展，墨尔本的轨道公共交通系统一直在努力苦苦地维持其市场份额。与斯德哥尔摩或新加坡不同的是，墨尔本的许多郊区发展并没有充分利用轨道交通走廊，而是形成了以小汽车为导向发展的购物中心、办公园区和住宅区。实际上，墨尔本大部分的郊区与美国许多城市的郊区并没有很大区别。现在，墨尔本是世界上除美国以外的同等规模都市中密度最低的之一。该区域目前正处在一场激烈讨论的阵痛中：规划是应该进一步鼓励城市中心分散化和以小汽车为导向的发展，还是要加强城市中心的地位和改善现有状况良好的轨道交通服务。一项通过建设城市内环路来让车流绕过市中心的建议成了这场争论的焦点。近来，在复兴城市中心和城市中心的轨道交通服务，以及承诺保护城市边缘地带的开放空间方面所取得的进展，展现了墨尔本城市中心未来发展的良好前景。墨尔本讲述了一个在不断增大的城市分散化扩展压力下，通过具有前瞻性的、积极主动的努力来复兴城市中心的故事，而不断地完善既有发达的公共交通系统也是达成这一结果的重要举措。

墨尔本市及其公共交通

墨尔本拥有 320 余万居住人口、一些世界上保存最为完好的维多利亚时代建筑物，以及举世闻名的有轨电车，这种当地生产的以绿色和金黄色为主色调的有轨电车还被视作为城市的标志。大墨尔本地区实际上是由几百个独立的市镇组成，它们散布在菲利浦港湾 1700 平方公里的广袤土地上，东西绵延 50 公里，南北伸展超过 70 公里。墨尔本市本身仅占据了该区域中心 36 平方公里的土地，因此，从技术上来说，"墨尔本"指的只是拥有 4.8 万人口的单一辖区，但在本书中，墨尔本则被用于泛指整个都市区。

19 世纪 80 年代是空前发展和繁荣、大量兴建富丽堂皇建筑的黄金时代。而正如在世人面前展现的那样，当时的墨尔本被誉为世界上最富裕的城市。这个城市一直到今天都保持着优美和雅致，这里有着宏伟的公共建筑物、装饰华丽的带围廊的宅邸、迷人的市中心居住区、熙熙攘攘的商业街区、宽阔的林阴大道和随处可见的公园和花园。部分是因为完好地保存了 19 世纪的传统建筑，墨尔本还被评为世界上最适合居住的城市之一。

同样是在 19 世纪 80 年代，墨尔本建成了第一条有轨电车线路。与其他地方一样，墨尔本的轨道线路并不是城市规划指导的产物，而是出于通过土地投机来牟取暴利这一动机。当时一个由包括部分联邦国会议员股东的辛迪加，在城市边缘廉价购买了大批土地。随着墨尔本步入发展的黄金时代，以及商人阶级对自有住宅不断增长的需求，城市进入了轨道交通线路建设与不动产开发联动的阶段。正是因为这样的逐利动机，才使得墨尔本在经过多年的演变后，成为一个拥有明显放射形交通系统的高度中心化的城市。虽然至今仍有许多的争议，但该城市及它的轨道系统是相互配合和相互支持的。在 1919 年，城市内许多小规模的有轨电车联合企业纷纷并入墨尔本大都市有轨电车局，对此有批评者认为，在公有制下，墨尔本的轨道网络开始举步维艰，难以实现现代化并跟上"时代的步伐"，使得城市残存着一种老旧的技术、一个逝去时代的遗物。有人认为，今天的"车站是老旧的、售票系统也是原始的、运行速度50年没有改变、车辆也早已过时"。而另外一些人的看法则是完全不同，他们将这些"过时"的火车和有轨电车看作是复兴中心城市的资本和关键。对于他们来说，郊区铁路和城市有轨电轨网络是"无价的资源"，"按照国际的标准判断，其价值难以估量"，"能够在让中心城市焕发更多生机的进程中，发挥关键的作用。"

在其他大多数国家（特别是发达国家）大范围地拆除有轨电车网络之际，墨尔本到底是怎样能够保持它的有轨电车网络多年以来始终完整无缺的呢？当地的历史学家们一致认为，其中大部分的功劳要归于罗伯特·瑞森少将。城里的老人会告诉你，瑞森以前是一个陆军军官，他管理墨尔本的有轨电车系统就像指挥一个旅那样，完全依靠个人的人格力量以及大嗓门，他使有轨电车的反对者感到胆怯，并击退了那些想要打压有轨电车服务的尝试。作为一位有着非常独立的个性且忠于职守的人，当瑞森在公众面前和有轨电车局前演说时，总是坚定地捍卫着公共交通，坚称它是城市的生命线。有人相信，瑞森在军队生涯中受到的战术训练发挥了很大的作用，使得墨尔本有轨电车避免了像世界上其他的老旧有轨电车系统那样被拆除的命运。

土地布局

今天的墨尔本从许多方面上看都是一个具有双重特征的区域。中心区域包括市中心和二战后的第一代郊区，在设计和布局上都显现出紧凑和以公共交通为主导的特征。主要受城市既有铁路系统的影响，即使是在城市向郊区扩展时，墨尔本仍然保持了强大中心的用地形态。直到20世纪60年代后期，中心城市及其周边地区还一直是白领阶层谈论的主要焦点。如今，墨尔本的中心区域仍然维持着它的地位——大墨尔本地区约三分之一的工作岗位聚集在这里。以国际标准来看，城市中心的工作岗位净密度也是相当高的——每平方公里约6.5万人，与其他规模相当的都市相比，美国为每平方公里5.0万人，欧洲则仅为每平方公里3.6万人。在城市中心周边被当地人称为"内郊区"（由铁路系统引导发展起来的第一代郊区）的社区里，居住人口的密度也相当高，像菲茨罗伊、普拉汗伦和圣起达这些内郊社区，平均密度为每公顷45～60人，与欧洲城市相当。

由墨尔本内郊区往外，密度则急剧下降。几乎没有有轨电车线路延伸到这么远的地方，大部分的铁路车站周边并不是购物中心，而是被停车换乘设施所包围。郊外散布着独立别墅、空旷的土地，以及零星的零售商店或工业中心。对于在郊区生活和工作的许多人来说，除了去往城市中心区，小汽车是惟一可行的出行工具。

在维持城市中心相对高的密度方面，铁路毫无疑问地起到了关键作用，而同样重要的是，墨尔本不愿修建通往城市中心的大容量高速公路。1969年时，大墨尔本都市交通规划预测，需要在1985年前建成500公里的高速公路网才能避免全区域性的交通堵塞，但接下来修建美国式环路和高速公路的方案遭到了强烈的抵制。都市行动委员会竭力反对建设高速公路的提案，坚持内城区"高密度、混合用地和小尺度街道"的独特城市机理必须不惜一切代价予以保护，而不是"强加高速公路来对其进行破坏"。反对高速公路的运动不仅从推土机和高架桥下拯救了许多内城区的已有社区，还创造出一个现成的铁路和有轨电车乘客需求市场。随着小汽车拥有量的持续增加，墨尔本主干道路在高峰时段的交通需求已经远远高出最初的设计通行能力。尽管放射状主干道路上的拥堵迫使许多人使用铁路及有轨电车，但这是有代价的，最近的一项研究显示每年人均损失的时间价值为 400 美元。这些成本不管是真实的还是感觉上的，目前都对一条名为"城市通道"的大规模内城环路的建设起到了推动作用。

从许多方面上看，墨尔本城市和郊区之间的巨大差异，正是两个截然不同的交通发展时期的体现：城市中心及其周边地区维持了由早期轨道交通支持的密集式发展，而中远郊区则主要是二战后小汽车主导型发展的产物，这两种发展模式设法达成了共存的关系，尽管随着时间的推移两者之间的关系已有些脆弱。珀斯市默多克大学的彼得·纽曼是在墨尔本由轨道交通服务的外郊区中长大的，同时也是澳大利亚公共交通坚定的支持者之一，他警告说："墨尔本正处于以小汽车为基础的扩散式发展和以公共交通为基础的集中式发展两种模式之间的竞争夹缝中"。

今日的公共交通

今日，墨尔本以位列世界前十大轨道网络之一而自豪（地图 12.1）。被称为墨城铁路的郊区铁路总长约 4900 公里，共有 15 条线路和 206 个车站。在一个典型工作日，100 多列六车编组的电气化列车会运送 38 万人次的乘客。铁路的主要功能是提供通勤服务，把在郊区居住的人们送到城市中上班。所有的列车都沿着一条单向的地下环线在中央商务区绕行进出，这样就避免了在市中心的终点站处设置调头轨道。中央商务区的这条单向地下环线自 1981 年起分期开通，共设五个车站，它使得中央商务区内 85% 左右的上班族步行不超过 5 分钟就能到达车站。

作为在欧州以外少数保留并且实际上还扩建了有轨电车网络的城市之一，如今的墨尔本有幸拥有了一个总长 230 公里的有轨电车系统，该系统既在市区内为轨道交通车站提供集散饲喂服务，同时还连接着城市中心和内环郊区。约有 550 辆不同时期、不同设计和不同载客量的有轨电车沿着 42 条线路运营，每个工作日运送大约 37 万人次的乘客。事实上，所有的有轨电车线路都通过中央商务区，而城市中心所有主要的零售、旅游和娱乐地点也都有有轨电车线路覆盖。对于当地居民来说，有轨电车是一种经济、可靠和很放松的出行交通工具。对于许多旅游者而言，乘坐有轨电车本身就是很新奇的体验，同时它又是通往各个景点的有效交通工具（照片 12.1）。主要建于 20 世纪二三十年代的 W 型老式木质有轨电车已经成了吸引旅游者们的景点。就在仅仅十余年前，人们都以拥有一辆以数百美元购得的退役 W

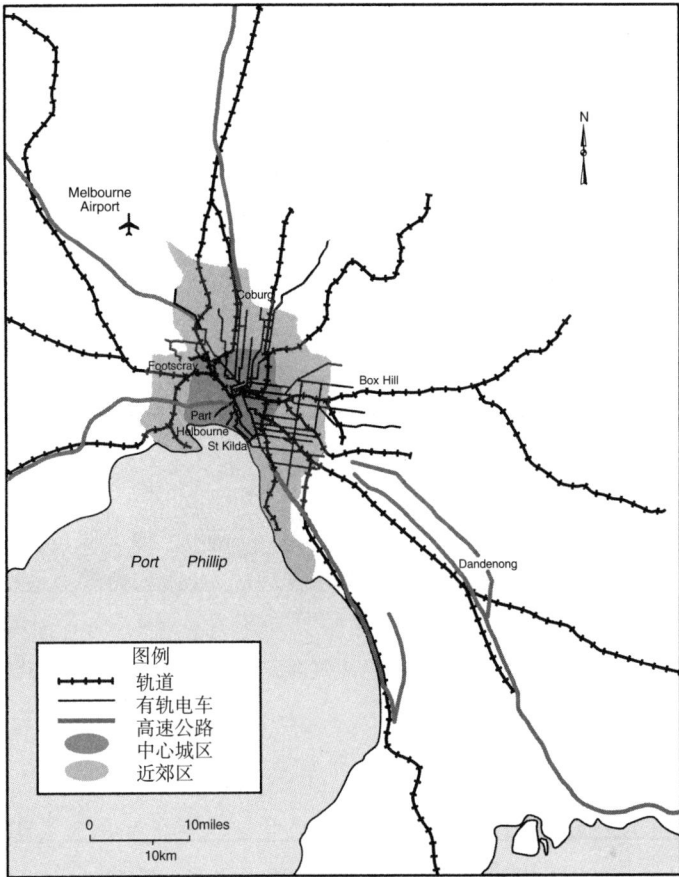

地图 12.1　大墨尔本地区和主要的交通走廊

型有轨电车而感到骄傲，这一情况到了 1992 年才得到改变，当时国家历史基金会把它们列为历史文物，从此不能再在拍卖会上交易。

　　在市中心，墨尔本有轨电车似乎是无处不在，它们与小汽车、自行车及行人共享道路空间。在市中心外，它们主要在地面街道上运营，偶尔沿着专用的路中分隔带行驶。在 1987 年，通向中央商务区南部的两条重轨铁路线被重新整修，并被转变成享有专用路权的有轨电车服务，这使得这两条线路从技术上来讲已经达到了轻轨的标准。

　　公共汽车则填补了墨尔本公共交通的空缺。如今约有 1100 辆常规的公共汽车在远郊区提供服务，它们主要集中在没有轨道交通服务的走廊上，这些公共汽车大部分是由私人拥有或承包出去的。因为每辆车的车身上都有墨城公共汽车的标志，因此乘客很难从中识别出私人拥有的公共汽车。总的来说，平均每个工作日公共汽车系统会运送 3.6 万人次的乘客。私营公共汽车运营商的合约是基于服务表现的，运营补贴与乘客量（而不是与运营里程）挂钩，对运营承包商的补贴程度是按照付

照片 12.1　墨尔本当地制造的 W 型老式有轨电车。深受游客欢迎的城市有轨电车环线，经过墨尔本市中央商务区，经过堂皇的维多利亚时期建筑群，比如由 40 层以上的现代化办公大楼围绕的温莎酒店

费公交乘客的数量而不是运营里程而定。

　　以任何标准来衡量，墨尔本覆盖广泛的公共交通系统都是令人印象深刻的，即便批评者也对公共交通的服务质量无话可说。不过该系统仍有值得改进的地方，如铁路和有轨电车的服务就比较慢，也并不是 100% 的准点，此外，随着城市中心地面道路的拥堵加剧，有轨电车的运营也受其影响，平均速度逐渐下降到了每小时 16 公里左右。虽然火车行驶的速度相对较快，达到了平均每小时 39 公里，但这也仅仅是比在城区内高峰时段的小汽车速度快一点。许多郊区的铁路车站没有完备的站棚，年久失修的迹象也非常明显。有些有轨电车上仍然有售票员，这就增加了运营成本。由于使用了分区计价，以及有各种能多次乘车的车票，票务体系常使人混淆。然而，这些缺点被没有被忽略，在 20 世纪 90 年代，该区域的公共交通运营商（从州交通部那里取得运营合同）墨尔本公共交通公司开始着手开展一系列积极的工作以提高服务水平，包括运营车辆的现代化更新、路线的扩展、重新整修轨道交通车站和引入信息技术。

　　从 20 世纪 80~90 年代早期，公交乘客量基本稳定在每年 3 亿付费登乘人次左右。但在最近几年，乘客人数开始大幅度增加，这是服务改善和该区域经济增长的结果。在 1995 年间，轨道系统的乘客量上升了 4.4%，为近 20 年来的最高增幅，有轨电车和公共汽车的乘客量也有一定程度的增加。自 1980 年以来，人均年公共交通出行次数从 90 次上升到了 108 次。公共交通服务也变得更加准时和可靠，在

1995 年，有轨电车服务的准点率达到 99.6%，高于上一年的 95.4%。

城市分散化扩展和大都市未来的发展

　　随着就业、居住和零售业在区域内的持续分散化扩展，对于墨尔本充满活力和吸引力的城市中心以及有轨电车和铁路服务未来将变成什么样子，人们的关注也越来越多。有些人认为城市分散化发展的趋势是社会转型为信息经济时代的产物，总的来说是一件好事。而另一些人则认为分散化扩展趋势，特别是对小汽车的愈发依赖，已经逐渐威胁到该区域所珍爱的生活品质。

　　从表 12.1 中可以看到，在第二次世界大战后的初期，中心城市（其地域界线见地图 12.1）工作岗位数在全区域中所占的比例大幅下降，而在过去的几十年间这一趋势有所放缓。1991 年时，在反映墨尔本一个世纪前城市空间覆盖范围的、由有轨电车服务的中心城市，工作岗位数量占整个区域的 31%。但墨尔本大学的城市规划教师保罗·米斯却指出，这些数据掩盖了自 1951 年以来，中央商务区的工作岗位数量一直保持相对稳定的事实。如果根据实际的发展状况调整中央商务区的覆盖范围（就像是区域本身的范围也会随着发展而不断扩展那样），人们就会发现中央商务区内的就业增长与整个区域是保持同步的。在拥有优质轨道交通服务的内郊区产生的就业增长，也反映了 20 世纪 80 年代该区域的发展模式。从表 12.1 可以看出，该区域工作岗位分布比例变化最大的是远郊区以及中心城区内像普拉汗伦和菲茨罗伊这样的古老街区。

不同时期的全区域工作岗位分布　　　　　　　　　　　　表 12.1

	全区域工作岗位分布比例			
	1951 年	1976 年	1981 年	1991 年
中心城市	65.0	36.7	35.2	31.1
中央商务区	24.9	—	—	23.3
中心城市的其他区域	40.1	—	—	7.8
内郊区	—	18.5	16.7	17.0
中远郊区	—	44.8	48.1	51.9
总计	100.0	100.0	100.0	100.0

　　有些人认为城市的分散化发展有益于就业和居住的更好平衡，莫纳什大学的凯文·奥可诺，以及在位于墨尔本的联邦科学和工业研究机构工作的约翰·布鲁特奇都是这一观点的支持者。根据该观点，城市的分散化发展会引起就业与居住的联合选址，这样，即使是在区域不断扩展的情况下，也能维持稳定的平均通勤距离，并缩短平均出行时间。他们指出，就业人口中在居住地所处区域工作的比例从 1961

年的 31% 上升到了 1991 年的 44%，同时，墨尔本内郊区是整个区域中就业居住自平衡最差的地区，并由此产生了大量的向心通勤，而远郊区则是就业居住自平衡最好的地区。保罗·米斯宣称奥可诺和布鲁特奇的计算是错误的，因为他们没有考虑到中心城市大约 5 万的上班族，在纠正这个错误后，他得出该区域的平均通勤时间实际上从 1981 年的 32.5 分钟增加到了 1986 年的 33.2 分钟。不管如何，奥可诺和布鲁特奇的研究结果表明像墨尔本这样扩散发展的模式是"自我规范和环境可持续的"，部分是因为这一结论，最近几年澳大利亚国家研究已不再资助城市整合发展的策略，而是转向鼓励中心城市的填充式发展。至少从现在开始，联邦和州一级的决策者们看来已经接受了由市场喜好所决定的小汽车主导的分散化发展模式。

获得各方一致同意的观点是，由于郊区和远郊区所承载的城市活动和功能越来越多，使得人们出行时更适合使用私人小汽车，而更不适合使用公共交通。在区域内的通勤出行中，起讫点都在郊区的出行比例，从 1961 年的 45% 上升到了 1991 年的 67%。这种穿城出行的趋势毫无疑问地对公共交通形成了冲击。根据表 12.2 中的数据，1951 年时公共交通承担了区域内的大部分出行，而目前它的市场份额已经下降到了 10% 以下。相比较而言，公共交通在工作出行中所占的份额还是比较高的，它继续在去往中央商务区的出行中占有主导地位。对于中央商务区周边的地区，目前公共交通出行占高峰时段工作出行总量的约 25%。

公共交通和小汽车出行比例分布　　　　　　　　表 12.2

	占区域出行的比例			占去往中央商务区出行的比例			
	1951 年	1991 年	1994 年	1951 年	1964 年	1991 年	1994 年
所有出行							
公共交通	56.9	15.0	8.9	—	66.0	—	73.4
小汽车	18.1	75.2	75.3	—	11.5	—	20.2
工作出行							
公共交通	—	15.5	—	84.0	83.0	61.7	61.0
小汽车	—	75.2	—	12.2	16.8	35.0	32.0

在中心城市之外，公共交通乘客量较少是由几个因素共同引起的，其中包括低用地密度、不利于公共交通运营的设计以及大量散布的免费或低价停车设施。在对 1986 年的工作出行数据进行分析后，罗伯特·艾立森发现墨尔本社区的密度和公共交通出行份额之间存在着非常明显的正相关关系，该关系可以利用图 12.1 进行概括描述。图中，在人口密度为每公顷 10 人的地方，这也是许多远郊社区的密度，公共交通出行份额为 5%～10%；而在墨尔本有轨电车服务的内郊区，如圣起达和普拉汪伦这些人口密度超过每公顷 40 人的地方，公共交通则承担了近三分之一去往当地的工作出行。

工作出行百分比

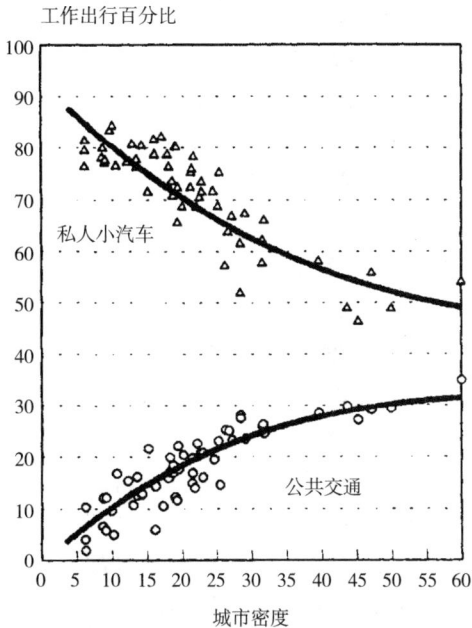

图 12.1 1986 年墨尔本城市密度和通勤出行公共交通分担率的关系图

波克斯山是墨尔本最大的郊区就业中心,共有 1.5 万人在那里工作,当地的经验表明,仅仅只有紧凑的用地形态和便利的公交服务并不足以吸引郊区就业者们使用轨道交通和公共汽车服务。尽管波克斯山建有中密度的办公和商业设施,其中心位置还设有一个轨道交通车站,但在 1991 年时,当地仅有 7% 的就业者乘坐公共交通通勤。而事实上,大约有 45% 在波克斯山上班的人都住在一条轨道交通走廊附近,他们非常适合利用公共交通沿放射方向通勤。

这些统计数据强调了,在今后协调公共交通与城市发展是非常重要的。公共交通之所以有能力在去往中央商务区的通勤市场上战胜小汽车,部分也是因为最近几年来协调一致的规划措施,成功地将城市扩展集中引导到放射形走廊沿线,同时还维持了一个充满活力和功能完备的中心城市。

应对城市分散化发展的规划

针对城市的分散化发展,区域所作出的第一个协调的规划对策是在 20 世纪 60 年代后期通过了"绿楔规划"。与哥本哈根的情况相似,该规划要求墨尔本沿着指定的指型轴线发展,以便建立起一个有着强大市中心的放射状都市,同时也能保护开放空间及自然生态环境。根据这个规划,未来的发展将会集中在六条走廊沿线,它们分别从中央商务区向北面、西面和东面伸展出去。在 20 世纪 70 年代初环境保护活动的高峰时期,为了保护东部山地和南部半岛,指型轴线从六条减少到四条。20 世纪 70 年代末,政治权力的更替又带来了规划理念的剧变。在保守派政府的领导下，"绿楔规划"被打入冷宫，转而采用了"1980 都市战略规划"，该规划包含了"分区中心"的概念，指定分散在整个区域内的 14 个既有城市活动中心作为将来的集中发展点，每个活动中心各自服务一个规划人口约 15 万人的区域。对于整个区域准备形成的多中心用地模式，迈克尔·汤姆森在其著作《伟大的城市与它们的交通》中警告说："墨尔本正在逐渐地由一个有着强大中心的城市形态变成一个弱中心的城市形态"。在要求"一个平衡的交通解决方式"时，"分区中心"规划非常明显地预示着一个大规模的道路扩张计划，并很有可能大量削减公共交通服务。

20 世纪 80 年代前中期，规划理念又发生了另一次剧变。在此期间，十分重要的土地区划及土地利用控制权限，从州政府移交给了该区域的 210 个地方市镇议会。在享有了更多控制当地用地密度的自由后，墨尔本市和其他邻近城市联合采纳了"中心城市规划"，这成为墨尔本规划史上的一个分水岭。"中心城市规划"由"1987 战略规划"作为支撑，维多利亚州规划局则成为其先锋，该机构再次重申了"绿楔"的概念。"中心城市规划"也采纳了"巩固城区"的原则，即被美国规划者称为"填充式发展"的澳大利亚版，旨在"让未来城市的大部分发展都发生在已建成区"。该规划以后的修订版本更进一步强化了区域所作出的沿放射状的、轨道交通服务的走廊进行发展的承诺，"走廊间的绿楔将城区和乡村相互分隔"。然而，由于澳大利亚的政治形态依然偏好由市场驱动的发展模式，以及政府采取的里根/撒切尔式的紧缩开支政策，到目前仍然不能确定放射形的集中式发展就是该区域的发展模式。对许多人来说，最大的希望就是要进一步巩固该区域的中心城市，并加强它的公共交通服务。

中心城市的转型

在 1980 年，墨尔本的中心城区正呈现出不堪重负和破败的迹象，通往中央商务区的主要南北向通道斯旺斯通大街挤满了过境的卡车和小汽车，货运交通从河岸往南以及码头向西将中心城市割裂开来。河岸地区已经成为城市的掣肘，散布着衰败的工业活动。城市与海湾与海滩的连接亦非常差，很少有人愿意在中心城市居住，越来越多的商家也外迁到其他地方。

20 世纪 80 年代中期被很多人认为是墨尔本规划的黄金时代，在那段时期里，政界人士、商家、商业利益组织、环保人士、民间支持者以及其他许多参与合作的人士都在共同努力，来改变墨尔本中央商务区地位下降的状况。当时任维多利亚州规划办公室主管的伊万·沃克是这场运动的领导者，他现在是墨尔本大学规划系的教授，作为一个曾经在多伦多工作过的建筑师，沃克充分运用了自己在多伦多的经验，建立起一个愿景，并非常清晰地描述了墨尔本中心城市的转型道路。沃克认为在墨尔本中心城市现有优势的基础上进行建设是非常必要的，这些优势包括棋盘式的街道布局；通往中心城市的林阴大道，辅之以精巧的后巷、小街和有风雨街廊的

商业街；附近的亚拉河和河畔赏心悦目、起伏有致的岸线；多姿多彩和华丽堂皇的
建筑物；功能完善并享誉世界的有轨电车网络，它穿行于各种风格的建筑之间，衔
接各个毗邻城区的多模式换乘枢纽；一个毗邻城区的极具吸引力的海滨码头；以及城区与南部
海湾和沙滩之间良好的有轨电车衔接（地图 12.2）。

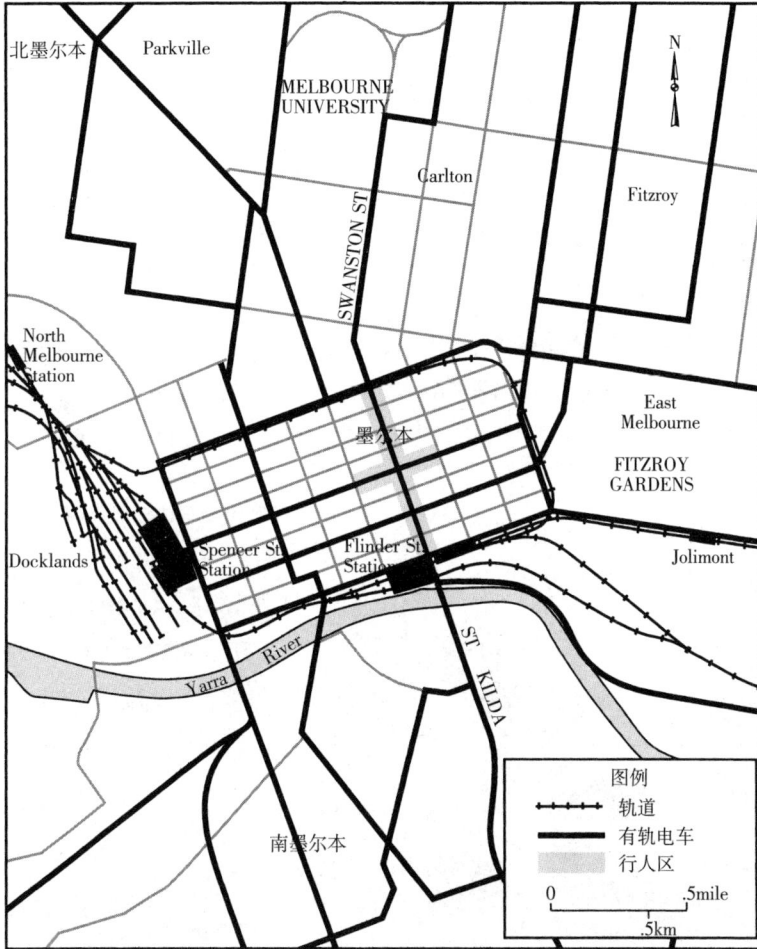

地图 12.2　墨尔本市的中心区

　　沃克的第一件任务就是将那些与中心城市无关的小汽车交通移开，这些交通包
括驶过中心城市但起迄点不在那里的出行，或是中心城市街道上寻找停车位的出
行。斯旺斯通大街上开始禁止小汽车行驶，并被转变成为该市主要的商业大街（如
照片 12.2）。紧接着又开通了波尔克商业大街，这是一条延伸几个街区的景观大
道，两侧著名零售商店林立，慢速行驶的有轨电车与行人混合共存（照片 12.3）。
斯旺斯通大街和波尔克步行街一起构成优美的十字型轴线，赋予了墨尔本中央商务

照片 12.2   在墨尔本的著名大道斯旺斯通大街只允许有轨电车和行人使用。有轨电车在地面街道上以合适的速度运营，被认为具有人性化的尺度，并与以行人为主导的环境和谐共存

照片 12.3   波尔克商业大街。这条绿树成阴的东西向商业街地处墨尔本最大商业区的中心地带

区清晰的"核心"形象，人们也开始在那里聚集。这两条步行街也是一个完整步行网络的骨干，连接着人行道、广场和有风雨街廊的商业街。由于道路空间归属行人，墨尔本中心城区的主要购物、文化和娱乐活动都非常适于步行。这一举措在将小汽车交通移出城市中心区方面发挥了明显的作用。在1964年，进入中央商务区的交通中有52%是过境流，而到了1986年，这个比例直线下降到8%左右。在将市中心重新归还给行人的进程中，在市中心边缘新建的停车场也起到了相当重要的作用。此外，市中心还引入了限制停车位供应数量的措施。

为了让市中心更具吸引力，除将市中心归还给行人外，还引入了其他的一些城市设计理念。许多理念都来自一位来自哥本哈根（见第五章）叫扬·盖尔的城市设计师，他在自己的家乡成功应用过这些先进的理念。对购物和娱乐中心的建筑高度限制使得街道能够得到足够的阳光，而历史建筑物的外观控制则保持了历史建筑群的魅力和完整性。此外，亚拉河南畔的道路对机动车封闭，并被改造成人行道。城市在景观建设上也投入了大量的精力。一些人行天桥跨过铁路轨道与河畔相连，当地还新建了一座跨越亚拉河的造型独特的人行桥。通过一系列循序渐进的措施，一个传达出社区意识的，让人愉悦和充满市民自豪感的城市环境逐渐开始形成。

城市中心转型的一个关键前提是：精致宜人的公共设施和优秀的城市设计要能够反过来吸引私人投资和新的土地开发。这一启动城市再开发的策略已经取得了巨大的成功。在20世纪80年代末，一个名为南岸的大规模多用途综合发展项目将亚拉河南畔的工业废地，转变成了一个在周末和夜晚深受欢迎的去处（照片12.4）。现在的南

照片12.4 南岸水畔开发项目。南岸以户外咖啡屋、高档商店和一条沿亚拉河的散步道为特色，成为墨尔本最受人欢迎的周末休闲去处

岸发展项目建有两座办公大楼、一些高级公寓、一个大型会议商务酒店、一座水族馆、一个国际美食城、一些河畔咖啡屋和餐馆，以及许多高档商品的专卖店。

要使中心城市重新恢复繁荣，居住与购物是两种必不可少的城市活动。许多人都认为，在城市中心及其周边增加居住人口和相应的购物设施，会比其他任何举措都更有利于市中心的经济复苏。

在中心城区中居住

在整个 20 世纪 80 年代，规划师们都热衷于在中心城区及其周边地区吸引新的住宅开发，其目标是通过提供丰富的住宅形式来满足越来越多样化的生活方式和居住喜好。

随着像南岸项目等混合用地发展项目的实施，在城市中心区增加许多小巧精致的公共设施也被证明是吸引新居民的有效方式。最近几年，整个中心城区的住房市场欣欣向荣，在 1992~1994 年间已建或在建的住宅单位共有 2589 套，占到同时期整个区域住房市场的三分之一。

许多城市内郊社区，比如菲茨罗伊和普拉汗伦，正在成为高档社区，它们深受年轻的专业人士以及小型家庭的欢迎，价格也非常昂贵。仅在 1996 年，就有超过一千人移居到城市中心区，相比之下，在这些地方多年以来一直都是每年居住人口净流出的地方。由于这些新居民拥有较高的可支配收入，许多新的服务业和商业又被吸引回城市中心。同时还有研究表明，墨尔本中心城区居民的小汽车拥有率使用率都相对较低。由于中央商务区就在住处附近，有轨电车又随处可见，超过 40% 的人步行或者搭乘公共交通上下班。一项研究发现，墨尔本城市中心区居民的人均汽油消耗量仅为远郊居民的 41%。另一项研究则发现，与居住在外围区域的居民相比，城区居民对于所居住社区的满意度更高。

城区中的零售业

墨尔本中心城区内社区的高档化也印证了郝特林的零售业重力布局法则，即只要有富裕人士居住的地方，零售商都会迅速跟进。在 20 世纪 80 年代，不断有墨尔本市中心商店倒闭的新闻出现，中央商务区零售业占全区域的市场份额从第二次世界大战末的约 50% 下降到 1986 年的 11%。然而从 1986 年开始，受许多正在发生的变化吸引，许多大型购物设施在市中心陆续开业。按照保罗·米斯的说法，"最近几年，墨尔本中央商务区的零售额稳步增长，它在全区域中所占的份额很可能出现了 40 年以来的首次增长"。市中心在高档商品的销售方面占有统治地位，在最近 20 年里，在高档商店的种类方面实际上还拉大了与郊区竞争对手的距离。目前，中央商务区的零售总额是墨尔本最大郊区购物中心的三倍多，此外，有人估计，中央商务区的零售总额已经占到该区域的 15% 左右。没有任何一个美国大都市区能有如此之高的市场份额，波士顿、芝加哥和洛杉矶与墨尔本就形成了鲜明的对比，这三个城市中央商务区的零售额仅仅占该区域总零售额的 1.6% ~2.8%。

　　墨尔本中心城区内便捷的有轨电车网络和欣欣向荣的零售业及住宅市场,证明了它们两者之间的完美结合。由于采用了单一票价、免费换乘的票制,以及享有很高折扣的全日票,有轨电车已经成为中心城区内短途购物出行的最佳选择。1994 年在墨尔本中央商务区所进行的随机问卷调查发现,在被调查的 2300 名步行者中,约有 70% 是乘坐公共交通到达的,这一出行分担率甚至高于通勤出行。在配建有停车场的大型购物中心出现以前,墨尔本的购物中心总是分布在有轨电车和铁路沿线。1961 年的一项研究发现,绝大部分的郊区商店距离轨道交通车站只有 5 分钟的步行距离,使得公共交通在购物出行中的分担率达到39% ~43%,即便是去往城外的购物出行也是如此。而在今天,只有不到十分之一前往郊区的购物者乘坐公共交通。但毫无疑问的是,目前在市中心发生的零售业复苏现象,无论对公共交通还是中心城市的活力重现都非常有益。

"城市通道" 项目

　　最近几年在墨尔本,再没有任何一个项目能够比计划中的"城市通道"工程更容易引发争议了。该项目的支持者认为,这是对现有交通基础设施很有必要的补充,其建成后将使得码头、火车场站与其他场站设施间的货运交通更加顺畅,并因此缓解城市的交通拥堵状况,增强经济活力。而反对者则认为,这是一种美国式的单纯通过增加交通供给来应对交通拥堵的方式,它只能在短期内缓解拥堵,同时却会引发城市的无序蔓延,并威胁到中心城市的活力。

　　"城市通道"工程全长 22 公里,在 2000 年前后开通,它绕过墨尔本市中心的西部和南部,连接机场、码头、墨尔本港和几条目前连通至中央商务区东部和西部的高速公路。该项目由一个澳大利亚和日本联营的国际财团以 BOOT(建设—拥有—运营—转让)的形式承接,其总造价超过 10 亿美元,它成为澳大利亚由私营财团建设的最大规模的基础设施工程,项目的大部分投资用于建设南段的两条隧道和一座横跨亚拉河的新桥。为使该项目在财务上能够正常运转,利用自动收费技术收取高达 2.5 美元的道路通行费。项目建成后的机动车通行量约为每日 30 万辆次。

　　从很多方面上看,"城市通道"这一个项目实际上体现了当地民众在未来墨尔本发展模式上的分歧。这种分歧不仅涉及到人们所偏好的未来区域用地形态,还与墨尔本未来的物质、经济和社会特征息息相关。目前墨尔本的定位是与其作为一个战略性的国家和国际性运输中心相联系的,墨尔本有全国最大的港口,集装箱吞吐量占澳大利亚全国的42%。支持者认为,通过"城市通道"这样的工程来方便城市街道上的货物运输有利于整个国家的经济,而新建环路也将满足不断增长的穿越城市出行的要求。约翰·布鲁特奇对这一观点表示支持,他认为"建造环形的城市运输通道(如一条环路)会有利于城市边缘地区制造业的积聚和发展,同时还能进

一步缓解穿城出行和货物运输所引起的交通拥堵"。彼得·纽曼的看法则与此大相
径庭，他认为通过大规模修建道路来促使墨尔本成为一个全球性的物流中心是完全
与时代脱节的做法，"如果这样的事情发生了，这个城市将会变成像洛杉矶和其他
同类城市那样的经济恐龙，而这些城市现在正逐渐意识到，在后工业时代，大容量
的道路并不是促进经济健康发展的手段"。

墨尔本的启示

　　1924 年，完全沉迷于巨型城市的法国建筑师勒·柯布西耶宣称："有轨电车没
有权力存在于现代化城市的中心。" 如果勒·柯布西耶去现在的墨尔本访问一次，
可能就会产生不同的感悟。在墨尔本城市中心复兴的过程中，有轨电车和铁路共同
扮演了重要的角色，市中心零售业的繁荣和住房市场的不断扩大在很大程度上应该
归功于它们，以绿色和金黄色为主色调的有轨电车将城区街道串联在一起，古朴但
仍性能可靠的轨道列车则让郊区与城市相互衔接。与本书里介绍的其他城市，特别
是苏黎世和慕尼黑一样，墨尔本城市中心复兴的最大功臣是主动而具有战略眼光的
规划，城市再开发规划和有轨电车服务共同有效地推动了市中心的振兴。

　　过去在有轨电车和其他轨道交通设备方面的投资都是很有价值的资产，不应该
被随便废弃。非常幸运的是，在墨尔本，有轨电车的守护神瑞森少将使得这样的事
情并没有发生。这里的经验表明，巧妙地将早期投资的公共交通资本价值加以利
用，再结合其他积极主动的举措，市中心就能够回复到昔日的繁华。

　　随着新千年的临近，墨尔本发现自己正处在确定最佳发展模式的关键十字路
口。具有深厚传统底蕴的有轨电车和铁路线网与最近复兴的中央商务区相互结合，
预示着在今后多年里城市都会保持一个富有活力的中心。同时，各方又都认同城市
分散化发展的趋势不可避免，但必须通过规划对此进行引导。"绿楔规划"揭示了
城市将主要沿放射状轨道交通走廊进行扩展，而像"城市通道"这样的工程所显现
出的发展方向又与此大相径庭。如何协调这两种截然不同的发展方式，并确定墨尔
本的发展道路是一项非常艰巨的挑战，但却是尽责的领导者们所能够应对的。作为
世界上最适合人类居住的城市之一，墨尔本目前正徘徊于二者之间。

第五部分

适应性公交：改善公交服务
适应城市土地发展模式

与一些城市通过改变城市和郊区的土地发展形态来支持密集的轨道交通服务不同，另一些地区则采取了不同的策略：即通过调整公共交通系统去适应蔓延式的城市发展模式。在这些地方，市场化的房地产市场主要依靠自身进行发展，公共交通的作用在于逐渐发展尽可能好地服务于那些起讫点分散的出行。在公交都市的范畴里，这些城市与斯德哥尔摩和新加坡完全不同。

本书第五部分包括三个城市，它们在调整公共交通适应城市土地发展的形态方面采取了非常不同的做法。德国的卡尔斯鲁厄适应性公交的形式是轻轨列车的车辆与国家和区域的高速列车使用相同的铁道网络，同一辆轻轨列车在市中心的步行街缓慢运行，在离开城市街道后转变成为高速和大站距的主干线城际铁路运行模式。在郊区，它们常常驶离主线作少许绕行，直接服务于卡尔斯鲁厄周边许多的城镇和村庄中的居民。因其高品质、几乎是门到门的服务，在其他德国城市轨道交通客流下滑的同时，大卡尔斯鲁厄地区的公交系统客流量却激增。

澳大利亚阿德莱德引入了来自德国的导轨式公共汽车专用道技术，服务于城市的东北走廊。连接外围郊区与中心城区的公共汽车服务具有不需换乘、乘坐舒适稳定的特点，这将许多原来驾驶小汽车者吸引来用公共汽车通勤。同时，竞争性招投标制度进一步提高了阿德莱德公共汽车运输系统的效率。

在墨西哥城，公营的轨道交通与私营小型公共汽车服务的结合创造了一个整合良好的、分层次的公共交通网络，这一公共交通网络成为这座不断蔓延的城市里两千多万居民机动化出行的生命线。在赢利的驱动下，私营小型公共汽车的运营商引入了混合有基本为社区和基本为区域的服务方式，并通过线路联合会统筹协调，填补了轨道交通服务留出的空白地带。

第十三章

适应性的轻轨系统：德国卡尔斯鲁厄

卡尔斯鲁厄首创了一个合用路轨的公共交通系统，使得城区内的有轨电车和城际间的重轨列车服务能够紧密地结合在一起。大量利用德国国家铁路网的轨道，使得卡尔斯鲁厄仅以建设一条新郊区轨道线路所要花费成本的很小一部分，就扩大了轻轨服务的覆盖范围。更为重要的是，通过在中心城区有轨电车轨道和区域铁路轨道上运营双电压模式的轻轨列车，卡尔斯鲁厄建立起具有多样性的轻轨服务系统，这基本上消除了换乘。得到的回报是公共交通的乘客量过去十年来健康增长，而同一时期，德国其他城市公交乘客量却在急剧下降。尽管卡尔斯鲁厄双模式的轻轨系统是为该区域分散化向外发展的用地模式量身定做的，但不管是在城区内还是在轨道走廊郊区段沿线的许多小城镇，它同样也很好地与步行商业区融合在一起。在大卡尔斯鲁厄地区，人们会发现公共交通的技术方式和城市形态之间和谐地搭配结为一体。

轻轨已经成为很多城市在寻求进入现代化轨道交通时代时的技术选择。然而在中心城区以外，由于乘客还需要到车站进行一次"令人讨厌的换乘"，轻轨还常常面临着私人小汽车的激烈竞争。在德国西南部的中等规模城市卡尔斯鲁厄，率先创造并运营了具有广泛适应性的轻轨服务，使轻轨列车既能在城内的有轨电车轨道上运行，又能在城际高速轨道上行驶，并因此在很大程度上消除了换乘。轻轨列车在在卡尔斯鲁厄主要的步行街，凯撒街上以每小时 4～5 公里的速度缓慢行驶，同一辆列车当驶出城区后，又摇身变成了高速的长途列车，沿着由国家铁路管理机构所属的轨道，以每小时接近 100 公里的速度运行，与驶往巴伐利亚甚至更远地区的高速列车并肩疾驰。这一适应该区域分散化向外发展用地形式的公交技术，意味着可以利用同一辆列车提供点对点的长途服务，同时在城市内起着循环线路的作用，整个系统的服务特征与公共汽车专用道系统无异。尽管有一些幸运的因素对构建卡尔斯鲁厄的独特混合式服务起到了巨大的作用，比如在该区域的腹地有一个发达的国家铁路网络,但卡尔斯鲁厄的案例还是在如何创造性地让轻轨服务去适应低密度的居住环境方面,为许多已经拥有或正打算建设轻轨服务的城市提供了启示。

发明一种新型的轻轨模式

　　或许有人会问,为什么会在卡尔斯鲁厄?是历史、公众的选择和城市的性格共同作用让卡尔斯鲁厄创造出新的轨道交通技术。卡尔斯鲁厄是在1715年被作为当时德国新成立的巴登——符滕堡州的首府经由总体规划而建成的,有着发达的宽阔街道网络。23条放射道路从城内壮观的城堡向外延伸,被一个大面积的方格形路网覆盖,将城堡和城西的莱茵河连接在一起,这与德国许多有中世纪的市中心的城市有很大的不同。宽阔的街道最终证明是件好事,使得卡尔斯鲁厄能够扩展和升级在18世纪末就存在的有轨电车网络,而在此期间德国许多其他的城市却相继拆除了它们的有轨电车系统。

　　在战后德国的重建期,卡尔斯鲁厄的人口数和小汽车拥有量都迅猛增长。到20世纪70年代初,市中心到处都是免费的停车位,却没有专门的步行区,许多有轨电车乘客也改用小汽车出行,有轨电车线路一条接一条地被公共汽车线路代替。卡尔斯鲁厄的公共交通系统也陷入了与其他地方一样的公共交通乘客量下降和削减公共交通服务的恶性循环之中。当时城市的领导者们做出了一个重要的决定:政府要通过成为区域公共交通服务的提供者,以便在郊区出行市场扮演更为积极的角色。组建一个区域性的公共交通管理机构,卡尔斯鲁厄公共交通管理局,作为城市有轨电车公司的姐妹机构,在制度上配套设置好了后,再来扩展公共交通的服务范围,卡尔斯鲁厄公共交通管理局和城市有轨电车公司都所属于卡尔斯鲁厄市政府。通过卡尔斯鲁厄公共交通管理局,市政府可以和区域内的地方市镇进行谈判和制定合同来帮助支付所提供的公交服务。

　　该区域对于在二战后由市场驱动的土地开发模式的默认,更进一步为交通技术的创新提供了舞台。卡尔斯鲁厄市本身用地非常紧凑,173平方公里(大部分是公园绿地)的区域内聚集了28万人口,但卡尔斯鲁厄都市区(2100平方公里)内其余80多万居民中的大部分都生活在被乡野和森林环绕的村庄和小镇上。考虑到当地居民喜欢居住在独立别墅式住宅中,区域政府很少去努力协调应该在那里进行土地开发。应该归功于卡尔斯鲁厄的政治领袖的是:他们很早就认识到,在城市界外运营的市属公共交通服务应该要有效地适应并服务于分散化的土地发展模式。因此不难理解,城市的发展模式为如何设计出高品质公共交通服务定下了框架。

　　在本书中已经阐述过理由了,公共交通服务要想在郊区与小汽车进行有效的竞争,惟一的方法就是要效仿小汽车的服务特征,即要提供无缝隙的门到门连接,消除换乘和由换乘引起的额外费用。在卡尔斯鲁厄这样中型规模的城市,几乎每一个家庭都拥有一辆小汽车(1996年时每千人拥有500辆小汽车),频繁的换乘是公共交通的死结。直到 20 世纪 90 年代初合用路轨的轨道交通服务开始被引入前，换乘都是郊区居民乘坐公共交通去卡尔斯鲁厄城区和主要商业区凯撒街的必经环节。这主要是因为卡尔斯鲁厄的中央铁路车站位于城市边缘，经过多年来的发展，铁路的轨道和线路都汇聚在这里，因此那些去往卡尔斯鲁厄城区的轨道交通服务，不管是由卡尔斯鲁厄公共交通管理局还是德国铁路局运营的，一直以来都是以中央车站作为终点，而中央车站的位置又与大多数乘客的出行终点有一段距离，人们必须支付额外的费用换乘有轨电车才能到达目的地。

该区域采取的要消除耗费时间的换乘，促使了卡尔斯鲁厄创造出独有的公共交通服务 – 城市火车的出现。与诸如慕尼黑等德国大城市运营的单纯的郊区轨道交通不同，城市火车可以被认为是一种混合了不同的轨道技术（城区中的有轨电车和城际间的重轨列车）和不同的运营环境（城市和乡村）的服务模式。其基本的思路是利用同一辆列车运营将主干线和支线轨道交通结合在一起，这就要求列车车辆具有很高的通用性，既能在中心城区缓慢行驶与行人和谐共存，也能在城外沿着主干铁路线上高速行驶与重载货运列车在一起和谐运营。此外拥有发达的郊区铁路网络同样是必要的，该区域本身就具备这个条件，德国铁路局运营的客运和货运线路纵横交错连接着斯图加特和法兰克福。由于该区域的公共交通运营商已经成功地让有轨电车在不在使用的国家铁路货运轨道上运营，下一步理所当然就是让有轨电车沿着正在现有发达的国家铁路轨道网络上运营。卡尔斯鲁厄公共交通管理局的总经理迪特·路德维希，在开拓卡尔斯鲁厄的混合型轨道交通服务上，起了领导作用和提出过许多设想，对他来说，如果要将整合的、无缝连接的区域性公共交通服务变为现实，那么区域内发达的国家铁路轨道网络是一种资源，必须要好好地利用。他看到在卡尔斯鲁厄有机会，在不需要耗资建设郊区轨道的情况下，来提供像慕尼黑和法兰克福那样的郊区轨道交通服务。正如迪特所预见的那样，卡尔斯鲁厄的城市火车利用同一辆列车将郊区和城区轨道交通服务连接在一起，并实际上比德国大城市的轨道交通服务表现得更出色。

20 世纪 70 年代中期，当许多城市都在拆除有轨电车网络时，卡尔斯鲁厄却在本地的政治支持和德国铁路局的最终同意下，开始将典型的城市有轨电车系统升级到一个混合型的区域轻轨/重轨交通系统。这主要是通过技术创新来实现的，设计并建造双模式的轻轨车辆，使其能够适应德国国家铁路网络的重轨线路，同样重要的是各种配套措施：包括建立区域性的公共交通协调机构卡尔斯鲁厄公共交通管理局，来负责整合网络中的时刻表和票制；新建和改建现有轨道；重新使用老旧的、已被废弃的轨道。

有人或许会问，在寻求不需换乘的公共交通方式，卡尔斯鲁厄为什么不选择更为常规、成熟的技术，就像渥太华那样的公共汽车专用道系统？部分的原因是由于德国有喜好一流的轨道交通服务的传统，以及追求速度、舒适和方便的文化。在这片拥有奔驰和宝马汽车、高速列车，以及不限速的高速公路的土地上，城市公共交通系统如果想要有竞争力，就必须提供极高质量的服务。卡尔斯鲁厄选择双模式的轨道交通系统，而不是公共汽车用道系统，至少在德国是因为人们相信，德国人更中意轨道交通。卡尔斯鲁厄公共交通管理局的官员坚持认为，即便是乘坐公共汽车的出行时间和舒适程度与轨道交通相同，绝大多数人仍然会倾向于轨道交通。最近的客流调查也证实了这个观点：大多数的区域内公共汽车乘客是没有选择的乘客（在 1994 年，公共汽车乘客中仅有 3% 拥有小汽车），而轨道交通乘客有高得多比例的乘客是有选择的乘客（在 1994 年，乘坐有轨电车的卡尔斯鲁厄居民中的 20% 和乘坐城市火车的卡尔斯鲁厄居民中的 40% 拥有小汽车）。

对品质和形象的重视在服务设计的细节上得到了体现。例如，在大卡尔斯鲁厄地区服务的所有列车，车厢内部都不允许设置广告，来使车厢内部的环境在视觉上对中产阶级乘客变得更具吸引力。作为一种硬性规定，列车上所有的涂鸦都必须马上被清理掉，即便这意味着要让车辆脱离运营也要执行。此外能够让乘客方便、快捷地上下车，低底板列车车辆也成为标准的配置。最近一种在四节编组车辆中间挂有小型餐车的列车也开始运营。在卡尔斯鲁厄，用心塑造高品质轨道交通服务体现在整个运营中的各个环节。

适应性轻轨系统的基本特征

由德国联邦政府资助的，卡尔斯鲁厄公共交通管理局在 1984 年开展的可行性研究详细定义了卡尔斯鲁厄城市火车服务的规则。该研究确定了城市火车系统的三个设计原则：

1. **双系统的车辆**：要创造一种新型的轻轨车辆，既能在区域内的国家铁路的重轨上运行，又能在城区内的有轨电车轨道上运营。
2. **轨道岔口**：在一些关键位置新建轨道，连接国家铁路的重轨线路和卡尔斯鲁厄城区内的有轨电车系统。
3. **改善可达性**：在现有铁路沿线和去往中心城区的支线上新增车站，以缩短乘客带轨道交通车站的距离。

上述的这些原则（如图 13.1 所示）构成了整合性郊区轨道交通服务的基础。列车的直达运营可以消除换乘，而增加地车站和到城镇中心的支线让人们更离车站更近，让公共交通有可能提供门到门的服务。

正是能够共享轨道，才使卡尔斯鲁厄对于一种新的轻轨技术模式的承诺得以实现，同时现有的常规做法也需要做出一些改变。尽管传统有轨电车在轨道规格上能够与国家铁路重轨系统的相匹配，但如果用它们提供主干线的服务速度会太慢，而城际列车的自重又太大，如果在城区街道上运营会超出了城市桥梁以及地下供水和污水管线的承重限制。因此有必要设计一种新型轻轨车辆来提供合用轨道的服务，兼具城市有轨电车和重轨列车的物理和运营特征。

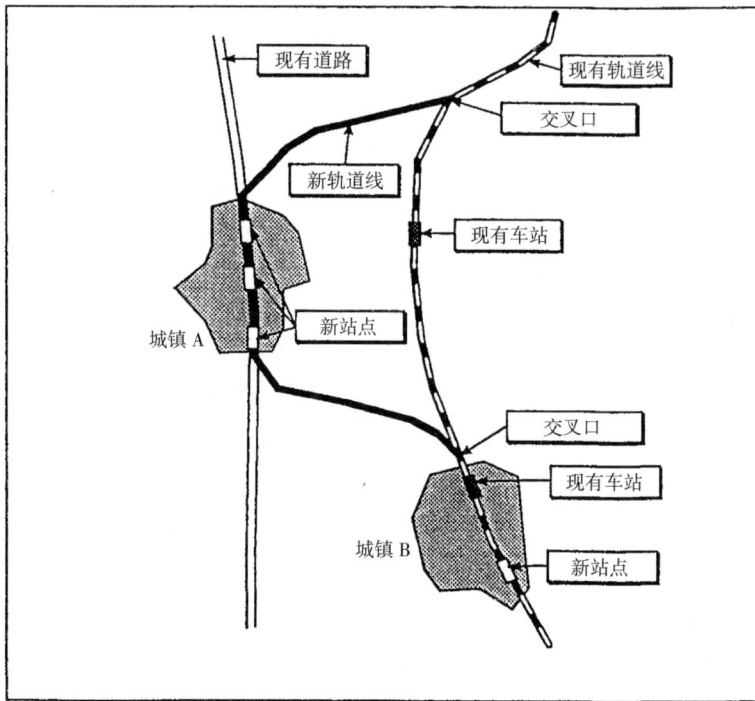

图 13.1　整合轻轨系统的设计示意图

创造一种混合型的列车

　　设计一种新的轻轨系统所必须克服的首要困难是，如何让列车在不同的动力供应系统下运营，合用轨道的列车必须能够同时在城市有轨电车轨道上的 750 伏特直流电，以及国家铁路轨道上的 15000 伏特交流电两种环境下运营。此外，列车车辆要足够的灵敏，以作为传统有轨电车在普通街道上安全地运营，与行人和骑自行车者共处，还要足够强壮和有强大的动力，以便能够在主干线轨道上与货运和客运列车共同运行。特别是当车辆即要在遇到行人时能刹车立即停下，也要能够经受住货车的碰撞。有了这些要求，在德国联邦科技部赠款的支持下，由迪特·路德维希领导着来自卡尔斯鲁厄公共交通管理局的一个工程师小组，与几个德国的轨道交通系统制造商一起，共同设计一种可以满足要求的混合型轻轨车辆。在仔细分析了过去 30 年来在德国各地发生的所有轨道交通事故的统计数据后，研究小组选择了由模块化发展而来的一种八轴可双向行驶的铰接型车辆。尽管自 20 世纪 60 年代起，能够适应双电压系统的机车就已经在欧洲运营，但由于要缩小车辆体积和避免车辆过重，将该技术应用于轻轨车辆所面临的挑战要大得多。最终用于将 15000 伏特交流电转换为 750 伏特直流电的电子硬件被设计人员设置在了车辆中部，并有一个额外的转向架（照片 13.1）。变压器和整流器被安置在列车的地板下面，特殊的高压开关装置则放置在车顶，将更多的车内空间留给乘客。从技术上看，双系统车辆实际上就是车上装有整流变电设施的由交流电驱动的列车。

照片 13.1　卡尔斯鲁厄市市中心的双电压城市火车。城市火车在城市中心的广场排队等待乘客上下车。可双向行驶的铰接列车的中间装备有双电压电子硬件。预埋在街道下的感应线圈能够识别轻轨列车，从而实施主动信号优先，以提高列车在城区内的运营速度。在城区内，城市火车被允许以最高 50 公里/小时的速度行驶

　　将混合型轻轨列车投入运营最大的挑战是制度机制，而不是技术方面，特别是德国铁路局的官员们怀疑轻轨车辆是否能满足德国严格的碰撞标准。在大量针对潜在碰撞事故的计算机仿真，以及长达数月对原型双电压轻轨列车进行实地测试的基础上，卡尔斯鲁厄的设计师们证明了混合型列车可以与重轨列车安全地在同一轨道上运行。不久后德国联邦主管部门就为实施合用轨道服务亮开了绿灯。主要有两个因素让人们消除了对列车安全性的担忧，第一，车辆轻质、模块化和灵活的结构能让动能均匀释放到整个底盘上，试验证明，在吸收撞击能量方面，这一设计取得了明显好于预想的效果；第二，车辆安装有反应灵敏的盘式制动系统，能够使车辆能在行人区安静、平稳而又迅速的制动，提供了比重轨列车优异得多的加速和减速性能。尽管混合型轻轨列车在被动性安全方面（也就是防撞性）不如重轨列车，但其在主动性安全方面（即避免事故的能力）的表现却要优异得多。由于轻轨列车具有

良好的编组行驶性能，德国铁路局的官员承认，混合型轻轨列车与重轨列车合用轨道，实际上可能要比重轨列车单独运营会更加安全。在卡尔斯鲁厄与普福尔茨海姆之间沿国家铁路轨道上进行的原型车现场路试也表明，由于自重更轻、加减速敏捷，在同一线路上运营，轻轨列车要比国家铁路局的重轨列车快 7 分钟。这一结果说服了国家铁路局的官员们，让他们相信即使在混合运营的走廊上增设车站，也不会增加起终点间总的运营时间。

　　1988 年底达成一份全面的协议，在卡尔斯鲁厄与东边约 28 公里的布莱藤之间开始实施第一段合用轨道的客运服务（见地图 13.1 所示的卡尔斯鲁厄轨道交通网络图）。除在电气设施方面的改善外，该走廊还增加了新的支线、轨道岔口、车站和复线路段（照片 13.2）。该项目于 1992 年完成并开通，总造价是 4.5 千万德国马克（3 千万美元），仅相当于建设同等规模地铁系统成本的十分之一。

Karlsruhe Network

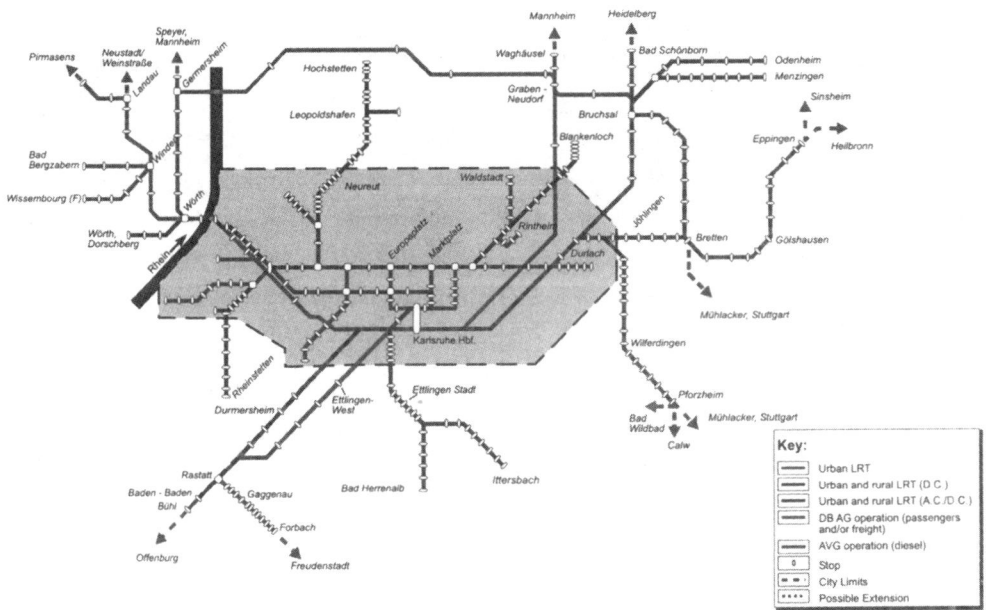

地图 13.1　卡尔斯鲁厄都市区的轨道交通网络

　　需要注意的是，机构和制度的改革是推动卡尔斯鲁厄轨道合用的混合型轻轨服务从概念变成现实的根本要素。德国政府将轨道所有权（由一个公共部门负责）和运营（对私营部门开放）功能相分离的政策，为轨道合用提供了理想的制度环境。就在之前的数年间，德国铁路局还认为让轻轨在其轨道上运营是不必要的竞争和潜在的危害。对于目前已经私有化的德国铁路公司，轨道合用则被视作潜在的收入来

照片 13.2　轻轨列车从城市有轨电车轨道驶入国家铁路重轨轨道。在区域东部布莱藤至埃平根的线路上，一列城市火车的车辆正进入连接城市有轨电车轨道和国家铁路轨道的岔口。动力的转换在轨道岔口的一段过渡段完成，列车可以在这一过渡段以零电压滑行约 180 米。当车载设备识别到过渡段时，会自动打开主电路断路器（如果在进入过渡段 3 秒后电路断路器仍未打开，集电弓就会自动降低，并等到断路器打开后才会再次升高），等到车载设备探测到新电压时，合适的回路器就会打开，而主电路断路器会再次关闭，整个过程不需要驾驶员的任何操作

源。当地观察者同样发现，卡尔斯鲁厄公共交通管理局的局长迪特·路德维希和德国铁路局在当地负责短途服务机构的总管有非常密切的专业联系，对双方成功达成轨道合用的协议大有助益。

地铁和轻轨的结合

在延伸到布莱藤的第一条线路开通后，合用轨道的轻轨系统得到了继续扩展，截至 1997 年，大卡尔斯鲁厄地区已经开通了近 300 公里的线路。通过精心的规划和实施，从 20 年前仅有传统有轨电车和城郊通勤轨道的网络，到如今已演变一个区域性的、不需换乘的轻轨服务网络，很好地适应了该区域扩散化式的土地发展形态。卡尔斯鲁厄的轨道网络将传统有轨电车和重轨铁路的优点成功地结合在一起，其优势包括：

- **具有成本效益**：以铺设新轨道成本的很小一部分就将轨道交通服务从中心城区扩展出去。

- **长途运输也具有高效率**：在郊区提供快捷的、点到点的服务，使轻轨服务在出行时间上能与小汽车竞争。
- **能在中心城区内运行**：沿城市街道网络提供了良好的覆盖，并能很好适应城区街道线路（即列车能够应对方格形路网的急弯）。
- **与行人和谐共存**：缓慢的速度和良好的制动性能使得列车能和谐融入卡尔斯鲁厄市中心城区的行人专用街道。
- **较近的站距**：更轻的车辆自重和卓越的制动系统能提升列车的加、减速性能，这样就能够实现更小的站距，由此减少郊区出行者到车站的距离。
- **服务能渗透到社区**：支线的开通将轻轨引入郊外城镇的中心，进一步减少了当地居民到达车站的距离。

尽管卡尔斯鲁厄以其合用轨道的双模式系统而闻名，但在该区域实际上运营有七种不同类型的轨道交通服务，每一种都有一定程度的资源共享和服务整合。表13.1列出了在1997年区域内各种适应性的轨道交通服务。由共享国家铁路和城市有轨电车轨道的双电压列车运营的城市火车服务覆盖了区域的各个地区，占据了新的整合性区域公共交通服务最大的份额。在德国铁路局现有货运轨道上运营的单电压轻轨列车和有轨电车是对这些服务的有效补充。几乎所有（仅有一条例外）的城市火车线路都汇聚到卡尔斯鲁厄主要的有轨电车/步行走廊和商业零售中心——凯撒街（照片13.3），轨道服务的支线还渗入到像林肯海姆和厄斯这样的小城镇的中心（照片13.4）。区域内总共有40多列双电压城市火车列车、80余列有轨电车、90辆公共汽车，以及约12列德国铁路局运营的重轨城际列车，它们共同提供了高

在1997年卡尔斯鲁厄都市区七种不同类型的适应性轨道交通服务模式　表13.1

服务类型	线路（1997年时的单程公里数）
1. 合用国家铁路线路和有轨电车线路，建设轨道岔口以连接有轨电车线网和重轨线网来运营的轻轨	卡尔斯鲁厄－布莱藤－埃平根（54公里） 卡尔斯鲁厄－拉施塔特－巴登（30公里） 卡尔斯鲁厄－布鲁赫扎尔（16公里） 卡尔斯鲁厄－普福尔茨海姆（22公里） 卡尔斯鲁厄－厄斯（9公里） 伊特斯巴赫－赖兴巴赫（31公里）
2. 利用现有国家铁路货运轨道运营的单电压轻轨（15000伏特交流电）	布鲁赫扎尔－布莱藤（11公里）
3. 利用现有国家铁路货运轨道运营的单电压轻轨（750伏特直流电）	巴德黑恩那伯－霍赫施特滕（43公里）
4. 新建与现有国家铁路线路平行的第三条轨道来运营的轻轨	格罗特辛根－索林根（4公里）
5. 与现有国家铁路线路平行，新建通过城镇中心区的轻轨	杜尔默斯海姆（3公里） 施图滕湖（2公里） 林肯海姆（3公里）
6. 利用原有国家铁路线路运营的轻轨，并新建进入城镇中心的轨道	诺伊鲁日（1公里） 埃根施泰因－莱奥波尔兹哈芬（2公里）
7. 将非国家铁路运营的货运线路改造后来运营的轻轨	卡尔斯鲁厄中央火车站（1公里） 布鲁赫扎尔－孟辛根/奥登海姆（29公里）

度整合的区域公共交通服务，覆盖范围远达距离卡尔斯鲁厄市中心 40 公里外的城镇。由于城市火车直接将轨道交通服务向东延伸到了区域轨道交通枢纽站海尔布隆，卡尔斯鲁厄轻轨服务的空间覆盖范围在沿东北轴线方向被有效扩展了一倍。

照片13.3 沿卡尔斯鲁厄主要步行街道——凯撒街的轨道交通服务。凯撒街是欧洲最长和最繁华的步行和公交专用街之一，卡尔斯鲁厄所有的有轨电车线路和几乎所有的城市火车线路通过这条大街，它们的速度最高可达25公里/小时。凯撒街有一段2公里的街段专门留给行人、骑自行车者和有轨电车使用，即便是公共汽车和出租车也被禁止进入该禁小汽车入内的路段。多年来行人、有轨电车和轻轨列车之间显示出和谐共存的局面。尽管每小时有许多的有轨电车和轻轨列车车辆通过——每小时单向约72节车厢，在理论上提供了可载运1.5万人次通过的能力，但即便是在高峰期时，也没有什么问题发生。轨道列车驾驶员和行人已经习惯于共同享有街道，因而很少发生事故，事故发生率低于由交通信号灯控制的平面过街路口。由于用人眼来控制列车的运营和有反应灵敏的刹车系统，低于一分钟的短间隔运营也成为可能。尽管如此，随着卡尔斯鲁厄城市火车服务的不断扩展，管理当局正在考虑将区域轻轨系统放在凯撒街的地下运营，而将地面道路空间让给城区的有轨电车

照片 13.4　轻轨系统驶入林肯海姆。照片展示了城市火车服务实施前后（上方照片为实施前，下方照片为实施后）林肯海姆的主要街道。林肯海姆位于卡尔斯鲁厄市以北 20 公里，城市火车轨道的一条支线直接从城镇边缘进入中心。在这座有 8000 居民的村镇设有 7 座车站，绝大多数的居民步行不到 5 分钟就能到达车站。此外，林肯海姆中心区的一条国道也被改建为步行区

　　从功能上看，卡尔斯鲁厄的本地和区域的公共交通服务是三种不同模式的混合体：包括有轨电车（仅在城市内运营，单一电压，不在重轨轨道上运行）、轻轨（以双电压模式运营，既使用城市的有轨电车轨道，也使用城区外的重轨轨道）以及重轨（仅在城市外运营，单一电压，不在有轨电车轨道上运行）。如果按照服务的联合运营形式进行划分，则有两种形式：轻轨和在郊区轨道上运营的重轨，以及轻轨和在城区街道轨道上运营的有轨电车。正是有了卡尔斯鲁厄的轻轨列车，在合用轨道和提供整合服务方面起到了关键的联接作用。

配套措施

卡尔斯鲁厄的成就并不能单纯地归功于技术进步，而需要用软件的配套来支持硬件的创新，即构建一个区域性的公共交通协调机构，以及在市中心引入限制停车的措施。

与慕尼黑和苏黎世相似，卡尔斯鲁厄也建立了公共交通管理局，以整合区域内公共交通运营商的时刻表和票制。几乎是在双模式轨道交通服务开通的同时，就建立了卡尔斯鲁厄公共交通管理局，它本身并不提供公共交通服务，而是与区域内的各运营商签订营运服务合同，这些运营商包括城市有轨电车运营商、区域城市火车和公共汽车运营商（卡尔斯鲁厄公共交通公司）、城际列车服务运营商（德国铁路局），以及其他几个私营公共汽车公司。卡尔斯鲁厄公共交通管理局的一项独有特征是它负责监管运营商之间共享的合格驾驶员，来驾驶城市火车的列车车辆，这些驾驶员均来自卡尔斯鲁厄公共交通管理局和德国铁路局。城市火车需要经过专门培训的驾驶员，他们既能够驾驶列车高速行驶，也能够低速驾驶列车在常有行人穿行的道路环境中运营。多能的列车车辆需要有多能的驾驶员来操作，实践证明，驾驶员共享机制对于减少冗余劳动力是很有效的，这种做法减少为应对驾驶员临时缺席而需要的备用驾驶员数量。此外卡尔斯鲁厄公共交通管理局在市场推广上也发挥了重要作用，将区域内整合后的公共交通服务统一标识，在大卡尔斯鲁厄地区，即便公共交通运营车辆由不同的运营商所有和运营，但车身上都有卡尔斯鲁厄公共交通管理局的统一标识，这样乘客们就会意识到，区域内有且仅有一个公共交通网络，从 A 地到 B 地，具体采用什么公交出行模式——有轨电车、双模式轻轨、或是重轨列车，都没什么关系。

卡尔斯鲁厄统一的票制系统对于提供整合性的服务也至关重要。乘坐城市火车、国铁列车、公共汽车服务和城内的有轨电车都能使用同一种车票。环境票、学生票和日票（一日内可无限次的乘坐公共交通）是最受欢迎的票务形式，总共超出购票总量的80%。同样还使用了联票的形式，将公共交通车票与重要体育赛事和娱乐活动的门票结合起来发售。尊重人的公共交通服务系统也受到人们的对采用诚信支付车票体系的尊重，系统的逃票率很低，不到1.5%。

相关的停车政策也帮助将人们吸引来使用公共交通服务。卡尔斯鲁厄市市中心的停车费非常昂贵，并限制停车位的数量。中央商务区没有路边停车位，紧靠卡尔斯鲁厄市步行区外面的停车场，停车费约为每小时 3 美元。从 20 世纪 80 年代中期开始，有几处停车场已被陆续拆除，原址主要被重建为公共开放空间。路德维希广场是卡尔斯鲁厄市中心颇受欢迎的步行区，设有露天餐馆和咖啡店，而过去这里是一栋能容纳 250 辆车的停车场。通过要求办理居民停车许可证的方式，避免了外来停车侵入居民小区的问题。

在官方政策限制市中心停车的同时，卡尔斯鲁厄的交通工程师们也想办法让不论在哪里要发生的停车变得更有效率。城市建立了一个电子停车管理系统，来引导驾驶员以最短的线路到达最近的有空的停车设施，信息牌会实时显示各个停车设施的空余车位数量（研究表明在没有这类停车引导系统的德国城市中，高达 15% 的市中心机动车交通量是由寻找停车位引起的）。卡尔斯鲁厄的信息牌停车指示系统减少了因为寻找停车位而产生的机动车交通，为创造出对行人和骑自行车者友善的市中心作出了进一步的贡献。

对于中心城区以外的停车则采取了完全不同的策略。在郊区的城市火车车站处，通常会提供停车换乘设施，停车换乘被视作是一种很有效的手段，让小汽车不进入城区，吸引郊区居民使用轨道交通。这种做法是调整服务形式以适应该区域的土地发展模式的又一个例子。尽管人们常常认为在车站周围设置停车设施会阻碍以公共交通来引导的城市发展，但在大卡尔斯鲁厄地区没有直接的公共政策有意愿来将发展吸引到郊区车站周围的地块上，因此在这里，停车换乘设施被认为是一种资产，而不是负债。

带来的效益

卡尔斯鲁厄适应性的轻轨服务已经发挥了明显的作用，最近公共交通客流的变化趋势就是最好的证明。尽管自 20 世纪 80 年代中期以来，大多数中等规模的德国城市中公共交通客流量都在急剧萎缩，但大卡尔斯鲁厄地区的公共交通客流则呈现出稳步上升趋势。从合用轨道的双模式轻轨系统刚刚成形的 1985 年，到项目实施 4 年后的 1996 年，该区域公共交通的年客运量增长了一倍以上，从 6220 万人次增长到 1.3 亿人次以上。目前城市火车每年承担了约 4 千万人次的出行，约占区域公共交通总出行的 30%。调查表明，38% 的城市火车通勤乘客以前单独驾驶小汽车上下班，另有 22% 的乘客以前共乘小汽车上下班。在卡尔斯鲁厄市内部，乘坐公交更是非常普遍，1995 年，该市的人均公交年乘坐次数为 263 次，高于其他所有中等规模的德国城市。公共交通不断增加的客流帮助公共交通系统取得良好的财务表现，在 1995 ~ 1996 年财政年度，卡尔斯鲁厄公共交通管理局的票款支付了运营成本的 86%，这在欧洲是最高的回报之一。

卡尔斯鲁厄——布莱藤走廊是最早运营新型轻轨服务的走廊，至今为止带来了最引人注目的客流增长。布莱藤是一座幽静雅致的小镇，其历史可以追溯到中世纪，如今小镇拥有 1.3 万人口，其中有几千居民在卡尔斯鲁厄市区工作。连通布莱藤的城市火车于 1992 年 9 月开通，它取代了原有由德国铁路局运营的短途列车客运服务，而原来的服务需要人们在卡尔斯鲁厄中心车站进行一次换乘，此外由于新的城市火车服务有着更高的服务频率和更快的平均速度，小镇到卡尔斯鲁厄市区的平均通勤时间缩短了 20 分钟。在布莱藤城市火车服务开通的第一周，该走廊上的公共交通客流跃增了 6 倍, 日客流量从 2000 人次增长至 12000 人次。在布莱藤居民的总出行中, 公共交通所占的比例从 1991 年 (项目实施前一年) 的 5.7% 增至 1993 年 (项目实施后一年) 的 10.2%。对于来布莱藤上班人士的通勤出行方面, 在城市火车开通后的头 6 个月, 公共交通出行的比例从 4.6% 增至 9.8%。在一项对 2000 名布莱藤居民的在项目开通前一年和后一年进行的定向调查发现, 有超过 80% 的被调查者认为通往卡尔斯鲁厄的公共交通服务在这一段时间内得到了很大的改善。

这些瞩目的成就主要应该归功于城市火车优质的特色服务。以前德国铁路局的城际列车只能到达城市边缘的中央车站, 大多数乘客还需要换乘有轨电车并支付额外的费用才能到市中心。有了城市火车后, 布莱藤的居民可以乘坐城市火车直接到达卡尔斯鲁厄市市中心。此外公共交通服务的频率也得到了加强, 每 20 分钟就有一班车发出, 高于被替代的原短途国铁列车。相应的德国铁路局也作出友善的反应来调整资源, 在同样的轨道上新开通了至海尔布隆的准高速列车。这样一来进一步为布莱藤居民增加了公共交通出行的选择, 每小时有三列站站停的城市火车和一到两列准高速大站快线国铁服务布莱藤。同样重要的是, 新服务每天的运营时间比以前长, 城市火车每天运营到凌晨, 而以前国铁列车在晚上 7 点就结束了服务。其他促成公共交通成功的因素有: 重新调整支线公共交通服务以提供设计好换乘时间的衔接, 消除对换乘具惩罚性的票制, 在布莱藤城内增建车站 (从仅有在城镇边缘的一座车站增加到相距 300 ~ 400 米的 7 座车站), 成功地通过当地的活动建立起一个对行人和骑自行车者友善的市镇中心。在积极参与的市长和市镇议会的帮助下, 布莱藤分阶段实施了一系列措施将小汽车交通移出了市镇中心: 有些停车位被取消、市镇内的自行车道系统被建成、街道仅供行人使用。今天布莱藤声称是在欧洲拥有一个包含多条街道的步行区的最小社区之一, 步行区总长度超过 1 公里。随着步行环境的改善, 以及新增了 6 座车站, 目前布莱藤四分之三的轨道交通乘客步行到达车站。

创新的轨道交通服务对卡尔斯鲁厄市同样也产生了显著的影响。在 1988 ~ 1994 年间, 卡尔斯鲁厄市居民中的公交乘客数量增加了三倍, 同期私人小汽车出行比例降低到了只有 14%。调查显示 75% 的卡尔斯鲁厄市居民对他们城市中的公共交通服务表示 "相当满意"。40% 的居民在去往市中心时使用轨道交通, 而在购物出行中, 这一比例接近 60%。

无缝衔接的轨道交通服务所取得的效益还在其他方面得到体现。自 20 世纪 90 年代初以来, 凯撒街吸引了主要的大型零售商、高档餐馆及服务业, 沿线商铺的租金一路飙升, 城中心的商业零售额比郊区购物中心的零售额要高出许多。城市火车开通后, 像在布莱藤这样的城镇中, 轨道交通车站周边的商铺租金直逼卡尔斯鲁厄市的水平。在中心城区内, 用有轨电车、城市火车、步行和自行车取代小汽车对改善空气质量起到了重要的作用。在 1972 年市中心步行区建立以前, 卡尔斯鲁厄中央商务区的臭氧和一氧化碳常常超过国家标准, 绿化也很少。今天市中心的空气清洁了许多, 到处绿阴葱葱。

卡尔斯鲁厄的启示

在调整公共交通技术以适应区域用地形态方面，大卡尔斯鲁厄地区已成为模范。在该区域公共交通始终试着适应和服务于土地开发，而不是去引导土地开发。轨道列车和公共汽车把人们想要去的地方连接起来，而不是试着去改变用地的形态。

在卡尔斯鲁厄，公共交通受到了相当的重视。人们在富有远见的领导下，抱着积极肯干的态度，有勇于创新和敢于承担风险的意愿，在这个高小汽车拥有率的中等规模城市创造出了世界级的公共交通系统。合用轨道的做法让城市以建设同等规模新轨道系统很小部分的成本就极大扩展了轨道交通服务范围。在大卡尔斯鲁厄地区，那些人口大于 5000 的被原野环绕的乡镇都设有多个轨道交通车站，每隔 20 分钟就有一列城市火车到达。在这个城市，快速、可靠、无需换乘的轻轨服务取得了很好的效益，公共交通的客流量稳定上升，城市商业中心和郊区充满了生机，公共交通已经成为许多城市和乡镇居民的出行选择。

卡尔斯鲁厄的做法并不能像复制文件那样，可以被克隆到其他任何地方，也不是适合所有的地方。其经验可能最适合一些中小城市，在那里的近郊和远郊有标准的电气化城际客运和货运轨道，但这些轨道并没有得到足够利用。如果轨道已经很繁忙了，就可能没有能够运营轻轨的通行能力，然而既然许多城际轨道线路只是为了满足上下班通勤的需要，或是每日仅运营几个班次，那铁道线网很可能还有一定的富裕通行能力，就像卡尔斯鲁厄那样的情况一样。

卡尔斯鲁厄的启示并不仅限于技术和硬件，还强调了战略规划的重要性：设定清晰的目标；确立和勾画出一个长远规划愿景；推动从未常识过的但富有想像力的构想；宣传这些想法来获取广泛的支持；以及或许是最重要的一点，要不断地反省目标——即对乘客的需求和喜好随时作出反应。卡尔斯鲁厄的经验也显示了，在适当的时机和地点节约资源和利用机会的价值。能够合用轨道来并提供高品质和覆盖范围广的服务的前提是，有效利用可以利用的而又利用不足的轨道资源（在卡尔斯鲁厄是国家铁路）。尽管联邦官员们一直对这种创新做法的安全性存有疑虑，但在双模式轻轨列车设计阶段给予了充分和仔细的考虑，并最终令人信服地打消了这些担忧。根据历史记录，至今还没有发生过城市火车和德国铁路局列车严重的碰撞事故，卡尔斯鲁厄出色的安全记录表明，合用轨道列车服务的安全障碍并不是不可克服的。

如果效仿是最好的赞赏，那卡尔斯鲁厄无疑是世界上许多中等城市羡慕的对象。卡尔斯鲁厄合用轨道的轻轨服务模式最近已经被德国的萨尔布吕肯市和卡塞尔市引入，同时有 30 余个欧洲城市以及遥远的新西兰城市在认真考虑模式。由于各地的兴趣如此之大，成立了一个名为卡尔斯鲁厄交通技术顾问公司的私营公司，管理和提供卡尔斯鲁厄经验推广的技术服务。如果其他城市也能成功的跟上卡尔斯鲁厄的步伐，适应性轻轨系统的未来将会非常光明。

第十四章

导轨式公共汽车专用道：
澳大利亚阿德莱德

南澳大利亚州的首府阿德莱德市，位于墨尔本西北方向约600公里，在那里出现了一种新的郊区公共交通的服务形式——导轨式公共汽车专用道，已经在过去运营了十年。这种被称为欧－巴汗的服务非常适合大阿德莱德地区低密度、以小汽车交通为导向的城市形态。沿着12公里长的欧－巴汗公共汽车专用道，车辆在导向滚轮的引导下沿着一条混凝土的轨道以最高每小时100公里的速度行驶，该系统提供了安全、高效和快捷的服务，在一定程度上是因为在这种系统中运行，司机能集中注意力在优化控制车速上，而不用费心来控制车辆的轮胎。当车辆到达城市中心区后，则改由司机来掌控方向盘操纵车辆，就像驾驶普通公共汽车车辆一样。通过将主干线和支线服务的功能放在同一辆车上，欧－巴汗服务最终消除了换乘的需要。能够提供从乘客的住处到城市中心区的门到门服务，是欧－巴汗能够赢得这么多乘客的关键原因。虽然阿德莱德地方经济低靡以及公共交通乘客量在其他没有欧－巴汗服务的地方普遍的萎缩，欧－巴汗系统的乘客量却在持续增加。同时，欧－巴汗公交还采用对环境友好的一些其他措施，尤其值得赞誉的是将公共汽车专用道和一个带状公园相结合，以及整个欧－巴汗公交车队采用了压缩天然气发动机。同样重要的还有阿德莱德市将更大的竞争机制引入公共交通部门，并将公共交通的具体的运营服务从公共交通的规划和监督管理中剥离出来，这对于完全整合票制票价起到了关键作用，与德国现在的做法十分相似。

将阿德莱德与斯德哥尔摩、卡尔斯鲁厄、甚至是墨尔本罗列在一起作为对公共交通友好的城市，有些勉为其难。因为在该区域中公共交通仅承担机动化出行总数的6%~7%，但是作为一个规模相对较小的城市，却极力引入创新和具有成本效益的公共交通服务，阿德莱德的经验值得引起关注。作为一个扩散发展中的地区，阿德莱德试图让公共交通的技术和服务来适应和承担分散的出行需求，在这方面很少能有其他城市与阿德莱德相比。阿德莱德有意愿在一个城市规模不大及偏远，又没有严重的交通拥堵的状况，来大力发展公共交通项目，这将是一个研究公交都市很有趣的案例。

在一个以小汽车为导向发展的城市中的公共交通系统

阿德莱德畅通的交通在很大程度上要归功于它有一套杰出的城市规划。按照1839 年威廉·拉赫制定的规划，城市核心区被设计成每平方英里的网格状地块，四周配以绿化带，这是一个国际上知名的规划，很重要的是由于埃比尼泽·霍华德将这一规划案例收罗在他的名著"花园城市"一书中。阿德莱德的中心城区非常有特色，目前约有 1 万 6 千名居民（20 世纪初时有约 5 万名居民），现代化办公大楼与庄严堂皇的爱德华时代的建筑，以及由高雅的铁制围栏环绕的维多利亚时代精巧住宅交相辉映。在内环绿化带外的区域，城市景观更接近第二次世界大战后当代的风格，大多数是占地相当大的独立别墅式住宅。由西部的海岸到东部的山岭围绕着，城市化的发展沿着一条长约80 公里，宽约 30 公里的南北向轴线扩张，构成了一个呈带状的都市区，居住着约 1 百万的居民。该区域突出的特点是，由宽阔的主干道组成的大网格状路网。分散式和低密度的土地发展和高通行能力的道路相结合，分散了出行和消除了交通拥堵，在高峰时段留出一些主干道让车辆进入城市中心区，如今阿德莱德以自己是一个 20 分钟出行时间的城市而自豪，人们能在 20 分钟内开小汽车从城市里任何的一个地方到达另外任何的一个地方。在平均每 1000 居民拥有 500 辆车，和由市场驱动的城市化发展模式的现实情况下，该区域作为一个整体毫无疑问地是一个以小汽车为导向发展起来的城市。一个具有挑战性的问题是：在小汽车交通为主导的城市中，如何才能使驾驶小汽车的人士转向公共交通呢？答案是提供一种非常有吸引力的公共交通系统，至少在某些方面要具有小汽车的门到门服务特征。

大阿德莱德地区发展公共交通系统的主要特征是，兼有轨道交通服务和公共汽车服务，还有一条有历史的有轨电车线路将中心区和一个靠海滨的郊区连接起来。四条重轨铁路线路把郊外与城市中心连接起来，主要作为通勤铁路的功能。其实公共汽车才真正是公共交通系统中承担的主导作用，它承担了区域内公共交通总出行的82％。通过竞标，由三个不同的公共交通公司负责运营，公共汽车路线被设定为提供短途的支线服务、中距离的连接服务、长距离的主干线服务和混合线网。该区域最有特色的，也是在国际上最有名气的主干线公共交通服务就是它的导轨式公共汽车专用道（如照片 14.1）。导轨式公共汽车专用道和支线公共交通的连接很好地适合了该区域的郊区化发展模式，该系统的乘客量比区域内其他公交服务方式的客流量要高，这一点也证明该系统的成功一面。

照片14.1　阿德莱德的导轨式公共汽车专用道。一辆装有滚轮的传统公共汽车车辆被引导着沿着一条两旁树木林立的导轨式公共汽车专用道行驶

阿德莱德的导轨式公共汽车专用道：欧－巴汗

导轨是一种简单但而高效的方式将公共汽车和轨道交通服务的优点集于同一辆车。滚轮引导着车辆沿着凸起的混凝土轨道前行，滚轮和轨道相互作用指引着车辆前进（如图14.1）。由奔驰汽车公司和爱德布利穆公司发明和设计出来的，首先由德国的埃森市引进的这个专利技术被称为欧－巴汗。有导向的轨道可以让公共汽车安全地以较的高速度沿着主干线行驶，这与铁路的服务差不多。但是又不像铁路的列车车辆，公共汽车可以驶离轨道，可以驶入住宅区，这能使得让同一辆公共汽车即有支线服务的功能又可承担主干线公共交通服务的任务，这样消除了换乘，而换乘是世界范围内在郊区提供公共交通服务时，所面临的最大难题。如今阿德莱德以拥有世界上最快和最长的导轨式公共汽车专用道而自豪。

为什么采用欧－巴汗?

为什么在澳大利亚相对偏远的中等规模都市阿德莱德采用了欧－巴汗作为市郊公共交通服务的未来发展方向呢？方方面面的原因是快速发展的东北走廊所带来的对机动化出行需求使得欧－巴汗系统最理想的选择。在20世纪60年代，当该区域正处于快速郊区化的时期，有研究报告要求大规模地建设高速公路来解决交通量的增长，政府部门的官员也开始努力地预留道路建设的空间。但是到20世纪70年

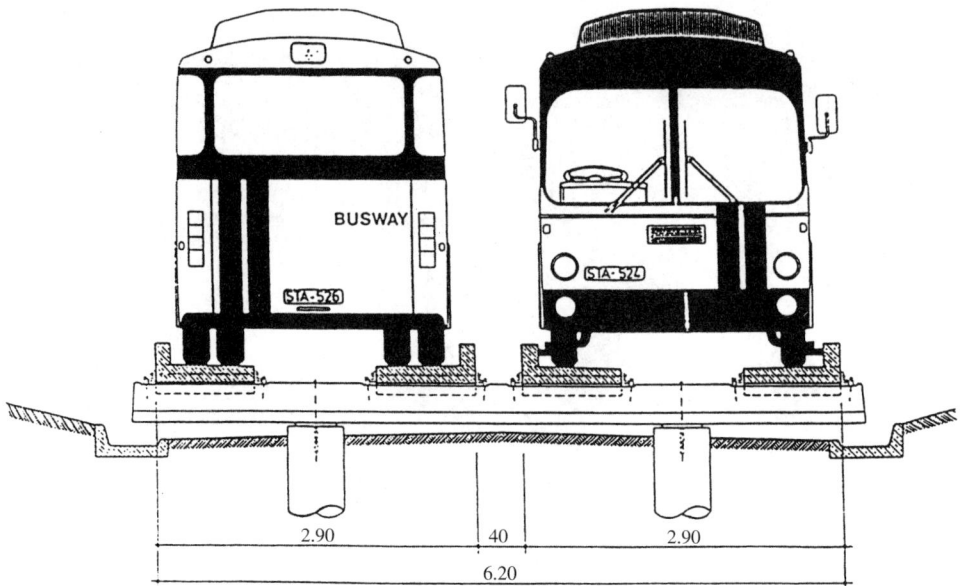

图14.1   典型的导轨式公共汽车专用道断面图。导向滚轮被固定在刚性的轴上与车辆前轴相连，滚轮不仅起到了水平方向稳定器的作用，还与两侧的竖起的水泥板相互作用自动地引导着车辆运行，将司机员从驾驶中解放出来了。在阿德莱德，导向轨道由水泥预制件装配而成就像铁路轨道一样，水泥横梁由桩基立柱支撑来提供长期的稳定性，L型水泥板在横梁上竖起形成导轨。为了提供高速和舒适的公共汽车服务，需要连续而且结合精准的水泥导轨面。预制件是达到这样精准度要求的一个先决条件，阿德莱德导轨式公共汽车专用道建设的误差范围在正负2毫米之内。为达到如此的精准度，对于导轨生产和组装过程中的质量控制提出了很高的要求

代，人们对于环境质量和能源消耗越来越关注，这导致了公众对修建高速公路的反对，除了修建了一条连接中心城市的边缘与东边山区的城际高速公路，再没有建造任何一条高速公路。然而城市依然沿着东北走廊持续发展，这条轴线是从城市中心发射出来惟一一条没有轨道交通服务的轴线，修建一条某种形式高通行能力的固定导轨的公共交通服务的需求变得越来越强烈。乘坐地面公共汽车从东北部的郊区到城市中心需要一个小时甚至更多。通过大量的研究，政府官员决定建造一条新的轻轨线路。选择轻轨而不是传统的公共汽车专用道，是因为轻轨占用较少的路幅，排放较少的空气污染物，以及被人们感觉到更加安静及舒适。另外调查也表明公众更喜欢轻轨服务。但随着轻轨建设初步设计工作的进展，投资估算也在节节上升。最后,' 在城市中央商务区建设地下的轻轨路段的工程费用太高，以致该工程被证明在经济上是不可行的。当市政府的官员在1981年开始不情愿地重新考虑修建传统的公共汽车专用道，当地的一些交通专业人士听说了德国的新发明——欧－巴汗，它将公共汽车和轨道交通的运营特点结合在一起。阿德莱德马上组织一个代表团前往德国，参观了欧－巴汗在斯图加特进行的测试轨道，并亲眼观看了欧－巴汗在埃森

的第一次实地应用。该参观团的人员立即被他们所见到的场面打动了，马上达成了一致意见，就是欧－巴汗是适合阿德莱德东北走廊的技术，接下来进行的经济分析证实了这一点，于是作出决定在阿德莱德采用欧－巴汗技术。

采用欧－巴汗技术是一个需要勇气的抉择，因为当时没有哪个地区，甚至在德国都没有大规模地应用该项技术。但是对于阿德莱德公共交通领域的领导们来说，这是一个非常谨慎的选择。该系统的建设投资比轻轨要少得多，而运载能力相当，欧－巴汗具有轻轨的一些优良特征，即安全、舒适以及快捷的主干线服务，还具有着公共汽车专用道的一些好的特性，即可以灵活地驶离专用道在连接郊区和中心城市时提供无需换乘服务。因不需修建在中央商务区的地下隧道而节省了大量的资金，而公共汽车能够直接在阿德莱德宽阔的市中心街道网络上运行。除了提供快捷的点对点的服务外，与普通的公共汽车专用道相比，导向轨道最大的优点在于横向占地面积小，在沿东北走廊穿越河流山谷时，可以最大限度地减少侵入托伦斯河流和其周围的环境敏感地带，在决策时，这个优点起了关键的作用。

欧－巴汗的现状

阿德莱德的欧－巴汗第一期于1986年开通，到了1989年，全长12公里的东北走廊全线建成了（地图14.1）。今天有18条不同路线的导轨式公共汽车在东北部

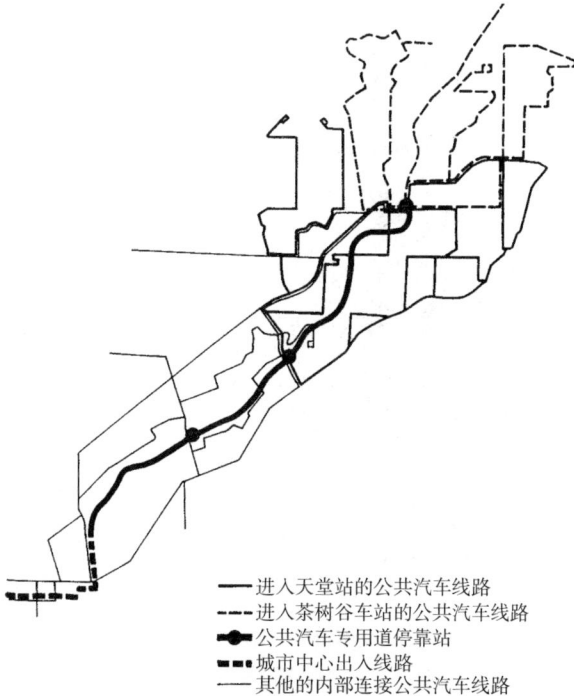

地图14.1　阿德莱德的东北欧－巴汗走廊。18条导轨式公共汽车线路驶入导向轨道的主干线路运营。平均来说，55%是行驶在普通的郊区街道上，30%行驶在导轨式公共汽车专用道内，15%在行驶城市的道路上

郊区的居民区街道上行驶，然后通过两个可以进入专用道的车站中转后，进入专用的导向轨道路段，这种车站被当地居民称为中转车站：一个是叫做茶树谷的中转车站离阿德莱德市的中央商务区 15 公里，另一个是在离阿德莱德市的中央商务区 9 公里以外叫做天堂的中转车站（照片 14.2 和照片 14.3）。因为完全是由导轨控制车辆的行驶方向，公共汽车能以每小时 100 公里的速度在完全隔离专用的路权中行驶，如果有上下客的需求，可以在第三个车站，在离阿德莱德市的中央商务区 5 公里远的叫做克莱姆希格车站停靠，该车站不像其他两个车站，克莱姆希格车站没有直接公共汽车驶进驶出的地方，也没有停车换乘设施，来这里的所有乘客要么是步行，要么是骑自行车，要么是换乘其他公交。导轨式的公共汽车当到达中央商务区的外缘时，车辆就驶离导向轨道，像其他普通的公共汽车在市内街道上继续前行 3 公里就可到达市中心。

照片 14.2   沿着低密度开发的东北走廊欧－巴汗导轨式公共汽车专用道。天堂中转车站有500个停车换乘的停车位，在工作日的早上 7 点会被占满。在像天堂这样在车站周围提供停车换乘设施，是与密集型的以公共交通引导城市土地发展的努力相违背，但在阿德莱德却反映了该区域接受了，作为受到市场喜好选择的低密度、郊区化土地发展模式

　　沿整个导向轨道路线上仅有的这三个中转车站，对建立起快捷的主干线服务是非常的关键。与轻轨的运营需要相比，导向轨道路线只需要较少的停靠站，它既能提供一个循环的集散服务，也能提供主干线服务。所以车站较少是行的通的，导向轨道路线并不只是仅仅依靠在中转站来吸引客流，目前 81% 的欧－巴汗客流在导轨段以外车站处上下车的，剩余的 19% 在中转车站处上下车。

照片 14.3　欧－巴汗的中间站天堂中转车站。在右边的铰接式公共汽车正在驶离导向轨道，从主干线的长距离服务转变为支线服务的形式。在照片的右下方是沿着导向轨道的自行车道以及由树木和灌木覆盖的公园

在导向轨道系统内，运营车辆共有 110 辆，并全部安装了导向滚轮。服务于整个区域的公交车队共有超过 700 辆公共车辆，其中大部分是铰接式柴油发动机的公共汽车。在高峰时段，导向轨道系统的车辆，各条线路发车间隔为 10～15 分钟，所以造成平均每 53 秒就会有一辆公交车通过欧－巴汗系统。当地的官员称由于欧－巴汗有橡胶轮胎车辆的优越牵引性，由于滚轮能产生良好的水平稳定性，先进的防抱死刹车系统，和在所有欧－巴汗车辆都安装了独立的前置悬挂，在没有昂贵交通信号设备下，欧－巴汗公共汽车最小发车间隔能做到 20 秒。大量的实地测试表明，以每小时 100 公里的速度行驶，欧－巴汗公共汽车能够在两个车辆长度内的直线上快速平稳地停下来。由于车辆有如此快速的反应和如此的一个车队规模，从理论上来讲，欧－巴汗公共汽车系统每小时单向运能为 1.8 万乘客，只有高运能的轻轨才能达到这样的运能水平，以及达到了修建地铁的最低客流界限。如今欧－巴汗在高峰小时单方向平均有 4500 名乘客，仅仅是理论最大通过能力的 1/4。现在每个工作日大约有 27000 名乘客使用导轨式公共汽车专用道出行，当地的公共交通官员觉得目前的导轨式公共汽车专用道每天能够运载 15 万的乘客，由于该区域的经济发展和人口增长相对比较缓慢，这样的乘客数量可能要几十年后才能达到。

减轻环境污染

为将欧－巴汗建成是一个对环境友好型的工程，阿德莱德的欧－巴汗规划师们

做出了比当地一般公共交通项目大得多的努力。在设计和整合导轨式公共汽车专用道时，充分地考虑了周围的环境，在进入托伦斯河谷的环境敏感地带时，他们克服了人们对环境的隐忧。欧－巴汗线路经过的河床是由冲积形成的不稳定堆积物，这些土壤的塑性极强，需要不同寻常的工程和设计措施。欧－巴汗独有的导向轨道系统，将预制的轨道混凝土构件和设备都采用的是桩基础，与原先规划的轻轨系统相比，它的结构负载相对轻得多，这种结构设计是非常适用于这种不稳定的地质环境。

在欧－巴汗出现之前，托伦斯河床是一个被人长期忽略，它只是被作为城市排泄雨水的地方，那里堆满了垃圾，公众很难接近它。在建设欧－巴汗时，景观设计师和规划师们看到了将这一走廊转变成为一个健康的带状公园的机会。整个走廊被建成有非常吸引人的护坡景观带，为尽量地减少噪声对周围居民的影响，导向轨道的大部分都建在水平面下。沿着整个 12 公里长的导向轨道都建有行人小径和自行车道，沿着导轨式公共汽车专用道的两旁种植树木，在一个新颖的"为公共交通植树"计划后，组成了"氧气银行"的一部分，来作为阿德莱德一直以来对减少温室气体排放承诺所采取措施中的一部分。因为树木在生长时能吸收二氧化碳而放出氧气，一项沿着导轨式公共汽车专用道种植大约 30 万棵树和大型灌木丛，来中和公共汽车尾气排放的行动正在进行中。

推广应用由压缩天然气为动力的公共汽车是建设环境友好型公共交通的另一个重要努力。目前阿德莱德拥有在澳大利亚最大的压缩天然气公共汽车车队，在总共超过 700 辆的公共汽车车辆中，有 110 辆是压缩天然气车辆，并打算在 2000 年之前，要将 100 辆现在正在使用的柴油发动的公共汽车用压缩天然气公共汽车来代替。因为燃烧天燃气比燃烧液化的化石燃料要干净得多，不会释放柴油微颗粒物，产生低得多的氮氧化合物和硫氧化化合物，当地的环境保护主义者积极地游说这些的改变。使用压缩天然气的公共汽车在经济上也是有益的，因为澳大利亚有充足的天然气储备，以及联邦政府免除了压缩天然气的消费税，使用天然气的成本比使用柴油的成本明显要低很多。但是由于使用压缩天然气还需要投入额外的资金，包括车上的增压气箱，特殊的燃料输送系统和加气站，因此考虑到需要投入的资金，天然气本身的价格要低很多才能具有经济性。在 1997 年，一升压缩天然气只有一升柴油的一半价格。考虑到压缩天然气燃料的燃烧效率略低一点，研究表明每辆压缩天然气公共汽车每年平均仍比柴油公共汽车节省 8200 美元（1997 年的不变价格）。经验表明压缩天然气公共汽车与柴油公共汽车一样地可靠，更多的优点是，具有成本效益和对环境友好。

欧－巴汗的优点

阿德莱德接受和使用这种开创性的导轨式公共汽车专用道已经 10 年了，与其他可供选择的公共交通服务方式如轻轨和传统的公共汽车专用道相比，欧－巴汗服

务显示出了一系列的如下优点:

1. **适应性**:欧－巴汗最主要的优点就是它能很好地适用于郊区的环境,使用同一辆车的服务真正地消除了换乘。适应性也意味着如果一辆车在途中抛锚了和阻塞了轨道通路,其他的车辆可以在前面离开导向轨道而驶上街道,利用普通的地面道路绕过抛锚的车辆。

2. **节省路幅空间**:因为欧－巴汗总宽为2.9米导向轨道的单侧内径仅仅只比一辆公共汽车宽10厘米,与需要用人手来掌控方向盘的传统公共汽车专用道相比,所需要的路幅空间要少很多。这就为阿德莱德节省了很多,特别是在隧道、桥和那些需要大量的地质工程和景观恢复的地方。

3. **节省投资**:如果将中央商务区段的轻轨建在地下,购买先进的交通信号灯系统来使12公里长的轻轨良好运营的话,这两项的投资就要占到整个轻轨系统投资的一半。而导轨式公共汽车专用道的投资是每公里600万美元,仅仅只有传统公共汽车专用道的12%多一点,主要的原因是它需要征用较少的路幅空间。

4. **重量更轻**:与轻轨或是路幅较宽的传统公共汽车专用道相比,欧－巴汗在线路走廊上脆弱的河床加上的承受重量较轻。

5. **更快捷的服务**:作为一个全封闭全高架的专用道,导向轨道将从城市东北部的终点站到城市中心的乘车时间减少了一半,从以前普通公共汽车服务所需要的46分钟减低到由欧－巴汗服务的只需23分钟。

6. **更安全的服务**:由于完全和其他的交通流分隔开来,由滚轮引导方向,加上导向轨道高质量的运行表面,增加了乘客的安全,减轻了司机掌控方向盘的责任,而能够让他们把更多的精力集中在控制速度和刹车上面,同样也降低了司机在高速行驶时出差错的机会。安全性的增加也因为有备用的钢制车轮系统,在轮胎突然漏气时,车辆仍然能够以每小时50公里的速度继续行驶。

7. **更舒适**:因为有导向滚轮作为一个水平稳定的装置,以及预制的水泥轨道又有如此精密度,车辆能够非常平稳地运行,能提供比普通公共汽车更好的乘车舒适度。

8. **乘车环境更安静**:由于有平整行车路面,有L－型导向轨道和周围的护坡吸收轮胎的噪声,欧－巴汗提供了相对安静的乘车环境,附近的居民也很少感觉到有很大的噪声,比普通的公共汽车专用道或者是钢对钢的铁道产生的噪音要小得多。

9. **分段实施和开通的灵活性**:与普通的公共汽车专用道一样,欧－巴汗比轨道交通有分段实施和开通灵活性的优点。导向轨道没有必要是连续不断的,也不必是完全建成和开通在一起发生,而是它能够分段建设和启用。而轨道交通就必需是要完全建成,包括完成中央商务区的那一段才能开始运行。公共汽车专用道能够建成一段开通一段服务。

对客流和土地发展的影响

　　阿德莱德的欧－巴汗技术对于沿东北走廊分散式的土地发展，从客流的情况来看不容置疑地是最合适的技术。1986～1987年和1995～1996年，该区域公共汽车，城际铁路及有轨电车的年乘客量从8200万人次降到6290万人次，降低了约23%（如图14.2）。而同期，使用导轨式公共汽车专用道18条路线上的乘客量上升了75%，从420万人次上升到了740万人次，这样的增长率比在导轨式公共汽车专用道主要服务区18%的人口增长率要高很多。更有甚者，1991年该区域的公共交通分担率仅为7%，但在沿着东北走廊通道放射状到城市中心的出行中，公共交通赢得了42%的市场份额。以不变价格计算，在使用欧－巴汗7年后，每次登乘的运营成本降低了27%，而区域内其他所有的公共交通服务的运营成本却上升了5%。

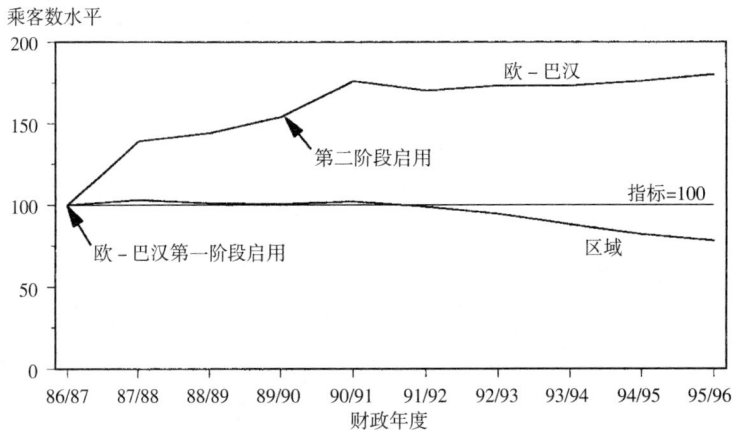

图14.2　欧－巴汗和区域内其他的公共交通的乘客量趋势对比

　　跨系统的比较也能揭示这一点，在1986年到1996年间，欧－巴汗乘客量的增加速度比区域内其他的主干线公共交通服务乘客量（服务于西北，西南和东南走廊的通勤铁路服务）的增加速度快了三倍。欧－巴汗的"轨道的效率"也几乎是比城际铁路的服务要高近十倍，每年每线路运营公里运载的人数之比是67万人次比6.9万人次。"车辆的效率"也要高得多，1984～1985年和1919～1992年，沿着东北走廊的每车辆公里的乘客登乘数上升了36%，而在城际铁路方面却下降了14%，这些不同都强烈地显示了欧－巴汗对于服务分散式发展郊区的优越性。铁路基本要依赖于车站周围的高密度发展，但这样的发展模式并没有沿着郊区的铁路走廊产生。而欧－巴汗正好相反，接受并适应低密度的发展，提供几乎没有换乘的门到门公交服务。

　　谁在使用欧－巴汗呢？在高峰时段，乘客主要都是去城市中心的上班族和学生，产生了方向性不平衡的、潮汐式客流。调查表明上下班时段新增乘客中大约有40%以前是驾驶自己的小汽车去上班的。在欧－巴汗开始服务的前5年，乘客量增长的最大部分实际上是发生在白天去往中央商务区的休闲出行，主要是购物出行。除了可以享受无需换乘的服务外，调查显示白天的休闲出行者还被该走廊两侧赏心悦目的河畔美景、导向轨道的安全性和全隔离的专用轨道所吸引。人们提到最频繁的欧－巴汗的好处就是它的方便性。

　　修建欧－巴汗系统的基本前提是去适应而不是改变该区域郊区的发展形态，值得注意的是，在区域规划和市场力量的共同作用下，已经有密集的发展项目在车站周围发生了。几十年前，在导轨式公共汽车专用道终点站的茶树谷就被规划指定为该地区五个区域性的中心市镇之一。该区域最新版的"规划策略"中继续承诺要将未来郊区的发展引导到沿着有高通行能力的公共交通轴线上来，包括沿东北欧－巴汗走廊。到如今欧－巴汗看来已经起到了加速茶树谷转变的作用，茶树谷从一个围绕着一个区域性购物中心周围的贫瘠小镇，如今变成一个有着各种不同土地利用的欣欣向荣的新都市。在20世纪90年代初，一所新的区域性学院选在终点站附近建设校园，以利用这个地方与阿德莱德中央商务区之间十分便利的公共交通，一个综合的医疗中心也在附近出现，在现有的露天停车场上面向公交站，茶树谷的购物中心正在紧锣密鼓扩建。然而在另外的两个欧－巴汗中转车站附近，当地居民却不接受以公共交通为导向的发展模式。他们固执地坚持社区保持低密度住宅的现状。事实上，最近的一项要求在天堂中转车站开设一个小零售亭的提议也被市议会否决了，理由是任何商业性的土地利用都与社区的特征不相符合。有这样顽固的思想深植在阿德莱德郊区的居民脑海里，一个用于服务低密度的欧－巴汗系统看起来是最适合于东北走廊的了。

公共交通的市场竞争

　　欧－巴汗为阿德莱德在世界公共交通界赢得声誉，该区域在为当地公共交通的市场引入竞争方面也取得名声。在公共交通市场引入竞争的契机是在1994年中开始的各种机构改革，其中主要的一件事是把公共交通服务的政策和监管功能与运营的职能分离开来。借鉴德国的经验，公共部门保持拥有资产和监管服务的权限，而将提供公共交通服务的机会开放给市场来竞争，由要求收取运营费用最低的投标人取得在合约中指定的地区来运营，在满足规定服务标准的前提下，提供公共交通服务。由南澳大利亚州政府成立了一个新机构:公共交通管理局，来监管大阿德莱德地区所有的城际铁路和公共汽车的服务。作为区域性制订政策和实施监管的机构，公共交通管理局负责规划，管理和出资建设南澳大利亚州所有地面上的公共交通，不仅包括公共汽车和城际铁路，还包括了出租车和非正规辅助公共交通服务。

　　1995年公共交通管理局在该区域内开始通过竞标将公共汽车的运营服务外包。

在随后两年里，合约分批发包出去。以前作为公营企业运营所有公共汽车的阿德莱德公共汽车公司获得了在该区域南部的运营合约，而另一个私人公司西蔻获得了在该区域北部的特许运营权，在更远的东部郊区，山岭公共汽车公司赢得了很小的一份特许运营权，为那里的一些郊区和乡村社区提供公共交通服务。

竞标发包服务方式产生了立竿见影的影响。在第一年里，在发包经营的路线上，公共交通的乘客量上升了 2.5%，与之相比的是整个区域的公共交通乘客量下降了 1.7%。竞争也使工作人员减少和工资上涨的幅度受到了控制。而且也将劳动雇佣协议上人为地增加雇员人数的条款删除了，使得公共交通的管理阶层能在运营的非高峰时段，将司机分配到其他的办公室和简单的机械维修工作。在发包经营路线乘客量的增加与运营成本的节省，使得区域范围内的公共交通票款与运营成本的比率从 1995～1996 年财政年度由 26% 上升到 29%。

从乘客的角度来看，他们从机构改革中得到最大的利益可能是出现了一个整合性的票制票价体系，这同样也效仿德国的做法。现在同一张车票能够从乘坐有轨电车或城际铁路然后换乘欧－巴汗服务。与德国的公共交通联盟相似，阿德莱德的公共交通管理局统一收取所有的票款，并根据每个公共交通运营商提供的服务里程，向每个公共交通运营商支付事先保证的补贴。机构改革也带来了更加有效的票价结构，为了鼓励在白天乘车，对于从上午 9：00 到下午 3：00 乘客给予 40% 的折扣。乘坐距离的长短也反映在票价中，行程超过 3 公里的要比少于 3 公里的乘客多花几乎两倍的钱，对公共交通的忠实乘客给予折扣价的回馈。不限乘坐次数的日票大概要 3.6 美元，最受欢迎的是车票簿，用 12 美元能买到十张一本车票簿，每张车票都能在两小时内任意乘坐公交。

阿德莱德的启示

阿德莱德的欧－巴汗被证明在服务低密度和以小汽车为导向城市形态的市场上是一个明智的选择。通过结合轻轨的快速及安全和公共汽车的灵活及高效的特征，该系统赢得大量的忠诚顾客。尽管整个区域范围内的公共交通乘客量有所下降，但欧－巴汗的客运量却持续增长。

尽管阿德莱德的欧－巴汗取得了成功，导轨式公共汽车专用道仍还没有被广泛地采用。除了在德国的埃森市和曼海姆市采用的较低速度和较短距离的欧－巴汗，其他地方还没有出现相似的系统。这导致一些困惑，就欧－巴汗系统所具有的某些固有的优点：如投资较少，使用同一辆车运营而无需换乘，以及高质量和舒适的乘车环境，可是至今为止竟然没有其他城市采用这种系统，这使阿德莱德公共交通领域的领导们特别地感到困惑。阿德莱德的政府官员们希望凭借着他们在欧－巴汗系统领先的成功应用，能将他们在运营方面的经验和所掌握的技术输出到其他的地方。他们制作了一盒非常好的录像带叫阿德莱德——欧－巴汗：一个创新的解决方案，想为那些对该系统有兴趣的城市，提供如何建立阿德莱德模式的欧－巴汗系统交钥匙的一揽子服务。除了不断有来自世界各地的公共交通官员来实地参观阿德莱德的欧－巴汗系统之外，至今为止还没有其他的城市采用这种交通方式。

一些人只愿意成为欧－巴汗的参观者而不愿采用这种交通方式，其中的原因之一是人们认为基于公共汽车方式是一种二流的公共交通方式。不管是对是错，轻轨仍被广泛认为是一个更加现代化，更加高档和更能跟上时代脚步的公共交通方式。很明显政治人物认为建设轨道交通中会比从铺设公共汽车专用道得到更多的政治回报。当然来参观的人们对阿德莱德除了第一条欧－巴汗线路外，没有能够扩展其他的线路，也使得他们心存疑虑。虽然这只是因为该区域的人口增长缓慢和经济不振，但未能扩展欧－巴汗的服务毫无疑问就会影响对该系统的推广。从阿德莱德到达灵顿，正在研究一种新的高通行能力的公共交通服务方式，欧－巴汗就是被在考虑的几种方案之一。经常会有用导轨式公共汽车专用道取代现有铁路的讨论，同时阿德莱德继续在改善公共汽车服务和提升公共交通形象方面取得进展。把公共汽车车队从使用柴油转换成使用压缩天然气的举动赢得了公众的好评。还有那些不是很引人注意但都同样重要的努力，如通过沿着东北走廊来调整公共汽车线路，增加更多的停车换乘设施来进一步改善公共汽车的服务。

作为提供到中央商务区的放射状主干线服务，欧－巴汗将来命运的关键在于，要维持一个强大和有活力的市中心。由于该区域的郊区化是不可避免的，如果公共交通要与私人小汽车进行有效的竞争，此地的规划师们意识到必须要维持一个占有统治地位的市中心。从历史上看，阿德莱德占地一平方英里的中央商务区从来就是一个真正中心。从有最近数据的 1991 年来看，该区域总工作岗位数的 21% 和总零售额的 13.5% 都集中在中央商务区里；这里的零售业份额比澳大利亚其他任何的大城市都要高。在其他地方，中央商务区的零售业份额在最近几年都在下滑，对于零售业来说，最近几个大的市中心百货公司的关闭给中央商务区敲响了警钟，虽然这主要是因为澳大利亚的零售行业在行业重组中，而不只是零售业份额在中央商务区下降的原因。在未来的几十年里，长远的规划控制保证了阿德莱德的中央商务区将会继续作为该区域内最重要的商业中心。但新出现的次级市镇中心和计划开通一条穿越城区的欧－巴汗走廊来连接茶树谷和东边的阿德莱德码头，已经激起有关那里会首先出现另外一个阿德莱德的讨论。如果建成这样的一条连接线，无疑会使阿德莱德为自己有传统并继续在最先采用新的适应郊区化发展模式的公共交通服务方式而感到自豪。

第十五章
多层次的公交系统：
墨西哥的墨西哥城

　　墨西哥城私有的非常规公交行业在连接该地区的主干线轨道交通和公共汽车服务方面起到了至关重要的作用，并形成了一个极为适合该区域蔓延式发展的公私营混合的公共交通网络。处在区域公交系统最高层次的是178公里长，以地下线路为主的轨道交通系统。作为世界上使用强度最高的地铁系统之一，地铁线路相互交叉，穿过城市的中心区，连接了最主要的出行节点。对地铁形成补充的是各种中等运量的公交模式，包括无轨电车、轻轨和柴油公共汽车服务，它们既能增加主线服务，又能提供长距离的支线客运服务。此外，城市还拥有由私营出租车、微型公共汽车和小型公共汽车组成的，活跃且覆盖广泛的网络，它承担了大部分的区域内居民出行，将通勤者运送到各个地铁站，并满足市场中存在的其他需求，比如为居住在城市边缘贫困社区的人们提供交通服务。墨西哥城还成立了公交线路协会，它已经逐步演变为自我约束的行业协会，并且为非常规公交行业的共同利益奔走呼吁。在墨西哥城多层次公交系统的众多优点中，其中之一就是帮助弥补了该地区层次不清的城市道路系统。在适应该地区用地模式的过程中，墨西哥城的地铁—公共汽车—非常规公交联合体系无疑加强了该地区蔓延式的发展模式。只要由市场主导的城市发展模式继续占据主流，虽然有少数规划措施鼓励地铁车站附近的集中增长，但适应性的公共交通系统才是惟一可行的能够支持像墨西哥城这样大规模和复杂都市的交通体系。

　　作为有着大约2200万人口的世界上最大的城市，墨西哥城在机动性方面面临着前所未有的挑战。面积1254平方公里的联邦特区是国家首都，同时也是国家经济和文化中心，在其辖区内共有900万常住人口。自1930年以来，联邦特区内的人口就以几乎每十年翻一番的速度增长，而在近几十年，城市发展已经远远超过了联邦特区，扩展到周边的墨西哥州和莫雷洛斯州。墨西哥城都市区由联邦特区及其周边城郊组成，官方公布的 1990 年人口总数为 1510 万，而非官方数据则至少比它高出 25%。今天，整个墨西哥大约四分之一的人口都居住在仅占国土面积 1% 的大墨西哥城地区。如此大规模而又迅速的城市化进程给包括供水、垃圾处理和交通运输在内的各种公共基础设施和公共服务带来了巨大的压力，这些压力既体现在公共财政上，还涉及到自然生态。

目前，大墨西哥城区域内每天都会产生 3700 万次以上的机动车出行，其中的 70% 发生在联邦特区内。都市区内已有大约 300 万辆私家车登记注册，并且车辆拥有率的增长速度是该地区每年 2.5% 人口增长速度的至少两倍。交通拥堵已经非常普遍，在高峰时段，特区内的平均车速仅为约 9 公里/小时，拥挤的机动车还产生了世界上最严重的尾气烟雾，而由于墨西哥城地处山脉环绕的谷地，这些烟雾难以散去，更加剧了污染程度（某种程度上，在墨西哥城的工作日呼吸一天空气相当于吸两包香烟）。更糟糕的是，墨西哥城有大量破旧的、没有安装催化转换器的车辆行驶在道路上，而当地的高原地理环境又会导致发动机效率降低。联邦特区已经推行了一条名为"不上路日"的政策，该政策依据车牌号码末位数字轮换的原则，要求私人和政府车辆在一周中至少有一天不能上路行驶。这种在圣地亚哥和雅典也得到应用的机动车禁行管制能够鼓励人们搭乘公共交通或是拼车出行，但在执行上也常常会产生问题。其中的一个问题就是因此出现了一个价格低廉的二手车市场，而市场上的二手车通常会比新车污染性更严重、效率更低下。许多人购买这些二手车，是为了在不允许他们原有车辆上路的日子仍然可以驾车出行，这就与政府禁令的初衷背道而驰。在墨西哥城，廉价二手车的市场非常活跃。

如果不是多年来为应对人口猛增而发展出来的活跃的、覆盖范围广泛的公共交通系统，墨西哥城的交通拥堵和污染将会变得更糟。值得注意的是，一个包括公营服务和私营服务的多层次的公共交通系统已经产生，在覆盖区域、车辆载客量、整合程度等方面为居民出行提供了丰富的选择。位于系统最顶层并且构成整个系统骨干的是地铁系统，它是一个高速胶轮轨道运输系统，线路相互交叉，覆盖整个联邦特区。在地铁成为该地区交通网络主动脉的同时，运输网络的毛细血管对于城市生活而言同样重要，这就是被当地人称为比索模式和联合模式覆盖广泛的辅助公交支线系统。在 20 世纪 50 年代，出租车司机沿着城市最繁华的街道行驶，通过运载许多毫不相关的乘客增加收入，并对每位乘客收取相同费用：一比索。这种模式很快就得到了普及，并被称为"比索模式"。随着比索模式迅速地成为公共交通出行方式的一种选择，出租车中的轿车逐步被德国大众牌的面包车所取代，这种车型在 20 世纪六七十年代也被称为微型公共汽车，之后，微型公共汽车很快又被使用无铅汽油的 23 座小型公共汽车所取代。今天，联合模式泛指区域内从共乘出租车到小型公共汽车的各种非常规公共交通服务。作为上述这些模式补充的还包括中等运量的交通系统——无轨电车、郊区柴油公共汽车，以及一个先进的轻轨系统。作为公营干线和私营支线公交服务混合的产物，这些中等运量的公共交通服务体现了政府资助服务和商业化服务的结合。

经过这些年来，墨西哥城逐渐发展出来一个中心——轮辐式的公共交通网络，它与该地区的主导出行模式非常吻合，并且便于各种交通模式之间的换乘。从机制上来看，这种模式有着非常明确的职责分工：政府负责提供大运量的干线公交服务，而私人运营商则负责大多数的支线集散公交服务。因此，这样形成的公共交通网络在很大程度上体现了公共交通对城市发展形态的主动适应。此外，与斯德哥尔摩和新加坡不同的是，墨西哥城轨道交通车站并没有吸引区域内大部分的用地开发。相对来说，墨西哥城的适应性交通系统与技术几乎无关，其更多的经验和启示在于市场力量的作用，即在任其自由发展的情况下，市场会提供那些能够极好适应本地区情况的公共交通服务，并会填补公营公共交通系统留下的服务盲区。

地铁：城市公共交通系统中的骨干

墨西哥城地铁于 1969 年开通，当时仅有一条 12 公里长的线路和 16 个车站，而在今天，它已经发展成为由 10 条线路和 154 个车站组成的总长 178 公里的地铁系统，规模位居世界第五（地图 15.1），其中的 5 条线路以东西走向为主，另外 5 条线路则主要沿南北向扩展，它们共同形成了一个超大尺度的网格化布局。该系统最初借鉴了巴黎地铁的经验，由法国与墨西哥的合资公司建设，9 条线路采用了胶轮列车，这就提供了相对平稳的和安静的乘车环境（照片 15.1）。胶轮列车还可以在更短的时间内加速和减速，使得在人口稠密的城市中心区内可以布置站距较短的车站。此外，胶轮列车的转弯半径更小，更容易调整地铁线路走向以连接城市中心区的主要活动中心。墨西哥城的土壤地质结构并不稳定，这也是该地区地铁建设长期的顾虑之一，胶轮列车产生的震动较小这一特点也更加能适应当地特殊的地质条件，同时也有利于在列车线路和车站上进行架空式开发。当然，胶轮系统也有自己的缺点，主要是维护成本较高，以及常常因为轮胎漏气引起服务中断，后者对于发车频率为两分钟，繁忙线路上乘客聚集极快的系统而言绝非一件小事。部分是因为这个原因，在 1991 年开通的地铁 A 线中，首次使用了钢轮列车，这条线路全长 17 公里，主要服务于几个墨西哥州的低收入社区。

目前，墨西哥城的地铁系统是世界上最繁忙的，每公里线路上的列车车厢数量超过世界上的其他任何地方，总共 190 列 9 车编组的列车每天要运营 2400 多个班次。地铁票价一直都与工薪阶层的收入挂钩，在最低日薪的 1.1% ~ 3.6% 之间浮动。由于国际竞争，墨西哥的平均工资相对较低，因此这样的车票定价对于促进社会安定来说无疑是一个明智之举。1994 年时，乘坐一次地铁的费用约为 7 美分。覆盖面广、候车时间短，以及低廉的票价已经被证明是一套成功吸引乘客的手段，墨

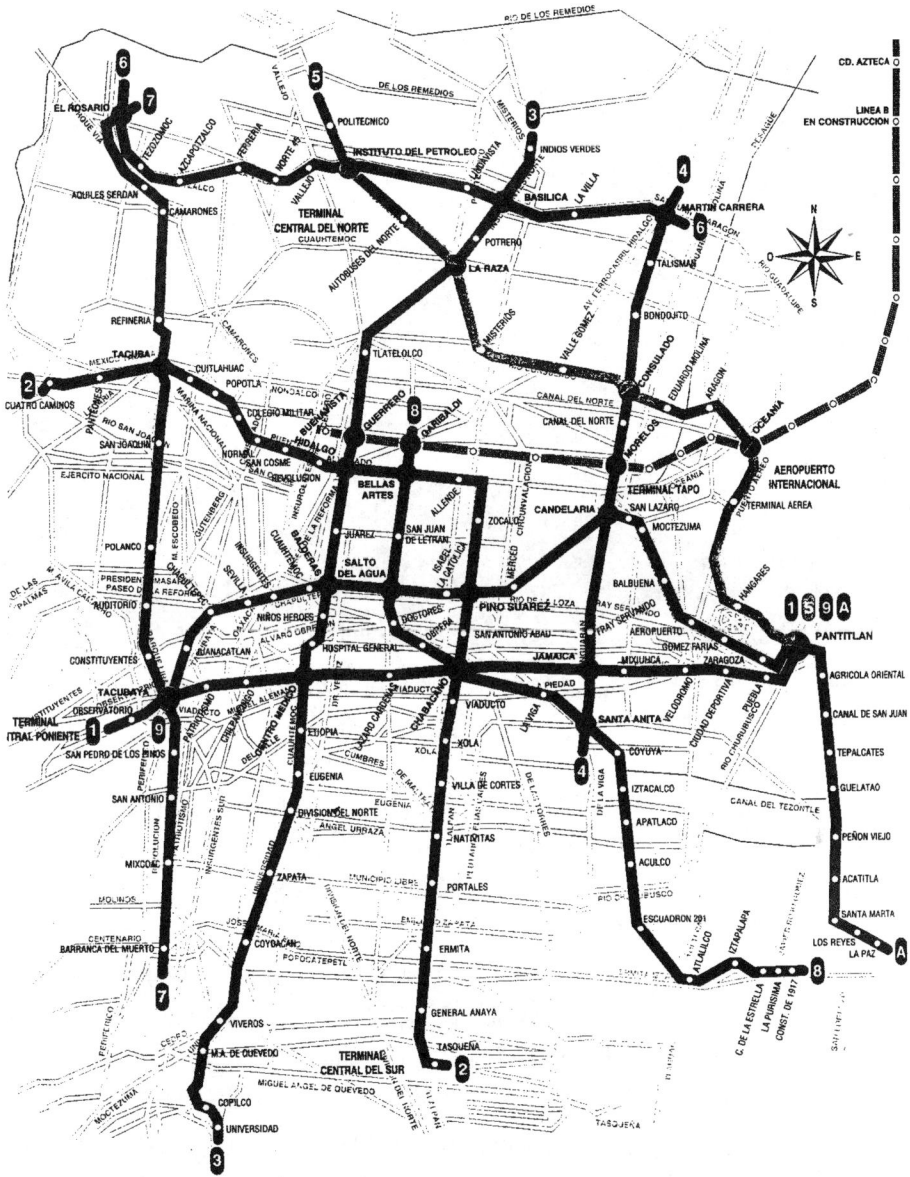

地图 15.1 1997 年时的墨西哥城地铁线网

西哥城地铁是世界上客运量最大的轨道交通系统之一，日客流量约为 500 万人次，
仅次于莫斯科和东京。在拉丁美洲，墨西哥城地铁在规模和官方公布的客流量上甚
至超过了其他城市（圣保罗、里约热内卢、布宜诺斯艾利斯、圣地亚哥和加拉卡
斯）的总和。在联邦特区内，大约五分之一的日常出行至少使用一次地铁。区域内
通勤出行中，地铁所承担的比例为三分之一，这在拉丁美洲是最高的，而排在第二

照片 15.1   墨西哥城的地铁列车。图为在位于中心城区南部运营的 2 号线胶轮列车，2 号线布设在路面主干道的中央隔离带上

位的圣地亚哥仅为 16%。在高峰时段，列车常常拥挤得像是沙丁鱼罐头——平均每列车上载有 1900 名乘客，即每节车厢 210 名乘客左右。高峰期的过度拥挤已经促使系统引入"车厢配给"的制度——为妇女和儿童预留相应数量的车厢。

高客流量帮助弥补了低廉的票价给运营经济性带来的影响，并且实现了相当令人满意的成本回收率，在 1994 ~ 1995 财年，地铁运营收回了总成本的 38.3%，其中成本还包括基础设施投资的年均负债。系统同时维持了低廉的运营成本，在 1994 年时，服务每次乘客出行的成本仅仅为 15 美分，低于世界上其他任何一个地铁系统。尽管如此，这些年来地铁的财务负担仍然很沉重，并不断由此引发一系列的政治斗争。自 20 世纪 60 年代末以来，投入到地铁的财政资金是联邦特区总预算各个组成部分中最大的，有些年甚至超过了总预算的 30%。地铁沉重的债务负担，再加上反城市化的运动，已经不时地阻碍了系统的扩展，比如在 1972 ~ 1978 年间，规划的线路延伸和新建计划就因为政治冲突而被搁置。

让有些人感到失望的是，到目前为止，地铁站周围只有很少聚集式的土地发展。除了市区内有一些在地铁建成前就已存在的高楼大厦，墨西哥城地铁站附近的建设密度并没有显著提升（照片 15.2），只有一些在外围地区的地铁站带动了周边的办公大楼开发。仅仅是在规划的积极介入下，才会出现市中心外围就业岗位集中发展的的情况，例如，在 3 号线的扎帕塔站附近，聚集了包括全国最大的报业企业改革报在内的数家大公司、几个联邦政府办公机构，以及罗氏制药有限公司，而这正是由于扎帕塔站附近的一部分土地被预先购置和集中用于建设一处小型公共汽车换乘区域和相邻的商业设施，使得大公司陆续被吸引到该区域（照片 15.3）。然而，像这样通过规划先期介入来吸引私人发展的情况并不多见，事实上只有很少的地铁站做过周边区域的战略土地利用规划，其中部分的原因是墨西哥城的政府机构既没有能力，也没有时间和资金去做前瞻性的总体规划，城市化进程如此之快使得政府只能将目光锁定在短期需要以及最紧急的事情上，永远只能亡羊补牢。非常有限的土地使用政策和用地区划制度已经导致地铁站周围各种商业活动混杂，小饭馆、零售亭、修理店、报亭和街头小摊都在此随意聚集。在市中心东部和北部的一些地铁站周围，即大部分贫困人口居住的地方，近些年来有许多小的成人专业培训学校开业。这些混杂的商业活动，加上其他可以想像得到的麻烦，比如流动小贩和由非常规公交带来的拥挤人群，共同阻碍了地铁站周围中档住宅项目的开发。

照片 15.2　墨西哥城市中心的天际线。市中心的土地利用强度分布均匀，仅在少数地铁车站附近集中了一些高层建筑

　　地铁对于城市格局最大的影响是进一步促进了城市的分散化扩展。在过去的几十年间，地铁终点站附近及更远的区域逐渐形成了许多相似的富人区和贫民区。对于一个基本上没有规管的区域土地市场来说，外围地区相对便宜的土地、靠近地铁服务和人口密度相对较小，共同导致了城市边缘地带大规模的新城镇开发。在城市

照片 15.3　市中心外围车站周边区域的土地开发。在 3 号线的扎帕塔车站外，小型公共汽车换乘区域周边是中密度办公大楼

的西侧和南侧，圣安琪尔和波士克这样的新城主要是为了满足城市的中产以及中上阶级需求而建，而在处于工业区下风位置的东部和西部，则大量居住着非技术劳工、贫困家庭和农村移民。一些人口最稠密和最贫穷的社区，比如内扎华科约特和特拉尔内潘特拉，位于联邦特区与墨西哥州的交界处。印地奥斯威地斯和潘提特兰是城市里最繁忙的地铁站，每个车站的日进出乘客量都为 17~19 万人，它们主要就服务于偏远贫困地区的工人和居民。城市外围贫困人口对于地铁的高度依赖形成了以地铁依赖型为主的乘客构成：超过半数的地铁乘客收入低于最低工资，而且只有八分之一的地铁乘客拥有汽车。

　　大墨西哥城地区蔓延式的发展模式也体现在出行统计数据中。根据 1983 和 1994 年进行的区域性家访出行调查，区域内出行的起讫点模式有了巨大的变化，从市中心转变到区域的外围。其中数量最大且增长最快的是从联邦特区邻近的墨西哥州低收入社区到联邦特区的放射状出行。1994 年，墨西哥州内各城市中有一半以上的机动化出行是去往联邦特区的。城市的分散化扩展导致了平均出行时间增长：1994 年整个区域的平均出行时间是 46 分钟，而对于那些在在联邦特区以外居住的人们，平均出行时间则为 53.5 分钟。

　　为了应对日益增加的城市分散化扩展压力，墨西哥政府宣布了一系列大规模延伸地铁服务的计划，到 2003 年，将延伸和新建共 31 公里长的线路，而如果一切能够按计划实施，到 2020 年时，墨西哥城地铁系统将会由 27 条地铁和高架通勤铁路组成，它们共同编织成一张在都市区内密集交错的轨道交通线网，轨道总长度是目前的 2 倍还多。这些规划引发了人们对墨西哥城将会继续急速蔓延的恐惧，在地铁总体规划发布之后的一次新闻采访中，墨西哥谷区域生态论坛负责人麦吉尔·瓦伦西亚·缪卡就警告说："扩建地铁绝对会带来城市蔓延。地铁线路延伸得越远，二级交通网络覆盖的范围就越广。"这里的"二级交通网络"是指那些所谓地铁总站的非常规公交支线和公共汽车集散线路，该网络在多个层面上有效延伸了地铁服务。城市蔓延扩展的结果之一就是各种交通工具之间的频繁换乘：1994 年时，有 35% 的区域内出行需要进行一次交通模式间的换乘。由于历史上长期的政治纷争，该地区并没有一个区域性的交通管理部门，因此无论是在公营部门之间，还是在公营部门和私营部门之间，都几乎没有多种交通模式间的整合服务。有意思的是，正如我们以下还会讨论的，在私营服务领域主要以线路联合会的形式，出现了最大程度的服务整合。在规则松散的非常规公交行业，就需要依靠市场自身的力量来弥补协调性的漏洞。

中等运量的公交模式

各种中运量公交模式不断发展，在很大程度上覆盖了地铁系统的服务盲区。无轨电车（总共有 19 条线路）和长 27 公里的全丽季罗轻轨铁路是两种由政府支持的中运量公交模式，它们的运营线路与地铁线路平行，对地铁系统形成补充，弥补了地铁主线的服务空白。联邦特区内还有 100 多条被称为卢塔奇的柴油公共汽车路线，它们主要被定位为中运距的集散线路，而在墨西哥州和莫雷洛斯州的偏远社区与地铁终点站之间提供长运距服务的，是那些私营的柴油公共汽车。1994 年，在去往地铁系统内 22 个主要换乘站的乘客当中，有 36% 搭乘的是市内或郊区的柴油公共汽车。从整个公共交通系统的等级层面上看，中运量公交系统既起到了扩展地铁主线的作用，又实现了集散公交乘客的功能。

虽然无轨电车和轻轨这两种由政府资助和补贴的中运量公交系统在日常出行中仅占很小的比例（不足 1%），但是区域内的私营柴油公共汽车却承担了 10% 以上的日常出行（在这里，一条出行链可以分解为若干次出行），而且这个比例还在稳步提升。特别地，由于近来卢塔奇改革为私营的特许经营服务，其客流量和服务质量都有所提高。有迹象显示，现在越来越多的常规线路公共汽车服务——从标准的运营线路直到高票价的通勤线路，都正在转由私人运营商经营。

中运量公交系统有待改进的地方是服务和票制票价的整合，特别是在与非常规公交系统对比时，这两点显得尤为明显。在运营时刻表整合方面，目前还没有明确的计划，但是由于地铁系统发车频率很高，这似乎不是一个太大的问题。但是缺乏票制票价的整合恐怕就会成为一个问题，虽然票价相对来说比较低，但是换乘产生

的多次付费对墨西哥城几百万每天完全依赖于公交的出行者来说，仍然是一个很重
的负担。区域内票价差别最悬殊的公共交通服务是地铁与高价格的郊区公共汽车，
后者的票价是前者的 5 倍之多。中运量公交系统面对的另外一个问题是城市日益恶
化的交通拥堵，这不仅削弱了地面公共交通服务的安全性和可靠性，还增加了燃油
消耗、司乘人员的劳动时间和车辆磨损。此外，柴油公共汽车还因为每天向盆地内
的大气排放数吨的微粒污染物质而备受指责。

非常规公交支线：主动去适应市场

墨西哥城的"比索模式"交通和小型公共汽车行业多年来随着地铁的迅速扩展
而适应和发展。作为一个基本上没有什么规章制度的行业，非常规公交已逐渐发展
起来，填补了地铁服务的空缺，并能够满足特定的出行需求，既提供连接干线公交
的中短途支线服务，同时还为那些联邦特区外的经济和政治弱势社区提供接运服
务，这些社区部分是因为其弱势地位，成为公共汽车线路的服务盲区。

墨西哥城的中、小运量非常规公交还帮助弥补了该地区层次不完善的道路系统
的不足。正如江河依赖于它的支流，必须要有一个功能完善的支路网络，并与次干
路和主干路系统相衔接，才能使整个道路交通系统有效地运转起来。尽管在联邦特
区的北部建有一些控制出入口的高速公路，几条宽敞的林阴大道也相互交错，共同
穿越城市的建成区，但是该区域非常缺少能够集散主干道交通的次干路。大部分的
次干路是不连贯的，有的会突然中断，然后在一公里的远处又得以延续。与次干路
一样糟糕的是有严重设计缺陷的支路网络，很多支路都太过于狭窄，以至于难以容
纳对向车辆的同时通行，同时还存在着道路线形不规范、缺少停车位，甚至被街头
摊档、流动小贩、修理铺和其他活动侵占路权等问题。墨西哥城的非常规公交行业
也正是由此在数量上和结构上逐渐发展完善，在区域内这些通行能力低下、连通性
差、等级低的道路网络上提供服务。某种程度上，非常规公交系统在功能方面是对
城市道路网络不发达的一种适应。

联合模式：公共交通运营服务

表 15.1 描述了墨西哥城各种非常规公共交通服务的特征，包括车辆座位数量、
服务覆盖范围、舒适程度和票价等方面。出租车提供招手即停的门到门服务，包括
单次出行专用和多乘客合乘两种服务形式，而其他的非常规公交都是沿相对固定的
线路运营。比索出租车通常是在低客流走廊上提供服务，并可根据乘客的要求作一
些小范围的绕行。微型公共汽车的载客量一般是出租车的 2 ~ 3 倍，主要服务于郊
区的中等规模客流市场，有些微型公共汽车运营者还保证乘客能够有座位。小型公
共汽车最多可坐 25 名乘客，而且车内的空间还可以站立与座位数相等数量的乘客。
从表 15.1 也可以看出，不同的交通工具在不同的地理范围内提供服务，其中小型

车负责短途运输（大部分在墨西哥州的近郊和远郊区域），更大型的车辆则负责长途运输（大部分在联邦特区内）。总的来说，按照车辆容量和客运走廊来划分市场有助于合理使用有限的道路资源，在联邦特区通行能力不足的路网上增加公交乘客的通过量。

墨西哥城非常规公共系统的层次结构（1994 年）　　　　　表 15.1

	坐位数（人）	典型路线 运营距离 （单程公里数）	车辆数		
			联邦特区	墨西哥州	总计
出租车	2 ~ 3	3 ~ 6	56059	8456	64515
比索模式：出租车	5 ~ 6	2 ~ 4	763	2626	3389
比索模式：大众牌面包车	10 ~ 14	5 ~ 10	22690	13860	36550
小型公共汽车	22 ~ 25	10 ~ 20	20493	9527	30020
总计	—	—	100005	34469	134474

资料来源：墨西哥交通协调总局，调查数据资料，1994 年 11 月。

目前，在墨西哥城大约有 100 条非常规公共线路，平均每条线路有大约 15 条分支或支线，因此，围绕着 100 条左右的非常规公共线路会产生出大约 1500 种线路的变化。在高峰时段，墨西哥城的中心区几乎满是比索出租车和小型公共汽车，不仅如此，这些公共交通模式也为中产阶级居住的郊区提供了良好的服务。但许多远郊区县和贫民区比较缺乏这些公交服务，这不仅是因为这些地区的人们很难承担市场化的交通费用，还由于通往这些地区的道路标准较低且路线陡峭。尽管如此，非常规公共还是想方设法地渗入到那些公共汽车无法进入的狭窄且路况很差的街道和小巷。在墨西哥州周边运营的几乎所有的比索出租车和小型公共汽车线路都以某个地铁枢纽站作为起终点（照片 15.4）。

比索出租车和小型公共汽车通常在早上 6 点开始运营，一直到晚上 10 ~ 11 点才结束服务，有些流量大的线路甚至提供 24 小时服务。它们的运营间隔随客流需求而变化，在高峰时段，拥挤不堪的车流不断涌入和涌出地铁站，而在非高峰时段，这些车辆都在地铁站外排队，通常都要等到车内装满一半乘客的时候才会离开。

墨西哥城的非常规公共行业已经成为城市劳动力的一个重要去向。绝大多数的比索出租车和其他非常规公交模式的车辆都是在线路联合会的指导下由私人拥有并运营的。许多车主白天上午和下午工作两班，共工作 8 ~ 9 个小时，晚上再把车租给别人。在 1994 年 11 月（就在墨西哥货币开始贬值之前）时，小型公共汽车每公里的运营成本约为 71 美分，而运营一公里则可以赚取 22 美分。自己拥有并驾驶一辆小型公共汽车的运营者平均每天的净收入可以达到 50 美元，而如果运营者将自己的车辆租给别人驾驶，则自己平均每天可以收入约 28 美元。平均来看，虽然小

照片 15.4　主要换乘站处的小型公共汽车。图为由私人拥有并经营的小型公共汽车正排队进入潘提特兰站，潘提特兰站是地铁系统内最繁忙的车站之一，同时也是 4 条地铁线路的终点站

型公共汽车司机没有任何的福利而且工作并不十分的稳定，但是他们的收入基本上与公营公共汽车司机相当。

墨西哥城的非常规公共交通服务的缺点是其车辆质量较差，这是长期高强度使用所造成的。这些车辆很少进行维修保养，还常常使用到需要报废的程度。有一点我们应该很清楚：世界上最高品质的公交服务同时也伴随着世界上最高的票价，而高票价对于大部分墨西哥公交乘客来说是难以承受的。拥挤的，有时甚至是破破烂烂的车辆在第三世界国家的非常规公交市场上是必不可少的，因为这样可以保持低票价。实际上在非高峰时段，比索出租车和小型公共汽车往往能够提供相对舒适的服务。此外，与其他存在非常规公共交通的发展中国家相比，墨西哥城这些公交司机的驾驶行为通常也都比较好，这主要是因为墨西哥城的非常规公交线路主要由线路联合会所控制，因此避免了许多争夺乘客的竞争。事实上，属于同一个线路联合会的非常规公共运营者之间还逐渐产生了友谊。

联合模式：公共交通需求

从需求角度上说，非常规公交在大墨西哥城所有出行中占有最大的比重。表15.2 显示在 1994 年，联邦特区内有约 40% 的机动化出行是通过小型公共汽车、比索出租车或是出租车实现的，在墨西哥州这个数字达到了 37%。联邦特区内的非常规公交客运量比其他所有公营的公共交通服务加在一起还要高，其车辆载客数则与墨西哥州的公共汽车相当。值得注意的是，各种形式的公共交通方式承担了区域70%以上的机动化出行，但它们的车流量仅占区域车流总量的15%。综合需求和供应两方面的数字（即表15.1和表15.2中的数字）不难看出，大墨西哥城区域的小型公共汽车的日平均客运量约为280人，在比索模式中，大众牌面包车和出租车的日平均客运量则分别为120人和65人。

大墨西哥城区域的日机动化出行情况（1994年）　　　　　　　　表15.2

	联邦特区		墨西哥州		大墨西哥城都市区	
	总计	百分比	总计	百分比	总计	百分比
公营的公共交通						
地铁	4488000	17.6	0	0.0	4488000	12.2
轻轨	15000	0.1	0	0.0	15000	0.1
卢塔奇（柴油公共汽车）	3208000	12.6	0	0.0	3208000	8.7
无轨电车	330000	1.3	0	0.0	330000	0.8
其他公共汽车	0	0.0	4385000	38.2	4385000	11.9
非常规公共交通						
小型公共汽车	5738000	22.5	2287000	19.9	8025000	21.7
比索出租车	2772000	10.9	1831000	16.0	4603000	12.5
出租车	1615000	6.3	102000	0.9	1717000	4.6
私人小汽车	7316000	28.7	2864000	25.0	10180000	27.5
总计	25482000	100.0	11469000	100.0	36951000	100.0

资料来源：墨西哥国家地理信息统计研究院，1994年关于出行的家庭调查。

　　墨西哥城的非常规公交在集散联邦特区内地铁站的客流上发挥了主导的作用，此外，它在郊区与地铁总站之间的乘客运送方面所起的作用也仅次于公共汽车。从整个区域范围来看，通过非常规公交进入地铁系统的人数为步行的近10倍。

　　地铁和非常规公交的支线服务一起，大大提高了城市边缘地区的可达性，这些区域居住有几百万的郊区移民和定居者。非常规公交并不享有政府补贴，票价总体来说要远高于政府补贴的地铁——1994年地铁票价大约为18美分，大概是非技术工人平均日薪的5%。由于许多在郊区居住的贫困人口每天平均要搭乘五次公交，因此仅公交出行费用一项就可以占到最低日薪的四分之一。

　　作为一种与城市主要出行方向一致的适应性交通系统，墨西哥城地铁和非常规公交相结合，不可避免地促进了城市发展形态的形成。在1970年以前，以公共汽车为主的放射状公共交通网络强化了该城市单中心的城市形态。随着几乎所有的公共汽车都进入城市的中心区，射线状大道上日益严重的交通拥堵逐渐变得让人无法忍受。随着几个层面的公交系统发展，区域的可达性不断提高，地铁及其公共交通支线网络也就成为城市向外围分散化发展的重要驱动力量。例如，1994年大墨西哥城地区的总人口密度为每公顷160人，几乎和1940年完全一样，但在这段时间内，该地区的人口却已经从176万增长到约2000万。比索出租车、小型公共汽车和中运量的公交系统像触角一样四处延伸，让居住在城市外围的居民也能够进入市中心，这就适应并同时增强了城市分散化的用地模式。因此，墨西哥城地铁和非常规公交构成的公共交通系统体现了公交服务和技术对于城市土地发展格局的主动适应，这样的适应也就不可避免地巩固甚至很可能促进了城市外围的发展（比如说，公共交通服务的存在使得农村移民的生活更为便利，他们能够一直在城市外围居住，同时仍然可以在市区内找到工作）。事实上，今天轨道交通和非常规公交能够以一种互惠互利的方式共存，很大程度上是由于政府和私营企业的忽视。

政府机构的疏漏

作为一个几乎自由的、不受任何限制的行业，非常规公交是在1969年地铁开通之后出现的，事实很快就证明了在这样一个超大规模的、复杂的都市中，交通运输业完全自由的发展只能带来混乱。在此之前，尽管比索出租车和小型公共汽车的运营在技术上是违法的，但是由于缺少其他合适的替代公共交通工具，当地政府只能默许其存在。随着时间的推移，政府开始意识到非常规公交对于都市区内机动性的重要性和潜在的威胁，逐渐建立起关于比索出租车和其他非常规公共交通的法律和管理规章制度。

在大墨西哥城地区，有一个区域性交通规划管理机构负责监管联邦特区内的非常规公交，另外还有一个相应的部门管辖远郊7个城市和一些尚没有建立起行政管理的外围郊区，这些机构通过颁发市场运营许可证书和运营执照来控制市场准入。此外，这些部门还负责议定允许运营的线路、设定票价和确保运营标准（例如司机和车辆的状态）。但是，只要符合这些限制条件，私人运营商就可以按照他们的意愿来运营，包括确定他们的工作时间和安排运营时刻表。由于小型公共汽车的数量明显过剩，联邦特区已经很多年没有颁发过新的非常规公交运营执照，例如在联邦特区内最繁忙也是线路最长的小型公共汽车2号线，自从1968年以来一直就没有再颁发过新的运营执照。然而，假运营执照和批准证书（价格约为100美元）交易黑市的出现和繁荣，说明了由政府审批的小型公共汽车的供应量严重不足。

在控制线路方面，管理部门在维护城市公共交通网络服务的合理性以及提高网络效率上是成功的。地铁1969年开通的同时，区域交通规划管理局就开始只为所谓地铁站的非常规公交颁发运营执照，这在很大程度上消除了那些穿越城市的线路和长途线路。实际上，即便是在没有任何政府干预的情况下，比索出租车和小型公共汽车运营商也会为了效率和利润的最大化对服务作出类似的调整。此外，管理部门还禁止周边墨西哥州和莫雷洛斯州的郊区公共汽车和非常规公交服务进入联邦特区的中心区，而只是允许它们在城市外围的地铁站停靠。

　　另外的一些政府部门负责监管大墨西哥城地区非常规公交的其他方面。联邦政府主要参与制定车辆尾气方面的限制指标，这是交通和运输署的职责。更多的问题出现在政策的执行上，多年来这些职责一直都在城市的警察部门和联邦特区公共交通的管理部门之间转来转去，这种角色的变换主要是内部权力斗争的结果——因为不同的政治集团都热衷于参与这一被认为具有很大潜在金钱利益的行当：对实际违反或是被指控违反政府规定的行为收取罚款。然而，即便是不包括那些数以万计的无照运营者，城市里还有约10万名执照运营的非常规公交运营商，联邦特区内没有任何一个部门有足够的资源对他们执行相应的规章制度。目前，联邦特区非常规公交行业的执法部门大约仅有200名官员，虽然对于比索出租车和小型公共汽车已经有一本厚厚的规章制度手册，但其中大部分的具体要求都没有被真正地执行。

非官方的规则：线路联合会

　　在非常规公交规章制度难以执行，以及墨西哥城现有庞大的非常规公交行业的背景下，自发组建的线路联合会应运而生。今天，联邦特区内的100多条比索出租车和小型公共汽车线路中，每条线路都设有一个线路联合会。除此之外，还有15个机构在积极地维护非常规公交行业的总体利益及各自所代表的线路联合会。总的来说，一个集管理、自我约束和促进城市非常规公交行业发展等职能为一身的，多层次的组织结构已经形成。

　　线路联合会的主要职能包括确保分支线路的授权并组织这些线路上车辆的分配；帮助联合会的会员车主从银行和政府申请车辆贷款；解决交通事故中出现的索赔事宜；以及代表会员与政府部门打交道。城市中最大的一些线路联合会还要选举全职的主席和理事会，设立专门的行政办公室、调度中心（用于联络那些配备了短波广播的车辆）以及车辆维修车间。除了日常的保养和维修以外，联合会的车间还储存有像轮胎和滤油器这样的车辆零部件，会员可以在此享受优惠价。

　　经过这些年的发展，有些线路联合会已经发展成类似于卡特尔的企业联合组织，它们能够成功地建立协定，以设置运营执照数量和线路扩展范围的限度。线路联合会的权力大小直接与其规模相关，对于那些规模最大、成立时间最长的联合会，比如在墨西哥城中心区监管着2500辆小型公共汽车和大众牌面包车的2号线路联合会，其控制范围相当大——它除了负责从会员运营的线路上赶走那些非会员运营者以外，还专门雇佣了一些人员在繁忙车站现场引导乘客上下车、维持车站秩序，并且记录公交车辆到达车站和离开车站的时间。

墨西哥城的启示

墨西哥城由地铁、中运量公交和非常规公交组成的多层次公共交通网络在限制私家车出行，以及为包括联邦特区及其郊区在内的特大城市区域提供出行服务方面，起着根本性的作用。小型公共汽车和比索出租车承担了整个区域三分之一以上的机动化出行，这超过了私家车或是其他所有公营公共交通服务的总和。它们除了在没有任何政府补贴的情况下为轨道交通车站提供必需的接驳服务外，还为贫困社区提供了急需的公共交通服务和大量的就业机会。在车辆座位数、运营速度和覆盖范围等方面，墨西哥城的非常规公交很好地适应了道路条件，服务覆盖了那些公共汽车无法通行的狭窄路段，并对层次不完善的城市道路系统形成了有效补充。总体来说，由中心放射状的轨道交通线路和扩散开来的非常规公交支线组合而成的公共交通网络，使得该地域能够形成多中心蔓延式发展的格局，并在不影响中心区地位的前提下减缓了交通压力。

除墨西哥城公共交通网络的物理特性外，其机构特性同样值得关注。在这里，政府和私人运营商之间有着明确的职责划分。公营公交运营商主要提供干线的轨道交通和公交汽车服务，而私营的非常规公交支线则对其进行补充。处于政府和私有运营商之间的是线路联合会，在一个像墨西哥城这样的规章制度很不健全（或者至少是不能严格执行规章制度）的市场里，线路联合会已经成为必不可少的协调和规范非常规公交服务的机构，同时，线路联合会也要担负起保护和改善自己成员权益的职责。

墨西哥城在提供补充性公共交通服务上所采用的自由开放市场的做法要超前于第三世界的其他特大城市。很多第一世界的城市也通过开放交通市场来增加竞争，并允许追逐利润的企业开拓新的市场，以弥补公营公共交通的不足。在美国、加拿大和欧洲的许多国家，商业化的非常规公交已经大多被驱逐出市场，并由此产生了一个相当标准的公共交通系统，但这一系统如今在飞速发展的郊区市场越来越没有能力和私家车竞争。解除对非常规公交市场准入、服务内容和定价的限制有助于市场培育出多种形式的门到门共乘服务，就像是在美国许多城市广受欢迎的机场接运小巴那样。然而，除了服务于机场以外，在宽松的市场环境中，非常规公交还可以满足其他的市场需求，例如为轨道交通主线的车站提供接驳支线服务、提供高品质的穿城运输服务，以及服务于大学校园、购物中心、运动中心、主题公园和郊区市镇中心等主要的出行目的地。车辆定位系统、车载导航系统，以及实时线路和时刻表优化软件等方面的技术进步，使得"智能非常规公交系统"正在悄然崛起。在一个蔓延发展的超大城市中，利用小型车辆运营的智能化公共交通系统是最有希望与私家车在随时可用、随处可及和门到门的出行特点上相竞争的系统。

尽管非常规公交已经被广泛地接纳，但近些年来中央政府中仍然有人提议在联邦特区内用标准的公共汽车取代这些面包车和小型公共汽车，非常规公交将会被限制在出行率相对较低的郊区市场。一些高层官员认为更大的车辆将会最终缓解交通拥挤和降低空气污染。对于将非常规公交贴上低档的、不适合国家快速现代化发展形象的、与首都形象不符的标签，很多人都明确感到不满。然而，因为线路联合会已经成为了一股有实力的政治力量，很少有人会认为墨西哥城自由市场化的非常规公交行业会像在北美许多其他地方那样被彻底清除。由于看不到城市发展的止境，政府机构也没有兴趣去制订公共交通导向型发展模式的政策，在今后的许多年里，这个世界上最大的城市仍将需要一个健康的、以企业化方式运作的非常规公交行业，以适应该区域蔓延发展的城市形态。

第六部分

未来的公交都市

　　书中描绘的 12 个国际都市的经验给我们带来了怎样的启示？第十六章节总结出了 15 条主要的经验。虽然没有一条简单的方法能来描绘如何成为一个公交都市的途径，但是书中许多具有共性的主题和相同经验具有一定的参考价值。这 12 个国际案例的研究也打破了许多关于公交和都市不真实的假设。第十六章节向我们具体揭示了这些疑惑。

　　第十七章节回顾了北美地区 5 个都市区域的发展历程，如俄勒冈州的波特兰市、加拿大卑诗省的温哥华市、加利福尼亚州的圣迭戈市、密苏里州的圣路易斯市和得克萨斯州的休斯敦市，成功实现了与他们的各自城市发展形态和谐共存的公共交通项目。借鉴书中 12 座城市的经验和教训，本章论述了这些想成为 21 世纪公交都市的都市区域在发展过程中的有利和不利的各种因素。波特兰和温哥华显示了成为适应型城市成功的一面，那里具有远见和综合性的城市规划造就它们的城市发展形态能够适应搭乘公共交通出行。圣迭戈和圣路易斯更有可能演变成为混合型公交都市，这些地区有轨道交通服务的，以及对公共交通支持的城市发展，同时混合着由灵活的公共汽车系统服务的，及对公共交通不怎么支持的城市发展。休斯敦正朝着未来有一天将成为世界一流的适应性公共交通服务的都市迈进，最显著的是将形成世界上最大的高载客汽车专用道网络。本章的结尾讨论了关于在 21 世纪培养和发展公交都市所面临的挑战。

第十六章

公交都市经验总结：取长补短

    本书中12个实例研究描绘了公交都市是一个"大容量公共交通是一种可行的、能体面地替代私家车出行"的地方。这些城市成功的原因是：在一些城市，城市的形态和社区的设计有益于利用公共交通出行；在另一些城市，公共交通系统被量体裁衣式地设计，使之为蔓延式扩张的城市提供合适和良好的公交服务；还有其他的城市采用混合型的方式，即在重新设计城市的形态来支持更密集的公共交通服务，同时重新规划设计公共交通系统来更有效地服务于现有的城市形态。重要的是以上的所有实例都是公交和城市和谐地共存，成功的公交都市不仅在整个区域范围内享有良好的出行机动性，而且还能支持着更大的政策性目标，即促进城市的可持续发展、提高出行的可达性、建设更宜居城市、保障社会的多元化发展、提升城市的竞争力，以及使得市民可以选用各种不同的交通方式。

    本书中提到的12个公交都市经验究竟给我们带来了什么样的启示呢？本书的第十六章不仅对这些公交都市的经验进行了全面的总结，同时还试图澄清多年以来对公交和城市演变的一些错误的理解。接下来的结尾章节着重介绍了北美一些城市试图建成公交都市的雄心和进展，这些城市包括：美国俄勒冈州的波特兰市、加拿大卑诗省的温哥华市、美国加利福尼亚州的圣迭戈市、密苏里州的圣路易斯市和得克萨斯州的休斯敦市。本书还试图探讨这些城市在制订未来城市发展规划时，是如何吸收其他公交都市的发展经验。

成功经验的总结

    从12个地区实例研究的经验中我们可以学到15条经验。总的来说，这些实例不仅介绍了各项打造公交都市的措施，同时还谈到了必须付出的代价。从这些实例中还可以看到，要建成一个公共交通系统和城市发展形态相配合的公交都市，方法既不容易，手段也是多种多样的。

长远规划

公交都市是根据与之密切相关的长远规划逐步发展起来的。为了实现这些长远规划，规划必须要有清晰的长远目标，并且这些的目标能够获得公众的接受和赢得政治上的支持。在多元化的社会中，要人们对目标的认同达成一致是非常的困难。然而比制定目标更重要的是开展与公众的对话和交流，共同探讨城市的未来，往往在这些讨论中，人们可以找到一些共同点及消除分歧。

未来理想的公交都市应该具有像适应性城市那样的特征。大斯德哥尔摩地区早期的由区域轨道交通服务为主体，连接着紧凑形土地混合使用的新城镇，最终形成了今日被称之为"项链上的珍珠"的城市发展形态。哥本哈根的"手形规划"勾画出能打动人的和使人信服的规划理念，让大家明白一个都市应该如何朝着理想地土地扩张模式发展。渥太华的 1974 年法定规划通过界定一条东西向的发展轴线，为最终演变成北美最大和最成功的公共汽车专用道网络播下了种子。在新加坡"星群规划"被广泛地认为是这个岛国演变成为现代化都市的指路明灯，该规划明确地规定了 50 个不同规模和组成的新城镇中心，它们与地区内其他地方的连接主要是通过现有和将来轨道交通。在哥本哈根和新加坡，"指型城市和星型城市"的比喻非常形象地让人们了解城市规划的意图。

从本书中所述的这些案例可以得到这样一个重要结论，是城市土地模式决定交通如何发展，反之不然。在城市和区域中最重要的要素是人和我们所处的空间，而交通只是连接人和我们所处位置的一种工具。如果有可能，人们希望花最少时间去想要去的地方，这样我们才能花更多的时间去做其他想要做的事情，如：工作、购物、社交活动、休闲娱乐或与家人在一起。成功的公交都市能很好地处理土地规划和交通的关系，是由土地发展的长远规划来指导交通政策的制定。

先驱者

城市发展长远目标的制定需要那些先驱者的远见卓识。许多公交都市受益于这些具有远见卓识城市的领导人，施文·马克利乌斯负责制定了斯德哥尔摩区域规划，五岛庆太的企业精神推动东京郊区的轨道交通系统和新城镇的协调发展，李光耀希望通过吸引跨国公司来到这个高效和由公共交通为主的工业化国家投资，以推动新加坡成为全球化的城市。杰米·勒纳锲而不舍地追求城市生态、城市可持续发展及有效的政府管理，来打造世界最可持续发展的都市之一库里提巴市。马克利乌斯、五岛庆太、李光耀、勒纳——都是对他们所在的城市有远见的优秀领袖人物，也是有个性和才华的，并可以说服他人实现他们理想的人。还有许多其他先驱者，他们也认同公共交通在城市中的角色。墨尔本市的罗伯特·瑞森少将几乎单枪匹马挽回了具有百年历史的有轨电车系统被废除的命运，除了中欧和东欧以外每个城市的有轨电车都遭受了被废除的命运，墨尔本市中心的复活很大一部分要归功于瑞森对有轨电车系统的支持。现代"轻轨交通之父"卡尔斯鲁厄市的迪特·鲁迪威格，他的轻轨交通发展理念使得采用有轨电车门到门的出行成为可能。

如何能来找到这些先驱者，人们很难通过招聘来找到他们，他们必须把自己展示出来。这些先驱者必须有热情、有毅力和愿意推动公交都市发展的决心。

有效的机构和管理

像斯德哥尔摩、渥太华和新加坡这样的公交都市，大多要归功于他们有效的政府管理机构和区域性的管理模式，来推动交通发展和土地利用的密切协调。在这些地区，对城市发展和交通建设的统一规划和实施计划，涵盖了整个区域的通勤范围内大约95％出行起讫点。只有这样规模地整合交通发展和土地开发的力度，才能使得规划和建设协调工作更有效。

目前在德国、瑞士和中欧其他地方可以看到的城市公共交通管理局，这是一种可以成功协调区域内公共交通的服务和票价的机构。这种成员广泛的机构能确保消除困扰区域性公共交通服务的共性问题，如：付费换乘时增加的乘客负担、运营时刻表的不一致、各不同部门之间的竞争。在城市公共交通管理局的协调和管理下，公共交通服务可以在全区域的范围内进行设计和运营，狭隘的地方利益被放在了区域的利益的后面。

有效的机构设置也可以确保政府和私人的职责得以清晰地划分。墨西哥城分等级的区域公共交通服务的产生得益于在政府部门和私营部门之间清晰和合理的划分不同机构的职责范围。在公共交通领域里，政府部门承担主要线路的服务，像地铁线路这样大规模的项目。而大部分规模较小的非正规辅助性支线公共汽车系统的所有权和经营权往往给了私营部门。

主动引导型的规划和城市管理

在适应性的城市里，对公共交通支持性的城市建设形态主要是有远见的、主动引导型的和具有战略性规划程序的结果。在斯德哥尔摩、哥本哈根、新加坡、慕尼黑和库里提巴，采用了经典教材中的城市规划和管理的方法：如，建立明确的宗旨和目标、制定并结合土地利用的长期规划、审慎评估各种不同交通运输和基础设施的投资，在现实的预算条件约束下制订投资项目、执行规划和落实使公共交通投资和土地发展项目相互协调和支持的措施。值得再次指出，在每一个实例里，是土地利用的"目标"，确定了交通来作为"手段"，包括设计和提供公共交通服务。在使用以公交为导向发展的工具中，采纳的方法有：通过土地储备保留路权和控制发展、利用地区划法规来激励的机制，比如，对混合土地使用的地给予密度奖励、为经济适用房提供税务优惠资助和专项投资于特定的辅助性基础设施，如人行道和公共空间的改善。

在新加坡和大斯德哥尔摩地区，土地的共有制和对土地的控制一直是公交车站附近紧凑和混合土地使用发展的关键。两个地区都有严格的城市发展界线——在斯德哥尔摩的例子里，有被保护的绿化带，在新加坡的例子里，马六甲海峡及它的支流—使这二个地区集中于界限内的发展。

充满活力的市中心

所有的公交都市都保持着强劲的、有活力的中央商务区。在斯德哥尔摩、哥本哈根、慕尼黑、库里提巴和卡尔斯鲁厄，市中心就是这样的中央商务区。甚至本书中包括的阿德莱德，它无可否认地延伸了所谓公交都市的定义，市中心零售业和就业岗位占全市的比例是所有澳大利亚都市中最高的。在苏黎世和墨尔本，公共交通特别是有轨电车对振兴中心城市社区起了至关重要的作用。慕尼黑和卡尔斯鲁厄的中央商务区也从有轨电车运行中获得了极大的利益。充满活力的市中心不仅是重要的公交枢纽和主要换乘中心，作为目的地，市中心更容易造就高的公交出行比例。

所有的公交都市都有次级市中心区。新加坡和渥太华功能分布明确的第二和第三级城镇中心。次级中心区发展是维持区域性综合公共交通网络完整和可持续发展的必要条件。这在很大程度上是因为公共交通系统的良性发展，使得在许多公交都市里在城市扩展的进程中，使得其次级中心朝着更加紧凑的模式发展。

平衡的发展和交通流量

除非有混合用地的次级中心作为补充，一个有强大市中心的都市从出行机动性的角度来看并不是一件好事。单向、射线状的交通进入一个具有统治地位的市中心，往往会产生因交通流量汇集而造成的拥堵，以及造成轨道交通的车厢和公共汽车内返程时空空无人，使公共交通的运营效率下降。斯德哥尔摩、渥太华和库里提巴的经验显示出，沿直线走廊上布置混合用地的发展能够产生有效的双向平衡客流。在整个区域的公共交通车站附近布置同样的土地发展模式，能产生全方位的高公交乘客量。斯德哥尔摩实例清楚表明，在同一社区中，就业岗位、住房单位、购物和社区服务的平衡已不是那样重要，重要的是在不同社区间的平衡。沿着公共交通服务走廊集中发展混合用地的社区，在出行机动性方面所能带来的效益比采取强制性土地干预政策（如就业岗位数与居住人口数的平衡）的效果更佳。

竞争和企业家精神

在许多成功的公交都市中，都能找到竞争的要素。竞争不仅包括成本和回报，还包括刺激服务的创新，这正是许多郊区公共交通运输市场急需的因素。

在斯德哥尔摩和哥本哈根这两个斯堪的纳维亚的实例里，在竞争的基础上外包公共汽车运输服务，而且也开始将同样的方法用于轨道交通运输服务，结果每公里的运营成本直线下降。在慕尼黑、卡尔斯鲁厄、库里提巴和阿德莱德，通过将资产拥有人和服务运营人分离的方式获得效益。在这些地方，固定资本的基础设施属于政府部门，全部车辆和设备属于由竞争得标往往来自私人企业的运营商。在由政府部门制定的服务标准范围内（如：有关时刻表、票价和线路），由最低成本的运营商提供服务。这样，政府部门保持着整个服务体系的控制权，由市场因素来决定提供公共交通服务的价值。

在成功的公交都市，只要广泛的社会利益得到了保障，私人利益的牟取并没有得到阻止。在东京由轨道交通服务的郊区便是地产投机的产物，由此让许多大型集团企业得利，但同时也产生了强大的以公共交通引导的城市建设模式。在过去 30 年里，许多日本铁路公司的业务已扩展到房地产业、零售业、建造业和公共汽车运营业。在东京郊区获取利益的活动正在生龙活虎地很好地进行着，一些公司在投资轨道交通和新城镇建设的一体化项目中获得了超过 30% 的投资回报。社会作为一个整体，也从有效的公共交通和郊区建设的协同发展中获益。在墨西哥城的公共交通领域也充满了一种企业家的精神。要感谢许多独立的非常规公交系统的业主兼运营者，以高效的小型公共汽车服务系统将边远社区与墨西哥城的区域性地铁系统联为一体。在利润的驱使下，小型公共汽车的经营者填补了区域性地铁服务未能覆盖的市场空隙。

赋予公交优先权

许多公交都市还采用了额外措施，使得公共交通比私人小汽车在出行时间上更具有竞争力。渥太华和苏黎世根据他们各自的"公交第一"的计划，在稀缺的道路空间使用上，给与高乘载车辆的行驶优先权。交通信号灯的优先让苏黎世的有轨电车和渥太华的公共汽车快速行驶在马路上，途中停车主要是因为乘客上下车的要求。哥本哈根和苏黎世已经将市中心的大量街道重新划分用于安排有轨电车、公共汽车和非机动化的的交通方式。过去 10 年来，这两个城市在不扩建道路的情形下，有效地满足了市中心交通需求的增长。

小而精的措施

本书中的许多实例显示出大规模的项目不是产生成功公交都市必需和惟一的方式。只要是与区域长期发展规划相符合，小规模和渐进式的措施及步骤同样很有效。库里提巴、卡尔斯鲁厄和苏黎世的一些成功项目，应归功于那些建设规模适度、成本低、建设周期短的许多小项目。此外，这些成功还归功于那些城市的决策者所具有独创性、敢于实验和愿意承担风险的胆略。这样的例子在这些案例城市中随处可见：库里提巴的三重轴线道路系统和高于地面的管状车站；卡尔斯鲁厄的不同交通工具分享路轨的技术；阿德莱德采纳的导轨式公共汽车专用道系统，是一个有专用路权的、沿河边的景观大道；苏黎世的重新分配道路空间和重新设计交通信号灯的配时，将有轨电车系统转型成为类似与地面交通立体交叉的轻轨运输系统。采用"小而精"的方法有各种原因，如从追求建立政治上的信誉度（库里提巴），到需要保护传统的城市中心（苏黎世），到具有企业家改革创新的精神（卡尔斯鲁厄）。

像渥太华和库里提巴这样的城市说明了低成本的系统并不一定就是低质量的服务。大规模的公共交通项目也不一定需要庞大的预算。渥太华、阿德莱德和库里提巴以建设地铁成本的一小部分费用设计和建成了许多具有地铁系统特征的公交专用车道。同一车辆在主干线和支线上的整合性服务大大地减少了沿某些走廊的换乘。库里提巴发明的圆筒车站和换乘站系统使得在切线公交线路和放射线公交线路之间的换乘看起来毫不费力。

城市设计：城市是为人和居住而建立的

在大部分公交都市中起决定作用的设计理念是城市是为人而建立的，而不是为车。发展高质量的公共交通与这一理念非常符合。在哥本哈根、慕尼黑和库里提巴，部分具有历史意义的市中心已成为行人和骑自行车者的场所。在所有欧洲城市的实例中，有轨电车和轻轨车辆在小汽车禁行区域内，其行驶的速度和运营的规模都与行人和骑自行车者相互融合和谐相处。

城市设计在城市中心以外的地区同样重要。在哥本哈根和斯德哥尔摩的近郊，把公交车站当作是社区的中心。轨道交通的车站和围绕在车站周围的公共空间往往是市镇居民聚会的地方。这是居民们在国定假日、社区庆典以及抗议活动时聚集的地方。许多公共广场具有双重功能，既作为农贸市场也是露天音乐会的场所。附近的零售店、小超市、报刊摊和电影院由于公共交通将乘客运送到他们的门前而受益。街道边的建筑小品、绿化、城市艺术以及喷泉增添了舒适和视觉的美感。通过有意识的设计，公共交通既是实际地，也是具有象征意义上地存在社区中心中。

有时我们错误地将行人通道和公共广场称为"辅助性的美化设施"，但是为行人和骑自行车者提供的功能性空间，与为小汽车提供一个停车设施和为高速公路提供上下匝道一样，它们并不是什么美化设施，而是为满足人们出行要求的必备设施。

对小汽车的制约措施

许多公交都市在对行人、自行车和公交使用者提供相应的设施时，也同时对机动化和小汽车拥有采取限制措施。在新加坡、东京和斯德哥尔摩，主要采取惩罚性定价的方式如：高昂的汽油附加费和汽车购置费、沉重的车辆进口关税以及昂贵的市中心停车费。新加坡比任何其他城市采取更有力的措施，将机动车使用的实际社会成本转嫁到机动车使用者上。它是第一座城市以大规模的方式推行道路收费制度——最初通过一种地区通行证制度，要求在高峰时段进入市中心的机动车辆支付费用，近来这个系统更多利用的是无线射频、光学探测、成像以及智能卡等技术高度精密的结合，可瞬间计算出实时变化的道路收费。新加坡的小汽车车辆配额体系，将任何一年允许的车辆登记量与周边的交通状况进行挂钩，也是对小汽车采取限制措施其中的一种。

在其他一些公交都市，对机动车的限制是通过制订规章制度和物理设计的战略来实现的。东京对拥有小汽车者必需有停车位的要求早就将城市内小汽车的数量控制起来了。墨西哥城根据车辆车牌数字的号码，交替禁止小汽车的使用，作为减少污染的战略，抑制小汽车的使用。慕尼黑、苏黎世和库里提巴，特别是在居住的社区，通过缩窄道路、设计减速坡以及收缩交叉路口的尺度等来减缓驾驶速度、重新分布道路空间和有时甚至是阻碍小汽车的出行。停车管理也是城市中心空间合理化使用至关重要的一环。有限的停车空间鼓励乘坐公共交通，将市中心的更多空间让给行人、自行车和公交车辆。在像苏黎世和渥太华这样中等规模城市的大部分居民，当他们去市中心时，要么将他们的私家车留在家里的车库，要么将车停放在城外的停车换乘场而搭乘公共交通。

交通规划者常常把这些措施称为"汽车非激励机制"，尽管这是一个不恰当的词语，更准确地说，就是"对小汽车的制约"。这些制约措施通过消除许多固有的偏见来为各种交通模式的公平竞争铺平道路，而这些固有的偏见是鼓励有时甚至是奖励驾驶机动车的。

公共交通的分级服务

这本书中许多成功的公交都市的特征是设计先进的、分等级式的公共交通服务形式。通过周密地整合大容量的干线服务、中等级的连接服务，以及社区规模的支线服务，公共交通运输为许多起讫点的组合连接提供了有效的服务。在苏黎世、慕尼黑、卡尔斯鲁厄和墨尔本，有轨电车是主要的中等级的运输方式。在慕尼黑、库里提巴和渥太华，大站公共汽车提供了连接各市镇中心的公交服务。在许多实例中，整合也延伸到票务系统。苏黎世、慕尼黑、哥本哈根和卡尔斯鲁厄通过各种折扣优惠措施来奖励经常乘坐公交的乘客。统一的票制和票价系统允许乘客无需支付额外的车费在相同的和各种不同的公共交通工具间进行换乘。

灵活性

对于本书中提到的一些小规模的公交都市，采取以公共汽车为主导的公共交通系统不仅减少了固定资产的投资费用，而且强化了公交运输服务的灵活性。灵活性是适应性公交城市的根本特性。随着城市土地发展的演变和扩展，橡胶轮胎的公交服务——那些小型巴士、常规公交或双铰接式公共汽车，能够很容易地调整线路和运营模式来适应出行方式的变化。渥太华效益良好的公交系统，在高峰时段开设快线服务和非高峰时段利用主线和支线换乘运营方式，充分体现了公交运营的灵活性。库里提巴的大站快车和站站停的大容量公交服务沿着主干走廊的组合运营，也只有以公共汽车为基础才能做到这点。另外，渥太华、库里提巴和阿德莱德的经验强调了公共汽车专用道系统在分阶段实施方面优于轨道交通。在这三个城市，在整个项目完成之前，公共汽车专用道已经分阶段地开始投入使用，这是因为普通的街面道路可以代替尚未建成的专用道路。在库里提巴和渥太华，公共汽车专用道也可以让消防车、救护车和其他紧急车辆使用。

改革的前提是有相应的需求

本书中回顾的技术创新并不是一项新发明寻求应用的结果，而是一种现实世界的需要产生的改革创新。由于需要在车站和边远地区之间提供灵活和高效的单点对多点的公交连接服务，慕尼黑诞生了"智能化的非常规公交系统"。慕尼黑在多层停车场入口提供的"停车换乘"实时信息也同样填补了市场的需求—通过缩短寻找车位的时间加快了公交的出行速度。其他的填补市场需求和让公交使用者实际获益的技术还包括：渥太华的实时、指路牌式的客运信息系统，苏黎世的全城范围内的动态交通信号灯系统，以及卡尔斯鲁厄的通用的双压轨道车辆，既可以行驶在有轨电车的轨道上，也可以行驶在城际铁路的轨道上。

意料之外的惊喜

本书中提到的所有成果并非都是通过深思熟虑的行为和有远见规划的结果，有些受益于好的时机和好的运气。库里提巴能够沿主干线建设三重轴线道路是源自于1943年阿嘎奇规划中预留的充足的道路空间。渥太华和阿德莱德有能力以相对低的成本来建设公共汽车专用道的部分原因是他们可以利用沿河的景观大道。渥太华的首都地区规划中的对历史传统和土地保护为将该市的公共汽车专用道向西延伸提供了道路资源，也为在社区周围提供了绿化带。在许多实例中，对公共交通投资的产生是在一个特定的区域经济发展上升期，由此确保了公共交通与城市发展的紧密结合。

对公共交通和城市发展理解方面的误区

本书中涉及12个案例，已至少消除了6种关于公交和城市理解方面的误区。

误区1：除了去市中心之外，只有穷人乘坐公共交通。 只要用3座城市的数据就完全清除这个误区。斯德哥尔摩是欧洲最富有的国家中最富有的城市之一，超过60%前往市中心的通勤交通和超过三分之一去近郊工作地点的通勤者，都是采用公共交通的方式。苏黎世也是享有世界最富裕城市的荣誉，该市人均乘坐公交出行的次数比世界上的其他任何一个城市都要高，那里也是商业房地产价格最高的地区。库里提巴是巴西所有城市中的人均收入最高的城市，也是公共交通出行分担率最高的城市。

公共交通的出行比率和生活富裕程度不是对立的，相反地，富裕的城市环境和良好服务的公共交通系统是相互相成的。

公共交通是低收入人群的主要出行工具的"名声"主要是受低劣公交服务品质的影响，在富裕社会里，劣质的公交服务只能吸引低收入人群。提高公共交通的服务质量，对改善公共交通的形象，比任何其他手段都要有效。

在墨尔本和苏黎世，有轨电车为吸引富裕的小康家庭回到了城市中心社区作出了应有的贡献。还有大量的证据表明，中产阶级家庭如果居住在公共交通出行条件良好的市中心，他们不大可能购置家庭中的第二辆小汽车。

误区2：公共交通生来就应该是公营企业。这种观点来源于很多人认同公共交通运营需要有一定的规模才能产生经济效益，因此应该采用垄断方式来经营才会比较有效。那些想要维持现有利益的人，反对引入竞争的方式，并指出如公交私营化，那些私人运营商仅会经营那些能够获利的公交服务，而将不赚钱的服务留给公营企业。但现实是只有很少的公营公交企业能有利润。在许多引入公交竞争的城市（如：斯德哥尔摩、哥本哈根和库里提巴），政府仍控制着公共交通服务的供给、质量和价格。政府一旦设定了服务标准，出价最低的竞标者被授予提供服务的合同。乘客并不关心是私人企业拥有着公交车辆，或是非政府的员工正驾驶着车辆，乘客最关心的是服务的质量和花钱买票后所得到的价值。

本书中所涉及的大部分公交都市，如斯德哥尔摩、哥本哈根、新加坡、慕尼黑、库里提巴、卡尔斯鲁厄和阿德莱德，都积极采用竞争手段来提升公共交通的效益。在所有这些地区，政府拥有和控制着固定资产，即专用道、轨道、土地和建筑物和维修设施等。运用投标的方式主要是要减少运营成本。在东京的例子中，私人企业的角色更为广泛，许多私人的跨地区轨道公司拥有所有资产。在东京政府的监督主要限于监督确保公共安全的运营标准。

"公共交通"在字面上解释为公共拥有和经营的交通运输系统。"公共"只是简单地意味着服务是提供给广大大众的，并不是指这是由公共部门来提供服务的。世界上的公交都市的经验表明，公共交通的经营并不是仅仅属于公共部门，私人企业也在不同程度上参与了公共交通的经营。

误区3：公共交通经营总是亏损的。新加坡、东京和库里提巴的经验证明了相反的事实。1995年至1996年期间，新加坡地铁有限公司——城市地铁系统的业主和经营人，也是一家在新加坡证券市场上的上市公司，它的客运收入超过了运营成本和支付债务的费用。新加坡所有的私营巴士公司的运营都是盈利的。东京多数的私营轨道公司从轨道服务中回收一半的运营成本，特许经营的其他服务差不多能够做到公共交通的收支平衡。如上所述，他们的大量收入来自于轨道车站附近的房地产发展。在库里提巴，私营的公共汽车公司赚取足够的利润平均每3年可以更新车辆，该市的公共汽车车辆更新率是全世界最快的。

公共交通经营并不一定是一项亏损，吸引乘客和产生利润的关键是提供高质量的服务，提供高质量服务的关键是与公共交通相匹配的城市发展形态，简而言之，要把城市建设成为一个公交都市。

误区4：公共汽车无力塑造城市的发展形态和不能吸引车站附近高层住宅的发展。公共汽车常被诬蔑为是二等运输工具，此外人们还认为公共汽车不利于土地的发展，因为由于有车辆尾气排放等负面的影响。渥太华和库里提巴公共汽车车站周围的土地开发经验可以完全消除这个误区。在这两个城市里，一些最昂贵的公寓就坐落在公共汽车车站的附近。在这两个城市的公交走廊的附近还聚集着许多购物中心和办公大楼。

高品质的公交服务，无论是采用哪一种动力形式，无论是采用哪一种形式的车轮，都会可以促进紧凑型的土地发展。公共交通是否能促进房地产的开发，主要取决于能否方便的到达公交车站，而不是取决于公共交通的形式。事实上，与高速公路，甚至与轨道交通相比，公共汽车对周边产生相对低的噪音。它内在的灵活性和可扩展性，特别是结合公交专用道，在引导城市的发展模式方面，公共汽车比轨道交通有更大的潜力。

误区5：人们不喜欢紧凑型的郊区发展。理所当然的，许多居民搬到城外是为了逃离繁忙的街道，住所狭小的城市生活。然而紧凑型的生活空间，并不一定是要住在高层公寓中。斯德哥尔摩有轨道交通连接的的新城镇，著名的斯卡潘尼卡城镇，展示了具有吸引力的和适于居住的社区，虽然是采用了紧凑型的土地开发理念，但是公寓住宅的高度都不高于3层，而结果是该新城仍有高比例的公交出行。慕尼黑的阿拉贝拉公园和札米拉公园，苏黎世的提尔嘎田和东京的新城市花园，都是最好的混合用地式发展实例，这些的社区采用了适中的密度，结果产生了良好的新建房屋入住率和商业楼宇的出租率，及较高的公共交通出行分担率。在这些和其他的地方，一般的规律是随着住宅密度的增加，其他辅助设施也必须相应地增加，如：建设景观迷人的建筑小品、林阴步行道和健身休闲设施。高质量的公共交通服务和社区舒适环境的结合可以大大降低视觉上的密度，尤其是在郊区。

值得提醒的是紧凑型土地发展的目标并非简单地提高建筑密度，而是要通过更有效率的土地增长模式来获取更多的环境效益，同样重要的是扩大人们的选择余地。在一些国家，如美国，郊区居民大声呼吁要增加密度为了有更广泛的居住、工作、购物和出行的选择。一些美国人想有机会生活在设计良好的、公共交通便利的社区里，那里他们能够通过乘坐轨道交通方便地抵达目的地，也许还可以节省购置第二辆车或第三辆车的开支。无疑如果附近有支付得起又相当不错的住房，许多人愿意住在离他们在郊区工作地点近的地方。扩大选择的余地，不仅对消费者有益，而且最终对整个社会也有益。对公共交通支持性的发展模式既丰富了消费者的选择，也有利于增加公共交通的乘客量。

误区6：在现代社会中，公共交通和土地利用的联系并不重要。或许这是一个最大误区，甚至荒唐可笑，可仍有许多交通学者认同这种观点，尤其是在美国的那些学者。这种观点的形成，部分原因是通过研究美国的状况而得出的，由于美国交通出行的价格体系以及不合理的市场机制，如：土地分区规划只允许单一的用地形式，造成有利于小汽车出行的自然条件。这种看法认为，土地扩展已经如此庞大，人们可以自由出行，低密度社区发展的势头良好，公共交通的投资仅能带来很小的效益，甚至毫无意义。如把这种说法告诉给斯德哥尔摩、哥本哈根、新加坡、慕尼黑、苏黎世和库里提巴的规划者和政策决策者们听，他们会告诉这是完全错误的。

公共交通的发展和土地利用的整合是十分重要的，如果政府部门愿意投入时间、精力和所需的资源来促进公共交通的发展与城市发展形态的整合，如何处理好这二种关系就更为重要了。在美国毫不奇怪，受价格体系的影响，公共交通与土地利用的整合结果一直不令人满意。这并不是说明土地利用和公共交通的整合不重要，而是指责不合理价格体系和管理上的失误。如果美国的城市交通运输部门引入经济学家常常倡导的合理的价格体系，那么公共交通的投资会对土地利用产生更大的作用。

一些北美地区的城市仍然相信，公共交通与土地利用的整合是极为重要的，他们已着手编制有朝一日成为公交都市的规划。在本书的最后章节中将探讨美国和加拿大发展公交都市所面临的挑战。

第十七章

致力于构建公交都市的北美城市

要发展成为一个公交都市，世界上没有一个地区会面临比美国及其北方近邻加拿大更为严峻的挑战。这里有广袤的土地、世界上最高的汽车拥有率，以及偏好大面积独立别墅的文化传统，此外，由于国内拥有在政治上有着强大影响力的汽车制造业，美国城市要发展成为公交都市会遇到很多阻碍。即使在这样的不利背景下，北美地区仍有几个都市区正在不断努力，以期有朝一日也能成为公交都市的一个范例。这些城市的发展道路各具特色，其中的一些也面临着巨大的困难，尽管如此，它们依旧迈着缓慢却又有条不紊的步伐，向着最终实现公共交通与土地发展密切配合的方向前进。虽然仍无从判断这些城市将来会取得多大的成功，但它们都试图推进公共交通，使其发展与城市形态相协调，并成为小汽车出行者一种体面的替代出行方式。这些城市的未来在很大程度上要取决于它们能否借鉴和发展本书前述 12个公交都市案例的广泛经验。

本章回顾了四个美国城市和一个加拿大城市的发展经验和目前正在努力的方向，它们都正追随着世界级公交都市发展的脚步。美国俄勒冈州的波特兰市和加拿大卑诗省的温哥华市，显示出在某一天发展成为用地适应性公交都市的迹象，即城市建设形态非常有利于引导公共交通出行。两个新兴的混合型公交都市是位于加州的圣迭戈市和密苏里州的圣路易斯市。在美国城市中，最有机会成为以公共交通服务适应城市形态的世界级公交都市的是得克萨斯州的休斯敦市。在回顾完这些地区的已有经验和未来规划后，本章还利用书中国际案例研究的经验，探讨了有利于这些地区成为成功公交都市的因素，以及一些必须克服的障碍。

俄勒冈州的波特兰市

如果在 21 世纪中，美国有一个城市能够迅速演变为一个伟大的公交都市，那这个城市非波特兰莫属。在美国，还没有其他任何一个地方像这个俄勒冈州最大的城市及周边地区一样，有如此大的决心整合公共交通与城市发展。在这方面，这个区域具备很多有利因素：大都市区域化的政府管理；强烈支持环境保护的立法传统；一个强有力的、富有远见的综合规划；在车站周边区域先期主动引导型的规划程序；制订有城市发展的范围界线；一个繁荣并仍在持续成长的中央商务区；以及公众对区域规划的广泛支持。在大波特兰地区，公共交通被认为是创建一个宜居和可持续发展都市的关键。

今天，作为美国城市规划的成功典范，波特兰已经闻名于世。在过去 20 年间，没有一个地区在控制城市无序蔓延、加强公共交通和重振市中心方面比波特兰做得更多。目前，约有 100 万人口居住在摩特娄马、克拉可马斯和华盛顿三县地区，根据预测，该地区在未来的 20 年里还会增加近 50 万居民，区域 2040 年规划同时清晰地阐明，将发挥轻轨交通协调发展的作用，创建一个用地紧凑的都市，都市区内数个混合用地的中心相互联接，共同被受到保护的绿化带所围绕。

MAX 轻轨系统

波特兰与北美其他城市一样，高速公路过度发展所产生的威胁激发了公众对提升公共交通运输系统的支持。在 20 世纪 70 年代的初期，地方上需要用一个公交项目来吸收联邦政府从户山高速公路项目上的撤资，此时，轻轨系统受到了亲睐，人们认为轻轨与公共汽车专用路相比，可以提供更优质的服务并具有更现代化的形象。这最终被证明是一个非常值得纪念的决定，它重新确立了区域未来几十年的发展方向。

三县都市区公共交通管理局负责区域内铁路、公交汽车和辅助公交服务的规划、管理和运营。MAX 轻轨系统是整个运输网络的骨干，1986 年开通的东线轻轨全长 24 公里，连接了波特兰市中心和位于格里斯汉姆的市郊社区。1990 年，区域内选民又投票通过了一项决议，即通过在本地征税募集资金，用于将原有东线轻轨扩展四倍。到 1998 年，区域又开通了连接高速发展中的富人社区波容山庄的西线轻轨。轻轨系统的支持者们希望在 21 世纪的前十年内，形成一个全长 93 公里的轻轨交通网络，覆盖整个区域内的各个地域。

尽管当地政府大力发展公共交通，私家车仍然是主导的出行模式。1990 年，在三县地区和波特兰，分别仅有 6% 和 11% 的上班族乘坐公交上班，与之相比，开车上班的比例则分别为 73% 和 65%。有批评指出，在 20 世纪 80 年代，大波特兰地区公交通勤市场的萎缩比全国大部分地区都要严重（全国是从 8% 降到 5%，而波特兰则从 16% 降至 11%）。同样是在 1990 年，该区域的公共交通出行仅仅承担了区域总出行的 3%。

公共交通的支持者很快意识到，1990 年的统计数字仅仅反映了四年间 24 公里单一轻轨线的运营状况，一旦建成完整的轻轨网络，并形成以公共交通为导向的社区发展模式，公交出行的分担率必定会有大幅度的增加。此外，这些统计数据弱化了公共交通在服务区域内几个主要出行吸引点时所起到的关键作用。在 1990 年往来于波特兰市中心的通勤出行中，超过 40% 是由公共交通承担的，这主要归功于近 20 年来重振市中心所作出的努力。在位于市中心东侧威廉美特河对面的劳埃德区，有 8% 的上班族乘坐公交上班，而公交在服务前往劳埃德区的非通勤出行上起着更重要的作用，它承担了 40% 前往各主要体育场馆的出行。

沿 MAX 轻轨走廊的发展

由于东线轻轨沿线是几乎已建成的独立住宅区，并且有一部分布设在高速公路的中央分隔带上，因此它已经无法像预期的那样吸引沿线用地开发。近期的研究发现，在公共汽车站附近和东线城市主干道走廊沿线，多户式住宅的增长速度都要比在轻轨车站周边更快。但即便如此，在轻轨走廊附近的土地开发项目，仍有超过一千个单位的多户式住宅建成，这在很大程度上是一系列手段共同努力的结果，如为了方便有利于使用公共交通的土地开发，而加快轻轨沿线建设项目的审批速度。

置身于波特兰市中心和劳埃德区，人们会强烈感觉到公共交通的存在。自从 20 世纪 70 年代初的一条公交步行商业街建成后，波特兰市中心已吸引了大约 4 亿美元的投资。这条公交步行商业街是由两条临近的平行单行街道组成，在其实施的同时还整合了市中心的公交服务，这个项目也是政府决心重振市中心的象征。在中央商业区内，包括公交步行商业街沿线，乘坐公共汽车都是免费的。据三县都市区公共交通管理局的资料，自从 MAX 轻轨系统通车以来，在劳埃德区实施的公共和私人建设发展项目投资总额已经超过 7 亿美元，因此，劳埃德区可以说是由轻轨带动的市中心再开发范例之一。随着 MAX 轻轨系统的建成，俄勒冈会议中心、玫瑰花园运动场和大型的室内购物中心纷纷开张。MAX 轻轨系统的出现及其引起的停车成本节省据说对运动场选址起了决定性的作用，使这个波特兰开拓者篮球队的主场最终落址在劳埃德区内，而非在一个郊外高速公路的出口附近。MAX 轻轨系统的支持者称赞其无论在实际功能上还是在人们心理上都像是一座桥，连接了河流两岸的劳埃德区和市中心。

波特兰成功的因素

今天，波特兰享受着全美国最有益于以公共交通为导向土地发展模式的体制和制度环境。波特兰有着积极的政府行政管理体制和支持环境的政策，由此可以预期在今后相当长的一段时间，该区域都会推进公共交通系统和城市发展的高度整合。

区域的行政管理体制和规划

正如斯德哥摩尔和渥太华那样，大波特兰地区也有一个都市区范围的行政管理体制，与其他任何因素相比，这或许对形成一个可行的公共交通与土地发展密切配合的发展模式更有益处。1978 年成立的区域政府起初的职责是管理区域发展，从 1990 年起，它被赋予制订地方法规的权力，并成为全国第一个经由地方直接选举产生的区域政府。此外,当地方性的土地区划决定与区域规划不一致时,该机构还拥有对地方区划的否决权。

区域政府与地方市镇政府、商业团体、环保组织以及市民紧密合作,为达成一个适合区域未来居住模式的共识而努力,这也就是众所周知的区域 2040 规划。编制这样一个跨度长达 50 年的规划就是为了使人们对区域的发展有长远的考量。根据最后所采用的发展战略,也就是区域 2040 的框架规划,要求将未来的发展集中在数个区域中心,并利用多模式的交通干道和大容量的公交系统服务于这些区域中心,区域内 9 个中心由轻轨线相互连接。此外,轻轨服务还将覆盖另外 25 个较小规模的具有多种用地功能的中心。区域内超过 85% 的新开发项目将建在离公交车站步行 5 分钟的范围内。在有了都市发展战略规划之后,区域政府就已开始着手为每一个现有和规划的轻轨车站分别制订邻近地区的发展规划。

州和区域的政策

波特兰对公共交通发展所作出广泛承诺要部分归功于一个有利于公共交通的立法和政策环境。俄勒冈州有着制定积极的土地利用和环境保护法律的悠久历史,这可以追溯到美国第一部旧瓶回收管理和海岸区域管理的法律。在 20 世纪 70 年代初,一个由农民、木材商、环保人士和政客这些看似毫不相干的团体所组成的组织推动了美国第一部州域范围土地利用法的诞生。出于节约资源,以及降低政府在拓展基础设施和服务方面投资上的考虑,这部法律明确要求保护农地和林地,控制城市的增长。同时,为了制定全州范围内的土地利用目标,俄勒冈还成立了一个州级政府机构——土地保护和发展委员会。地方市镇政府也被要求制订与州政府目标相符合的综合规划,对人口超过 5 万的市镇,必须设定城市发展的界线。

另一个重要的全州性法规是 1991 年通过的交通规划条例,条例规定城市化地区要采取相应步骤,在 20 年内将人均汽车行驶里程降低 10%,在 30 年内降低 20%。对于达不到这一要求的城市,州政府将削减其用于基础设施建设的财政拨款。这部条例在执行区域 2040 规划中限制轻轨车站附近的停车位数目、改善步行环境以及建立公交导向型社区等方面起了很大的推动作用。最近,俄勒冈州又通过了一项法律:免除公交车站附近廉租屋的地税。

城市发展的界线

像斯德哥摩尔一样,大波特兰地区也设定了城市发展的界线来限制城市发展范围。1997 年时,界线周长为 320 公里,包含了 950 平方公里的土地。在俄勒冈州,不仅仅在波特兰,包括大尤金地区、塞勒姆和科瓦里斯等地的城市发展界线都已经基本划定,20 世纪 80 年代间该州新增人口的 90% 以上都出现在城市发展界线内,州内主要农作物产地——威廉美特山谷农场的平均面积有所扩大,每公顷的产量也相应增加。但是,设置城市发展界线的做法也遭到强烈攻击,批评者指责这实际上是人为地限制土地供应量,过度抬高了房屋的价格,还致使建筑密度高得让人难以忍受,造成中产阶级向中低收入的居住区迁移,并取代了长期以来在市内居住的蓝领阶级。不管怎样，波特兰的区域规划者们仍然主张，只有严格地遵守城市发展界线，区域 2040 规划中的目标才能实现。

一个充满活力的市中心

今天，与同类规模的美国其他城市相比，波特兰市中心充满了活跃的生活气息，公交步行商业街、市民空间、大量的景观美化、停车场上方的遮檐、被恢复的河堤以及保存完好的历史古迹，共同创造出一个适于步行的、欧州风格的城市风貌。在波特兰市中心，让步行者津津乐道的还有宽阔的人行道、重建的百年古楼、各具特色的店面、街头艺术、随处可见的街边长凳和其他街边建筑小品。这大多应该归功于 1972 年的市中心规划，正是这个经过深思熟虑的规划勾画出了市中心转型的蓝图。自从这个规划通过并实施后，市中心的工作岗位数从 50000 增长到今天的 105000 以上，同一时期，市中心零售业销售额占全市的比例也从 5% 跃升到 30%。而在如此高速增长的同时，从 20 世纪 70 年代起，波特兰市中心却没有新建过一条道路。

令波特兰人骄傲的还有市中心的先锋广场，这是一个令人愉悦的，由新月形阶梯构成的古罗马风格圆形剧场，它取代了原规划中的新停车场。因为先锋广场和 MAX 轻轨系统是同时设计的，两者能够极好地融为一体。毗邻广场的先锋购物中心是一座非常成功的市内商场，这里的轻轨车站同时也是三县都市公共交通区域管理局辖区内最繁忙的车站。（照片 17.1）

照片 17.1　MAX 轻轨系统最繁忙的车站，它地处市中心先锋广场与先锋广场购物中心的交汇处

主动引导型的规划

在借鉴了东线轻轨线的经验和教训后，区域政府承诺要确保沿西线轻轨走廊的发展产生与东线轻轨完全不同的结果。今天，一个雄心勃勃的、具有最先进理念的规划活动提出要在西线轻轨走廊沿线创造新型的公交导向型社区发展。西线轻轨走廊因其沿线的显著增长而备受瞩目——在20世纪80年代，整个区域三分之二的人口增长和95%的新增职位都集中在西线轻轨延伸到的华盛顿县。这条走廊的规划是由政府和私营机构共同努力的结果。轻轨公司，在与三县都市公共交通区域管理局以及地方市镇政府密切配合下领导着政府部门的规划。同时，一个独立的环境保护团体——俄勒冈千友会，开展了一项名为"土地使用、交通和空气质量之间关系"的西线轻轨走廊研究，并对建设西线轻轨的提案作出了评估。该研究在结论中指出，在华盛顿县，以公共交通为导向发展的社区可以容纳65%的新建房屋和78%的新增职位。

目前，政府和私营机构正在合作，制定以公共交通为导向的社区发展总体规划，该规划涉及西线轻轨走廊沿线的600公顷空地。从西线轻轨延伸计划得到批准并开始实施的1990年到1996年间，在西线轻轨车站周边半英里的范围内就已有超过6000户的住房和2亿3千万美元的混合用地发展项目被实施、批准实施或提议实施。比佛顿溪是坐落于比佛顿近郊的高尚住宅区，它被认为是按照波特兰以公共交通为导向的发展设计导则建设的第一个项目。这个发展项目由私人业主、市政府和三县都市区公共交通管理局组成的联合工作小组共同设计和开发，为充分发挥比佛顿溪的发展潜力，西线轻轨线路的走向还有所调整。项目建成后，比佛顿溪增加了1600个单位的联体住宅和几百户独立别墅式的住宅，其中联体住宅的建设密度从大约每英亩22~35个单位不等（即每公顷54~86个单位）。规划中的比佛顿中央车站是一个巨大的公共广场，以意大利锡耶纳市的广场为原型来设计建造，广场由150座乡镇房屋、4层高的办公楼、一个市场和一座大型酒店所围绕。

市政府在整个西线轻轨走廊沿线实施了临时的土地区划政策，以预防在规划期内可能发生的与公交导向型发展模式相悖的土地开发项目。除此之外，在轻轨车站周边半英里的范围内禁止实施以机动车为导向的土地开发项目，临时土地区划设定了最低建筑密度的要求、限制停车位供应量，并要求所有建筑的出入口都必须朝向轻轨车站出入口。

西线轻轨的最后一段延伸线全长10公里，一直连通至波荣山庄，其建设资金来源值得一提。美国联邦公交署承诺，只要该区域能够实现在区域2040规划和全州交通规划规例中所要求公交导向型土地发展目标，并能够达到预期的公交客流量，就将全额资助延伸线所需的7千5百万美元，而如果这些目标不能实现，市政府和三县都市公共交通区域管理局就必须退还这笔拨款。

停车政策

与其他所有的杰出公交都市一样，波特兰公交服务覆盖区域内的停车量同样也受到控制。波特兰是美国最早对市中心停车位数量只设立严格上限，而不设供应数量下限的城市之一。在这里，市中心建筑的停车位配建标准也与公共交通可达性密切关联，公交步行商业街两侧的建筑被划定为最低的配建标准（每 1000 平方英尺或 93 平方米的面积仅可允许有 0.7 个车位），而离公交步行商业街较远的建筑就可有较高的配建标准（最高可达 2 个车位）。市中心空气中的一氧化碳含量超标是城市决策者下决心控制市中心停车位数量的关键原因，而自从 1984 年起，在市中心就再也没有过空气中一氧化碳含量超标的记录。

东线轻轨从劳埃德区到格雷西姆的 16 个车站之间，仅有五个车站配建有停车换乘设施，取而代之的是三县都市区公共交通管理局鼓励利用公共汽车换乘设施与轻轨系统接驳。在东线轻轨沿线有四个设计好换乘时间的换乘中心与 35 条公共汽车线路衔接，作为一个连接点，市中心的公交步行商业街连接着整个区域其余的 45 条公共起车线路。此外，停车限制也同样在西线轻轨走廊上实施。

宁静交通

与其他的美国城市相比，波特兰对宁静交通更为热衷。这里开展了名为"让街道重新属于您"的活动，在活动中，社区居民和规划师一起努力，共同找出降低社区街道上小汽车速度的最有效手段。"观测速度"活动则是将雷达测速仪借给居民，以便他们举报超速者。在"将街道瘦身"活动中，一些居住区街道的路面宽度被缩窄到 18 英尺（5.5 米），来往车辆需要彼此互让才能通过。

克服障碍

虽然向西延伸的轻轨对整个区域的轨道网络是非常重要的补充，但仅靠一条从东至西的轻轨走廊并不能创造出一个公交都市。因此建成被提议的 40 公里南北走向轻轨线路对于创建一个真正有效的区域轻轨交通网络至关重要。但这项计划遭到了挫折，当时州内选民通过全民公投否决了利用税收建设这条线路的提案。温哥华县和华盛顿县位于该线路的北端，当地选民也拒绝对该项目注资。最近市民联署签名迫使区域政府废除城市发展界线，甚至要废除区域这一层次的政府，这些都使得环境保护主义者非常担忧。开发商也对在富裕的西区建造未经市场检验的以公交为导向的住宅产生了迟疑，最近在比佛顿一片标志性地块上，就有一个混合土地使用的发展项目被放弃了。即便如此，不断出现的土地发展压力和政府对支持公共交通发展的分区土地规划毫不动摇的支持，几乎就足以确保未来的绝大部分发展都将发生在 MAX 轻轨走廊沿线。公共交通的支持者还希望依靠一两个成功的混合用地发展项目来带动一轮新的以轻轨为导向的土地开发浪潮。

展望

总的来说，在波特兰迈向可持续和以公共交通为导向发展的道路上，支持的力量大于负面的声音，有几个关键因素使得这个城市在 21 世纪向着一个高效和宜居的公交都市转型。首先，这是一个富裕并在持续增长的地区，未来有许多的土地发展可以集中在轻轨走廊沿线，既有的城市形态和规划组织构架也有利于这种发展的实现。更重要的是，波特兰还拥有一个非常理想的制度环境。这些有利因素综合在一起，实现一个令人信服的愿景就变得前途光明。

该区域在未来应该如何发展上达到了强烈的共识，将轻轨作为杠杆来指引发展这一策略获得了广泛的支持。由众多参与者组成的联合统一战线已形成：包括一个积极介入城市发展事务的州政府、24 个市政府、3 个县政府、1 个区域政府、轻轨公司、数百个社区活跃人士和像俄勒冈千友会这样的大量民间观察组织。此外，商业团体对公共交通和城市规划的大力支持也非常重要。

波特兰取得如此的成就有许多方面的原因，但是与所有公交都市一样，这主要归功于一个专注的、具有远见的规划。正如一个长期社会活动家所言："为什么波特兰与其他地方的发展模式有所不同？许多人的解释都是不着边际的。其实真正的原因是我们对于如何管理发展的态度不同，我们能够取得成就的原因是我们已经在这方面辛勤努力了 25 年"。

加拿大卑诗省的温哥华市

拥有 180 万居民的大温哥华地区有着悠久的区域规划传统，可追溯到 20 世纪 20 年代。该区域发展史上的一个显著标志是 1975 年区域宜居规划的通过，它遵循了斯德哥尔摩和哥本哈根的发展模式，将以公交为导向的发展规划具体化。这份规划被普遍认为在城市规划史中占有里程碑式的地位，它用精彩的图例描绘出了由大容量公共交通服务相连接的、多层次市镇中心所构成的区域发展蓝图，它同时还要求实现工作岗位和居住的平衡发展，以及为广大市民提供丰富的住宅形式。该规划提出了一个切实可行的愿景，这一愿景对温哥华朝着公交都市的方向迈进非常重要。

1986 年的世博会在温哥华举行，其主题是未来的交通，而开幕前及时开通的架空列车则成为最终连接各个规划市镇中心的生命线。今天，这条 28 公里长的全自动无人驾驶架空列车系统与高品质的公交汽车和双体渡轮服务相辅相成。大温哥华区域的公共交通由卑诗公共交通运输公司经营，它是省政府的直属机构，有很大的影响力和财政权力。作为一个类似于准公私合营的机构，数年来，卑诗公共交通运输公司已对其公共交通运输实施了企业化的经营管理，通过公司内设置的共同发展办公室，积极地引入私人投资以推动车站周围的发展。在所有具有商业发展潜力的车站，卑诗公共交通运输公司都邀请发展商去策划能够直接与车站相连接的发展项目。除了能够吸引更多乘客，与车站相连的发展计划还在每个联合开发点为该公司带来了约五百万美元的收入。

大温哥华地区并不享有加拿大其他都市区（如渥太华卡尔顿地区或大多伦多地

区）那样的区域规划权利。在 1983 年，经过同省政府的权利斗争后，区域规划实体——大温哥华区域管理局丧失了土地使用和交通规划权限。所幸的是，区域宜居规划已经赢得了广泛的支持，并为该区域的未来提出了一个共同的愿景。虽然该区域没有正式的城市发展界线，但是却成功地运用了农地保护政策，将城市外围的土地移出土地投机市场以控制发展。该区域特有的山岭和水系也限制了可开发的土地，推升了平均建筑密度。

　　最近发生的事件更有益于大温哥华地区进一步实现区域性协调发展。在 1995 年，宜居区域的战略规划和 2010 长远交通规划得到批准，为规划师们所希望看到的一个更协调和可持续的未来发展设立了方向。这个宜居区域的战略规划否决了"按照过去方针办事"的区域发展策略，要求代之以更为紧凑的发展模式，鼓励使用公共交通运输，而不鼓励私人驾车出行。它还提倡建立"完整"的社区，通过在社区内为居民提供工作、商品和服务来降低对出行需求。为了增加出行交通方式的选择范围，2010 长远交通规划明确地支持一个"以公共交通为导向和限制小汽车出行的交通系统"，并大胆地提出"将新建道路使用的优先权首先分配给高乘载率的车辆"。为了执行这种策略上的改变，一个区域性的多模式交通管理机构——大温哥华区域交通运输局于 1998 年成立。大温哥华区域交通运输局除了负责区域内所有交通运输改善的规划、发展和财政支持外，还被建议用来代替卑诗公共交通运输公司作为区域内公共交通的经营者。虽然大温哥华区域交通运输局独立于大温哥华区域管理局运作，但它的项目和计划必须同宜居区域的战略规划相一致。

市镇中心

　　各种土地区划机制和设计方法都被用来刺激市镇中心内轨道交通车站周边的发展。政府积极地利用土地开发权转让和建筑密度奖励来将发展集中到车站周围。在大多数区域性市镇中心内，路外的地面停车是被禁止的，这是为了更高密度地使用区域市镇中心内的土地。由于停车楼和地下停车场造价高昂，一些发展商已经开始变更项目的选址，以便充分利用接近公共交通所带来的优势。在大多数的市镇中心，商业建筑物被要求尽量接近街道，以创造一个与行人尺度一致的环境。

　　本拿比市的铁道镇是一个以公共交通为导向发展的范例，它是高架轻轨沿线 4 个市镇中心被确定的城镇中的一个。本拿比市是有着 16 万人口的第一代郊区城市，北距温哥华市市中心 10 公里，市内公共交通友好型核心地区包括了混合零售、办公和娱乐功能的中密度建筑（照片 17.2），几个大型的公用事业机构，如卑诗省水电局、卑诗电话公司等也已将其总部搬迁到铁道镇。这些政府机构迁入后，产生了大量固定工作岗位，并激励了最初的地产发展。作为区域内最大的雇主，政府机构在相当大的程度上左右着此地的房地产市场。

　　铁道镇的中心地区被公园、多层公寓和联排式住宅所环绕，独立别墅位于高密度住宅区之后。这种随着与车站距离增加，而居住密度逐渐降低的做法将那些最有可能乘坐公交的购物者、上班族以及公寓住户集中在架空列车车站的周围。本拿比市90％的商业停车位设在楼层里或地下，这样就可以将节约下来的土地用于建设公园、人行道和自行车道。

照片17.2　架空列车与铁道镇。一辆全自动无人驾驶的架空列车正离开本拿比市的铁道镇站，车站周围环绕着高层的办公商业楼

其他的配套措施

　　大温哥华地区还具有一个成功公交都市的其他特性。温哥华市市中心作为整个区域的就业和商业中心正在不断地成长，在20座高架轻轨车站中，大多数仅有极少甚至根本没有停车位，取而代之的是，卑诗公共交通运输公司对公共汽车线路进行重新整合，以便有效地与架空列车的车站相衔接。此外，当地的交通系统中并没有很多高速公路，其中部分原因是由于在20世纪70年代初，普通大众对高速公路建设的抵制，目前整个区域仅有170公里的高速公路，尚不及同等规模美国城市的一半。此外，所有的高速公路都不能进入温哥华市界，那些希望到温哥华市的人必须搭乘公共交通、使用地面主干道或采用其他的交通方式。

展望

　　或许该区域最大的财富是它对未来发展有清晰、明确的长远规划。在很大程度上，正是因为1975年区域宜居规划，以及此后对规划的不断修订，一个以公共交通为导向的区域发展形态才开始形成。然而，由于架空列车走廊只能覆盖有限的范围，可能会阻碍温哥华成为一个全面的公交都市。到目前为止，在温哥华市区以外高架轻轨沿线的另外两个市镇中心——新西敏市和素里市，土地利用变更的情况仍比较少。此外，在架空列车走廊沿线以外的区域，仍然是以小汽车为导向的发展模式。现在，公共交通承担了早高峰总出行量的13%，这是一个颇大的市场份额，但却远低于那些加拿大东部的城市，包括规模远远小于温哥华地区的渥太华卡尔顿地区。能否在温哥华区域的其他地方重现本拿比市铁道镇那样的成功，并将高质量的公共交通服务扩展到市郊，这对是否能达到宜居区域战略规划中设立的长期目标起着决定性的作用。

人口的快速增长可能是一个最终有利于温哥华成功的因素。从1991～1996年，该区域的人口以每年近3%的速度增长，比同时期加拿大其他都市区的增长率高出很多。由于亚洲和加拿大其他地区移民的大量涌入，大温哥华地区的人口目前正以每年超过40000名居民的速度增长，并使它成为北美洲十个增长最快的都市之一。人口的增长是否能够支持公共交通的发展，取决于在宜居区域战略规划中设立的愿景能否变成现实，而最近成立的大温哥华区域交通管理局的职责就包括推动实现这些愿景。

加利福尼亚州的圣迭戈市

作为过去20年来美国增长最快的城市之一，圣迭戈市的交通拥堵状况日趋严重，生活质量也随之下滑。为了避免成为下一个洛杉矶，圣迭戈的市民开始考虑采用波特兰式的发展管理模式。在经济大萧条初期的1988年，公民投票成功地否决了一系列提案，包括对建筑许可证发放强制设立上限和禁止大规模的土地开发。但是有一项建议案，即提案C，却得以通过，该提案要求圣迭戈县及其下辖的19个市编制一份区域规划，以解决整个都市区范围内的交通、空气质量、固体废物管理和无序发展等问题。在一次信任投票中，地方政府出人意料地将制订区域规划的职责交给了一个此前几乎仅负责建立共识的机构——圣迭戈地方政府协会。

以依据历史趋势所作出的长期发展预测来看，过去的发展模式无论在经济上还是在环境上都是不可持续的，因此，圣迭戈地方政府协会编制了一份规划，要求在未来实施以公共交通为导向的紧凑发展模式。同时，该规划认为强制性的发展控制策略效果并不会理想，而采用一些激励性措施，如建筑密度奖励和有针对性的基础设施改善，将收到更好的效果。该区域这一系列增长管理软性手段的核心是圣迭戈轻轨系统，居住密度的增加和轨道交通车站周边集中的用地开发将降低对郊外农地的开发压力，并且保护了数千公顷的动植物自然栖息地。

以公共交通为导向的发展

1992年，圣迭戈市议会采纳了特聘顾问皮特·卡索佩的建议，成为在美国最早采用公共交通引导型发展导则的城市之一。圣迭戈地方政府协会将圣迭戈市区的以公共交通为导向的发展倡议纳入到整个区域范围的土地使用指引中去，并鼓励区域内的其他城市效仿。这个倡议包括一系列以公共交通为导向的发展方法：如功能混合的土地利用；在公共交通站点周围进行高密度开发，同时在距离车站较远的区域实施低密度开发；适合步行的住宅区设计；以及平衡主要就业中心附近就业与居住的数量。

在圣迭戈市，推广紧凑型混合用地发展的重要一步，就是要取代传统的土地区划规则，启用以绩效为基础的土地使用指导系统。这一转变的目标是在允许由市场来决定各块用地最佳用途的同时，减低发展带来的负面影响。此外，根据新的土地利用指导系统，对于任何土地用途，只要与邻近的土地使用相匹配，并符合社区总体发展目标，都可以得到批准。城市的规划师们会运用一个评分系统来评估每一个发展项目，对于建成区内的填充式开发和再开发，特别是当这类项目位于轨道交通车站附近时，都能获得较高的评分。

近来，人们的注意力集中在公共交通与土地使用的相互关系上，其中的部分原因是自1981年开通第一条全长25.4公里向南延伸到墨西哥边界的轻轨线路，以及十年后开通长27.7公里由东边延伸到埃尔卡琼的线路以来，这两条线路沿线的土地开发一直停滞不前。这主要是因为它们所经过的是荒凉的地区，以南线为例，轻轨线路沿着一条废弃的铁路穿过大片灌丛和一个老旧的工业区，而东线不是经过已建成的社区，就是紧靠繁忙的高速公路。在圣迭戈市的市中心，用地变化最为明显，其中两个令人注目的标志是霍顿大厦（主楼是高层购物中心，侧翼是公寓、酒店和办公楼）和上城区（一块经重建的紧凑型混合用地发展项目）（照片17.3）。这两个项目都是由一个积极的市中心重建活动资助，资金主要来自财政税收。东线轻轨沿线也有一些令人兴奋的变化，其中最令人注目的是拉梅萨村大厦，这是一个多层建筑，包括99个公寓单位、底层零售商铺和二楼办公用房，并与泉水街车站相连。调查显示，该建筑内大约8%居民所有的出行都搭乘公交，这是拉梅萨市居民平均水平的六倍。该区域另一项显著的成就是将托儿所吸引到城郊车站附近——目前某一车站周边800米范围内共有五个托儿所，这极大地方便了那些需要在搭乘轻轨列车上班前将小孩送到托儿所的父母们。

与前两条线路相比，圣迭戈市和轻轨运营商（都市公共交通发展局）对教会山谷线采用完全不同的发展途径。教会山谷线被看作成是一个以公共交通为导向发展的典范，与两条早期的线路不同，选定该走廊的主要出发点就是为了最大限度地挖掘土地发展潜力，节约成本方面的考虑则被放在了次要位置。教会山谷线共三次跨越圣迭戈河，就是为了连接平坦的谷地，以供将来发展之用，并保护谷地四周脆弱的山地环境。自从1982年教会山谷线的延伸计划第一次被提上议程时起，这条走廊就被认为比区域内其他轴线有更好的发展，目前沿线已有7000多个住宅单元和100多万平方米的商业和办公设施被建成。

里奥维斯塔西区是第一个在城市以公共交通为导向发展原则下建成的大型项目。这一大型混合用地的发展项目坐落在教会山谷轻轨线一座车站附近，通过专门

照片 17.3　圣迭戈市以公共交通为导向的发展。一条轻轨线路直接服务于市中心附近的公寓综合楼

的设计，项目所有的住宅、商店和就业设施都处在到车站的合理步行距离之内。尽管区域的经济衰退延缓了项目进展，但开发商已经承诺当经济好转时，将推进该项目的进一步发展。

构建一个混合型的公交都市

圣迭戈和一个混合型公交都市的相似之处在于，它认可由市场力量驱动的郊区化，同时又通过逐步改善接驳公共汽车和辅助公交服务来适应这种郊区化发展模式。令该区域引以为傲的是全美覆盖范围最广泛的小型公车预定接送服务，这种服务主要由往返于居住区和主要轻轨和公共汽车车站之间的小巴组成。它可以分为两个层次：第一个层次直接连接区域性的公共交通枢纽站，作为固定线路公共交通服务向低密度地区的延伸，第二个层次是在社区内的循环运营服务，这在埃尔卡琼市、温泉峡谷市和拉梅萨市都可以见到。然而事实表明，家门到车站的小型公车预定接送服务的人均出行成本相当高。在这方面表现最好的是索伦托山海线，索伦托山谷位于 5 号州际公路和 805 号州际公路的交汇处，区域内共有 7 万多个雇员，这比圣迭戈市市中心还要多。由私人承包商经营的快捷摆渡班车在北圣迭戈县通勤火车车站和索伦托山谷间提供了门到门的运输服务，而每名乘客的出行成本大约仅为在社区内运营的小型公车预定接送服务的一半。实际上，所有的乘客都是拥有小汽车的中产阶级，如果不是因为如此便捷的公交服务，他们会单独驾车上班。

　　区域内另一种独特的非常规公交形式是运营线路和时刻表具有一定灵活性的小公共汽车。圣迭戈在 1972 年颁布了一项法令，解除了对非常规公交的管制，目前区域内有数十辆私营小公共汽车运营，它们主要分布在墨西哥边界以北的圣雅西礁地区。该服务的对象几乎完全是那些讲西班牙语的乘客，这种新奇服务的出现与政府允许私营小公共汽车运输的关系并不大，更多的是由于当地独特的环境：该区域的南面紧靠一座拥有两百万人口并正在飞速发展的第三世界城市。但无论如何，小公共汽车的出现显示了当地政府官员允许公共交通的其他替代形式进入市场的意愿。

展望

　　圣迭戈地区必须试着去达到某种平衡，即在对公共交通作出巨大承诺的同时，又能平等地默许由市场力量驱动的郊区化。由于没有波特兰式的城市发展界线和如水晶般透明的土地利用愿景，圣迭戈在推进公共交通和土地利用相互配合的层面上，不断面临着比波特兰和温哥华更多的挑战。但该区域在土地利用管理上仍具有富有启发性的做法——运用一个以绩效为基础的土地使用指导系统来代替严格的土地区划制度，这可能会弥补其他方面的不足。即使是经济困难的时期，该区域也愿意投资推动以公共交通为导向的发展项目。到目前为止已推动的公交导向型发展项目都需要额外的支持，主要包括由地方政府、城市重建机构和公共交通的运营机构在土地的整合以及成本负担上提供的帮助。所有地这些努力目前正在获得回报。在20 世纪 80 年代，圣迭戈地区是全美仅有的三个公共交通市场份额没有下降的区域之一。从 1990 年到 1994 年，尽管经济并不景气，但公共交通的客运量仍上升了27%。虽然公交出行市场的景气一部分是因为该区域内有大量依赖于公共交通的人口，包括退休人员、现役军人和白天在该区域上班的墨西哥工人，但很大一部分原因也是由于有整合性的公共交通系统和以公共交通为导向的城市发展模式。

　　现有和规划中覆盖广泛的轻轨和铁路网络也对该区域的发展大有裨益。总长 74公里的轨道网络在规模上已经明显超过了波特兰和温哥华，到 2010 年，如果一切按照规划进展顺利，该区域将会拥有一个总长 138 公里的轻轨网络和一条 69 公里长的通勤铁路线。因为有更多的地方资金保障，圣迭戈有比波特兰更好的机会去实施其长期的轨道交通建设计划。

　　此外，与美国的其他地区不同，圣迭戈还有着一个不断成长中的非常规公交服务系统。尽管每次出行所需的补贴较高，但是这种能够及时响应需求、随叫随到的小公共汽车很大程度上改善了低密度地区的公交服务。要找到一条更经济有效运营小巴接驳服务的发展之路仍是一项挑战，由于该区域仍不情愿实施限制私人小汽车使用的措施（例如取消免费停车），任何形式的公共交通都很难与私家车在城郊有效竞争。

　　再次掀起的市民运动是令人鼓舞的迹象，一个名为"市民同心迈向新世纪"的草根组织正在努力复兴城市设计大师凯文·林奇和唐纳德·埃佩亚德在 1974 年提出的"临时的天堂"规划方案，这份配有精彩图例的规划方案要求未来发展模式具有更为人性化的尺度，并更加尊重自然环境，它在强调可持续性和宜居性方面与公交引导型发展及公交都市在内涵上是一致的。

密苏里州的圣路易斯市

圣路易斯已经成为美国公共交通界的宠儿，该市的轻轨联线是一条从密西西比河东岸延伸到兰伯特国际机场的轻轨线路，尽管在 20 世纪 90 年代初期圣路易斯地区是全美国受经济萧条影响最为严重的地区之一，但轻轨联线在 1993 年开通的两年后平均日客流量仍达 4 万人，是预测值的两倍，甚至超过 2010 年 35000 人的预测日客流量。

轻轨联线的成功主要源自精心设计的线路走向。这条 29 公里长的线路将市中心与一些城市重要活动中心相连，这些活动中心包括三座大型的专业运动中心、三所大学、两个医疗中心、一条热闹的河岸和泊有赌船的港口、多姿多彩的联合车站、娱乐场所以及机场，这样的沿线土地利用使得轻轨在不同日期的不同时段都会有足够的客流量。这条线路在很大程度上是利用废弃铁路建成的，铁路线周围遍布着主要的交通发生源点（照片 17.4）。正如城市土地研究院的研究主任罗伯特·登费所评价的："轻轨联线以轻轨的成本创造出了重轨的服务。"其他的一些偶然因素也促成了系统的成功，比如公羊橄榄球队从洛杉矶迁至圣路易斯，在比赛期间带来了数以万计的轻轨客流，这是在客流预测时没有考虑到的。公交的支持者们则认

照片 17.4　轻轨联线走廊。利用现有的铁路路权和简朴的车站设计有助于控制项目的建设成本

为，轻轨与城市活动之间的关系是双向的，正是因为有了轻轨联线，才使得市中心吸引到投资来兴建体育设施。

同圣迭戈一样，圣路易斯也具备成为一个新兴的混合型公交都市的要素。大多数圣路易斯的公共汽车线路已经被重新调整，以便与轻轨联线车站接驳，目前大约43%的轻轨联线乘客是乘公共汽车到达轻轨车站的。在轻轨联线开通后的前四年间，公共汽车的乘客量上升了40%，而许多公共交通乘客拥有私家车。调查显示，三分之一的公共交通乘客年收入超过45000美元，大约一半人的家庭拥有两辆甚至更多的小汽车。

规划中的轻轨联线扩展

如果都能照计划来进行的话，该区域有望在15年后建成总长151公里的轻轨线路，并赢得整个北美最大规模轻轨网络的桂冠。这将使整个区域的轨道交通发展在20世纪完成一个轮回，曾几何时，圣路易斯市拥有世界上最大的路面电车网络。当地市民也渐渐愿意付税支持轨道交通建设，他们通过了一项征收销售税的提案，以资助1993和1994年的轻轨改善和扩建项目。轻轨联线已经成为市民的骄傲，所有车站的装饰都由当地艺术家完成，一些早期反对轻轨联线的批评者现在变成了轻轨联线最强烈的支持者。一些人认为轻轨联线将该市带回到过去的辉煌年代，另一些人则将其看作是帮助该区域摆脱陈腐形象的现代技术，而更多人将它看成是一种便捷的交通工具（特别是进出市中心时）。然而，在1996年，轻轨的发展受到了挫折，将轻轨联线扩展至圣查尔斯县的计划没有通过全民投票，在第二年，将轻轨联线延伸到城市西面克莱顿市的提议也遭到否决。

尽管遇到了一些挫折，但轻轨的发展仍在继续，一条长32公里从伊利诺州圣克莱尔县的玉米地到中美机场的延伸线得以兴建，并预定在2001年开通。虽然圣克莱尔轻轨走廊沿线许多车站的周边区域都有着很大的开发潜力，但事实上，由于它穿过东圣路易斯，这个全美几乎最穷和犯罪率最高的城市的心脏地带，使得许多发展商兴趣骤减。尽管有关各方都同意，要解决城市根深蒂固的问题，除了轻轨建设外还需要开展大量工作，但振兴东圣路易斯的前景并没有被忽略。圣克莱尔轻轨延伸线上的所有九个车站都将被停车场所包围（共3300个停车位），这将仅有利于进行低密度开发。

发展的障碍

轻轨联线所覆盖的所有活动中心在轻轨项目建成前就已存在，至今为止，系统车站周边仅仅产生了很少的新开发项目，这让很多人都感到失望。这条线路中的一段横贯废弃的工业区和萧条的社区。几个临近车站的地区（例如威尔顿和戴尔玛）在苦苦的寻求再发展，尽管地方当局尽了最大努力，但几乎没有私人投资者对此感兴趣。实际上，在废弃工业用地上进行再开发要冒着很大的风险，一方面是因为无法确定被废弃的土地下还存有什么，地表层污染和昂贵的清理费用都很有可能发生，此外，这个地区陈旧的公共基础设施、高犯罪率以及城市萎缩都会严重阻碍发展。

另一个障碍车站地区发展的因素是，区域内其他地方还有大量可开发的土地。大圣路易斯地区是全国居住密度最低的地区之一，大部分增长都发生在区域边缘，这一趋势非常不利于公共交通的发展。1990 年时，居住在市中心周边 10 公里范围内并在市中心工作的上班族中，有五分之一搭乘公共交通上班。但在发展最快的环状地带，即距离中央商务区 19～20 公里的地区，仅有 6% 的上班族搭乘公共交通到市中心上班。在 20 世纪 80 年代轻轨联线开通以前，大圣路易斯地区流失的公交乘客量比美国其他任何城市化区域都高——这正是城市土地研究院的研究主任罗伯特·登费所谓的"无增长蔓延"造成的后果。

与本书中其他公交都市不同的是，无论是现在还是未来，大圣路易斯地区都没有一个共同的未来愿景。尽管地区设有一个区域管理局——双州发展机构，它同时也是该地区的公共交通运营机构，但实际上并没有一个区域性的土地利用规划。由于政府间和州间的争论与竞争，两州发展机构仅仅部分行使了被赋予的权利。该地区有区域性的垃圾和废水管理、动物园以及公共交通规划，但却没有区域土地利用规划。

建立优势

尽管居住区在不断地蔓延，但该区域仍已产生了一定规模的就业中心。1990 年时，区域内已经有 15 个岗位数超过一万的就业中心，它们都将是区域轨道网络潜在的枢纽点，然而，目前轻轨联线仅仅经过其中的极少数。地处规划轻轨沿线的克莱顿是最大的城郊就业中心，工作岗位数量超过 25000 个，但值得注意的是，当地居民最近否决了用销售税来资助轻轨扩展计划的提案。此外，由于社区的反对，一个直接贯穿克莱顿地区的轻轨线路被迫改为从更外围的地区通过。

一个对圣路易斯发展有益的因素是出现了名为"支持现代化公共交通的市民"的活跃游说团体，它已经成为推动轨道交通投资的重要幕后力量。这个组织花了近十年的时间，在第一条轻轨线开通以前取得了广泛的社区支持。它还承诺要见证长达 151 公里的轻轨联线项目最终变为现实。

展望

尽管轻轨联线在客流量方面已经取得了令人瞩目的成绩，但圣路易斯地区在成长为公交都市的探索之路上仍面临着巨大的挑战。几乎没有迹象显示轻轨车站周边会产生新的增长，而一如既往的蔓延式发展也更有利于私家车出行，1990 年时，该区域有着全美第三高的单独驾车出行率和第四高的人均高速公路拥有率。除了在通过桥梁时，这里几乎没有交通堵塞现象。一个评论家指出，轻轨联线在机动性方面所起到的

作用远没有其支持者宣称的那样大，他计算了 1990～1995 年间，去除出行距离和区域
发展影响后，公共交通乘客的平均出行距离，发现该指数仅仅上升了 1.1%。

　　或许在该区域，最有前景的是改善支线公交与干线公交的接驳，更多的精力应
该被放在如何使公共交通更好地服务于分散化发展上。如果公交的拥护者宣称圣路
易斯要转变成一个混合型的公交都市，而不是另一个斯德哥尔摩或波特兰，公共交
通的发展前景将会更加明朗。如果地方政府（即双州发展机构）对此感兴趣，并积
极采取行动朝该目标努力，这一愿景将很有可能实现。

得克萨斯州的休斯敦市

　　当看到得州的休斯敦这样一个小汽车主导型蔓延发展的城市竟然在一本谈论公
交都市的书中出现，你可能会感到非常意外。休斯敦这样一个自由随性的城市，甚
至没有实行土地区划制度，居然也想被视作有抱负的公交都市？实际上，休斯敦有
着全美最大的高载客率车专用道网络系统，这个系统又极好地适合于分散式的用地
布局，因此，该地区的公共交通系统以及它与区域之间的关系也是值得称道的。

　　休斯敦是美国少数几个公共交通市场份额逐年上升的都市区之一。从 1980 年到
1990 年间，公共交通所承担的通勤出行比例从 2% 上升到 3.6%，增幅位居全国首位。
诚然，由于公共交通出行分担率原本就很低，因此只可能呈现出增长的趋势，但同样
不可否认的是，大休斯敦地区正逐步培育出一个区域公共交通系统，与绝大多数美国
都市区相比，该系统与整个区域用地布局的关系要更加协调。公交客流量的不断增
长——目前已经是 1980 年时的 2.5 倍，正是发展这一公交系统的直接成果。

　　在 1982 年，休斯敦的交通拥堵状况仅次于洛杉矶。过去的 16 年间，该区域每
年投资大约 10 亿美元进行大规模的道路改造，其中大部分资金来源于以过路费作
为担保的政府债券。尽管区域内的就业人数和交通量都在逐年上升，但交通拥堵的
状况仍然有所改善，在全美国也仅有三个都市区出现了这种情况。交通状况的改善
可以通过行车速度统计来反映，从 1980 年到 1990 年，高速公路上的平均速度从每
小时的 38 英里提高到 46 英里（从每小时 61 公里到每小时 74 公里）。

　　然而公交乘客的需求并没有被忽视，20 世纪 90 年代间，尽管公共交通只承担
了 2% 的市场份额，但却得到了 21% 的交通基础设施投资。一项专门征收的销售税
每年就可为公共交通筹集约 2.5 亿美元的资金。区域最初的规划是要建设一个大
规模的重轨交通系统，但这一提案没能通过 1973 年和 1983 年的公民投票。90 年代
初期，当区域公共交通局前主席鲍勃·拉尼尔决定竞选市长时，提出了一个公共交
通系统发展建议，其主旨是放弃建设轨道交通，并转而构建一个成本效益更为理想
的以公共汽车为基础的公交系统。在赢得市长选举后，拉尼尔迅速行动，设计出一
个适合休斯敦的公共交通系统，在他的领导下，休斯敦已经成为美国适应型公共交
通的样板。

多中心都市中的公共交通

虽然休斯敦及周边地区的总体密度都比较低，但令人惊奇的是，这个地区也有许多城市次级中心。与世界上其他任何地区相比，大休斯敦地区可能有更多广布分散的活动中心——大约22个。上城区/风雨商业街廊区号称有超过2600万平方英尺（240万平方米）的办公面积，这甚至超过了丹佛市中心。其他的主要中心还包括得克萨斯医疗中心（世界上最大的医疗中心，有超过六万名员工）、沿凯蒂高速公路的能源走廊，以及绿地广场地区。

由于该地区存在许多次级中心，这就为设计出一个适合于起讫点分散化出行的公共交通网络创造了条件。公共汽车系统是休斯敦公共交通系统的惟一运输形式，其核心是高载客率车专用道网络，设计这样一个网络主要是为了利用公共汽车、共乘小巴或共乘小汽车等交通工具集中承担郊区至城区的通勤出行。目前，已有108公里长的高载客率车专用道设置在五条高速公路走廊的中央，到2000年该系统会扩展到165公里，包括七条走廊。高载客率车专用道仅供单向运营，但是运营方向可以根据实际交通需求进行调整——早晨为进城方向，夜晚则是出城方向（照片17.5）。高架匝道将24处停车换乘设施与高载客率车专用道连接在一起。

照片17.5 公共汽车和共乘小汽车共用高载客率车专用道。位于高速公路中央的专用道使得高载客率车能在高峰期以每小时80~90公里的速度行驶，相比之下，高速公路普通行车道上的车流速度仅为每小时50~55公里

虽然从技术上是高载客率车专用道设施，但区域公共交通局的规划师们更希望人们将这种设施当作是公共汽车专用道，它允许比常规公共汽车更小型的"公共汽车"——共乘小巴和共乘小汽车运行，以便充分利用设施的乘客通行能力。高载客率车专用道的建设成本约为每公里四百万美元（折算成 1991 年的币值），仅相当于圣迭戈、波特兰和圣何塞等简装修轻轨系统投资的一半，投资节省的部分原因是可以在拓展高速公路的同时建造高载客率车专用道。由于在高载客汽车道上公共汽车的平均速度提高了一倍，其运营成本也有所降低，据估算大约一年能节省 500 万美元（1991 年币值）。

在每天使用高载客率车专用道的 35000 辆车辆中，多人乘坐的小汽车占 94%，公共汽车和共乘面包车各占 3%，但是公共汽车却运送了每日共计 8 万名乘客中的34%。在北部的 45 号州际公路的高载客率车专用道上，大部分出行者都乘坐公共汽车。总的来说，该区域内每个工作日大约有 5% 的上班族使用高载客率车专用道。

在高载客率车专用道设施和雇主经常性补贴的支持下，合乘车已经成为当地交通的一个重要特征——企业参与和车辆小型化的公共交通形式很好地适应了分散化的用地布局形式。在 1990 年，15% 的通勤者都利用合乘车出行，这个比例在全国位居前列。

休斯敦的适应性公共交通

大休斯敦地区的适应性公共交通服务包括三个部分：支线、直达快线和特殊服务。支线公交为社区提供短途出行服务，直达快线公交在高峰期沿高载客率车专用道提供次级中心与市中心直接的直达连接。为了方便支线和直达快线之间的换乘，目前建有 14 个半封闭的换乘中心（内设座位、电话和公共汽车线路图），并计划再增建五个，半数以上的支线公交线路在换乘中心停靠。

支线公交与直达快线公交的服务对象明显不同。支线公交主要服务于那些除公共交通外没有其他选择的出行者（仅 28% 的人拥有私家车），他们都是步行到车站搭乘公共汽车（占 93%）。直达快线公交则主要服务于那些除公共交通外还有其他选择的出行者（93% 的人拥有私家车），他们通常是驾车前往公交车站换乘公共汽车（占 92%）。利用停车换乘设施实现与直达快线公交的连接显得迅速而有效，在靠近凯蒂高速公路高载客率车专用道的艾迪克换乘停车场，高峰时期每三分钟就有一班铰接公共汽车发出。

休斯敦放射形的高载客率车专用道布局很好地适应了中央商务区的出行需求，但对于到达其他地区的公交线路而言就显得过于迂回。例如要乘直达快线到达上城区/风雨商业街廊区或绿地广场就需要先到市中心。目前，29% 在市中心上班的人搭乘公共汽车通勤，而与之相比，在上城区或绿地广场就仅有 7%～8% 的上班族搭乘公共汽车。此外，单向运行的高载客率车专用道也不能满足逆高峰方向通勤和穿城直达快线服务的需要。

在一次呼吁有关部门提供能更好地服务于非放射形出行的活动以后，休斯敦近年来已经引入了一系列非传统的公交服务形式。尽管这其中有许多经历了财政上的困境，但此举仍代表了一种敢于冒险和尝试未知事物的意愿。下面列出的六项特殊服务就是休斯敦在努力构建适应性公共交通系统的进程中所采用的独特形式。

1. **环形线路**：休斯敦推出了全国仅有的真正意义上的环形公共汽车路线——TC快车，它环610号州际公路内侧运营，将得克萨斯医疗中心、上城区/风雨商业街廊区及绿地广场互相连接。该线路运营间隔为固定的15分钟，在1995年，这项服务的亏损约为每名乘客23美元。

2. **服务于郊区之间的线路**：区域公共交通局已经尝试开通了几条连接郊区中心和停车换乘设施的直达快线公交服务。其中最成功的一条线路服务于得克萨斯医疗中心，那里14%的工作人员都搭乘公共汽车上下班，这一公交出行率高于其他所有的次级中心。这里的成功部分源自于不经过市中心而强调郊区中心间直达的公交线路走向，同时也是因为有更加利于公共交通乘用的用地形态。与其他次级中心相比，得克萨斯医疗中心的停车费用是最昂贵的，甚至与市中心相当。此外，这里的停车设施都设在外围，公共汽车却能提供几乎门到门的服务。得克萨斯医疗中心的大部分雇主负担其雇员乘坐公共汽车或使用共乘车的费用，该中心还有一个完善的步行网络，包括建在建筑物第二层的人行步道系统。

3. **预订服务**：大量私营的预订公共汽车服务是区域公共交通局直达快线公交服务的补充。绿点市是位于市区北端的一个小镇，当地的雇主们就赞助了一些使用高载客率车专用道的预订公共汽车服务。而在休斯敦市中心以北40公里处按照总体规划建设的新镇——林地镇，地方政府也支持预定服务，为在该镇上班的人们和当地居民提供出行便利。

4. **共乘小巴**：大休斯敦地区的共乘小巴已经极具规模，共有约2500辆，它们提供门到门的服务，并填补了公共汽车系统的服务空白。这些小巴中有许多是由雇主资助的，区域公共交通局就资助了100多辆共乘小巴，主要服务于城郊中心。事实证明，共乘小巴是非放射方向公共汽车服务的一种经济有效的替代选择，每名共乘小巴乘客不到1美元的补贴，仅是利用停车转乘的直达快线公交服务补贴的一半。此外，共乘小巴参与者轮流分担驾驶责任的做法也节省了人力成本。

5. **午间的穿梭公交**：在中午时分难以乘车外出是人们不愿乘公共汽车去郊区上班的重要原因。针对这一点，区域公共交通局和雇主们共同资助了一种午间的穿梭公交，它在上城区/风雨商业街廊区、得克萨斯医疗中心以及绿点地区内提供服务。

6. **私营公共汽车**：1995年，休斯敦市议会决定对私营公共汽车开放市场，并放宽对其在票价和服务上的限制（除了司机和车况必须符合标准外，仅有的两点限制就是私营公共汽车不能停靠区域公共交通局所属的站台，以及运营车辆的车龄不能超过五年）。此举加剧了竞争，而这正是郊区公共交通市场中所必需的。区域公共交通局也预见到可能发生的问题，决定将在 8 公里长的西亥美大道走廊上运营的辅助性小巴服务承包出去，以提升私营公共汽车企业的水平。

展望

在大休斯敦地区，公共交通的目标是服务于土地发展，而非引导和塑造土地发展。公共交通通过改善在蔓延式发展地区的服务质量，也不可避免地加强了现有的土地发展模式。然而，这就是休斯敦模式，而可以归功于政府领导的是，公共交通被合适地定位，以便与居民喜好的生活方式相一致。

休斯敦可能从未真正符合过公交都市的要求，然而在这里却可以看到一个优秀的公共交通系统是如何被设计和建成的。许多因素都促成了这一结果，其中之一是确立清晰的未来愿景。该区域的长期规划——迈向 2010，要求在大量投资修路和改善公共交通之间找到一个平衡。虽然市场是决定发展位置和规模的主要力量，但这份规划清楚地阐述了未来交通运输投资的方向和目标，更重要的是，它确保了拟建项目的路权和资金。除了确立愿景以外，休斯敦还得益于有鲍勃·拉尼尔这样一位远见卓识的领导人，正是他不惜以政治生涯为赌注，始终倡导以公共汽车为基础的公共交通系统，才能让休斯敦独秀于林。

休斯敦敢于冒险的精神也有益于未来的发展。规划要求不断尝试一些非传统的公共交通服务，如连接各市镇的快线公交。区域公共交通局已经开始新建高载客率车专用道的进出匝道，以便车辆能够直接进入像上城区/风雨商业街廊区这样的次级中心。目前，休斯敦区域公共交通局也是惟一积极尝试应用先进汽车控制系统的区域性公交机构，通过运用机械视野和前观性雷达传感器，区域公共交通局希望有一天能够自动横向和纵向地引导公共汽车进出高载客率车专用道。服务于公交换乘中心和停车换乘设施的铰接式公共汽车在装备车载引导系统后，运营将会更加安全有效。如果新一代技术即将在公共交通领域找到用武之地，休斯敦将会是最早引进这些技术的城市之一。

建设未来的公交都市

在美国，建设并延伸轨道交通系统，特别是轻轨的建议，受到了强烈的批评。尽管包括波特兰之内的许多城市已经展现出很好的发展态势，但仍然难逃被攻击的命运。这些批评也有一定的道理，美国新建轨道系统的记录显示出很大的改进空间，研究表明，新一代轨道系统无法达到预期的客流量，而最终的成本也远高于预估值。批评者指责美国新建的轨道交通项目已经完全不考虑经济效益，顾及的仅仅是政治目的：政治人物的夸口；政绩纪念碑式的建筑；听从丹尼尔·波恩汉姆对所有的城市规划者的请求，即一种"不做小规划"的态度；一种信念，如希望成为一个拥有职业篮球队或橄榄球队的城市，所有"伟大的城市"都必须有地铁；通过获得联邦政府对公共交通的拨款为本地创造就业机会；市中心的商户们为了自身利益企图阻止被市郊大型商场夺去更多的零售业份额；以及哈佛大学约翰·凯恩所谓的"莱昂内尔火车情结"——"轨道交通的吸引力主要来自孩提时代对电动火车的那种迷恋"（这种论调类似于'男人与男孩之间惟一区别是他们各自玩具价格的差异'）。凯恩和其他人认为，纳税人之所以投票同意征收销售税来支持轨道交通，是因为他们天真地相信"别人"将会因此开始改乘公交，这样一来就会有更多的道路空出来，而我就可以不受妨碍地驾车。

　　尽管多年以来导致公共交通表现不尽如人意的原因有很多，但最主要的原因还是小汽车出行的总成本偏低，这在重交通流量走廊沿线尤为明显，而那里却正是最需要公共交通的地方。导致公交表现不佳的另一个原因是缺乏区域范围内整合和综合性的规划，在一个分散化发展、以小汽车为导向的地方放上一个固定的、点到点的轨道系统，对于建立一个成功并可持续发展的公共交通系统来说可不是个妙方。简单的说，全美国有太多的地方公共交通与城市发展缺乏相互配合。

　　我们应该牢记，像斯德哥尔摩和哥本哈根这样的城市早在半个世纪前就已开始投资建设大容量公共交通系统，这些地方也是经历了一段时间后才看到投资的回报。对于大规模公共交通项目而言，特别是在像美国这样的国家，必须要花上几代人的时间才能看到它的合理性。今天住在东海岸波士顿和纽约等城市的居民们，对他们祖辈前瞻性地投资建设了区域地铁系统应该心存深深的感激。的确，"前人栽树，后人乘凉"正体现了可持续发展的精髓，不能单纯指责今天规模宏大的公共交通项目，而忽视其留给子孙后代的潜在重要社会效益。华盛顿州地面交通运输政策项目的执行主任汉克·狄特玛指出："轨道交通是一项长期的投资，在建成后三年或五年就对其进行评估就像判断一个同样年龄的婴孩——最重要的是有潜力。"

　　当然，公共交通投资与我们城市和区域发展不协调对任何人都不利。如果轨道交通和公共汽车不能将人们从私家车中吸引出来，对缓解交通拥堵、节省燃油或降低污染都几乎起不到任何作用。让轨道交通和公共汽车坐满，将人们从私家车吸引到公共交通工具的最好方法，就是要将公共交通系统和它服务的城市和郊区很好地协调起来，这就是公交都市经验的核心。

参 考 文 献

Banister, D. *Transport and Urban Development.* London: E & FN Spon, 1995.

Bernick, M., and R. Cervero. *Transit Villages in the 21st Century.* New York: McGraw-Hill, 1997.

Calthorpe, P. *The Next American Metropolis: Ecology, Community and the American Dream.* Princeton: Princeton Architectural Press, 1994.

Cervero, R. *Suburban Gridlock.* New Brunswick, NJ: Center for Urban Policy Research, 1986.

Cervero, R. *America's Suburban Centers: The Land Use–Transportation Link.* Boston: Unwin-Hyman, 1989.

Cervero, R. *Paratransit in America: Redefining Mass Transportation.* Westport, CT: Praeger, 1997.

Dimitriou, H. *Transport Planning for Third World Cities.* London: Routledge, 1990.

Downs, A. *New Visions for Metropolitan America.* Washington, DC: The Brookings Institution and Lincoln Institute of Land Policy, 1994.

Downs, A. *Stuck in Traffic: Coping with Peak-Hour Traffic Congestion.* Washington, DC: The Brookings Institution, 1992.

Dunphy, R. *Moving Beyond Gridlock: Traffic and Development.* Washington, DC: The Urban Land Institute, 1997.

Garreau, J. *Edge City: Life on the New Frontier.* New York: Doubleday, 1991.

Gómez-Ibáñez, J., and J. Meyer. *Going Private: The International Experience with Transport Privatization.* Washington, DC: The Brookings Institution, 1993.

Gordon, D. *Steering a New Course: Transportation, Energy, and the Environment.* Washington, DC: Island Press, 1991.

Hall, P. *Cities of Tomorrow: An Intellectual History of Urban Planning and Design in the Twentieth Century.* New York: Basil Blackwell, 1988.

Jacobs, J. *The Death and Life of Great American Cities.* New York: Vintage Books, 1961.

Jones, D. *Urban Transit Policy: An Economic and Political History.* Englewood Cliffs, NJ: Prentice-Hall, 1985.

Katz, P. *The New Urbanism.* New York: McGraw-Hill, 1994.

Lave, C., ed. *Urban Transit: The Private Challenge to Public Transportation.* Cambridge, MA: Ballinger, 1985.

Lynch, K. *Good City Form.* Cambridge, MA: The MIT Press, 1992.

Newman, P., and J. Kenworthy. *Cities and Automobile Dependence: A Sourcebook.* Aldershot, England: Grower, 1989.

Pharoah, T., and D. Apel. *Transport Concepts in European Cities.* Aldershot, England: Avebury, 1995.

Pucher, J., and C. Lefèvre. *The Urban Transport Crisis in Europe and North America.* Basingstoke, England: Macmillan Press, 1996.

Puskarev, B., and J. Zupan. *Public Transit and Land-Use Policy.* Bloomington: Indiana University Press, 1977.

Thomson, M. *Great Cities and Their Traffic.* London: Victor Gollancz Ltd., 1977.

Tolley, R., and B. Turton. *Transport Systems, Policy and Planning: A Geographical Approach.* Essex, England: Longman Scientific & Technical, 1995.

Untermann, R. *Accommodating the Pedestrian: Adapting Towns and Neighborhoods for Walking and Bicycling.* New York: Van Nostrand Reinhold, 1984.

Von Weisäcker, E., A. Lovins, and L. Lovins. *Factor Four: Doubling Wealth, Halving Resource Use.* London: Earthscan Publications, 1997.

Weicher, J., ed. *Private Innovations in Public Transit.* Washington, DC: American Enterprise Institute, 1988.

Whitelegg, J. *Transport for a Sustainable Future: The Case for Europe.* London: Belhaven Press, 1993.

World Bank. *Sustainable Transport: Priorities for Policy Reform.* Washington, DC: The World Bank, 1996.

Wright, C. *Fast Wheels, Slow Traffic: Urban Transport Choices.* Philadelphia: Temple University Press, 1992.